Daß ich käme nach Kypros,
Dem Inselland Aphrodites,
Wo die Schar der Eroten wohnt,
Menschenherzen bezaubernd,
Und nach Paphos, dem regenlosen,
Das des mächtigen Flusses
Hundertarmige Ströme trinkt!
Aber wo der pierische
Sitz der Musen in heiliger
Schönheit ragt, der Olympos:
Dahin leite mich, Bromios,
Der die jauchzenden Reigen führt.

Euripides, Die Bakchen

# DIE GRIECHISCHEN SAGEN

in Bildern erzählt
von Erich Lessing

Mit Beiträgen von

Ernest Borneman
Wolfgang Oberleitner
Egidius Schmalzriedt

C. Bertelsmann Verlag München

Layout-Gestaltung: Franz Wöllzenmüller

Redaktionelle Beratung Text: Prof. Dr. Egidius Schmalzriedt
Redaktionelle Beratung Bild: Dr. Wolfgang Oberleitner
Auswahl der Klassiker-Texte: Prof. Erich Lessing


Gesamtherstellung Reinhard Mohn OHG, Gütersloh
Printed in Germany · ISBN 3-570-02333-8

# INHALT

# VORWORT

Die Mythen und Sagen der griechischen Götter und Heroen sind so häufig und vielfältig variiert worden, daß die uns heute vorliegende Form gewiß nur noch sehr wenig von ihrem ursprünglichen Sinn und Inhalt bewahrt hat. Von Hesiod und Homer zuerst literarisch gestaltet, setzt sich die Ausformung der Mythen bis mindestens ins dritte Jahrhundert unserer Zeitrechnung fort.

Fast sicher ist das, was uns heute an diesen Erzählungen fasziniert, nicht die Aussage, die von den vorgeschichtlichen Menschen des 16. bis 19. Jahrhunderts vor unserer Zeitrechnung in Bann schlug; schon in der klassischen Zeit hatte sich die Tendenz der Mythen verändert. Viele Jahrhunderte hindurch waren diese Erzählungen das einzige Kulturgut und daher allein bestimmendes moralisches und politisches Leitbild der Gesellschaft, verbreitet am abendlichen Herd vom reisenden Sänger, der wichtigsten Informationsquelle für die des Lesens unkundigen Menschen.

Durch den Barden und seine Interpretation einer nahen Vergangenheit wurde die Bewußtseinslage der vorstädtischen Gesellschaft angeregt und geformt. Weil sie die Gesellschaft beeinflußten, haben sich Mythen und Sagen auch ständig gewandelt. Daß wir heute für uns ganz andere Werte aus diesen Mythen herauslesen, zeigt nur die Substanz und Vielschichtigkeit ihrer Inhalte. Mit dem Entstehen der Polis verliert der Mythos seine dominierende Bedeutung. Zum Teil wird er nun durch Gesetz und Philosophie ersetzt.

Der Barde, der am kleinen Feudalhof der mykenischen Stadt zum Ruhme des Herrscherhauses und seiner Götter sang, widerspiegelte im Leben der Götter und Heroen die Wirklichkeit auf der ihm bekannten Erde. Die Götter stritten, sie waren uneinig, logen und benahmen sich alles eher als moralisch. Diese Seite des griechischen Pantheons, die uns immer wieder überrascht, hat eine wichtige, gesellschaftspolitische Funktion: Wie Ernst Topitsch überzeugend an Hand einer anderen Gesellschaft nachgewiesen hat, wurde das irdische Sozialgefüge in den Himmel projiziert, um aus diesem himmlischen System die Rechtfertigung des bestehenden irdischen abzuleiten. So hat die Feudalgesellschaft der mykenischen Zeit, und nicht nur dieser, ihre Gesellschaftsnorm zur göttlichen erhoben und sie damit vor dem Volk gerechtfertigt.

Zum Teil findet man auch in den Göttermythen die Erklärung von Kulten und Zeremonien. Das jährliche Mysterienspiel der Feldbefruchtung, in der die Priesterin sich in der Heiligen Ehe (Hieros gamos) mit dem Priesterkönig verband, um die Fruchtbarkeit des Bodens zu gewährleisten, ist im Demetermythos festgehalten. Ähnliche Beispiele finden sich in fast allen Mythen. Der Mensch der prähistorischen und frühgeschichtlichen Zeit lebte, wie Sigmund Freud erkannt hat, zum großen Teil in Symbolhandlungen («ein Leben in Zitaten»).

So sind uns Heutigen die Götter menschlich sehr verständlich, aber nur bei den Heroen und den anderen großen, tragischen Sagengestalten ergreift uns manchmal der Schauder vor dem «wahrhaft Göttlichen».

Man mag der Interpretation von Robert von Ranke-Graves und Ernest Borneman zustimmen oder auch nicht, daß die mythenschaffende Zeit den Übergang vom Matriarchat zum Patriarchat umspannt, als nach dem Ende der minoischen Palastkultur das Einsickern der patriarchalischen Stämme die alte Gesellschaftsform zerstörte. Auffallend ist jedenfalls zum Beispiel, daß während der Abwesenheit Agamemnons in Troja kein anderer Mann aus dem Hause der Atriden die Herrschaft ausübt, sondern Klytaimestra regiert. Auch Penelope herrscht in Ithaka, während Odysseus auf seiner Irrfahrt von Küste zu Küste treibt, obwohl der Vater Laertes und der Sohn Telemach auf der Insel leben. Klytaimestra muß sterben, weil die kultische Oberhoheit der argivischen Hera, deren Heiligtum nahe bei Mykene liegt, dem Kult des Zeus weicht. In Ithaka, auf das, wegen seiner Abgeschlossenheit, die patriarchalischen Stämme in geringerer Zahl und langsamer einsickern, müssen die Freier sterben; sei es, daß sie symbolisch für den Opferkönig-Gefährten stehen, sei es, daß sie Erinnerungen an die erste patriarchalische Welle sind. Die Rückkehr des Odysseus schafft einen Schwebezustand, ein Unentschieden zwischen Matriarchat und Patriarchat, und selbst wenn, wie Egidius Schmalzriedt in seinem Beitrag darlegt, die Odyssee ein reines Kunstepos und gar keine gewachsene Sage ist, hat der Dichter doch noch unterschwellig von den Zuständen der Vorzeit gewußt.

Im thebanischen Sagenkreis des Oidipus wird die Herrschaft matrilinear über Iokaste, die Hera-Priesterin-Königin, tradiert, und deshalb kann Oidipus die Nachfolge des ermordeten (geopferten) Königs Laios nur antreten, indem er dessen Witwe heiratet und die Frage der Sphinx beantwortet. Ob die Sphinx, die im Oidipusdrama eine so bedeutende Rolle spielt, als später Import über Naxos und Delphi aus dem Osten kommt, oder eine andere Gestalt der Königin ist, bleibt noch zu erforschen. Jedenfalls legitimieren sich die Thronanwärter des thebanischen Hauses durch das Lösen des Rätsels – ein Thema, das noch in unseren Volksmärchen von der Prinzessin, die dem Bewerber drei Rätsel aufgibt, leise Matriarchatserinnerungen anklingen läßt.

Hier ist die Graves'sche Rollenverteilung sehr einleuchtend: Laios, der rituell zu Tode gebrachte Gefährte der Königin Iokaste; Oidipus aus dem patriarchalischen Korinth, der bei dem Versuch, das Patriarchat in Theben einzuführen, einen Teilerfolg erzielt; die Sphinx als Symbol der Königin-Priesterin, die sich entleibt; ein Aufstand der matriarchalischen Thebaner gegen die patriarchalische korinthische Herrschaft gelingt, Oidipus wird symbolisch vertrieben, und erst eine neuerliche Invasion patriarchalischer Stämme (Sieben gegen Theben und Epigonen) kann das Patriarchat in Theben endgültig durchsetzen.

Der Graves'sche Schlüssel, die Deutung der Mythen als Erinnerung an den Kampf zweier Gesellschaftsformen, öffnet jedenfalls neue Perspektiven und gibt wichtige Denkanstöße.
Ich habe mir mit diesem Buch die Aufgabe gestellt, die Welt der griechischen Mythen und Sagen durch das Bild und den klassischen Text wieder so lebendig werden zu lassen, daß diese Geschichten nicht als «Erzählungen für die reifere Jugend», sondern als Teil unserer geistigen Vergangenheit und sogar unserer Gegenwart erkannt werden. Sie sind weit mehr als Unterhaltungsliteratur während eines Urlaubs auf griechischen Inseln oder Bildungsgepäck auf einer Reise durch Griechenland.
Aus der Vielzahl der Götter- und Heldensagen habe ich die ausgewählt, deren Aussage wir auch heute noch verstehen.
Das Buch enthält folgende Mythen:
die Schöpfungs- und Urgöttermythen, die Mythen der Olympischen Götter Zeus, Hera, Athene, Poseidon, Aphrodite, Ares und Hephaistos, Apollon, Artemis, Demeter und Dionysos; die Heroensagen von Herakles, Orpheus, Oidipus, Theseus und Orest.
Zunächst habe ich die klassischen Texte durchgearbeitet, um die Landschaften zu finden, in denen sich die beschriebenen Ereignisse abgespielt haben. Dann suchte ich an Hand der Texte in den Museen nach künstlerischen Darstellungen der Mythen und Sagen. So ergab sich ganz natürlich die Verbindung von Kunstwerk, reiner Landschaft und Landschaft mit Architekturresten. Landschaft, Baudenkmal und museales Artefakt sollten sich hier wieder zu der Einheit zusammenfinden, die sie einmal gebildet haben. Ich habe versucht, diese drei Elemente so ausgewogen zu verteilen, daß der Beschauer sich selbst in die Welt der griechischen Sagen hineinversetzen kann.
In den Museen habe ich die archaische und klassische Kunst den Werken der hellenistischen, etruskischen und römischen Zeit vorgezogen, aber dort, wo die Spätzeit bessere oder bildhaftere Darstellungen besitzt, mich nicht gescheut, auch solche Bildwerke zu verwenden. Dasselbe Prinzip habe ich auch bei der Auswahl der Texte angewandt, die die Bilder begleiten und erläutern sollen. Wo es möglich war, habe ich den frühesten Text gewählt: Homer, der die griechische Mythen- und Götterwelt zum erstenmal literarisch gestaltet hat, die homerischen Hymnen, die Theogonie des Hesiod und die großen griechischen Klassiker, Aischylos, Sophokles und Euripides; dann die Alexandriner Apollonios aus Rhodos und Kallimachos mit seinen schönen und rührenden Hymnen; dann erst Plutarch und Ovid, Apollodor und Hygin.
Bei der Auswahl dieser Texte ging es mir nicht darum, die Mythen und Heroensagen vollständig wiederzugeben. Das wäre allein schon aus räumlichen Gründen nicht möglich gewesen. Realisieren ließe sich ein derartiges Vorhaben nur, wenn man sich auf die kanonisierende und komprimierende spätgriechische, hellenistische und römische Literatur beschränken wollte. Die oft nur bruchstückhafte oder nur Teilaspekte behandelnde Dichtung der Frühzeit und Klassik wäre dann entfallen. Gerade dies aber wollte ich vermeiden. Den Werken der bildenden Kunst sollten die Werke der Dichter gegenüberstehen. Sowenig die Fotos die Gesamtheit der «religiösen» Kunst Griechenlands erfassen, sowenig ist dies bei den Texten der Fall. Und trotzdem vermittelt die Gegenüberstellung von Dichtung und Reisebeschreibung einerseits, von Plastik, Relief und Vasenmalerei andererseits ein lebendigeres Bild griechischen Lebens als die auf Vollständigkeit bedachte lexikalische Aufzählung.
Selbstverständlich kann eine Auswahl von Bildern und Texten nie eine wertfreie Entscheidung sein. Es ist deshalb noch zu begründen, warum ich nach dem Lesen der Texte, nach den Reisen durch die griechische Landschaft, dem Besuch der archäologischen Grabungsstätten und der Museen gerade die genannten Götter und Heroen ausgewählt habe, um ihre Mythen und Sagen in Bildern zu erzählen:
Der Schöpfungsmythos ist kaum in Bilder zu übersetzen. Hier muß die bildreiche Sprache des Hesiod genügen. Auch von den Urgöttern gibt es nicht viele Darstellungen. Erst mit den Olympischen Göttern, mit jenen Zwölfen, die um den großen Tisch sitzen, beginnt eine reiche Ikonographie und mit ihr die Zuordnung zu bestimmten Landschaften.
Zeus ist nach den Überlieferungen in vielen Landstrichen geboren, in vielen beheimatet. In der Höhle des Diktegebirges wurde er geboren, auf dem Olymp hat er seine Familie um sich geschart, in Kreta, aber auch Arkadien soll seine Heimat sein. Ich habe alle drei Landschaften verwendet, um die Weite des griechischen Raumes, vom Olymp im Norden über die arkadische Ebene bis zu den Bergen Kretas, zu zeigen.
Poseidon und Hades, die beiden Brüder des Zeus, die sich mit ihm in die Herrschaft des Himmels, der Erde, des Meeres und der Unterwelt teilen, können nur wenige irdische Landschaften beanspruchen. Poseidon soll nahe einer Quelle bei Tripolis in Messenien geboren sein; seine Tempel stehen auf Inseln und am Ufer des Meeres. Hades hat einige Eingänge in die Unterwelt, in Thesprotien am Acheron, wo im Nekromanteion bis ins dritte Jahrhundert unserer Zeit ein Totenkult bestand, in den Sümpfen bei Lerna, südlich von Argos auf der Peloponnes und in Eleusis. In Eleusis soll Hades an die Erdoberfläche gestiegen sein, um Kore-Persephone, die Tochter der Demeter, zu rauben. Durch die ihm geweihte Höhle, das Plutonäum, ist er mit ihr auf feurigem Wagen in die Unterwelt gefahren. Von den beiden Brüdern hat Hades immer die Oberhoheit des Zeus anerkannt, während Poseidon sich – nach Homers Ilias – weigerte, vor Zeus zu erscheinen. Er ließ ihm vielmehr ausrichten, daß sie alle drei gleichberechtigte Brüder seien und keiner die Alleinherrschaft beanspruchen dürfe.
Hera war sicher eine der großen Muttergöttinnen. Sie ist am engsten mit Argos verbunden, wo ihr Heiligtum auf halbem Wege zwischen Mykene und Tiryns steht. Ihr zweiter großer Tempel liegt auf Samos, wo sie ihre dreihundertjährige Hochzeitsnacht mit Zeus verbracht hat. In der Nähe des argivischen Heiligtums, in Nauplion, unweit von Tiryns, entspringt die Quelle der Hera, in die sie von Zeit zu Zeit taucht, um, wie alle großen Muttergöttinnen, ihre Jungfräulichkeit zu erneuern. Der Kult der Großen Mutter hat sich gewandelt, ist aber nie unterbrochen worden. Heute

wölbt sich über dieser Quelle eine kleine Marienkapelle, daneben steht seit etwa tausend Jahren ein Frauenkloster.
Pallas Athene ist die Schutzgöttin Athens, die Attika im Wettstreit gegen Poseidon gewinnen konnte, weil sie einen Ölbaum pflanzte, Poseidon aber nur eine Quelle aus dem Boden fließen ließ. Sie ist parthenogenetisch dem Haupt des Zeus entsprungen, eine Tochter ohne Mutter, die im Olymp immer mit den Männern stimmt. Sie ist die Göttin der Weisheit, aber auch des Krieges.
Hermes, der Sohn des Zeus, stiehlt, kaum geboren, schon die Rinder des Apollon, was ihn zum Gott und Beschützer der Diebe macht. Später erst erfindet er die Leier und andere Musikinstrumente, beschützt auch Reisende und Händler und dient als Götterbote. Als Psychopompos ist er der Führer der Toten auf dem Weg in die Unterwelt. Diese Göttergestalt entstand aus den alten Hermen, den Steinpyramiden, die an den Wegkreuzungen aufgerichtet wurden, wie bei uns die «Steinmandln» im Gebirge. Später wurde er zur römischen Herme, dem doppelgesichtigen Wegweiser durch das Imperium. Seine Geburtsstätte ist eine Höhle im Kyllenegebirge in der nördlichen Peloponnes. Aphrodite, die Göttin der Liebe, hat sich nach einigen mißglückten Versuchen, in der Politik der Olympischen Götter mitzureden, nur mehr auf die Ausübung der Liebe beschränkt. Sie ist eine aus dem Vorderen Orient stammende, der Astarte verwandte Muttergöttin. Ihre griechische Heimat ist Zypern, wo man bei Paphos, dort, wo später der heilige Paulus landete, die Felsen zeigt, bei denen sie zum erstenmal schaumgeboren aus dem Meere stieg. Viele Männer umgeben und umwerben sie; Adonis, der Tammuz des Mittleren Ostens, der Gott der Vegetation und der Wiederauferstehung;
Hephaistos, der Schmied, wie viele Schmiede gelähmt, mit durchschnittenen Sehnen, damit sie ihren Herren nicht entfliehen können;
Ares, ein Gott aus Thrakien, der Gott des Krieges schließlich; und die zauberhafte Gestalt des Eros.
Ares hat keine ihm zugeordnete Landschaft; Hephaistos wurde von Hera einmal im Zorn aus dem Olymp geworfen, dabei ist er auf Lemnos niedergestürzt, Lemnos ist eine vulkanische Insel, und überall dort, wo es Vulkane gibt, sind auch die Schmiede daheim.
Apollon, für uns der griechischste aller Götter, kommt wahrscheinlich gar nicht aus Griechenland. Der Mythos macht Delos zu seiner Geburtsstätte. Nach seiner Geburt betreuen ihn die hyperboräischen Jungfrauen, die aus dem hohen Norden oder dem fernen Westen kommen – ein Beispiel für die vielen Quellen, aus der der Apollonmythos entstanden ist.
Apollon kommt aus Delos über die Inseln auf das griechische Festland und erobert Delphi für seinen Kult, von wo aus sich seine Tempel über ganz Griechenland verbreiten.
Artemis ist seine vielgestaltige Schwester. Als Artemis Ephesia ist sie die große fruchtbare Mutter, die Göttin des großen Frauenkultes, aber auch die jungfräuliche Göttin der Jagd.
Demeter tritt uns als Dreifaltigkeit entgegen, als Kore, die jungfräuliche Frühlingsgöttin, als Demeter, die Göttin der Fruchbarkeit und der sommerlichen Ernten, und als Hekate, das alte Weib des Herbstes und des sterbenden Jahrs.
In der einen Gestalt, die alle anderen einschließt, als Persephone, verbringt sie ein Drittel des Jahres in der herbstlich-winterlichen Unterwelt; im Frühsommer verbindet sich die Demeterpriesterin im Mysterienspiel der Heiligen Hochzeit auf dem Feld mit dem Priesterkönig, um die Fruchtbarkeit der Erde zu gewährleisten.
Demeter ist blond, wie das reife Getreide; im ganzen Mittelmeerraum sind die Muttergöttinnen hellhaarig. In Eleusis, im Zentrum ihres Kults, ist ein Demeterbild bis ins 19. Jahrhundert verehrt worden.
Dionysos ist der letzte Gott, der in den Olymp aufgenommen wurde. Um für ihn Platz zu machen, hat Hestia, die Göttin des häuslichen Herdes, den Olymp verlassen müssen. Von da an waren die Männer um den himmlischen Tisch in der Mehrheit.
Dionysos, der mittelöstliche Weingott, kam mit seinem Gefolge über den Hellespont und Thrakien nach Theben, siedelte seinen Kult zuerst am Helikon an, von wo er sich rasch über ganz Griechenland ausbreitete. Auf Naxos traf der Gott des Rausches und der Bacchanalien die von Theseus verlassene Ariadne und heiratete sie. «Als er seinen Kult auf der ganzen Welt etabliert hatte, stieg er auf gegen den Himmel und sitzt nun zur Rechten des Zeus» (Apollodor 3, 5, 3).
Prometheus, der Halbgott, erschuf die Menschen, und weil er das Feuer vom Himmel holte, wurde er an einen Felsen des Kaukasus geschmiedet. Es dauerte Äonen, bis Zeus ihn wieder freigab. Alle Darstellungen zeigen ihn mit einem Weidenkorb voll Erdklumpen, aus denen er die Menschen formt.
Auch Asklepios ist ein Halbgott, der erste in einer Reihe großer Ärzte und Heilgötter. Sein Heiligtum ist in Epidauros, dort erzog er viele Jünger zu Ärzten, wie Amphiaraos, den großen Helfer und Seher, der am thebanischen Krieg teilnahm und dessen Heiligtümer über ganz Griechenland verstreut sind. Alle Weihetafeln zeigen Amphiaraos und Asklepios in der gleichen Haltung vor dem auf dem Bett liegenden Kranken.
Stärke allein kann nicht Macht verleihen, ist auch kein Anspruch auf Macht, und selbst der Stärkste muß sich unterordnen und das von den Göttern verordnete Schicksal erleiden. Das ist wahrscheinlich das Leitmotiv der Heraklessage. Er muß seine Gewalttaten mit Arbeiten sühnen. Als Lohn für die Unterordnung unter so verächtliche Herren wie den König Eurystheus wird er am Ende in den Olymp entrückt. Ob nun auch er, der aus dem syrischen Raum stammt, ein Opferkönig ist oder nur im Detail des Eurystheus, der sich im Topf versteckt, Königsopfer und Wiederauferstehungsmythos verborgen sind, bleibt zu ergründen. In der Spätzeit sank Herakles, wie Wolfgang Oberleitner an den Darstellungen der bildenden Kunst beweist, zum leicht lächerlichen Kraftprotz herab.
Orpheus, der Euridike so sehr liebt, daß er sie aus der Unterwelt holen und aus dem Tod wieder ins Leben zurückrufen will, Orpheus der Musiker, der Tiere, Steine und Bäume bezaubern kann, erliegt zuletzt doch der menschlichsten aller Schwächen, der Neugierde, und verliert dadurch die

Geliebte für immer. Die rasenden Mänaden zerreißen ihn, als er mit seinem neuen Kult die Männer bezaubert und dem Apollonkult gefährlich wird. Die Überwindung des Todes durch die Liebe ist ein ewiges, unvergängliches Thema, das der tiefenpsychologischen und analytischen Interpretation nicht bedarf, um uns immer wieder zu rühren.

Sigmund Freud hat uns die Sicht auf das wahre Drama des Oidipus verstellt, aber mit seinem «Ödipus-Komplex» einen aus der Tiefenpsychologie nicht zu eliminierenden Begriff geschaffen. Es ist jedoch mehr als fraglich, ob die Schöpfer des Mythos jemals an einen Inzestkomplex gedacht haben.

Theseus ist der lichte Held der Griechen, der Siegfried der Antike, ein Ritter ohne Furcht und Tadel, hilfreich und zu gut, um geschichtlich zu sein. Die «Taten des Theseus», die Befriedung der Küste zwischen Troizen und Athen, ist wahrscheinlich Kunstmärchen, analog den Taten des Herakles. Die Geschichte vom Zusammenschluß der attischen Gemeinden (Synoikismos) ist als gezielte politische Propaganda anzusehen. Die Taten sollten den Athener Theseus dem Thebaner und Argiver Herakles gleichstellen. Daß es trotz der Bedeutung Athens nicht gelungen ist, Theseus zu den Göttern in den Olymp zu erheben, zeigt die Grenzen athenischer Macht. Beide Sagen, die Taten und der Synoikismos, sollten den Herrschaftsanspruch Athens auf Attika und Teile der Peloponnes historisch legitimieren. In den von Athener Dramatikern geschriebenen großen Tragödien, wie den Oidipus-Dramen, der Orestie, den Herakleskindern, tritt Theseus am Schluß auf und spricht dabei weise Worte. Nur in der Erzählung von der Befreiung Athens von kretischer Tributpflicht, vom Labyrinth, von Ariadne und dem Minotauros, haben wir es wahrscheinlich mit echter, ursprünglicher Sage zu tun. Die Erzählung von der Geburt des Theseus, mit dem unter einem Felsen verborgenen Schwert, erinnert an Hunding und Sigmund, der Kampf mit dem Minotauros war sicher nicht ohne Einfluß auf die Georgslegende, und ob die libysche Prinzessin und Ariadne nicht die gleiche Göttin sind, wäre noch zu untersuchen. Die schwarzen Segel, die hier zum erstenmal am Horizont auftauchen, stehen auch bei Tristan und Isolde noch voll im Wind.

In der Orestie ballt das Schicksal alle nur denkbaren Greuel zusammen: die Opferung der Iphigenie, den Trojanischen Krieg, die Rache der Mutter durch den Mord am Vater Agamemnon, den Ehebruch der Mutter mit dem verwandten Ägisth und letztlich den von einem Gott, von Apollon, befohlenen Rachemord an Klytaimestra. Das Drama ist gewaltig, ganz gleich, ob man es als Rechtfertigung des Muttermordes, das heißt der Abschaffung des Matriarchats durch die beiden patriarchalischen Götter Apollon und Athene, ansieht, wobei Apollon den Mord befiehlt und Athene bei der Gerichtsverhandlung ihre entscheidende Stimme für den Mörder in die Waagschale wirft, oder die Erzählung für historische Erinnerung hält. Bei dieser Gerichtsverhandlung auf dem Areopag in Athen beginnt die neue Zeit, beginnen Polis und Gesetz. Die Worte, die Aischylos seine Athener über Demokratie und Gesetz sagen läßt, sind eine Grabrede auf den Mythos als moralische Institution. Von nun an regeln Gesetz und Philosophie das Verhalten des Menschen.

Im Titel des Buches ist von den griechischen Sagen die Rede. Das ist eine Reverenz an Gustav Schwab, der vor mehr als hundert Jahren erstmalig dem deutschen Publikum die Überlieferungen der Griechen in einer allgemeinverständlichen Fassung zugänglich gemacht hat. Gattungsmäßig gehören die Erzählungen von den griechischen Göttern unzweifelhaft dem Mythos an. Ja man kann sogar die Heroensagen noch dem Mythos zurechnen, da die Heroen häufig genug selbst zum Gegenstand religiöser Kulte und – wie etwa Herakles in der Überlieferung – in den Olymp aufgenommen wurden.

Es bleibt mir noch übrig, eine Dankesschuld abzustatten. Es wäre unmöglich, die Mythen und Sagen der Griechen in Bildern zu erzählen, wenn wir die Landschaften nicht finden könnten, wenn wir vom Griechenland der klassischen Zeit keine Beschreibung hätten, wenn wir nicht wüßten, welche Tempel welchen Göttern geweiht waren, wo sie standen und wie sie wirklich aussahen, bevor sie von Barbaren geplündert und von Erdbeben zerstört wurden. Um in Griechenland zu reisen, um das Griechenland der Klassik zu identifizieren, um zu wissen, wie die von den Türken umbenannten Flüsse und Dörfer einst hießen, haben sich Reisende und Archäologen seit alters her der einzigen verläßlichen Quelle bedient, der «Reise durch Griechenland» des aus Kleinasien stammenden Griechen Pausanias, der im zweiten Jahrhundert unserer Zeitrechnung den ersten Reiseführer geschrieben hat. Er hat sich dazu eines sachlichen, allem Überschwang feindlichen Stils bedient, der ihn sagen läßt: «Zu den vielen verschiedenen und unwahren Legenden, an die die Griechen glauben, gehört auch...»

Da das vorliegende Buch ein Führer in die antike Welt und ihre Stimmung sein soll, so möchte ich es jenem Autor und Vorbild widmen, ohne dessen Hilfe es nie entstanden wäre: PAUSANIAS.

Erich Lessing

# Egidius Schmalzriedt

# Der historische Hintergrund der griechischen Mythen

## Die Problematik des Themas

1.

Zu den eindrucksvollsten Szenen der Homerischen «Odyssee» gehören die Episoden im zweiten Teil des Epos, die die Heimkehr des Helden schildern: seine Verkleidung als Bettler, sein Aufenthalt beim Sauhirten Eumaios, die Mißhandlung durch den Ziegenhirten Melantheus, der Kampf mit dem Bettler Iros, das Schlemmerleben der Freier Penelopes, die Beschimpfung des verkleideten Odysseus durch die Sklavinnen Penelopes, sein erstes Gespräch mit Penelope im Beisein der Sklavinnen, die Fußwaschung durch seine alte Amme Eurykleia und so weiter.

Es wäre ein Leichtes, aus diesen liebevoll mit minuziösen Alltagsdetails illustrierten Episoden eine Soziologie des königlichen Hofes von Ithaka zu entwerfen. Wir bekämen damit ein Bild von der politischen, sozialen und wirtschaftlichen Struktur einer monarchisch regierten Gauresidenz, mit «bürgerlicher» Stadt und zugehörigem bäuerlichem Umland, so wie es ein Dichter gegen Ende des achten vorchristlichen Jahrhunderts entworfen hat. Dieses Bild wäre wegen des erwähnten lebensvollen Reichtums an Details sehr gefüllt: zugegeben, nicht so detailliert und komplett wie eine heutige sozialstatistische Repräsentativerhebung, aber immerhin so vollkommen, wie es ein poetisches Gemälde nur zu sein vermag.

Freilich: Es ist und bleibt ein dichterisch gestaltetes Bild, geformt durch den poetischen Willen eines Autors, der für die Auswahl wie für das Arrangement der Einzelheiten verantwortlich ist und der diese Selektion der dargestellten Fakten ausschließlich aus poetischen Gründen getroffen hat – die geschilderten Details haben im Rahmen der einzelnen Episoden allein poetische Funktion.

Das heißt: So vollständig und in sich geschlossen dieses «Sozialgemälde» auch sein mag – nichts bietet uns die Gewähr dafür, daß es auch historisch komplett und aussagekräftig ist. Auf der anderen Seite aber ist wohl ebenso eindeutig, daß in dieser poetischen Szenerie historisches Material eingeschmolzen sein muß. Denn der Dichter hat ja keineswegs aus völlig freier Phantasie eine Art soziopolitischer Utopie entworfen, sondern seine Epen handeln von Ereignissen, die er genauso wie die Griechen der späteren Jahrhunderte für im Kern geschichtlich hielt – der Trojanische Krieg ist keine Erfindung Homers. Und ebenso wie ganz selbstverständlich irgendein historischer Kern im Homerischen Epos steckt, ebenso kann der Dichter auch unmöglich die detaillierten Herrschafts- und Sozialstrukturen, die sich in seinem Werk manifestieren, frei erfunden haben: Auch sie müssen auf irgendeine noch zu bestimmende Weise reale politische und soziale Fakten in sich eingeschmolzen enthalten.

Aber an dieser Stelle stehen wir neben der erwähnten poetologischen vor einer zweiten Barriere. Denn wenn wir einmal – um nun die «Ilias» als Beispiel zu nehmen – von der eben genannten naheliegenden Prämisse ausgehen, daß tatsächlich irgendwann eine Auseinandersetzung zwischen Bewohnern der Troas und Festlandgriechen stattgefunden und sich als Trojanischer Krieg im Gedächtnis der Nachwelt festgesetzt hat – die Griechen legten das Datum der Zerstörung Trojas später auf 1184 vor unserer Zeitrechnung –, dann ist damit noch lange nicht gesagt, daß der um Jahrhunderte später lebende Epiker die historischen Verhältnisse der Zeit der Ereignisse auch wirklich kennt und daß er sie, falls er in der Tat etwas davon wissen sollte, auch in den Einzelheiten getreu darstellen kann. Nach allem, was wir von der Entwicklung des Schriftwesens in Griechenland wissen, ist dies alles andere als wahrscheinlich: Schriftliche historiographische Dokumente lagen dem Dichter nicht vor, archäologische Zeugnisse nur bedingt (vor allem ohne historische Entschlüsselungsmöglichkeit), so daß er ganz auf mündliche Traditionen vertrauen mußte. Und diese dürften nicht nur wegen der jahrhundertelangen Überlieferungszeit in ihrer historiographischen Relevanz stark eingeschränkt gewesen sein, sondern für sie sind, da sie weitgehend ebenso poetische Zeugnisse – Rhapsodenliteratur – waren wie die Homerischen Dichtungen selbst, all diese Skrupel gleichermaßen gültig, die wir hier gerade für Homer explizieren.

Überall, wo nun aber dem Autor Homer

kein überliefertes Material zur Verfügung steht, muß er auf nicht überliefertes zurückgreifen, um seine «poetischen Bilder» zu komplettieren. Das kann er in verschiedener Weise tun: indem er seiner Phantasie freien Lauf läßt, indem er sich an die Verhältnisse seiner eigenen Zeit hält, indem er ihm bekannt gewordene außergriechische Verhältnisse zum Vorbild nimmt. Für den heutigen Betrachter ergeben sich aus all dem schier unüberwindliche Schwierigkeiten. Selbstverständlich muß er – will er etwas über den historischen Hintergrund der mythischen Geschichten aussagen – von Homer auf die Verhältnisse in der Zeit der Ereignisse zurückschließen; er steht dann jedoch sofort vor dem Problem, ob beispielsweise die politische Struktur «Mächtige Könige, die ihre Entscheidungen nur in der Auseinandersetzung mit einer Heeres- oder Volksversammlung treffen» nun die Verhältnisse der troisch-mykenischen oder der homerischen Zeit repräsentiert oder ob sie, was man für ebenso wahrscheinlich halten kann, eine Kontamination beider Möglichkeiten darstellt.
Kurz gesagt: Es fehlt uns allenthalben an einer historiographischen Parallelüberlieferung, die als Kontrollinstanz eine historisch-kritische Überprüfung der Homerischen Geschichten ermöglichen könnte. Im Fall von Sagenkomplexen, die erst in späterer Zeit entstanden, sind – bei allen analytischen Schwierigkeiten im einzelnen – die Chancen der Forschung unverhältnismäßig viel besser. Man denke etwa an das Beispiel der Sagen um Dietrich von Bern, wo sich die – in der Sage verwandelten – historischen Bezüge zum Teil schon durch die Namensetymologie gleichsam von selbst dechiffrieren: hinter «Dietrich» steckt der Ostgotenkönig «Theoderich» der Große (471-526 n. Chr.), hinter «Bern» Verona, hinter der «Rabenschlacht» ein Kampf um Theoderichs Hauptstadt Ravenna, hinter dem Hunnenkönig «Etzel» der historische Attila (gestorben 453 n. Chr.) usw. Doch an Phänomenen wie der Dietrichsage läßt sich zugleich auch demonstrieren, worin eigentlich die einzigen Chancen der Forschung bestehen: nämlich darin, zu zeigen, was mit dem historischen Material geschieht, wenn es zur Sage umgeschmolzen wird. Es erleidet Erweiterungen, Verkürzungen, Verformungen mannigfaltigster Art, ist also Verwandlungsprozessen unterworfen, die es im nachhinein prinzipiell unmöglich machen, allein aus diesem solchermaßen deformierten Stoff wieder die Historie zu rekonstruieren. Auch die in den europäischen Literaturen so fruchtbare Alexandersage, in der der historische Kern bis zur Unkenntlichkeit von legendenund märchenhaften Elementen überwuchert wurde, ist ein Musterbeispiel dafür, daß zwar aus Geschichte Geschichten werden können, aber niemals mehr aus diesen Geschichten «Geschichte» als wissenschaftliche Erkenntnis.

2.

Nun besteht ja die griechische Mythenwelt keineswegs nur aus solchen Geschichten, in denen man einen historischen oder auch fingiert historischen Kern vermuten kann. Einen Großteil des griechischen Mythos bilden vielmehr Geschichten aus dem Reich der Götter und Halbgötter, und wenn man nicht von vornherein dem Standpunkt des griechischen Aufklärers Euhemeros (ca. 340-260 v. Chr.) zustimmen will, die Götter seien nichts anderes als wegen ihrer Verdienste postum verehrte historische Persönlichkeiten, dann erheben sich bei der Frage nach den möglichen politischen, sozialen und wirtschaftlichen Hintergründen dieser Mythen noch ganz neue Probleme.
Ich meine damit nicht etwa Erscheinungen wie die, daß sich zum Beispiel das Zusammenleben der Olympischen Götter – so wie es uns die griechischen Dichtungen spiegeln – in ähnlichen Strukturen vollzieht wie das der Menschen. So werden beispielsweise Entscheidungen der Götter bei Homer nicht anders herbeigeführt als die Entscheidungen der vor Troja kämpfenden Griechen: Zwar ist Zeus der oberste Gott und gewissermaßen Alleinherrscher im Olymp; aber wie sich die Götter innerhalb der Auseinandersetzungen zwischen Griechen und Troern verhalten oder was mit einzelnen Helden wie etwa dem von Poseidon verfolgten, auf Ogygia bei Kalypso festsitzenden Odysseus geschehen soll, das entscheidet nicht Zeus in selbstherrlicher Souveränität, sondern darüber hat der Götterrat – der Heeres- und Volksversammlung auf Erden entsprechend – zu befinden. Für alle diese Fälle, wo die Götterwelt aufgrund ihrer anthropomorphen Strukturierung nur ein mehr oder weniger klares Spiegelbild der Menschenwelt ist, gelten dieselben Vorsichtsmaßregeln wie für die obengenannten quasi- oder pseudohistorischen Mythen. Bei den Götter- und Halbgöttermythen kommen indes Schwierigkeiten hinzu, die mit ihrem spezifischen Charakter als religiöse Phänomene zusammenhängen. Wenn wir nach dem entscheidenden Charakteristikum fragen, das jene Überlieferungen, die man mit unseren «Sagen» vergleichen könnte, von denen unterscheidet, die zum Großraum des religiösen Mythos gehören, dann stoßen wir als signifikantes Kriterium auf das Phänomen des Kultes. Zu jedem religiösen Mythos gehört ein kultisches Komplement in Form bestimmter Riten, seien es Feste, Opfer, Tänze, Begehungen, Gebete, Beschwörungen, Geheimriten usw. Die diffizile Frage, wer dabei was begleitet, der Kultus den Mythos oder der Mythos den Kultus, ist in diesem Zusammenhang zunächst von ebenso sekundärem Rang wie die Frage, was wohl ursprünglich zuerst da war, d. h. ob der Mythos auf den Kultakt folgt oder ob der Kultakt aus einer bestimmten Mythenversion entspringt: Entscheidend für die Wesensbestimmung eines religiösen Mythos ist vielmehr der unlösbare Zusammenhang, daß der Mythos sich zugleich in einem Kultakt dokumentiert und der Kultakt sich in einem Mythos spiegelt.
Indes, was zunächst von sekundärem Rang ist, ist nicht völlig ohne Belang, im Gegenteil: So einfach sich dieses Identifizierungsmerkmal «Kult» auf den ersten Blick ausnimmt, so kompliziert wird die Lage, wenn man bei den Mythen ins Detail geht (wobei wir einmal den Fall ganz ausklammern wollen, daß zu einem uns bekannten Mythos die entsprechenden kultischen Elemente lediglich aus Überlieferungsgründen heute nicht mehr bekannt sind); denn dann stellen sich sofort wiederum jene historisierenden Fragen ein,

die zeigen, daß der mit dem Mythos verbundene Kult zwar theoretisch ein ausgezeichnetes Unterscheidungskriterium gegenüber den quasi- oder pseudohistorischen Mythen abgibt, in der Praxis aber kaum mehr als ein heuristisches Identifikationsprinzip bildet.
Nehmen wir als eklatantes Beispiel zwei Schlüsselfiguren aus dem Umkreis des Trojanischen Krieges, den wir ja schon mehrfach als Exempel für einen geschichtshaltigen Mythos herangezogen haben: Helena und Agamemnon.
Die Geschichte der Entführung der schönen Gattin des Menelaos durch den troischen Königssohn Paris – das den Krieg auslösende Moment – deutet wie alle anderen Episoden aus dem Leben Helenas (ihre frühere Entführung durch Theseus und Peirithoos, ihre späteren Erlebnisse in Troja und die Versionen ihrer Heimkehr nach Sparta) mit keiner Spur auf religiöse Konnotationen; lediglich die Geschichte ihrer Geburt aus dem Ei, das ihre Mutter Leda zur Welt brachte, nachdem Zeus sie in Gestalt eines Schwans besucht hatte, schlägt, so könnte man meinen, eine Brücke zum Bereich des religiösen Mythos.
Nun lernen wir aber aus nicht primär mythologischen Quellen eine ganz andere Seite Helenas kennen: Da trägt sie plötzlich einen Beinamen – Helene Dendritis, «Baumhelena» – und wird als Baumgottheit verehrt, und das nicht etwa nur in ihrer mythischen Heimat Sparta (wo eine der Helena heilige Platane verehrt wurde), sondern ebenso im arkadischen Kaphyai und auf der fernen Insel Rhodos. Hier auf Rhodos hat man sogar eine rationalistische Erklärung für die Verbindung der Biographie Helenas mit dem religiösen Phänomen des Baumkultes gesucht und sie in einer bestimmten Todesversion gefunden: Danach soll Helena an einem Baum erhängt worden sein.
Wie kommt dieser Doppelaspekt – einmal Zentralfigur eines «historisierenden» Mythos und einmal kultisch verehrte Gottheit – zustande? Die Gelehrten haben sich darüber natürlich schon lange den Kopf zerbrochen, ohne freilich über mehr oder minder plausible Mutmaßungen hinausgelangt zu sein. Danach wäre Helena ursprünglich eine reine Gottheit gewesen, und zwar – wie die Motive «Entführung» und «Tod» anzudeuten scheinen – eine jener Vegetationsgottheiten, in deren Verschwinden oder Sterben das alljährlich sich vollziehende Verblühen und Absterben der Natur kultisch-mythischen Ausdruck findet; die Parallelität Theseus-Helena und Theseus-Ariadne würde nahelegen, an eine vorgriechische (minoische) Gottheit zu denken, zumal aus anderen Quellen bekannt ist, daß in minoischer Zeit gerade dem Baumkult neben Stein- und Schlangenkult zentrale Bedeutung im Rahmen des Naturkults zukam. Ihre mythologische Biographie hätte Helena in diesem Fall erst dadurch erhalten, daß die Göttin zur Gemahlin eines sterblichen Königs – präziser: eines mykenischen Stadtfürsten – «gemacht» und das für die Vegetationsgottheit signifikante Entführungsmotiv in die Vorgeschichte des Trojanischen Krieges übertragen wurde. Der Zeitpunkt, wann diese Transformation geschehen sei, läßt sich sogar benennen, wenigstens relativ: Die Übertragung kann wohl erst nach den historischen Ereignissen erfolgt sein, die sich in der Chiffre «Trojanischer Krieg» niedergeschlagen haben.
Beinahe ebenso verblüffend wie der Doppelaspekt Helenas erscheint der Fall bei Agamemnon, den man aus heutiger Warte fast als Prototyp einer zur Sagenfigur kristallisierten oder stilisierten historischen (oder zumindest als historisch gedachten) Herrschergestalt ansehen würde: So erfahren wir von einem Gebetsanruf an «Zeus Agamemnon» – wobei es in unserem Zusammenhang irrelevant ist, ob «Zeus» Attribut des «Agamemnon» oder «Agamemnon» Attribut des «Zeus» sein soll –, und aus Chaironeia berichtet Pausanias (9, 40, 11), daß dort ein alter Speer, genannt «Szepter Agamemnons», durch regelmäßige Opfer kultisch verehrt wurde. In diesem Fall zielen die Deutungen der modernen Mythenforscher allerdings in umgekehrter Richtung wie bei Helena: Hier wäre eine geschichtliche Persönlichkeit aufgrund ihrer hervorstechenden Berühmtheit postum zu religiösen Ehren gelangt – der berühmte Herrscher wird in den Augen (und Herzen) der Menschen zum Heros, zum Halbgott, und das vielleicht in irgendeinem alten Fürstengrab gefundene Relikt wird zur Reliquie, die man kurzerhand mit eben diesem Heros verbindet.
Man darf nicht verschweigen, daß diesen Deutungen auch widersprochen worden ist; der große Wilamowitz beispielsweise hat sich in seinem «Glauben der Hellenen» (1,231) nicht ohne Gründe im Fall Helenas für die Skepsis des «non liquet» entschieden. Doch wie dem im einzelnen auch sei, dreierlei wird aus diesen Beispielen eindeutig klar: Zum einen muß man sich hüten, historisierende Mythen vordergründig und vorschnell exklusiv als solche zu qualifizieren und damit abzuqualifizieren.
Zum anderen ist eine strenge Scheidung von «historisierendem» und von «religiösem» Mythos im Einzelfall keineswegs ohne weiteres möglich, und zwar aufgrund der Tatsache, daß – selbst noch in historischer Zeit – für die Griechen, nach einem angeblichen Wort des Philosophen Thales, «alles voll von Göttern» war und daß sie immer bereit waren, auch historischen Dingen und Personen kultische Verehrung zu erweisen (so etwa, nach dessen Tod 406 v. Chr., dem Tragödiendichter Sophokles). Drittens können wir schließlich – und das ist der springende Punkt – auch bei den «religiösen» Mythen nicht umhin, nach ihren historischen Bedingungen zu fragen, d. h. nach ihrer Genese, ihren Wandlungen und Umformungen sowie deren jeweiligen Bedingungen.
Letzteres ist nicht etwa gleichbedeutend mit dem Postulat, jeweils auch gültige Antworten geben zu müssen – oft wird es bei der Frage oder bei einer vagen Vermutung bleiben –, aber es bedeutet die Pflicht, auch die «religiösen» Mythen als etwas geschichtlich Gewordenes auf ihren historischen Hinter- und Untergrund hin zu analysieren.

3.

Wenn wir nicht annehmen wollen, daß die Gesamtheit der mythischen und kultischen Vorstellungen den Menschen schon seit den Vorstufen des Homo sapiens innewohnt – eine Prämisse, gegen die neben dem gesunden Menschenverstand schon die Tatsache der völligen Verschiedenheit der Kulte und Mythen bei den verschiedenen Völkern und Kulturkreisen spricht –, dann ist die Annahme des historischen – und damit historisch analysierbaren – Charakters des griechischen Mythos und Kultus eigentlich eine selbstverständliche, ja fast banale Arbeitshypothese. Doch diese Hypothese erlaubt es uns, die Entstehung, Entwicklung und Entfaltung des griechischen Mythos und Kultus als eine Funktion des allgemeinen geschichtlichen Wandels im Raum Griechenlands und der Ägäis zu betrachten und damit in relativ einfachen Arbeitsgängen die Entwicklung der griechischen Religion – zumindest in theoretisch-abstrakter Weise – historisch dingfest zu machen.

Legt man aufgrund dieser Arbeitshypothese die allgemeine Geschichte des fraglichen geographischen Raumes – auf die wir sogleich etwas ausführlicher eingehen werden – als Raster zugrunde, so kann man mit drei hauptsächlichen Entwicklungsstadien rechnen:

1. mit der vorgriechischen Stufe, d. h. der Religion der sogenannten Ureinwohner (seien diese nun eine homogene Gruppe oder selbst wieder chronologisch und ethnisch differenzierbar);
2. mit der Stufe, die durch die «Hellenisierung» des Gebiets im Zug der Einwanderung der Griechen erreicht wurde; diese Stufe ist ihrerseits mehrschichtig angelegt, da «die» Griechen ja das Land in Gestalt verschiedener Stämme in Einwanderungswellen in Besitz nahmen, ein Vorgang, der sich über mehrere Jahrhunderte erstreckte;
3. schließlich ist im Lauf der geschichtlichen Entwicklung des Raumes immer wieder mit Einflüssen von außen zu rechnen, vor allem mit Einflüssen aus dem Vorderen Orient, die aus dem regen Handels- und Kulturaustausch zwischen den vorderasiatisch-ägäischen Großreichen des zweiten Jahrtausends vor unserer Zeitrechnung resultierten.

Man darf sich allerdings nicht in der Hoffnung wiegen, hierbei sozusagen auf kurzem Weg eine Fülle schlüssiger Ergebnisse zu erhalten. Das Beispiel des Hyakinth-Mythos, bei dem es wenigstens in Ansätzen so etwas wie historische Parallelüberlieferung gibt, mag das veranschaulichen.

In seiner «klassischen» Ausprägung erzählt dieser Mythos vom Tod des schönen Jünglings Hyakinthos. Er ist der Geliebte Apollons; als sich beide eines Tages beim Spiel im Diskuswerfen messen, lenkt der eifersüchtige Zephyros, der Westwind (nach anderen Versionen Boreas, der Nordwind), Apollons Diskus ab, so daß er Hyakinthos am Kopf trifft. Hyakinthos bricht tot zusammen; aus dem Blut, das der Wunde entströmt, läßt Apollon die – daher so benannte – Hyazinthe erwachsen.

Als Hyakinthos' Vater wird der Spartanerkönig Amyklas genannt, der eponyme Gründer der lakonischen Stadt Amyklai am Eurotas, wo alljährlich als wichtigstes Kultfest die Hyakinthia gefeiert wurden.

Das Hauptdatum an Parallelüberlieferung hat hier die Sprachgeschichte beigesteuert, die nachweisen konnte, daß das Eigennamensuffix -nth nichtgriechischen, d. h. vorgriechischen Ursprungs ist; das gilt für Ortsnamen wie Korinth, Perinth, Olynth nicht anders als für Personennamen wie Rhadamanthys oder, wie gesagt, Hyakinthos. Und wo die Namen alt sind, sind auch die zugehörigen Sachen alt, also die Orte und die Götter samt den zugehörigen Kulten und vermutlich auch den eponymen Festen. Letzteres ist allerdings nicht unbedingt sicher – ein Fest könnte ja in späterer Zeit nach einem viel älteren Gott benannt worden sein –, es erscheint aber im Fall der Hyakinthien wahrscheinlich: Denn sie waren in historischer Zeit ein großes Fest zu Ehren Apollons, sie waren also vom ursprünglichen Kultträger auf einen stärkeren Nachfolger übergegangen.

Daß Hyakinthos tatsächlich eine vorgriechische Gottheit ist – nicht etwa eine ehemals historische Person –, ergibt sich aus allgemein historischen und speziell religionsgeschichtlichen Anhaltspunkten (hier haben wir also eine zweite, wenngleich nicht ganz so überzeugungskräftige Parallelüberlieferung). So berichtet Pausanias, daß in Amyklai das Grab des Hyakinthos an den Hyakinthien durch Opfer geehrt werde (unmittelbar vor dem Opfer an Apollon!); dieses «Grab» befand sich in der Basis des Thrones von Apollon; an derselben Basis war ein Relief angebracht, auf dem Hyakinthos mit seiner Schwester Polyboia von einer Reihe von Göttern in den Himmel geleitet wird.

Ein Grab Hyakinths zeigte man auch in der lakonischen Kolonie Tarent, wo Apollon als «Apollon Hyakinthos» verehrt wurde; Hyakinth-Feste müssen einst im gesamten dorischen Siedlungsgebiet verbreitet gewesen sein, wie der dort allenthalben bezeugte Monatsname «Hyakinthos» bekundet.

Noch etwas kommt hinzu: Wir wissen aus mancherlei Hinweisen, daß die bodenständige vorgriechische Bevölkerung im wesentlichen agrarisch strukturiert war, während die einwandernden Griechenstämme noch die entwicklungsgeschichtlich frühere Stufe des nomadisierenden Hirtentums der Steppe repräsentieren; das religiöse Brauchtum der vom Ackerbau lebenden Menschen aber ist zentriert in Vegetationsgottheiten und Vegetationskulten, und für diese wiederum ist das den Zyklus der Natur nachvollziehende Motiv von Geburt und Tod der Gottheit charakteristisch. Wenn nun im griechischen Mythos von Hyakinthos als Kern der Geschichte gerade der Tod Hyakinths erscheint, so kann man aus dem Gesagten schließen, daß der ursprüngliche Gott Hyakinthos ein vorgriechischer Vegetationsgott war, in dessen Kult es um das Todesphänomen ging. Unterstützt wird diese Schlußfolgerung durch die Tatsache, daß es auch noch Relikte gibt, die auf das kultische Pendant zum Tod – die Geburt der Vegetationsgottheit – hinweisen.

So erscheint im kleinasiatischen Knidos (wo man ebenfalls den Monatsnamen Hyakinthos kennt) die griechische Naturgöttin Artemis mit dem Beinamen «Iakynthotrophos», «Amme Hyakinths», was man wohl mit dem anderwärts verschiedentlich bezeugten Motiv von einem göttlichen Kind, das nach seiner Geburt von der Mutter verlassen und von Naturmächten aufgezogen wird, in Verbindung zu bringen hat.

Und noch ein drittes Datum liefert uns die vergleichende Religionsgeschichte:

Die spezifisch griechischen Götter sterben nicht, im Gegenteil, ihr charakteristisches Signum ist eben die Tatsache, daß sie als athanatoi, als Unsterbliche, ein ewiges Leben des ungetrübten Genusses führen

(wie es die von der Arbeit der unterdrückten Agrarbevölkerung lebende eingewanderte griechische Herrenschicht für sich selbst erstrebt und erträumt haben mag); wenn eine Gottheit stirbt, so deutet das mit Sicherheit auf nichtgriechischen Ursprung.
Hyakinthos ist also ursprünglich eine vorgriechische Vegetationsgottheit, und sein Tod ist das einzige Moment, das sich aus dem vorgriechischen Kultus in den griechischen Mythos hinübergerettet hat (neben dem sekundären Umstand, daß dieser Tod im griechischen Mythos gerade als Naturaition dient, d. h. zur Begründung eines Naturphänomens, nämlich der «Hyazinthe»). Aus welcher Zeit stammt aber dann die rührende Geschichte von der Liebe Apollons zu dem schönen Knaben und von dessen unglückseligem Tod?
Die Antwort: Sie kann erst entstanden sein, nachdem Apollon als eine griechische Hauptgottheit eingeführt war und vorgriechische Gottheiten überlagert hatte. Wie diese Überlagerung geschah, zeigen die Relikte: Übernahme der Kultorte und Kultgepflogenheiten (wenn Apollons Thron über dem Grab Hyakinths steht, manifestiert sich die «Unterdrückung» ganz konkret), Adaption der alten Gottheit als Beiname, Herstellung einer plausiblen Beziehung zwischen der alten und der neuen Gottheit in einer illustrativen mythischen «Geschichte».
Falls diese Analyse stimmt, können wir auch die Motive benennen, die die mythologische Eroberung des alten Kultes durch den neuen kennzeichnen:
1. Aus dem göttlichen Kind wird ein junger schöner Königssohn (freilich als Sproß eines eponymen Stadtgründers für griechisches Empfinden immer noch der göttlichen Sphäre zugehörend), der als Geliebter des neuen Gottes vorgestellt wird. Daß dieser Konnex zwischen altem und neuem Gott positiv geschildert wird, ist bemerkenswert: Die Überwindung früherer Gottheiten kann sich mythologisch ebensogut auch in Form von Kriegs- und überhaupt Streitmotiven niederschlagen.
2. Die besondere Art der persönlichen Beziehung ist wiederum soziologisch und für die relative Chronologie bedeutsam: Das Motiv der männlichen Homoerotik kann nur in einer Gesellschaft entstanden sein, für die diese Art der Liebesbeziehung nicht nur als etwas Duldbares, sondern darüber hinaus als etwas Erstrebens- und Verherrlichenswertes galt. Das ganze Ambiente der mythischen Erzählung – es tauchen nur männliche Gestalten auf – weist auf eine von Männern dominierte Gesellschaftsordnung hin.
3. Der Mythos wird rationalisiert und psychologisiert. Aus dem numinosen Naturereignis der sterbenden Vegetationsgottheit wird ein mechanisch verursachter Tod – Schädelzertrümmerung durch einen harten Gegenstand. Hierfür wiederum wird eine psychologische Verursachung angegeben: Der Unfall ist ein Racheakt aus Eifersucht. Um dem Ganzen eine tragisch-pikante Atmosphäre zu geben, läßt der Erzähler das Ereignis während eines fröhlich-friedlichen Spiels des Liebespaares stattfinden und den Geliebten unglücklicherweise ausgerechnet durch das Wurfgeschoß des Liebhabers sterben.
(Wollte man den Mythos tiefenpsychologisch deuten, so könnte man im letztgenannten Motiv natürlich wiederum eine bildhafte Verschlüsselung der Unterdrückung der alten Gottheit durch die neue sehen, ähnlich wie in der archäologisch belegten Thron-Grab-Konstellation; doch so weit möchte ich nicht gehen.)
Daß der Mythos tatsächlich so alt – oder nur wenig jünger – ist wie die faktische Übernahme des Hyakinth-Kults durch Apollon, läßt sich freilich nicht mit Sicherheit beweisen; es ist lediglich eine Vermutung, die sich auf die plausible Frage gründet, in welcher Zeit überhaupt ein Interesse daran bestanden haben kann, die Ausschaltung eines von der unterdrückten Bevölkerungsschicht verehrten Gottes durch einen göttlichen Repräsentanten der neuen Herrenschicht in einer mythischen Geschichte zu «neutralisieren». Die Blume «hyakinthos» jedenfalls ist schon Homer geläufig. Die Tötung des Hyakinth mit dem Diskus durch Apollon ist erstmals in Euripides' «Helena» 1465 ff. (aufgeführt 412 v. Chr.) als Kultaition der lakonischen Hyakinthien erwähnt, und zwar ganz beiläufig und ohne dramaturgische Funktion, was mit Sicherheit darauf deutet, daß das Mythologem nicht vom Tragiker erfunden wurde, sondern älteres Überlieferungsgut darstellt. Das Diskuswerfen ist auf alle Fälle eine vorhomerische Disziplin; es begegnet zum Beispiel «Ilias» 2,773 ff. unter den von den Griechen vor Troja gepflegten (Kampftrainings-)Spielen, neben Wurfspießschleudern und Bogenschießen. Das Motiv von der Eifersucht des Zephyros dagegen hat man mit einigem Grund für hellenistisch erklärt. Wenn diese Deutungen richtig sind, ginge die Rationalisierung und tragisch-dramatische Literarisierung auf das Konto der vorhomerischen Entstehungszeit des Mythos, die Psychologisierung auf das Konto der hellenistischen Epoche.

4.

Aus dem Beispiel des Hyakinth-Mythos – der sich als kurze, aus nur wenigen überschaubaren Motiven bestehende Geschichte verhältnismäßig einfach sezieren läßt – kann man einige positive wie negative Schlußfolgerungen ziehen, die für den Gesamtbereich der «religiösen» Mythen gelten.
Der Mythos zeigt deutlich, daß wir überall dort, wo uns nichtmythologische Zeugnisse zu Hilfe kommen – archäologische, sprachgeschichtliche, historiographische, religionshistorische usw. –, die Chance haben, einen Mythos historisch zu analysieren, d. h. seine Bestandteile in verschiedene Schichten zu zerlegen und diese in einer relativen Chronologie zu ordnen, die man ihrerseits wieder den einzelnen Etappen der politischen Geschichte des geographischen Raums, in dem der Mythos heimisch ist, zuordnen kann. Daß dies, was absolute chronologische Angaben betrifft, eine sehr vage Angelegenheit bleiben muß, ist offenkundig. Man kann hier eher in der Größenordnung von Halbjahrtausenden als von Jahrhunderten rechnen.
Auf der anderen Seite zeigt der Mythos wohl ebenso deutlich, daß wir ohne die Hilfe der nichtmythologischen Parallelüberlieferung nicht imstande wären, die Mythen auf ihre geschichtlichen Implikationen hin zu untersuchen. Und weiter: Es gibt kein einziges historisches Faktum,

das allein aus dem Mythos herausgelesen werden könnte und das die aus der Parallelüberlieferung bekannten Informationen erweitern würde. Daraus läßt sich die methodische Regel ableiten, daß es nur eine Interpretationsrichtung geben kann: von den parallel überlieferten Gegebenheiten aus den Mythos zu analysieren, niemals umgekehrt, d.h. vom Mythos aus die Parallelüberlieferung zu interpretieren. Alles, was darüber hinausgeht, gehört ins Reich der Vermutungen und Spekulationen, die sich wissenschaftlich nicht absichern lassen. Auch für die religiösen Mythen gilt also, was sich schon im Zusammenhang mit den «historisierenden» Mythen gezeigt hat: Alle «Versuche, die Mythen in Geschichte zu verwandeln... können nur diskreditieren; ... es ist ein vergebliches Beginnen, geschichtliche Einzelheiten erkennen zu wollen, wenn eine geschichtliche Überlieferung fehlt, durch welche diese kontrolliert werden können» (so Martin Persson Nilsson in seiner «Geschichte der griechischen Religion», Bd. 1, S. 25).
Und noch ein Drittes lehrt die Betrachtung des Hyakinth-Mythos: nämlich daß wir nie ahistorisch-statisch fragen dürfen, welche historischen, soziologischen, politischen Gegebenheiten hinter dem jeweiligen Mythos stehen, sondern daß wir immer historisch-funktional fragen müssen: In welcher Funktion tritt welcher Aspekt des Mythos in welcher Epoche hervor? Je nachdem, nach welcher Epoche wir fragen, nach der Entstehungszeit oder der Adaptionszeit – diese wiederum kann die Epoche der etappenweisen Gräzisierung Griechenlands sein oder das Jahrhundert Homers oder die Zeit der attischen Demokratie oder der Hellenismus oder die römische Kaiserzeit usw. –, je nachdem wird auch die Antwort nach der Funktion des Mythos und damit nach den hinter ihm stehenden, ihn formenden und bisweilen manipulierenden Kräften anders ausfallen.
Unter diesen Voraussetzungen und Vorbehalten sind auch die folgenden Ausführungen zu verstehen. Gesichertes historisches Wissen wird nur in wenigen Abschnitten geboten werden können; vieles wird Vermutung oder Referat von Vermutungen bleiben müssen, für die man als Rechtfertigung nur eine gewisse Plausibilität anführen kann – sowie vielleicht die Tatsache, daß sie ebensowenig zu widerlegen wie zu beweisen sind.

# Die politische und religiöse Vor- und Frühgeschichte Griechenlands

1.
Wenn man den Beginn der im strengen Sinn «geschichtlichen» Zeit eines Volkes mit dem Vorhandensein einer eigenen Schrift und damit der genutzten Möglichkeit schriftlicher Aufzeichnungen zusammenfallen läßt, dann beginnt die «Geschichte» der Griechen etwa im zehnten Jahrhundert vor unserer Zeitrechnung, denn damals – ungefähr – haben die Griechen aus phönikischen Vorläufern ihre eigene Buchstabenschrift – die erste vollständige Lautschrift überhaupt – entwickelt. Die schriftliche Überlieferung setzt freilich erst im achten Jahrhundert auf breiter Basis ein: nämlich mit den Epen Homers, der «Ilias» und der etwas jüngeren «Odyssee». Zu dieser Zeit gehörten zum griechisch sprechenden Raum nicht nur das eigentliche Griechenland, sondern ebenso die Inseln zwischen dem europäischen Festland und Kleinasien, ferner der westliche Küstenstreifen der kleinasiatischen Halbinsel und Teile der südlichen Küste, vor allem aber die Inseln Kreta und Zypern.
Dieses geographisch recht unterschiedliche Gebiet ist nicht erst durch die Griechen zu so etwas wie einer kulturellen Einheit geworden. Vor seiner Eroberung durch die Griechen – die «Einwanderung» vollzog sich im Lauf des vorangehenden zweiten Jahrtausends in zwei großen Schüben – war das Gebiet teils kulturell und politisch disparat, teils offenbar von einer kulturell und ethnisch einheitlichen Bevölkerung bewohnt. Das bedeutet, daß man seine Vor- und Frühgeschichte nicht als kontinuierliche Gesamtentwicklung darstellen kann, sondern daß man diese Zeit nach Teilräumen differenziert betrachten muß. Dabei kann man sich aufgrund der Gegebenheiten auf zwei Schwerpunkte konzentrieren: auf Kreta und auf das griechische Festland. Die Gräzisierung der Inselwelt und der kleinasiatischen Küste sind Randphänomene und Folgeerscheinung der Entwicklung dieser beiden Großzentren.
Die Quellen, die uns Einblick in die Geschichte des zweiten Jahrtausends und früherer Perioden geben, sind naturgemäß sehr dürftig und in ihrem Aussagewert beschränkt. Zwar gab es im zweiten Jahrtausend schon Schrift und schriftliche Aufzeichnung (insofern kann man den oben genannten Beginn der «geschichtlichen» Zeit theoretisch um einiges zurückverlegen), aber diese schriftlichen Bekundungen geben an historischen Daten so gut wie nichts her: Die ältere kretische Schrift, die sogenannte «Linear A», die auch auf dem Festland verwendet und von dort durch Auswanderer nach Zypern mitgenommen worden ist, konnte bis jetzt nicht entziffert werden; die jüngere «Linear B»-Schrift, ebenfalls auf Kreta wie auf dem Festland verbreitet, darf zwar, trotz mancher Skeptiker, mit guter Wahrscheinlichkeit als entziffert gelten, aber da die von ihr erhaltenen Reste weitgehend aus knappen Aufzeichnungen aus dem Wirtschafts- und Rechnungswesen bestehen (Listen über den Kleinverkauf von Kümmel und Sellerie, aber nichts über politische Entscheidungen und Taten!), erweitern sie unsere historiographischen Kenntnisse nur sehr bescheiden. Auch aus den benachbarten schriftkundigen Gebieten mit ihren relativ reichen historischen Berichten – Ägypten, dem Vorderen Orient, dem Hethiterreich in Anatolien – erfahren wir so gut wie nichts über die Geschichte des griechischen Lebensraums im zweiten Jahrtausend. Wir müssen also den fraglichen Kulturraum in diesen Epochen als «praktisch schriftlos» (Hermann Bengtson) bezeichnen.
Wenn wir dennoch in den vergangenen hundert Jahren ein ungeahnt reiches Bild von der politischen und vor allem kulturellen Landschaft des zweiten Jahrtausends

erhalten haben, so liegt das in erster Linie an den Erfolgen der Archäologen, die in Kreta wie auf dem Festland und den Inseln geradezu unwahrscheinliche Zeugnisse der kretisch-minoischen und der mykenischen Kultur zutage gefördert haben. Schließlich geben auch noch sprachliche Relikte Aufschlüsse über die historische Entwicklung: So haben die Ortsnamen- und die Dialektforschung wichtige Hinweise auf die Bevölkerungsstrukturen und ihre Verschiebungen im Zug der Wanderungen erbracht.

2.

Man teilt die kretische Frühgeschichte – nach dem Vorschlag von Sir Arthur Evans, dem berühmten Ausgräber von Knossos – heute in drei Perioden ein: das Frühminoikum (FM), das Mittelminoikum (MM) und das Spätminoikum (SM), die jeweils in sich wieder in drei Schichten gegliedert sind (FM I-III, MM I-III, SM I-III). Eine parallele Gliederung hat man, wie wir noch sehen werden, für das griechische Festland entworfen, dessen Kulturstufen ja mit den kretischen immer wieder in Interaktion stehen. Zwar ist eine absolute Chronologie aufgrund des Charakters der Quellen nur in groben Umrissen möglich, doch kann folgende Zeittabelle nach dem derzeitigen Stand unseres Wissens als ungefährer Anhaltspunkt dienen:

ca. 2400-2000 v. Chr. Frühminoikum
ca. 2000-1550 v. Chr. Mittelminoikum
ca. 1550-1150 v. Chr. Spätminoikum.

Die in der Mitte des dritten Jahrtausends mit dem Übergang von der Jungsteinzeit zur Bronzezeit einsetzende frühkretische Kultur – getragen vom gleichen Bevölkerungselement («Karer»), das auch auf dem griechischen Festland und in Westkleinasien siedelt – ist eine Bauern- und Fischerkultur. Die Menschen lebten in nicht befestigten Dörfern, was auf friedliche Zeitläufe schließen läßt.

Die mit dem Mittelminoikum I beginnende Kultur ist dagegen ausgesprochen höfisch geprägt. Städtische Siedlungen, akzentuiert durch prachtvolle Paläste – so die Paläste von Knossos, Phaistos, Hagia Triada –, in deren Schatten zugleich das Handwerk blühte, ließen einen äußerst verfeinerten Lebensstil entstehen. Charakteristisch hierfür ist besonders die Kamares-Keramik (nach einem Fundort am Südabhang des Idagebirges) mit ihren farbenfrohen Verzierungen und oft hauchdünnen Wandungen (sogenannte «Eierschalenware»). Auch diese Epoche war durch äußeren Frieden gekennzeichnet – die Paläste waren nicht befestigt! –, und es herrschte ein offenbar reger Handel über das Meer mit dem Ägypten der 12. Dynastie, mit Nordsyrien (Ugarit) und von dort weiter mit dem babylonischen Reich Hammurabis. Mit diesem wirtschaftlichen Austausch kamen nicht nur Handelswaren, sondern auch Kulturgüter ins Land, aus Ägypten etwa Anregungen zur Entwicklung einer Hieroglyphenschrift (nebst dem zugehörigen Schreibmaterial Papyros) und Elemente der dekorativen Innenarchitektur. Diese blühende Kultur wurde – gegen Ende des 18. Jahrhunderts oder kurz danach – durch eine plötzliche Katastrophe mit einem Schlag zerstört: ob durch ein gewaltiges Erdbeben oder durch Ausläufer der ersten indogermanischen Wanderbewegung (einen Überfall der sogenannten Seevölker?), ist umstritten.

Doch scheint sich das Land von dieser Katastrophe rasch erholt zu haben: Die Städte wurden neu erbaut (Knossos, Phaistos, Hagia Triada, Mallia, Arkhanes, Kato Zakro), noch größere, noch prächtigere Paläste entstanden – mehrstöckig, mit Innenhöfen und Freitreppen, Bade- und Toilettenanlagen mit Wasserspülung, in den Aufenthaltsräumen prachtvolle Wandgemälde –, noch mehr Menschen sammelten sich im Umkreis der aristokratischen Zentren. Knossos beispielsweise, das so etwas wie eine Hauptstadt wurde, war von 50000, nach anderen Schätzungen sogar von 80000 Menschen bevölkert. Die Blüte dieser neuerstandenen höfischen Kultur begann etwa zur Zeit der Wende vom Mittel- zum Spätminoikum (um 1550 v. Chr.). Nicht nur der luxuriöse materielle Standard, der als Resultat einer anscheinend unbestrittenen Seehandelsherrschaft das Leben am Hof und in der von ihm geprägten Stadt bestimmte – die mit dem Hof verbundene Oberschicht feierte Feste, hielt Stierspiele ab, ging auf großangelegte Jagden, betrieb Sportwettkämpfe, pflegte einen regelrechten Kult der Frau –, ist für diese Epoche charakteristisch, von noch größerer Bedeutung wurde ihre Ausstrahlungskraft auf das griechische Festland. Denn dort begannen die mykenischen Fürsten offenbar mit Eifer sich den Lebensstil ihrer kretischen Nachbarn zu eigen zu machen; manche der schönsten Erzeugnisse dieser minoischen Kulturstufe wurden auf dem Festland in mykenischen Gräbern gefunden.

Um 1400 wurde Knossos erneut das Opfer einer Katastrophe großen Ausmaßes, entweder wiederum durch ein Erdbeben oder aber, wie andere Forscher vermuten, durch griechische Eroberer. Freilich gibt es Anzeichen dafür, daß bereits vorher die herrschende Schicht hellenischer Herkunft war. Wenn die zahlreichen im Brandschutt von Knossos erhaltenen Tontäfelchen in Linear-B-Schrift tatsächlich einen griechischen Dialekt repräsentieren (woran nur noch wenige zweifeln), dann bestand bereits seit dem 15. Jahrhundert eine ethnische Brücke vom Festland nach Kreta, die minoische und die mykenische Kultur wurden von da an vom selben Bevölkerungselement getragen.

Nach der Zerstörung von Knossos – das in der Folgezeit wieder aufgebaut wurde – erschlaffte der kulturelle Elan, die Stilelemente werden starrer; eine ausgesprochene Blütezeit war der minoischen Kultur bis zu ihrem endgültigen Untergang nicht mehr beschieden.

3.

Die auf dem griechischen Festland anzutreffenden Kulturstufen werden heute, der für Kreta angenommenen Gliederung entsprechend, allgemein in drei Großepochen eingeteilt:

ca. 2500-2000 v. Chr. Frühhelladisch
ca. 2000-1550 v. Chr. Mittelhelladisch
ca. 1550-1150 v. Chr. Späthelladisch.

Den Beginn der frühhelladischen Epoche markiert eine grundlegende technische Neuerung: Das Kupfer hat sich als Material für Werkzeuge und Waffen durchgesetzt, das Neolithikum, die bis ins dritte Jahrtausend v. Chr. hineinreichende Jungsteinzeit, ist endgültig vorüber. Kennzeichnend für diese Kultur sind Zentren mit städtischem Zuschnitt – in Tiryns beispielsweise hat man die Reste eines monumentalen Rundbaus aus dieser Zeit ausge-

graben –, hier müssen regional bedeutsame Herrschergeschlechter residiert haben, die das Leben und die wirtschaftlichen Verhältnisse der für das Land charakteristischen bäuerlichen Bevölkerung bestimmten. Typisch für die Epoche ist die «Urfirnis»-Keramik, charakteristisch sind auch Schnabelkannen und -tassen.
Der abrupte Untergang einer Vielzahl frühhelladischer Siedlungen beim Übergang zum Mittelhelladikum (um 2000-1900 v. Chr.) wird mit jenem Ereignis in Zusammenhang gebracht, das für die weitere politische und kulturelle Entwicklung dieses Raums von fundamentaler Bedeutung wurde: die Einwanderung der griechischsprechenden Indogermanen im Zuge der gewaltigen Völkerverschmelzungen zu Beginn des zweiten Jahrtausends. Wie groß das Gebiet war, das von der damaligen Völkerbewegung betroffen wurde, wird deutlich, wenn man an die um 1900 im Inneren Anatoliens sich niederlassenden indogermanischen Hethiter und die wahrscheinlich um die Mitte des Jahrtausends in den südasiatischen Subkontinent eindringenden Inder denkt. Die Landnahme der griechischen Stämme hat sich nach Meinung maßgeblicher Kenner wohl kaum in Form eines einmaligen Ansturms und Überrollens vollzogen, sondern in Gestalt eines von kriegerischen Auseinandersetzungen begleiteten, sich über einen gewissen Zeitraum erstreckenden «Wanderns» einzelner Stämme und Stammesgruppen dieser militanten Hirtennomaden. Die Art der Landnahme und ihr Erfolg hatten zwangsläufig die Konsequenz, daß die fremden Eroberer die politisch tonangebende Schicht wurden. Kulturell indes – das wird für die Folgezeit entscheidend sein – waren sie, vermutlich mangels eigener tragfähiger Substanz, durchaus bereit, von der Vorbevölkerung zu lernen, ihre Tradition weiterzuführen und sich ihr zu assimilieren (die Griechen nannten diese heute als «ägäisch» bezeichnete Vorbevölkerung Pelasger, Karer oder Leleger). So kommt es, daß sich in der griechischen Sprache eine ganze Reihe von Relikten aus der Zivilisation dieser mit den Kretern stammverwandten vorgriechischen Bevölkerung erhalten haben, deren Kulturraum sich von Griechenland über die kykladischen Inseln bis nach Südwestkleinasien erstreckt hat. Die Namen von Orten, Inseln, Flüssen auf -nthos und -ssos gehen, wie bereits erwähnt, auf diese Bevölkerung zurück, im religiösen Bereich war, wie erinnerlich, der Gott Hyakinthos zu nennen, und außerdem gibt es eine erkleckliche Zahl von Pflanzennamen, Begriffen für Metalle, Termini aus dem Bereich von Fischerei und Schiffahrt, die die Griechen erst in ihrer neuen Heimat übernommen haben, zusammen mit den zu den Begriffen gehörenden Kenntnissen und Fertigkeiten. Die aus all dem erkennbare Bereitschaft zum kulturellen Synkretismus läßt darauf schließen, daß nach der auf die Wirren der Einwanderungszeit folgenden Stabilisierung der politischen Verhältnisse einigermaßen friedliche Zustände geherrscht haben.
Der bei unvermindertem politischem Führungsanspruch fortdauernde Wille zur kulturellen Assimilation erreichte den Gipfel seiner Ausprägung beim Einsetzen der späthelladischen Periode, also etwa Mitte des 16. vorchristlichen Jahrhunderts. Damals beginnt auf breiter Front der hochzivilisierte minoische Lebensstil – samt der zugehörigen Schrift «Linear-B» – in die herrschende Gesellschaftsschicht auf dem Festland einzudringen, und es entsteht jene Kultur, die man nach ihrem wichtigsten politischen Zentrum in der Argolis die «mykenische» nennt. Freilich vollzog sich die kulturelle Adaption so, daß die übernommene Tradition den eigenen politischen, gesellschaftlichen und wohl auch ethnischen Gegebenheiten angepaßt, ihnen anverwandelt wurde; die mykenische Kultur stellt also eine Synthese dar. Deren entscheidendes Charakteristikum ist der Wandel vom Höfisch-Sublimierten zum Heroisch-Kriegerischen. Das zeigt sich auf den verschiedensten Ebenen, am deutlichsten etwa im Baustil: An Stelle der labyrinthisch verschlungenen, verwinkelten mediterranen Palastbauten auf Kreta begegnet man auf dem Festland klar gegliederten Burgpalästen, zentriert um das Megaron, zum militärischen Schutz von gewaltigen Mauern und Toranlagen umgeben. Statt der Freude am Genuß des höfischen Luxus, in dessen Mittelpunkt die Frau steht, herrscht in der mykenischen Männergesellschaft die Lust am Kriegshandwerk, archäologisch dokumentiert durch eine Fülle prunkvoller Waffenfunde; Kriegs- und Waffenspiele erscheinen jetzt als die bevorzugte Freizeitbeschäftigung anstatt der minoischen Stier- und Jagdbelustigungen. Von größter Tragweite war die Einführung des Streitwagens zu Beginn dieser Epoche. Sie dürfte die Grundlage gewesen sein für die Konsolidierung der Macht der mykenischen Burgherren und damit auch für die Expansion ihres politischen und kulturellen Einflußbereiches über das Festland hinaus. Aus ehemaligen Hirtennomaden wurden schließlich Seefahrer, die die Zeugnisse ihrer Macht und Kultur im 14. und 13. Jahrhundert bis nach Phönikien, Innerägypten, Sizilien und Unteritalien brachten; auch Zypern wurde damals «gräzisiert». Die in den Grabstätten der Fürsten, zum Beispiel in den Schachtgräbern von Mykene oder den späteren Kuppelgräbern von Vaphio und Dendra, gefundenen reichen Goldschätze – Diademe, Gesichtsmasken, figürliche Darstellungen, Trinkbecher u. ä. – legen den Schluß nahe, daß die mykenischen Fürsten regelrecht auf Raub- und Beutezüge in die benachbarten Regionen auszogen. Die materielle Basis für diese fortdauernde politische und kulturelle Blüte, deren Höhepunkte am Ende des 16. und am Anfang des 14. Jahrhunderts lagen, ist vermutlich eine ausgedehnte Sklavenwirtschaft gewesen, deren Nachschub ebenfalls durch Kriegszüge gewährleistet wurde; daneben dürfte die einheimische Vorbevölkerung zu erheblichen Frondiensten herangezogen worden sein.
Diesem prächtigen Herrenleben setzte, wie in Kreta, um die Mitte des 12. Jahrhunderts die zweite Welle der großen Wanderbewegung, die die dorischen Griechenstämme ins Land strömen ließ, ein jähes und totales Ende: Es folgten die dunklen Jahrhunderte der submykenischen Epoche, in der sich freilich so gravierende Ereignisse wie die griechische Kolonisation Westkleinasiens und die Einführung der Buchstabenschrift vollzogen, die wesentlich dazu beigetragen haben, daß im Zeitalter Homers eine neue Blüte der griechischen Kultur entstehen konnte, eine

Blüte, die beweist, daß die Erinnerung an die goldenen Heroenzeiten Mykenes auch in jenen dunklen Jahrhunderten wach geblieben ist.

4.
Wenn schon die Relikte der politischen Geschichte – die im allgemeinen viel tiefere Spuren hinterläßt als die kulturelle – im vor- und frühgeschichtlichen Raum Griechenlands relativ spärlich sind, so wird es niemand wunder nehmen dürfen, daß wir über die Religionsgeschichte der Zeit vor den griechischen Einwanderungen noch weit dürftiger informiert sind. Die religionsgeschichtlichen Quellen, die zur Verfügung stehen, sind naturgemäß dieselben wie bei der politischen Geschichte und auch prinzipiell dieselben wie bei der Religionsgeschichte der mykenischen Zeit – nur daß sie eben in vormykenischen Jahrhunderten wesentlich geringer sind als in späterer Zeit. Wie zu erwarten, liefert das meiste Material wiederum die Archäologie, allerdings unter erschwerten Bedingungen, da die Deutung dieses Materials wegen der verminderten Möglichkeiten zu Analogieschlüssen relativ unsicher bleiben muß (das oft zitierte «Bilderbuch ohne Text»). Eine vorgriechische Gottheit beispielsweise mit Namen zu kennen gehört zu den ganz seltenen Ausnahmen – der genannte Hyakinthos ist solch ein Fall –, eine derartige Gottheit in ihrer vollen Wirklichkeit zu erfassen, also mit Namen, religiöser Funktion, kultischer Realisation und gegebenenfalls mythologischer Repräsentanz, ist unmöglich.
Allerdings stößt man überall auf der Welt mit verhältnismäßig konstanter Regelmäßigkeit auf gewisse religiöse Grundformen, und zwar in den sogenannten Hochkulturen ebenso wie bei den sogenannten primitiven Gesellschaften (deren religiöse Ausdrucksmöglichkeiten in Wirklichkeit oft viel differenzierter und komplizierter sind als die der «höheren» Kulturen). Wenn also auch im griechischen Raum in der geschichtlichen Zeit diese religiösen Formen vorhanden sind, so kann man daraus mit einigem Recht folgern, daß sie – zumindest in Teilen – in diesem geographischen Bereich eine sehr alte Tradition haben, eine Tradition, die weit in vorgeschichtliche Jahrhunderte und Jahrtausende zurückreichen mag. Zu diesen Grundformen, die sich in Griechenland ebenso wie anderwärts finden,
gehören Vorstellungen wie die von der Heiligkeit bestimmter Orte, Gegenstände und Tiere, von Reinheit und möglicher Verunreinigung des Menschen, Vorstellungen über den Tod und das Seelen- und Totenleben, kultische Riten aller Art wie Wetter- und Fruchtbarkeits-«Zauber», verschiedene Opfer, Tänze, Gebete, Orakel und Weissagungen, die Vorstellung von Dämonen und Geistern, die das individuelle und gemeinschaftliche Leben beeinflussen, und so weiter.
Welchen Modifikationen diese religiöse Grundsubstanz im Lauf der vorgeschichtlichen Zeit unterworfen war, ist freilich im allgemeinen ebensowenig mehr auszumachen, wie die Frage zu beantworten ist, zu welcher Zeit welche dieser Formen im einzelnen ihre primäre Ausprägung erfahren hat.
Von vereinzelten Ausnahmen abgesehen, lassen sich religiöse Phänomene im griechischen Raum – das Festland, Kreta und die Inselwelt bis zur kleinasiatischen Küste zusammengenommen – überhaupt erst im Zusammenhang mit der minoischen Kultur dingfest machen, da ältere archäologische Reste kaum vorhanden sind. Das bedeutet andererseits aber zugleich auch, daß wir im minoischen Kulturkreis erstmals so etwas wie individualisierbare religiöse Phänomene ausmachen können, das heißt einzelne Typen von Kultformen und von Gottheiten mit ganz bestimmten Funktionen.
Grob gegliedert, sind aus der minoischen Zeit zwei Gruppen von Gottheiten erkennbar: Hausgötter und Naturgötter. Unter den Naturgöttern ist die bekannteste die sogenannte «Herrin der Tiere», die potnia thērōn (ein Ausdruck Homers), die sich auf zahlreichen ikonographischen Zeugnissen repräsentiert findet und deren Typ sich über die mykenische Epoche bis in die historische Zeit hinein tradiert hat. Sie ist – wie andere kleinere minoische Göttinnen, zum Beispiel Britomartis – wohl schon in mykenischer Zeit von Artemis «aufgesogen» worden. Als ihr Pendant begegnet ein potnios thērōn, ein «Herr der Tiere», dessen Darstellung allmählich ebenso stereotyp geworden ist wie bei seinem weiblichen Gegenstück. Die Abbildungen zeigen jeweils eine von Tieren (häufig Löwen, gelegentlich auch dämonischen Mischwesen) flankierte menschliche Gestalt (sogenanntes «Wappenschema»). Es handelt sich dabei offenbar um Jagdgottheiten mit den ihnen zugehörigen Tieren, die sowohl als «Attribute» der Gottheit wie als Repräsentanten der unter dem Schutz der Gottheit stehenden Tierwelt verstanden werden können. Eine in Knossos gefundene verwandte Darstellung zeigt neben einem Heiligtum eine auf einem Berg stehende, von Löwen flankierte weibliche Gottheit mit einem Speer in der Hand, vor ihr eine männliche Gestalt in Devotionshaltung – die viel besprochene «Bergmutter», in der nicht wenige Gelehrte eine Vor- oder Frühform der späteren kleinasiatischen Kybele, der Großen Mutter, sehen wollen. Sicher ist auf jeden Fall, daß es sich um eine Naturgöttin handelt. Ein anderer Aspekt der Naturfrömmigkeit äußert sich in minoischen Darstellungen des Baumkults; auch dieser Baumkult lebte bis in historische Zeit hinein weiter, meist im Rahmen der Artemisverehrung, jedoch auch in anderer Form (man denke nur an die erwähnte Baum-Helena, Helene Dendritis). Auch der für den Alten Orient so charakteristische Typus der sterbenden und wiederauflebenden Vegetationsgottheit war im minoischen Kulturbereich vertreten, und zwar, wie es scheint, in männlicher wie weiblicher Ausprägung: Ariadne beispielsweise ist offenbar eine solche sterbende minoische Naturgöttin gewesen, und in einer mit Kreta verbundenen besonderen Variante des Zeus-Mythos (derzufolge Zeus auf Kreta geboren, dann von seiner Mutter verlassen und von Tieren aufgezogen wird, später eine Baumgöttin zur Frau nimmt und schließlich stirbt und begraben wird) lebt zweifelsohne die Erinnerung an ein männliches Pendant dazu weiter.
Das für die Haus- und Palastgottheiten bezeichnendste Relikt sind die zahlreichen von den Archäologen freigelegten kleinen Hauskapellen, in denen man nicht selten auch noch für den minoischen Kult typische Geräte gefunden hat, etwa die

Doppelaxt oder die «heiligen Hörner». Die hier jeweils verehrten Gottheiten waren die Beschützer des Hauses beziehungsweise des Palastes und als solche zugleich die persönlichen Schutzgötter des jeweiligen Hausherrn oder Fürsten.
Zum Haus- und Palastkult gehörte anscheinend als heiliges Tier die Schlange, und zwar die auch zu anderen Zeiten und an anderen Orten der Welt häufig verehrte Hausschlange. Die aus der minoischen Epoche verschiedentlich erhalten gebliebenen weiblichen Figurinen mit Schlangenattributen stellen demnach eben diese minoische Palastgöttin dar, deren Funktion in späterer Zeit dann von Athene übernommen wird.
Im ganzen verdient festgehalten zu werden, daß ein Hauptcharakteristikum der späteren, mykenisch-griechischen Religiosität – nämlich die Gottheiten in menschlicher Gestalt zu vergegenwärtigen – bereits in minoischer Zeit vorgeprägt ist. Zwar kannte die minoische Kultur (wie hernach die Griechen) auch göttliche Epiphanien in anderer Gestalt, zum Beispiel als Vögel oder, wie gesagt, als Schlangen; aber die weitaus überwiegende Zahl von Darstellungen ist anthropomorph. Wie weit damit bereits eine anthropomorphisierende Mythenbildung verbunden war, steht auf einem anderen Blatt; wenn wir sie als unwahrscheinlich bezeichnen, dann nicht nur deswegen, weil wir von minoischen Mythen ohnehin nichts wissen, sondern vor allem deswegen, weil zum einen – wie man noch sehen wird – die mit dieser Art von Mythen verknüpfte Struktur des «Familien»-Pantheons mit Sicherheit erst griechischen Ursprungs ist und weil andererseits ein Großteil dieser Göttermythen in offenkundiger Parallele oder im direkten Kontext mit den historisierenden mykenischen Heldenmythen entstanden ist.

# Mutmaßungen zu einigen Mythenkreisen

Wenn wir im folgenden einiges zum historischen Hintergrund einzelner griechischer Mythen anführen, so geschieht das unter den im Eingangskapitel genannten Prämissen: d. h., es handelt sich dabei prinzipiell meist um Vermutungen, die jeweils nur eine gewisse innere Plausibilität haben (diese müssen sie freilich auf jeden Fall haben, da ja stets so spekuliert wird, daß das Ergebnis mit den Gegebenheiten des Mythos korrespondiert). Selbst die Ablösung einer vorgriechisch-matriarchalen durch eine griechisch-patriarchale Gesellschaftsstruktur ist, soweit sie nur aus den Mythen herausgelesen wird, nicht mehr als eine Mutmaßung.

## 1. SCHÖPFUNGSMYTHEN

Die Schöpfungsmythen sind naturgemäß von ambivalentem Charakter. Auf der einen Seite repräsentieren sie eine der urtümlichsten Formen, in denen das menschliche Bemühen um historisches Verständnis sich Ausdruck verschafft hat: Sie wollen eine Erklärung geben für die in langer Vorzeit erfolgte Entstehung des Alls, der Erde, des Himmels, der Lebewesen, des Menschen usw. Auf der anderen Seite ist dieses urtümliche Besinnen des Menschen auf die Vergangenheit seiner Welt und Umwelt zugleich eine Vor- und Frühform philosophischer Spekulation, eben insofern, als es sich dabei nicht um eine forschende Erkundung, sondern ausschließlich um eine deutende Erklärung handeln kann.
Das bedeutet, daß in Schöpfungsmythen als einem Produkt spekulativer Phantasie von vornherein historische Wahrheit gar nicht gesucht werden darf. Wo sich Einzelzüge eines Schöpfungsmythos mit Ergebnissen der modernen Wissenschaft treffen, beruht dies auf purem Zufall – oder einer erstaunlich «exakten Phantasie», um einen Begriff Goethes zu gebrauchen. Das ist beispielsweise beim ersten biblischen Schöpfungsbericht der Fall («Genesis» 1,1-2,4a). Die in ihm referierte Schöpfungssequenz «Chaos-Licht/Nacht-Himmel-Land/Meer-Pflanzen-Gestirne-Wassertiere/Vögel-Landlebewesen-Mensch» geht in der Frage nach der Entstehung der Lebewesen genau von derselben Prämisse aus wie die heutige Naturwissenschaft, nämlich von einem Fortschritt vom Einfachen zum Komplizierten: erst das mineralische Stadium (Land/Meer), dann die Pflanzen, dann Wassertiere und Vögel, dann Landlebewesen, dann der Mensch. Daß es sich dabei um eine etappenweise Erschaffung jeweils ex nihilo handelt, nicht um eine kontinuierliche historische Fortentwicklung, macht natürlich einen kardinalen Unterschied zur modernen Evolutionsgeschichte aus; nichtsdestoweniger ist das evolutionistische Prinzip in diesem Schöpfungsbericht nicht zu leugnen. Ebenso evident ist jedoch auch, daß darin nicht Resultate naturwissenschaftlich-historischer – in diesem Fall paläontologischer – Forschung zum Ausdruck kommen, sondern mythologische Spekulationen von stupend treffsicherer Phantasie.
Bei den verschiedenen griechischen Schöpfungsmythen, die uns bekannt geworden sind, tritt der rein spekulative Charakter noch offenkundiger zutage. Für den sogenannten «pelasgischen», matriarchalischen Schöpfungsmythos von der weiblichen Urgöttin Eurynome, die sich mit der von ihr selbst aus Wind erschaffenen männlichen Urschlange Ophion paarte und daraufhin in Gestalt einer Taube das Weltei legte, aus dem dann die Himmelskörper und die Erde samt ihren Pflanzen und Lebewesen hervorkamen, gilt das nicht anders als für den von Homer («Ilias» 14, 201) erwähnten Schöpfungsmythos, demzufolge alle Götter und Lebewesen aus der Verbindung des die Welt umgebenden Okeanos mit der ozeanischen Muttergöttin Thetys hervorgingen; und es gilt ebenso für den orphischen Schöpfungsmythos, demzufolge die Nacht vom Wind begattet wurde, worauf sie ein silbernes Ei legte, aus dem der doppelgeschlechtige Eros hervorging, der Beweger des Alls, wie es für den «olympischen» Schöpfungsmythos gilt, wo die aus dem anfänglichen Chaos aufgetauchte Mutter Erde im Schlaf ihren Sohn Uranos

(Himmel) gebiert, der dann voll Liebe fruchtbaren Regen über ihre Leibesöffnungen herabrieseln läßt, worauf sie die Pflanzen und Tiere zur Welt bringt (aus einem anderen Teil des Regens werden die Flüsse, Seen und Meere). Und es gilt erst recht für die rein philosophische Konstruktion, die uns Hesiod in seiner «Theogonie» (V. 123; 211-232, in der Übersetzung Th. von Scheffers) bietet:

«Aus dem Chaos entstanden die Nacht und des Erebos Dunkel...
Nacht gebar das Schicksal, das grause, das finstere Ende,
Und sie gebar den Tod, den Schlaf und die Sippe der Träume,
Momos, den Tadler, und auch die schmerzbereitende Drangsal.
Keinem gesellt gebar die finstere, nächtige Göttin
Auch die Hesperiden, die überm Okeanosstrome
köstliche goldene Äpfel an fruchtbaren Bäumen betreuen.
Ferner die Moiren und Keren, die rachestrafenden, schuf sie,
Klotho und Lachesis und auch Atropos, die da den Menschen
bei der Geburt bereits ihr Glück und Unglück bestimmen.
Ja, die Vergehungen rächen sie bei den Menschen und Göttern;
Nie erlahmen die Hehren in ihrem entsetzlichen Ingrimm,
Eh sie nicht den gezüchtigt, der schwere Frevel verübte.
Nemesis auch gebar sie, die Drangsal der sterblichen Menschen,
Sie, die verderbliche Nacht, danach Betrug und Umarmung,
Auch das unselige Alter und Eris, die harte und starke.
Aber die düstere Eris gebar die peinvolle Mühsal,
Hunger, Vergessenheit auch und tränenerregenden Kummer,
Schlachtgetümmel und Tötung und Kämpfe und Männergemetzel,
Hader und Lug und Trug und Widerrede und Rede,
Rechtsverletzung, Verblendung, eng miteinander vereinigt,
Endlich den Eid, der am meisten den erdbewohnenden Menschen
Schadet, wenn voller Absicht ein Mann einen Meineid geleistet.»

Auch dort, wo neben oder in den umfassenden Schöpfungsmythen noch eigene Anthropogonien existieren, ist der Phantasiecharakter unübersehbar: so etwa in dem Mythos, in dem Prometheus die Menschen als Abbilder der Götter aus Lehm und Wasser formt und Athene ihnen den Lebensatem einhaucht (hier ist die Verwandtschaft zu altbabylonischen Schöpfungsmythen und zum zweiten biblischen Schöpfungsbericht, «Genesis» 2,4b ff, unverkennbar).

Wenn in dem «olympischen» Schöpfungsmythos als erste Kinder der Erde (Ge oder Gaia) und des Uranos drei hundertarmige, halbmenschliche Riesen und danach drei wilde, einäugige Kyklopen genannt werden – letztere berühmte Schmiede und Erbauer riesiger Mauern, von denen es heißt, sie seien von Thrakien aus nach Kreta und ins kleinasiatische Lykien gezogen –, so handelt es sich dabei natürlich ebenfalls um Spekulation, und zwar speziell um kulturhistorische. Es sei freilich nicht verschwiegen, daß man schon angenommen hat, hinter den «Kyklopen», den «Kreisäugigen», verberge sich «eine Gilde frühhelladischer Schmiede» (Ranke-Graves 1,27), deren Name von der berufsspezifischen Tätowierung konzentrischer Ringe auf der Stirne (Symbol des Urfeuers «Sonne») herrühre. Die Einäugigkeit hat man auch damit in Verbindung gebracht, daß die Schmiede sich oft wegen des Funkenflugs ein Auge mit einem Lappen verbanden. Das Motiv, daß die wilden Gesellen von Thrakien aus in den Süden kamen, dürfte mit dem noch bei den Griechen späterer Zeit verbreiteten Respekt vor den «barbarischen» Bergvölkern Thrakiens und der dahinterliegenden Gebiete zusammenhängen.

Die Feststellung, daß in die Schöpfungsmythen kein bewußt formuliertes historisches Wissen eingegangen ist, besagt selbstverständlich nicht, daß sie selbst nicht bestimmte historische Entwicklungsstadien repräsentieren. Schon allein die Tatsache, daß in die griechische Mythologie nicht nur ein oder zwei (wie in der «Bibel»), sondern eine ganze Reihe solcher Kosmo- und Anthropogonien überliefert sind, legt dies nahe. Am markantesten tritt der Wandel in der Gestalt der jeweiligen Schöpfergottheit zutage: Die Kluft zwischen den Ur-Muttergottheiten, die quasi parthenogenetisch ihren männlichen Partner selbst erzeugen, und dem maskulinen Schöpfergott Prometheus ist offenkundig. Doch selbst in den «patrilinear» geprägten Schöpfungsmythen sind noch Spuren des Mutterprinzips versteckt. So ist Uranos, der Ahnherr der patrilinear strukturierten Olympierfamilie, der parthenogenetische Sohn der Ur-Mutter Erde, und bei der Erschaffung des Menschen durch Prometheus wird der lebenspendende Atem nicht etwa vom Herrscher des Olympischen Pantheons, Zeus, gestiftet, sondern von der «Handwerkergöttin» Athene (wieviel radikaler wird dieser altorientalische Mythos dagegen von den monotheistisch-patrilinear eingestellten Israeliten «vermännlicht»!).

Offenkundig ist auch der Wandel von den phantasievollen frühen Kosmogonien mit Urschlange und Weltei über die anthropomorph-«biologischen» Paarungsmythen zu den sehr rational spekulierenden philosophischen Entstehungslehren nach Art des Hesiod.

In der Ehe des Uranos und der Erdmutter hat man die Auseinandersetzung der ersten griechischen Invasoren mit den Vorbewohnern des Landes – und damit die Auseinandersetzung von matrilinearem und patrilinearem Pantheon – mythisch-symbolisch verschlüsselt gesehen, ebenso in der Mythenvariante, die von einem tiefen Zerwürfnis von Uranos und Gaia und späterer Versöhnung erzählt. Doch es gibt nach wie vor keinen stichhaltigen Nachweis, der die Berechtigung solcher Entschlüsselungen mythischer Geschichten rechtfertigen könnte.

## 2. TITANOMACHIE UND GIGANTOMACHIE

Gigantomachie und Titanmomachie, d.h. die Kämpfe der Giganten und der Titanen – die man nicht miteinander verwechseln darf – mit den Olympischen Göttern unter Anführung des Zeus, sind ein Musterbeispiel dafür, wie kurzschlüssig und falsch es sein kann, aus einem anscheinend evidenten mythologischen

Befund historische und religionsgeschichtliche Aussagen abzuleiten.
Die Giganten sind wilde, erdentsprossene Riesen, wie die Erinyen entstanden aus den Blutstropfen, die bei der Entmannung des Uranos durch seinen Sohn Kronos auf die Erde (Erdmutter Gaia) fielen; ihr Angriff auf die unter Führung des Zeus stehenden Olympier kann nur mit Hilfe des sterblichen Herakles niedergeschlagen werden. Die Titanen dagegen sind die «normalen» Kinder des Uranos und der Gaia (je sechs Söhne und Töchter); ihr Anführer ist Kronos, der jüngste von ihnen, der mit ihrer Hilfe seinen Vater Uranos vom Thron stürzt und nach seiner eigenen Entmachtung durch seinen Sohn Zeus ebenfalls mit ihrer Hilfe wieder zur Macht zu gelangen sucht. Beiden gemeinsam ist die Frontstellung «hier Olympier – dort erdverwurzelte, gewaltige Vorolympier»; für Hesiod, in dessen «Theogonie» die Titanomachie den Höhepunkt der Entwicklung der Göttergeschlechter bildet, ist diese Kontroverse die Auseinandersetzung zwischen einer Welt chaotisch-brachialer Unordnung und Gewalttätigkeit und einer Welt vernünftiger Ordnung und friedlicher Gesetzlichkeit, in der Zeus, der «König der Götter», allen im Olymp ihr Maß an Ehren und Aufgaben zugeteilt hat.
Daß also in beiden Mythen jeweils «alte» Götter durch «junge» Götter überwunden werden, ist schon für Hesiod selbstverständlich. Daraus hat man in neuerer Zeit geschlossen, daß man nur dem Begriffspaar «vorolympisch-olympisch» die Begriffe «vorgriechisch-griechisch» substituieren müsse, um den historischen Kern der Mythen freizulegen. Nun hat jedoch die Wiederentdeckung der vorderasiatischen Kulturen in den vergangenen Jahrzehnten zutage gefördert, daß die Vorstellung einander – teilweise durch gewaltsame Auseinandersetzungen – ablösender Göttergenerationen überhaupt keine spezifisch griechische Erscheinung ist, sondern ein bereits im zweiten Jahrtausend vor unserer Zeitrechnung in den Hochkulturen des Vorderen Orients und Kleinasiens weit verbreitetes Mythologem nicht-indogermanischen Ursprungs.
Am bekanntesten und ausgeprägtesten findet es sich in den hethitischen-hurritischen Kumarbi-Mythen, zusammengefaßt im sogenannten «Mythos vom Königtum im Himmel» und im «Ullikummi-Lied», wo die Generationsfolge Alalu-Anu-Kumarbi-Wettergott Teschub teilweise bis in die Einzelheiten – Kastration Anus durch Kumarbi, letzte Stufe ein Wettergott – der griechischen Sukzession Uranos-Kronos-Zeus entspricht (nur daß im Griechischen die erste Generation fehlt). Ähnliche Mythen lassen sich im akkadischen Mesopotamien und im altsyrischen Kulturraum rekonstruieren, wenn auch weniger ausführlich und exakt als in Kleinasien. Im ganzen kann heute gar kein Zweifel mehr daran bestehen, daß der griechische Mythos mit diesen viel älteren vorderasiatischen Mythen nicht nur morphologisch, sondern genetisch verwandt ist, d. h., daß er auf irgendeinem – heute nur noch schwer zu fassenden – Weg von dort ins Griechische eingewandert ist. Damit ist die Gleichsetzung «vorolympisch-olympisch» mit «vorgriechisch-griechisch» gegenstandslos, denn diese setzt eine Entstehung des Mythos in «griechischer» Zeit voraus.

### 3. DIE OLYMPIER

Beim Olympischen Pantheon, das uns erstmals in voller Ausprägung in den Homerischen Epen entgegentritt, ist bei der Frage nach historischen Hintergründen zwischen zwei Problemkreisen zu differenzieren.
Zum einen geht es um die Herkunft der einzelnen, auch kultisch verehrten Gottheit und die Art und Weise ihrer «Einbürgerung» (Beispiele: Überleben einer älteren Gottheit; Überlagerung einer älteren Gottheit durch eine neu ankommende; Einführung einer ganz neuen Gottheit mit eigenständiger kultischer Ausprägung).
Zum anderen geht es um die mythischen Geschichten, die sich um diese Gottheiten, ihre Beziehungen untereinander, zu den sogenannten Halbgöttern, zu den vor- und frühgeschichtlichen Heroen und anderen Sterblichen ranken. Soweit solche Geschichten in innerem Zusammenhang mit den quasi- oder pseudohistorischen Mythenkreisen der glorreichen Heroen- und Kriegerwelt stehen – davon wird im folgenden Abschnitt zu reden sein –, ergibt sich hieraus ein terminus post quem für ihre Entstehungszeit: Sie können nicht älter sein als diese Heroenmythen. Schwieriger ist die Sachlage bei den übrigen mythischen Göttergeschichten; hier sind wir für die Bestimmung des relativen Alters eines Mythos auf andere – großenteils recht vage – Indizien angewiesen. Meist sind das mehr oder minder zufällig tradierte Hinweise, wie etwa in dem erwähnten Beispiel des Hyakinth-Mythos das Zusammentreffen einiger sprachgeschichtlicher, archäologischer und religionsgeschichtlicher Daten. Andere, mehr systematische Untersuchungsansätze haben bislang nur wenig sicher fundierte Erfolge gebracht; häufig führen sie in Sackgassen oder methodische Zirkelschlüsse. So leidet etwa die soziologische Betrachtungsweise an dem Mangel, das, was sie hinter den Mythen als Voraussetzung der Mythen erkennen will – die sozioökonomische Situation, aus der die Mythen entstanden sind –, nur aus den Mythen selbst herauslesen zu können.
Wenn beispielsweise die Götter des Olympischen Pantheons in diesen Geschichten in moralischer, zumal sexualmoralischer Hinsicht dasselbe (für unser Empfinden) unbefangen-laxe bis egozentrisch-utilitaristische Verhalten an den Tag legen wie die Helden der historisierenden Mythen, so liegt zwar der Schluß nahe, daß beide Mythenarten von ein und derselben gesellschaftlichen Gruppe geschaffen worden sind, deren Moralvorstellungen, möglicherweise auch nur: deren erträumte Idealmoral, sich in ebendiesen Geschichten spiegeln. Doch es gibt kein überliefertes historisches Faktum, das diesen Schluß in irgendeiner Epoche chronologisch «festnageln» könnte, im Gegenteil – es ist durchaus denkbar, daß etwa diese Moralstruktur aus früheren Schichten oder von außen in die griechische Mythologie eingedrungen ist oder daß sich darin, psychologisch gesprochen, ubiquitäre allgemeinmenschliche Grundstrukturen (Ängste, Sehnsüchte, Traumideale) manifestieren. Sie aus den Mythen zu abstrahieren und dann als historische Voraussetzung der Mythen zu postulieren ist jedenfalls ein circulus vitiosus. Nicht viel

besser ergeht es der komparatistisch-literaturwissenschaftlichen Methode. Hier ist es zwar theoretisch denkbar, mit Hilfe struktureller Vergleiche, etwa der Erzählweise, der Handlungsabläufe, bestimmter topisch wiederkehrender Situationen und ähnlicher Dinge, die Parallelität eines historisierenden und eines reinen Göttermythos festzustellen; vielleicht gibt dann ein mutmaßliches relatives Datum des historisierenden Mythos einen Rahmen für das Wann, Wie und Wo auch der Entstehung des parallel strukturierten Göttermythos; aber in aller Regel sind ja die Göttermythen Überlagerungs- und Mischformen der verschiedensten literarischen Gattungen – Aitiologien, Legenden, Märchen, Fabeln, Exempel usw. –, die jeweils hinsichtlich ihrer literarischen Struktur wie ihrer genetischen Implikationen, ihrer Rezeption wie ihrer historischen Tradierung als absolut eigengesetzlich zu betrachten sind, und bei derart diffizil-verfilzten Verhältnissen sind bündige Aussagen kaum zu erwarten.
Aus diesem Grund empfiehlt es sich, bei der Frage nach dem geschichtlichen Hintergrund des um die Olympischen Götter zentrierten Mythos sich auf den erstgenannten Aspekt zu beschränken: die historische Herkunft der Olympier und die Art und Weise, wie sie in Griechenland heimisch geworden sind. Daß es auch bei dieser religionsgeschichtlichen Blickrichtung Unsicherheiten und Ungewißheiten genug gibt, werden wir auf Schritt und Tritt bemerken.

ZEUS. – Es gehört zu den wenigen von der religionsgeschichtlichen Forschung im Zusammenhang mit dem griechischen Mythos verbürgten Tatsachen, daß Zeus von den indogermanischen Einwanderern nach Griechenland mitgebracht worden ist, d. h., daß er eine spezifisch griechische Gottheit darstellt, die erst im Lauf des zweiten vorchristlichen Jahrtausends im geographischen Raum Griechenlands etabliert worden und an die Spitze – genauer ins Zentrum – der von der Bevölkerung verehrten Götterwelt gerückt ist. Als oberster Gott gehört Zeus zum gemeinindogermanischen Erbe, wie sein Name belegt, der in etymologisch verwandter Form bei den Indern, Illyrern, Griechen und Römern vorkommt (ob auch der germanische Ziu/Tyr damit verwandt ist, ist umstritten).
Als besonders charakteristisch muß gelten, daß dieser höchste Gott allgemein als «Vater» tituliert wird: Dyaus pita bei den Indern, Deipatyros (gräzisierte Form) bei den Illyrern, Zeus patēr bei den Griechen, Iupiter bei den Römern (hier ist der Beiname sogar so fest mit dem Namen verwachsen, daß dessen etymologischer Stamm nur noch in den obliquen Kasus rein begegnet, etwa im Genetiv Iovis). Gemeint ist dabei nicht die leibliche Vaterschaft – also die Eigenschaft als Schöpfergott –, sondern die Funktion als Hausvater, d. h. als patriarchalischer Herr über sein Hauswesen. (Als «Vater der Menschen und Götter», also als eine Art leiblicher Schöpfergott, begegnet Zeus bezeichnenderweise nur bei den Griechen, die Inder und die Römer kennen dergleichen nicht. Man kann daraus einen sehr interessanten Schluß ziehen: Die scheinbar viel urtümlichere Form des Schöpfer- und Erzeugergottes ist in Wirklichkeit eine sekundäre Späterscheinung, die erst in der Zeit aufgekommen sein kann, als man das Olympische Familienpantheon mythologisch zu organisieren begann und für jeden Gott einen Vater etc. benennen mußte. Daß man parallel dazu auch damit begann, die kriegerischen Heroen – d. h. die herausragenden Gestalten der herrschenden griechischen Adelsgeschlechter – genealogisch an die Götterfamilie anzubinden und jedem einen göttlichen Ahnherrn zu verschaffen, gibt wiederum einen chronologischen Fingerzeig: Das Mythologem «Zeus der Vater der Menschen und Götter» [Zeus patēr andrōn te theōn te] muß mykenischen Ursprungs sein.)
Diese Tatsache ist nicht nur insofern von entscheidender Bedeutung, als man daraus auf eine gemeinindogermanische patriarchalische Gesellschaftsordnung zurückschließen darf, sondern vor allem insofern, als daraus zu folgern ist, daß das in Form einer Großfamilie gestaltete griechische Pantheon – eben die Olympische Götterfamilie – sich in der Grundstruktur wie in den einzelnen Details erst nach der Einwanderung der Griechen gebildet haben kann. Daß die griechische Götterfamilie in der Form, wie sie uns in den Werken Homers erstmals in voller Funktion entgegentritt, erst in der Zeit zwischen der Einwanderung der Griechen und der Entstehung der Homerischen Epen (beziehungsweise ihrer mündlichen Vorstufen) konstituiert worden sein kann, wird sich im folgenden bei der Betrachtung der einzelnen «Familienmitglieder» noch deutlicher zeigen. Daß der höchste Gott schon auf der indogermanischen Stufe von einer – wie auch immer zusammengesetzten – göttlichen Familie umgeben war, ist zwar sehr wohl denkbar, aber nicht erwiesen. Darauf, daß es im vorgriechischen Stadium Griechenlands, also im kretisch-minoischen Kulturraum, ein familial organisiertes Pantheon gegeben haben könnte, gibt es keinerlei Hinweise; es ist völlig unwahrscheinlich.
Ein zweiter Aspekt des indogermanischen Zeus – neben der «Hausvater»-Eigenschaft – ist von nicht minder großer Bedeutsamkeit geworden: der Umstand, daß diese oberste Gottheit ursprünglich ein Wettergott gewesen und dies auch nach der Einwanderung der Griechen zu einem guten Teil geblieben ist. Zeus ist der Herr, der sich in Gewitter und Sturm, Unwetter und Schneegestöber offenbart, der «Blitzschleuderer», «Donnerer» und «Wolkensammler», wie seine stehenden epischen Epitheta lauten (im Kult begegnen dafür Epitheta wie «Zeus Ombrios» oder «Zeus Hyetios», «Zeus der Regenspender»). Als Herr über die gewaltigsten, den Menschen am unheimlichsten und bedrohlichsten gegenübertretenden Naturmächte ist dieser Wettergott zugleich der Himmelsgott, der eben dort thront, wo diese Naturgewalten herkommen: im Himmel – oder aber auf einem hoch aufragenden Berg. So kommt es, daß sich auf zahlreichen Bergen in Griechenland Kultstätten des Zeus finden. Und so ist es auch zu erklären, daß der Herrschaftssitz des Zeus auf dem fast dreitausend Meter hohen Massiv des Olymp gedacht wird: Kultische und mythologische Vorstellung sind hier vereint, die unheimliche, unzugängliche Residenz des Wettergottes wird

zum luxuriösen Palast des Götterkönigs und Familienpatriarchen.
Daß das Pantheon der Olympischen Götter entstehen und bis heute im Gedächtnis der Nachwelt bleiben konnte, liegt also daran, daß die Griechen aus ihrer «indogermanischen Heimat» als höchste Gottheit den Wettergott und göttlichen Hausvater Zeus mitgebracht haben und daß diese Gottheit sich im Einwanderungsgebiet ebenfalls als obere Gottheit durchzusetzen vermochte, letzteres wohl nicht zuletzt deswegen, weil die Sozialstruktur der neu eingewanderten Herrscherklasse parallel lief zur mythologischen Sozialstruktur ihrer Götterwelt – daraus resultierte, propagandistisch nicht unbeabsichtigt, eine gegenseitige Stützfunktion.

HERA und die anderen Geschwister des Zeus. – Wenn die Etymologie ihres Namens richtig ist, die hērē als schlichtes Femininum zu hērōs, «der Herr», erklärt, dann kann Hera, die Schwester und Gattin des Zeus, nur griechischen Ursprungs sein. Nicht mehr mit Sicherheit zu entscheiden ist allerdings, ob die Griechen diese Göttin aus ihrer Vorheimat mitgebracht oder ihre Gestalt erst im neuen Siedlungsgebiet ausgeprägt haben. Das erstere ist allerdings weitaus wahrscheinlicher, und zwar aus zwei Gründen. Zum einen ist Hera – kultisch wie mythisch – ausschließlich als Ehefrau des Zeus präsent, und als solche vertritt sie das Recht der Frau als Gattin (nicht als Mutter); sie gilt als die Schutzherrin der Ehe, zugleich aber auch – in deutlicher Dependenz von Zeus – als Schutzherrin des Königs und als Stadtgöttin. Das ist nur zu verstehen, wenn man ihr Wesen als Komplementärfunktion zu Zeus begreift; das heißt, ihre Existenz setzt, zeitlich wie funktional, die Existenz des Zeus als «(Haus-)Vater» voraus.
Diese Überlegung wird gestützt durch ein eigenartiges Phänomen, auf das man schon länger aufmerksam geworden ist: All die Götter, von denen wir nach dem heutigen Stand der Wissenschaft «mit Sicherheit behaupten können, daß die Griechen sie aus ihrer Urheimat mitgebracht haben, sind Geschwister des Zeus» (Nilsson, «Geschichte der griechischen Religion», 1, S. 603). Wesentlich an dieser verblüffenden Beobachtung ist, daß sie nicht auf spekulativer Mythenanalyse beruht, sondern sich aus Daten anderer Forschungsmethoden (wie z. B. der historischen Sprachwissenschaft) ergibt.

Bei POSEIDON, dem Beherrscher des Meeres, ist zwar eine bündige etymologische Erklärung seines Namens bislang nicht geglückt, aber daß der Name der griechischen Sprache entstammt, scheint sicher; aus den verschiedenen überlieferten Namensformen läßt sich außerdem ablesen, daß die Dorer den Gott von der vor ihnen eingewanderten griechischen Bevölkerungsschicht übernommen haben, d.h., daß er zusammen mit der ersten Einwanderungswelle ins Land gekommen ist.

Daß HESTIA, die Göttin des häuslichen Herdes, ebenfalls noch aus der «indogermanischen» Vorzeit der Griechen stammt, ergibt sich aus verschiedenen Indizien: etwa durch die ausgeprägte Parallelität zum römischen Herdkult (ob und wie allerdings Hestia und Vesta sprachlich verwandt sind, ist trotz aller scheinbaren Plausibilität nach wie vor umstritten), außerdem durch die enge Verknüpfung mit der patriarchischen Familienstruktur (der Vater als personales Zentrum des Hauswesens, der Herd als lokales und kultisches Zentrum des Hauses). Merkwürdig ist, daß Hestia, die so stark im häuslichen Alltagsleben der Griechen verwurzelt war, in den Mythen kaum manifest wird (wie ähnlich auch Vesta); nur ganz vereinzelt hören wir von ihrer standhaft verteidigten Jungfräulichkeit (z. B. gegenüber dem Werben Poseidons und Apollons oder gegenüber einem Vergewaltigungsversuch des betrunkenen Priap). Ihre Personifikation ist, wie man daraus ersehen kann, nie vollständig geworden: hestia blieb im Griechischen immer gleichzeitig das normale Wort zur Bezeichnung des Begriffs «Herd».

DEMETER, wie die Vorgenannten im Mythos ebenfalls als Tochter des Kronos und der Rheia apostrophiert, trägt die indogermanische Namensherkunft sichtbar zur Schau: Der zweite Teil des Namens ist das dem deutschen «Mutter» stammverwandte und bedeutungsgleiche griechische mētēr (ähnlich altindisch mātar, lateinisch mater, altkirchenslavisch mati usw.). Der erste Teil des Namens wird schon seit dem Altertum verschieden gedeutet. Sprachgeschichtlich kommen nur zwei Möglichkeiten in Betracht: entweder zum griechischen «Erde» oder zu «Korn» gehörig. Wie die kultischen Komponenten der Demeterverehrung zeigen, hat es die weit größere Wahrscheinlichkeit für sich, sie als «Kornmutter» zu verstehen, nicht als «Mutter Erde». Es ist schon lange aufgefallen, daß sich diese Göttin des Ackerbaus und des Getreidewachstums, überhaupt der Fruchtbarkeit, in der sonst eher ritterlich-heroischen Welt des Olympischen Pantheons etwas eigentümlich ausnimmt; auch daß ihr Kult oft eine Frauenangelegenheit ist, nimmt wunder. Wenn wir indes den Mythos von ihrer Tochter Persephone (auch einfach Kore, «das Mädchen», genannt) hinzunehmen, die von Hades als seine Braut entführt wird und erst auf Vermittlung des Zeus hin für zwei Drittel jedes Jahres wieder aus der Unterwelt emporsteigen darf, so erkennen wir, daß hier offensichtlich eine synkretistische Kult- und Mythenüberlagerung stattgefunden hat: Eine genuin griechische Göttin hat die viel ältere Form der im alten Vorderen Orient so verbreiteten Vorstellung von der verschwindenden und wiederauflebenden Vegetationsgottheit kultisch und mythisch in sich aufgesogen. In ihrer Verehrung lebt also die Religiosität der von der kriegerischen griechischen Herrenschicht unterdrückten bäuerlichen Bevölkerung fort.

Der dritte der Söhne von Kronos und Rheia, HADES, dem bei der Aufteilung der Herrschaftsbereiche die Unterwelt zufiel, ist etymologisch offenbar gleichfalls dem indogermanischen Erbe zuzuordnen, wenngleich sich die Gelehrten über die Deutung seines Namens nicht einig sind: Teils wird er mit einem – nicht erhaltenen – Kollektivbegriff Aïs, «Unterwelt», in Zusammenhang gebracht, teils mit dem griechischen und lateinischen Wort für «traurig, grausig», teils wird er als der «Unsichtbare» gedeutet (was allerdings stark den Eindruck einer Volksetymologie macht). Auffällig ist bei diesem Gott die Armut an Kulten; auch mit Mythen ist er nicht reich bedacht, ganz im Gegensatz zu seiner Gattin Persephone. Dieser Mangel verhindert auch chronologische Schlüsse auf die Art und Weise seiner Einbürgerung.

ATHENE. – Während bei den Eigennamen des Zeus und seiner Geschwister die sprachgeschichtliche Zugehörigkeit in der Regel fast evident ist, stoßen wir bei den übrigen Mitgliedern des Olympischen Pantheons in dieser Beziehung immer wieder auf Schwierigkeiten. Auch bei Athene ist das der Fall: Man kennt zwar eine griechische Endung auf -ēnē, allein es ist bisher trotzdem nicht gelungen, für den anderen Bestandteil und überhaupt für den etymologischen Sinn des ganzen Namens eine befriedigende Erklärung zu finden. Man ist daher heute geneigt, «Athene» mit einigen überlieferten Ortsnamen auf -ēnē zusammenzustellen, die höchstwahrscheinlich vorgriechisch sind, zum Beispiel Mykenai (Plural, wie Athenai-Athen), Priene, Kyllene u. a. Das würde dann ausgezeichnet zu dem passen, was der religionshistorische Befund ergibt: daß nämlich die Gestalt der Athene die mykenische Umformung der alten minoischen Palastgöttin darstellt. Dafür sprechen etwa ihre wesentlichen Attribute – die Schlange als hausschützendes göttliches Wesen und der Vogel, in Athen zur Eule spezifiziert –; archäologisch bedeutsam ist die Tatsache, daß die Heiligtümer der die Stadt, und zwar keineswegs nur Athen, beschützenden Athene sich auf der Akropolis zu befinden pflegen – dort, wo der Palast der mykenischen Stadtfürsten stand, in dessen Bereich sich oft noch ein eigenes Hausheiligtum nachweisen läßt, das seinerseits aus den für die minoischen Paläste so charakteristischen Hauskapellen hervorgegangen zu sein scheint. Offenbar ist die alte minoische Schlangengöttin, die das Haus des Königs schützte und so zugleich dessen persönliche Schutzgottheit war, von den eingewanderten neuen Herren des Landes als Palastgöttin und persönliche Beschützerin des Herrschers übernommen, aber – den veränderten Zeitläufen entsprechend – darüber hinaus mit kriegerischen Attributen versehen worden: Sie ist nun auch die Schutzgottheit des Königs als des Heerführers und damit die Herrin des Kampfes (freilich des strategisch geordneten, nicht der wilden Schlachtlust wie Ares). Später, als die Zeiten sich wieder geändert hatten, wurde aus der streitbaren, gewappneten Palastgöttin die Stadtgöttin der freien Polis.

ARTEMIS. – Bei der Jagdgöttin Artemis sind die Verhältnisse noch ungleich komplizierter als bei der Stadtgöttin Athene. Selbst wenn ihr Name lydisch sein sollte, also aus Kleinasien stammt – wie der ihrer Mutter Leto wahrscheinlich aus Lykien (zu lykisch lada, «Frau») –, so zeigt sie selbst doch keinerlei Züge, die in jenes Gebiet verweisen; andererseits befriedigt auch die Verbindung des Namens mit dem griechischen artamein, «zerstückeln, schlachten» nicht, da nichts im Wesen der Artemis in diese Richtung deutet. Wir sind daher bei ihr – mehr noch als bei Athene – auf religionshistorische Interpretationen angewiesen. Nach deren derzeitigem Stand ist auch Artemis, die in geschichtlicher Zeit volkstümlichste aller griechischen Göttinnen, das Ergebnis eines synkretistischen Prozesses. So nimmt man heute als selbstverständlich an, daß die Griechen schon vor ihren Wanderungen eine oder mehrere Naturgottheiten gehabt haben; die eine oder andere davon mag auch weiblich gewesen sein und Züge aufgewiesen haben, die später bei Artemis wiederbegegnen. Das entscheidend prägende Moment lieferte indes die minoische Kultur: Eine ihrer charakteristischen Götter- und Dämonengestalten war die potnia thērōn, die «Herrin der (wilden) Tiere», von der eine nicht unbeträchtliche Zahl typischer ikonographischer Zeugnisse überliefert ist – sie zeigen eine mit Bogen oder Speer bewaffnete Frau, die von Tieren flankiert ist (die Waffen können auch fehlen); gelegentlich hält die Frau die Tiere auch an Hals oder Hinterbein gepackt. Dieser Typ von Darstellungen hat sich bis in die «klassische» Zeit erhalten, wo er auf Vasen, Gemmen usw. immer wieder auftaucht. Meist sind es Löwen, Schwäne oder andere Vögel, daneben auch Hirsche, Greifen u. ä., die die Göttin (die jetzt eindeutig als Artemis anzusprechen ist) begleiten, sei es als Attribute oder Epiphanieformen der Göttin oder einfach als Vertreter der von ihr beherrschten Natur (d. h. als Untertanen und Schutzbefohlene). Diese von minoischer Zeit an durchlaufende bildliche – und damit auch kultische – Tradition ist so evident, daß an der Identifizierung der späteren Artemis mit der vorgriechischen potnia thērōn kein Zweifel bestehen kann. Hirzu kommt, daß Artemis später mit einer ganzen Reihe geringerer, mit ihr im Wesen verwandter – und erwiesenermaßen vorgriechischer – Göttinnen identifiziert worden ist, so mit der kretischen Britomartis und der mit Britomartis kontaminierten Diktynna; in diesen Zusammenhang gehört auch die laut Pausanias (2, 30, 3) mit Britomartis zu identifizierende Aphaia auf Ägina, von deren einstiger Bedeutung der noch gut erhaltene Tempel mit seinen heute in München aufbewahrten eindrucksvollen Giebelskulpturen Zeugnis ablegt. Im Tempelbereich hat man übrigens auch mykenische Scherben ausgegraben – ein weiteres Indiz für die Kultkontinuität. Erwähnt sei ferner, daß Artemis auf der Peloponnes offensichtlich auch den vorgriechischen Baumkult an sich gezogen hat. Daß Artemis als Naturgottheit später noch verschiedene andere Aspekte – etwa als Gottheit der Heirat und der Geburt – aufweist, versteht sich von selbst: Eine derartige Gottheit muß naturgemäß als Kristallisationskern wirken. Auf welche Weise, wann und warum sich solche weiteren Aspekte und Funktionen an den Kern angelagert haben, ist in den seltensten Fällen mehr zu durchschauen. Einige Ausnahmen: Die mit dem Baumkult zusammenhängenden orgiastischen Zeremonien müssen wohl ein griechisches Element darstellen, denn von phallischen oder sonstigen sexuellen Riten ist aus dem kretisch-minoischen Bereich nicht das mindeste bekannt. Und von der in Sparta so hoch verehrten (Artemis) Orthia ist mit größter Sicherheit anzunehmen, daß sie erst von den Dorern eingeführt wurde, da man in ihrem Heiligtum keinerlei Reste aus mykenischer Zeit gefunden hat.

Für die Mythologie ergibt sich aus all dem leider recht wenig historisch Verwertbares. Das ist um so mißlicher, als man nur zu gerne wüßte, wie diese Natur- und Jagdgöttin zu ihrem mythischen Zwillingsbruder Apollon und zugleich zur gemeinsamen Mutter Leto gekommen ist. Wenn die Annahme stimmt, daß der – wann immer zum erstenmal auftauchende – bogenbewehrte Apollon die Rolle des in der minoischen Zeit gleichfalls sehr stark repräsentierten bogentragenden «Herrn der Tiere», des als männliches Pendant der potnia thērōn fungierenden potnios thērōn, übernommen hat, dann läge hierin der Schlüssel für die verwandtschaftliche Verbindung. Das würde nämlich bedeuten, daß alle die Mythen, die das Zwillingspaar gemeinsam und in Verbindung mit ihrer Mutter zeigen (Leto begegnet mythologisch nur im Konnex mit ihren Kindern), nach dieser sekundären Verbindung – die man doch wohl in nachminoische Zeit zu setzen hätte – entstanden sein müssen: so der Mythos von der Erschießung des Riesen Tityos, der ihrer Mutter nachstellte, oder die Geschichte von der Tötung der Niobe und ihrer Kinder, die Leto gegenüber mit ihren sieben Söhnen und sieben Töchtern geprahlt hatte.
Doch das sind alles blanke Spekulationen, die zudem noch von der vorherigen Klärung des großen Problems «Apollon» abhängen.

APOLLON. – Der «griechischste aller Götter», «die strahlendste und lichtumflossenste Gestalt des griechischen Olymps» (Nilsson) gibt der Forschung das dunkelste Rätsel des ganzen griechischen Pantheons auf. Da er in der «klassischen» Zeit als Herr der Künste und Licht-, ja Sonnengott zum Hauptgott neben Zeus geworden ist, fällt es vielen schwer, seine griechische Herkunft in Zweifel ziehen zu lassen. So kommt es, daß sich die Ansichten, oft mit Emotion, ja Leidenschaft verfochten, auch heute noch diametral entgegenstehen: Die einen sehen in ihm eine urgriechische, von den Einwanderern – sei es der ersten, sei es der zweiten Welle – mitgebrachte Gottheit, die anderen einen Import aus dem Orient, wieder andere einen autochthonen vorgriechischen Gott. Besonders verwirrend wirkt, daß sich sein in den verschiedenen griechischen Dialekten verschieden lautender Name (dorisch Apellon, thessalisch Aplun, zyprisch Apeilon) durchaus auf griechischer beziehungsweise indogermanischer Basis erklären und auch deuten, also mit bekannten Aspekten seines Wesens in Verbindung bringen läßt; dabei muß man natürlich gerade den jeweils zur Etymologie passenden Aspekt als den ursprünglichen postulieren, an den sich die anderen Erscheinungsformen und Wirkweisen dann angelagert haben. So wird der Name etwa definiert als «Abwehrer» (apopellos), als «der Starke» (zu -pelēs), als «Herdengott» (zum dorischen apella, «Hürde», «Zaun», «Einfriedung»). Wilamowitz hat aus dem Beinamen Lykeios geschlossen, daß Apollon aus dem kleinasiatischen Lykien zu den Griechen gekommen sein muß (dort lautet sein Name auf Inschriften Pulendja und Pillenni; im Lydischen Pldañs); doch meint das Epitheton sicherlich den «Wölfling» (zu griechisch lykos, «Wolf»), d. h. den die Herden vor dem Wolf Schützenden. Eine spektakuläre Entdeckung hat man vor vierzig Jahren gemacht: Auf vier in hethischer Bilderschrift abgefaßten Altarinschriften begegnete unter anderen Göttern auch ein «Apulunas», dessen ikonographische Präsentation eindeutig seine Funktion als Schützer der Tore (d.h. Übelabwehrer) belegt. Nun könnte der hethische Name ja wiederum indogermanischer Wurzel sein, womit die «Urhellenen»-These gestürzt wäre; andererseits ist der rege kulturelle Austausch zwischen dem Hethiterreich und dem alten Vorderen Orient zur Genüge bekannt – und im Babylonischen lautet das Wort für «Tor» abullu!
All diese Ableitungen bleiben indes reine Hypothesen. Man kann lediglich versuchen, die eine oder andere davon durch anderswoher kommende Indizien plausibler zu machen. Martin P. Nilsson, der in solchen Fragen eher als grundsätzlicher Skeptiker denn als forscher Optimist gelten darf, hat sich in seiner «Griechischen Religionsgeschichte» für den Stammbaum «Babylonien – Hethiter (und Kleinasien) – Griechen» entschieden und kann dafür einige nicht unverächtliche Gründe anführen:
1. Auch im Griechischen begegnet Apollon als Wächter, wie sein Beiname Agyieus, «Hüter der Straßen», zeigt, und es ist ohne Schwierigkeiten möglich, diese apotropäische Funktion als die Grund- oder Ureigenschaft zu beschreiben, aus der sich alle anderen Funktionen Apollons – Herdengott (Wolfsabwehrer), Feldgott (Mäuse- und Heuschreckenabwehrer), Heil- und Sühnegott (Krankheits- und Seuchenabwehrer), Orakelgott (Unheilabwehrer) – herleiten lassen. 2. Das bedeutendste Moment für seine Ausbreitung und insbesondere seine politische Macht (richtiger: die seiner Priesterkollegien) im griechischen Kulturraum war die Tätigkeit seiner Orakel; diese Orakel aber übten eine ganz bestimmte Form der Weissagung, die sogenannte «ekstatische Inspirationsmantik» – und diese Art der Prophetie war nach allem, was man heute weiß, ursprünglich nicht im griechischen Festland heimisch, sondern in Kleinasien, wo sie nachweisbar schon in vorgriechischer Zeit betrieben wurde. 3. Es ist nicht zu übersehen, daß, von ganz wenigen spezifischen Apollonzentren abgesehen, allenthalben auf dem griechischen Festland die großen Apollonfeste – die im ersten Kapitel erwähnten Hyakinthien sind nur ein Beispiel von vielen – erwiesenermaßen Überlagerungen von Festen älterer, einheimischer Gottheiten darstellen, während eigene Apollonfeste auf den Inseln und im kleinasiatischen Bereich viel zahlreicher sind: auch das ein Hinweis auf eine Wanderungsbewegung von Osten nach Westen. 4. Während in der griechischen Kalenderrechnung die Monatstage generell dekadisch gegliedert waren und die Feste in der Regel zur Vollmondzeit gefeiert wurden, war dem Apollon der siebte Tag im Monat heilig, und alle seine Feste wurden am siebten gefeiert (nur in den spartanischen Karneen, die ursprünglich einem vorgriechischen Gott zugehörig waren, hat sich der anderwärts übliche Termin gehalten); diese Hervorhebung des siebten Monatstags ist wiederum babylonischen Ursprungs.
Angenommen, die Annahmen und Schlußfolgerungen Nilssons sind richtig, so läßt

sich daraus der Zeitpunkt bestimmen, zu dem Apollon frühestens sich im religiösen Leben der Griechen – und damit auch in ihren Mythen – festgesetzt haben kann. Das althethitische Reich erlebte seine Blüte in der zweiten Hälfte des sechzehnten Jahrhunderts v. Chr. (um 1530 zerstörte der Hethiterkönig Mursili I. Babylon); die babylonischen Kultureinflüsse können erst von dieser Zeit an über den hethitischen Kulturraum nach Westen gedrungen sein. Das würde bedeuten: Apollon ist in der mykenischen Zeit von den Griechen übernommen und von da an in ihrem Sinn weitergebildet und umgeformt worden; in dieselbe Zeit fällt die Überlagerung früherer festländischer Kulte durch ihn. Ebenso kann – das ist in unserem Zusammenhang von besonderem Belang – die Ausformung der um ihn kreisenden Mythen frühestens in dieser Epoche begonnen haben. Wie sich letzteres im einzelnen vollzogen haben mag, dafür hat der eingangs erläuterte Hyakinth-Mythos eine anschauliche Illustration. (Daß sich solche Überlagerungen allerdings keineswegs zwangsläufig in Mythen «literarisieren» müssen, zeigt die Überschichtung des spartanischen Karnos- oder Karneios-Kultes durch Apollon – der dann «Apollon Karneios» tituliert wird – und ähnliches mehr.)
An verschiedenen Beispielen, die sich viel später, in historischer Zeit, ereignet haben, kann man ablesen, daß derartige Transpositionen ohne große Schwierigkeiten vonstatten gehen. So wurde derselbe Apollon als Heilgott im fünften und vierten Jahrhundert an nicht wenigen Orten von Asklepios abgelöst, dessen Ruf und dessen Kult damals einen ungeheuren Aufschwung nahm; das später so berühmte Heiligtum von Epidauros etwa war zuvor eine Kultstätte Apollons, und ähnlich ging in Korinth ein im sechsten Jahrhundert erbauter Apollontempel Ende des fünften Jahrhunderts auf Asklepios über. Später wurde Asklepios bekanntlich der Heilgott schlechthin. Dabei ist auch gut zu beobachten, wie sich eine solche Kultverschiebung mythologisch niederschlägt: Bei Homer begegnet Asklepios nur als ein hervorragender Arzt und als Vater der im Griechenlager vor Troja tätigen Ärzte Machaon und Podaleirios; auch Pindar (um 522/518-nach 446) nennt ihn noch lediglich einen «Heroen» («Pythien» 3,8ff.); sobald er dann Apollon im Kult zurückgedrängt hat, wird er «kanonisiert», indem man ihn zum Sohn Apollons erklärt und so dem Olympischen Pantheon anhängt. Die Sukzession wird also in dem Mythologem der «Sohnschaft» kristallisiert. An manchen Stellen vollzieht sich dieser Prozeß – freilich ohne mythologische Fixierung – sogar in drei Stufen: In Trikka und an anderen peloponnesischen Orten, so auch in Epidauros, gab es einen alten Heilgott namens Maleatas, der in verschiedenen überlieferten Urkunden noch selbständig auftritt; meist ist sein Kult jedoch von Apollon überlagert worden, der in diesen Fällen dann «Apollon Maleatas» heißt; und dieser wiederum wurde später von Asklepios verdrängt, ohne daß freilich die Vorstufe aus dem Bewußtsein schwand – in Trikka mußte erst dem Apollon Maleatas geopfert werden, ehe das Allerheiligste des Asklepios betreten werden durfte (ähnlich dem erwähnten Vorgang am Hyakinthienfest in Amyklai). Ein weiteres, noch bedeutsameres Beispiel: Als der Dichter Sophokles im Jahr 420/419 Priester im Kult eines Heilheros namens Halon war, nahm er in dieser Funktion den Asklepios – es war die große Zeit von dessen Aufstieg – in den Kultbereich des Heros auf, und die Folge war, daß dieser offenbar bald in Vergessenheit geriet (während Sophokles seinerseits nach seinem Tod, wie schon erwähnt, als Dexion, «Aufnehmer», heroisiert wurde).

APHRODITE. – Von der Göttin der Liebe, Sinnlichkeit und Schönheit nimmt man heute an, daß sie ebenfalls aus dem Vorderen Orient nach Griechenland «eingewandert» ist. Indogermanistisch orientierte Ableitungen ihres Namens sind bisher nicht überzeugend geglückt; die in Verbindung mit dem Mythos von der Entmannung des Uranos durch Kronos stehende Deutung als «aphro-dytē», «dem Schaum Entstiegene», ist eine mythologisch inspirierte Volksetymologie. Wenn sie tatsächlich mit der syrophönikischen Aschtart, dem weiblichen Pendant zu Baal, in Verbindung zu bringen ist (was auch den in Griechenland sonst ungewöhnlichen Brauch der Tempelprostitution im korinthischen Aphroditeheiligtum erklären würde), dann bestätigt sich damit, was bereits Herodot (1,105) als Ergebnis seiner Nachforschungen berichtet: Demnach gab es in Aschkalon ein Heiligtum der «Aphrodite Urania», der «Himmelsaphrodite», das als älteste Kultstätte dieser Göttin galt; von dort kam der Kult nach Zypern, wo laut Angabe der einheimischen Zeitgenossen Herodots das Wissen um diese Herkunft lebendig blieb: «Kypris», «die Zyprische», ist Aphrodites frühest überlieferter und auch in der Folge dauerhaftester Beiname, und Zypern war immer ein Raum besonderer Aphroditeverehrung. Ebenso liegt der Fall bei der Insel Kythera, deren Aphroditeheiligtum gleichfalls von Phönikiern gegründet worden sein soll.
Wann sich diese Einwanderung der Liebesgöttin nach Griechenland vollzogen hat, ist nicht auszumachen. Die Bewohner der palästinensischen Küstenstädte entwickelten schon sehr früh ausgesprochene Handels- und Seefahrerqualitäten. Die große Expansion der phönikischen Seemacht mit der über den ganzen Mittelmeerraum gestreuten Gründung von Kolonialstädten setzte allerdings erst um das Jahr 1000 v. Chr. ein. Als allerspätesten Termin muß man wohl die Epoche annehmen, in der die Griechen auch das Alphabet von den Phönikiern übernahmen und für ihre Zwecke umbildeten (also wiederum etwa die Jahrtausendwende).

ARES, DIONYSOS, HEPHAISTOS.– Der Kriegsgott und der Gott der ekstatischen Berauschtheit und des Weines reihen sich insofern nahtlos an die Liebesgöttin an, als auch bei ihnen schon die frühesten griechischen Zeugnisse von ihrem nichtgriechischen Ursprung berichten: Beide sollen aus Thrakien gekommen sein, das für die Griechen immer eine Gegend mit halbwilden «barbarischen» Bewohnern gewesen ist; für Dionysos nennen andere antike Quellen auch das kleinasiatische Phrygien oder Lydien als Urheimat. Die moderne

Forschung hat bisher keine beweiskräftigen Indizien gefunden, die diese antiken Testimonien widerlegen würden, im Gegenteil, bei Dionysos glaubt man heute sogar noch zwei Aspekte voneinander trennen zu können – einen thrakischen und einen lydisch-phrygischen, was die von den Alten genannte Alternative in der Herkunft als Doppelherkunft präzisieren würde.
Daß der Schmiedegott Hephaistos nicht griechischer Herkunft, sondern über die Insel Lemnos aus Kleinasien «eingewandert» ist, glauben die Religionshistoriker mit an Sicherheit grenzender Wahrscheinlichkeit aus den überlieferten Nachrichten über seinen Kult entnehmen zu können; den Alten galt er, im Gegensatz zu den beiden vorher Genannten, nicht als Fremdling. Als für seine Einbürgerung in Griechenland Verantwortlichen hat man Homer vermutet, bei dem er als Herr des Feuers und kunstfertiger Schmied eine so große Rolle spielt.
Eine andere Frage ist allerdings, wann diese Götter von den Griechen übernommen wurden. Bei Ares hat man aus der geringen Anzahl seiner Kultstätten und aus dem Umstand, daß «Ares» im Homerischen Epos oft metonym für «Krieg» steht, den Schluß gezogen, daß möglicherweise erst der Dichter der «Ilias» (beziehungsweise das ihm zugrundeliegende literarische Substrat) ihn als Personifikation des tobenden Schlachtgetümmels «hochstilisiert» und unter die Olympier eingereiht hat. Dionysos ist eventuell schon wesentlich früher zugewandert: Wenn Michael Ventris, der Entzifferer der Linear-B-Schrift recht hat, dann begegnet auf zwei mykenischen Tontäfelchen neben anderen Göttern – etwa Hera, Poseidon, Athene – auch Dionysos (in der mykenischen Silbenschrift: di-wo-nu-so-io; im selben Zusammenhang übrigens e-nu-wa-ri-io, Enyalios, der in späterer Zeit oft mit Ares identifizierte Kriegsgott). Was die mythologische Chronologie angeht, so gilt in beiden Fällen natürlich wiederum der Satz: Mythische Geschichten – vor allem solche, die diese Götter in Verbindung zu anderen Olympiern zeigen – können erst gebildet worden sein, nachdem die Götter von den Griechen als personale Gottheiten rezipiert worden waren.

HERMES. – Der Götterbote ist ein Sonderfall: nicht nur unter mythologischen Gesichtspunkten, d. h. im Kreis der Olympier, wo er als der Laufbursche vom Dienst immer nur einen untergeordneten Rang einnahm, sondern insbesondere unter religionswissenschaftlichen. Bei keinem anderen griechischen Gott liegt die Namensetymologie so offen zutage wie bei Hermes: herma oder hermax ist das bis in römische Zeit hinein belegte griechische Wort für «Steinhügel», «Steinhaufen», Hermes bedeutet also – personifiziert – «der vom Steinhaufen». Der letztlich noch unerklärte, aber über die ganze Welt verbreitete Brauch, Steinhaufen aufzuschichten, begegnet auch in Griechenland, wo diese Steinhaufen die Funktion von Grabmälern hatten; oben in der Mitte des Haufens liegt oder steht häufig ein besonders großer Stein – dies ist die Vorstufe der Hermen – oder auch eine ausgeformte Herme. Die von den Archäologen geborgenen Relikte stammen sowohl aus vormykenischer wie aus mykenischer und noch späterer Zeit, überspannen also den Raum von der Vorgeschichte bis in die eigentlich geschichtlichen Jahrhunderte. Bei diesem Befund beginnen freilich die zentralen Deutungsschwierigkeiten, denn weder läßt sich der Zusammenhang zwischen den archäologisch gesicherten Steinhaufen und dem griechischen Begriff dafür historisch dingfest machen, noch können wir gar sagen, wann und wie aus dem herma(x) benannten Steinhaufen die Gottheit Hermes «hervorging». Zwar ist unbestreitbar, daß die Vorstellung von dem den Steinhaufen innewohnenden Numen seit der vorgeschichtlichen Zeit in Griechenland nicht erloschen ist; aber es ist nicht auszumachen, wann der Steinhaufen zu dem Namen «herma(x)» kam. Wenn man das Wort mit griechisch herma, «Klippe», «Sandbank», identifiziert, das indogermanische Parallelen hat (so den altindischen Begriff für «Höhe», «Scheitel», das litauische Wort für «der obere», das lateinische für «Warze»), dann ist klar, daß ein Gott «Hermes» erst von den Griechen geschaffen worden sein kann, Hermes wäre also eine mykenische Bildung. Wenn man herma(x) «Steinhaufen» aber für ein selbständiges, eigenstämmiges Wort erklärt, sei es aus vorgriechischer Zeit stammend oder von außen zugewandert, dann bleibt auch die Herkunft des Hermes im dunkeln – immerhin gibt es namhafte Sprachwissenschaftler, die den Begriff wie den Namen für kleinasiatisch halten. Im letzteren Fall gehört Hermes wie die zuvor besprochenen Gottheiten zu den aus dem Osten übernommenen Göttergestalten.
Aus dem «Herrn des Steinhaufens» ist hernach der Totengeleiter, der Gott der Wanderer, der Reisenden und Händler, der Hirtengott usw. geworden; aber auch hier läßt sich – nach dem eben Gesagten zwangsläufig – das «Wann» nicht mehr feststellen, und natürlich ebensowenig der Zeitpunkt, zu dem sich an die einzelnen kultischen Aspekte Mythen anzusetzen begannen.

DAS OLYMPISCHE PANTHEON. – Nach all dem bisher Angeführten ist offenkundig, daß das Pantheon der auf dem Olymp thronenden Götterfamilie das Produkt einer historischen Entwicklung ist, und zwar einer Entwicklung, die die Einwanderung der Griechen voraussetzt: Nicht nur die von ihnen mitgebrachten Gottheiten, sondern insbesondere die ihren Göttervorstellungen zugrundeliegende, d.h. sich darin manifestierende Sozialstruktur lieferten überhaupt erst die Grundbedingung für die Ausformung eines solchen Pantheons.
Bemerkenswert – und gewiß kein Ergebnis des Zufalls – ist die Art, wie dieses Pantheon zur «Familie» ausgestaltet wurde. Wir haben im Zusammenhang mit Hera bereits darauf hingewiesen, daß alle diejenigen Gottheiten, die mit Sicherheit oder hoher Wahrscheinlichkeit von den Griechen aus ihrer Vorheimat nach Griechenland mitgebracht worden sind, mythologisch als Geschwister des Hauptgottes Zeus figurieren. Achtet man nun darauf, wie die nach den Resultaten der Religionswissenschaft von den Griechen – sei es von der einheimischen Vorbevölkerung, sei es aus anderen Kulturbereichen – übernommenen Götter in den olympischen Familienverband eingegliedert wurden, so kommt man zu der überraschenden Feststellung, daß sie

mythologisch insgesamt zu Kindern des Zeus gemacht worden sind: Apollon und Artemis sind Kinder des Zeus und der Leto, Athene ist die aus dem Haupt des Göttervaters entsprungene Tochter des Zeus und der Metis, Aphrodite die Tochter des Zeus und der Dione, Ares und Hephaistos sind Söhne des Zeus und der Hera (nach anderer Überlieferung ist Hephaistos ein parthenogenetischer Sproß Heras), Dionysos ist der Sohn des Zeus und der Semele, Hermes der Sohn des Zeus und der Bergnymphe Maia. Diese Form der mythologischen Verknüpfung «sekundärer» Gestalten mit «primären» ist, wie wir noch sehen werden, ein methodisches Stereotyp, das sich bis weit in historische Zeit hinein gehalten und noch jahrhundertelang als Mittel religiöser und politischer Legitimation gedient hat.

## 4. DIE «HELDENSAGEN»

Die Griechen haben die um ihre Großen der Vergangenheit sich rankenden Mythen für «Geschichte», also für eine Art der Historiographie gehalten. Gegen diese Haltung hat sich erst die in der zweiten Hälfte des fünften Jahrhunderts vor Christus aufblühende kritische Geschichtsschreibung gewandt: Für Thukydides ist «mythenhaft», mythōdes, geradezu der Inbegriff historiographischer Greuel. Heute weiß man aufgrund der Ereignisse der vergleichenden Sagenforschung, daß diese Spezies von Mythen oder Sagen zwar jeweils einen historischen Kern hat, daß dieser aber infolge der literarischen Überformung aus den Sagen selbst ohne die Hilfe anderweitiger Indizien nicht mehr herauszupräparieren ist. Immerhin ergibt sich aus dieser Einsicht aber für die Klärung des Problems der Entstehung der Mythen und Sagen eine grundlegende Prämisse: Der terminus post quem ist das Datum des «historischen Kerns», also der geschichtliche Zeitpunkt, zu dem die Personen lebten und die Ereignisse stattfanden, die den Anstoß zur Erzählung dieser «Geschichten» gaben.
Die Überzeugung, daß die griechischen Heldenmythen – zumal die in der Homerischen «Ilias» erwähnten Ereignisse und Gestalten – kein Produkt blühender Dichterphantasie sind, sondern auf historischen Tatsachen beruhen, hat vor rund hundert Jahren eine neue Epoche in der Altertumsforschung eingeleitet: 1870 begann Heinrich Schliemann seine Ausgrabungen in Hissarlik-Troja, geleitet von dem unerschütterlichen Glauben, Homer müsse – auch in den Details – so ernst genommen werden wie ein Geschichtsschreiber. Wenn auch seine Arbeitshypothese überspitzt war und wenn er auch die Grabungsergebnisse historisch nicht immer richtig deutete, die von ihm zutage geförderten Reste und Funde (1870-1884 in Troja, 1876 in Mykene, 1880-1886 in Orchomenos, 1884-1855 in Tiryns; seit 1882 gemeinsam mit Wilhelm Dörpfeld) haben seine Vermutung aufs glänzendste bestätigt. Wie erfolgssicher seine Hypothese war, zeigt bezeichnender Weise ein Fehlschlag: Die Suche Dörpfelds nach dem Palast des Odysseus auf «Ithaka» (beziehungsweise Leukas) war zum Scheitern verurteilt – und zwar deswegen, weil die «Odyssee» im Gegensatz zur «Ilias» eben keine «Heldengeschichte» erzählt, sondern das weitverbreitete Novellenmotiv vom lange von zu Hause abwesenden und irrfahrenden, endlich aber wohlbehalten zu seiner treuen Gattin heimkehrenden Ehemann verarbeitet – daher auch die zahlreichen märchenhaften Elemente in diesem Epos. In den Bannkreis der eigentlichen Heldenmythen kam die «Odyssee» erst dadurch, daß sie an Ereignisse und Gestalten des Trojanischen Krieges anknüpft, also in die Kategorie der «Nostoi», der Geschichten von der Heimkehr der Helden aus Troja, eingereiht wurde (Gegenmotiv hier etwa zu Odysseus und Penelope: Agamemnon und Klytaimestra). Auch die archäologische Entdeckung der minoischen Kultur basierte auf dem Glauben an den geschichtlichen Realitätsbezug griechischer Mythen: Diese Überzeugung führte den Engländer Sir Arthur Evans kurz vor der Jahrhundertwende nach Kreta, wo er den Palast des Minos und das fabulöse Labyrinth zu entdecken hoffte – und in der Tat (mit gewissen Einschränkungen, versteht sich) entdeckte.
Die der archäologischen Arbeit zugrundeliegende Hypothese ist also durch die Grabungsresultate als richtig erwiesen worden. Das ist ein auch für die Mythenforschung hochbedeutsames Ergebnis; denn es besagt nicht mehr und nicht weniger, als daß bei den quasihistorischen griechischen Mythen der «Sitz im Leben» eben jene Welt der mykenischen Ritterburgen gewesen sein muß, deren Ruinen die Ausgräber wieder zutage förderten. Daß dem in der Tat so ist – und daß die Mythen nicht etwa, wie man ja gleichfalls denken könnte, von dieser Ritterwelt aus früheren, vorgriechischen Zeiten übernommen wurden –, das haben Gelehrte anderer Forschungsrichtungen inzwischen mit neuen Argumenten gesichert. Die entscheidende Leistung ist auch auf diesem Feld wieder einmal Martin P. Nilsson zu danken, dessen Buch «The Mycenaean Origin of Greek Mythology» das Resultat seiner Untersuchungen schon im Titel programmatisch vorwegnimmt. Im Grunde ist Nilssons Analyse nur eine konsequente theoretische Fortführung der archäologischen Arbeitshypothese: Nilsson zieht alle seine Schlüsse aus dem Vergleich der mythologischen Geographie mit der realen geschichtlichen Geographie. Und dabei zeigt sich, daß alle wichtigen «historischen» Mythen irgendwie in Verbindung stehen mit den bekannten Stätten der mykenischen Kultur, ja mehr noch: daß Umfang und Bedeutung eines Mythos jeweils um so beträchtlicher sind, je politisch gewichtiger in mykenischer Zeit der geographische Ort war, mit dem der Mythos verknüpft ist. Es besteht also eine direkte Proportionalität zwischen dem politischen Rang eines historischen mykenischen Fürstensitzes und den Mythen, die als an diesem Ort spielend überliefert sind.
Mit Mykene, einem der Hauptzentren der Kultur, der dieser Ort den Namen gab, sind zwei der berühmtesten Mythenzyklen verbunden: die Geschichten um Perseus und die Geschichte des Atridenhauses. Die überragende Stellung des historischen Mykene kommt mythologisch etwa noch in der Stellung seines Herrschers Agamemnon in der «Ilias» zum Ausdruck: Er ist der unbezweifelte Anführer des griechischen Heeres vor Troja – trotz solcher Helden wie Achilleus oder

Diomedes und wie sie noch heißen –, alle übrigen «Gaufürsten» gerieten in eine Art Vasallenrolle, am deutlichsten etwa Agamemnons Bruder Menelaos, der König von Sparta (Sparta war in mykenischer Zeit nach Ausweis der Archäologie relativ unbedeutend). Mit Tiryns ist der Heraklesmythos verbunden: Der in Tiryns lebende Held vollbringt als Vasall des Königs Eurystheus von Mykene seine berühmten zwölf Taten (nach anderer Version gehört Herakles nach Theben; auch diese Fassung dürfte alt sein und vermutlich genuine mykenische Realitäten spiegeln). In Argos, das in mykenischer Zeit nicht ganz so bedeutend war wie die beiden vorgenannten Städte, spielt der Danaidenmythos, in dem sich wahrscheinlich Reminiszenzen an Konflikte im Zusammenhang mit griechischen Kolonisationsversuchen im Nildelta erhalten haben (in ägyptischen Inschriften aus der Zeit Echnatons [1364-1347] und Ramses'III. [1184-1153] begegnet der griechische Stammesname «Danaer»).
In Böotien lag das Zentrum der mykenischen Kultur den Ausgrabungen zufolge in Theben. Theben ist der Schauplatz des Oidipus-Mythos, des «Kriegs der Sieben gegen Theben» (der vermutlich kriegerische Auseinandersetzungen rivalisierender mykenischer Stadtfürsten widerspiegelt) und des Kadmosmythos. Ein zweites Zentrum war in Nordböotien in Orchomenos und dem benachbarten Gla am Kopaïs-See; hier sind die mythischen Relikte allerdings gering – lediglich die Sage von Minyas beziehungsweise dem einst mächtigen Reich der Minyer und die Geschichten um Athamas sind hier beheimatet. In Attika wurden zahlreiche mykenische Fundorte ausgegraben, am gründlichsten die Akropolis von Athen. Mit Athen sind zwar nicht viele historisierende Mythen verknüpft, dafür aber ein um so bedeutenderer: der Theseuszyklus, in dem vor allem die Rudimente der Begegnung zwischen der mykenischen und der minoischen Kultur von Interesse sind. Der Kriegszug des kretischen Königs Minos gegen Athen, die jährliche Tributzahlung für den Minotauros und die Befreiung davon durch Theseus sind sicher historische Reminiszenzen. Hinter Ariadne vermutet man eine alte minoische Vegetationsgöttin. Das «Labyrinth» wird heute allgemein für eine mythische Chiffre des minoischen Palastes in Knossos mit seiner verwirrenden architektonischen Gestaltung gehalten – da der Palast von Knossos um 1400 v. Chr. zerstört wurde, kann der Mythos nicht viel später entstanden sein. Auch in Westmessenien wurden mehrere mykenische Burgen ausgegraben; in einer davon – welcher, ist umstritten – muß als Gaufürst Nestor, König von Pylos, residiert haben, jener Nestor, der als Greis noch mit neunzig Schiffen am Trojafeldzug teilnimmt und über den das elfte Buch der «Ilias» ein wohl auf ältere Vorlagen zurückgehendes Heldenlied enthält.
Die Evidenz der Entsprechung der archäologisch gesicherten historischen Daten einerseits mit der Geographie und der mythischen «Politik» andererseits ist schlagend. Sie wird noch weiter gefestigt durch eine umgekehrte Beobachtung: nämlich daß in all den griechischen Landschaften, wo sich nur wenige oder gar keine Reste aus mykenischer Zeit gefunden haben, auch nur wenige oder gar keine historisierenden mythischen Geschichten angesiedelt sind. Aus der positiven wie aus der negativen Feststellung läßt sich nur eine Folgerung ziehen: Die mit den Hauptstädten der mykenischen Epoche und ihren Fürsten verbundenen Mythen müssen in die Zeit zurückreichen, als diese Orte politisch und kulturell in Blüte standen. Daß dies nur für den Kern der Mythen zutrifft und daß diese selbst in der Folgezeit durch vielerlei, seien es novellistische, seien es märchen- und legendenhafte oder andere Züge erweitert und umgestaltet wurden, versteht sich von selbst.
Eindeutig ist auch der Sinn, der als Motivation hinter der Entstehung dieser historisierenden Mythen zu suchen ist: Sie dienen der Verherrlichung der Taten der jeweiligen Stadtfürsten und des prunkvollen Lebens an ihren Höfen. Sie haben also, das darf man mit gutem Recht sagen, von ihrer Entstehung her einen ausgesprochen politisch-propagandistischen Charakter, und man wird annehmen müssen, daß sie als eine Art Auftragsdichtung nicht selten literarische Waffen darstellten, deren sich die um die Vorherrschaft mit ihren Nachbarn rivalisierenden Burgherren bedienten. Für diesen politisch-manipulativen Aspekt gibt es hie und da noch einen speziellen Beweis: so, beispielsweise, wenn zu einer Zeit, als das politische Gewicht sich von der Argolis nach Lakonien verlagert hatte, Agamemnon und Orest zu lakedämonischen Fürsten gemacht werden (bei Pindar, Stesichoros und Herodot belegt) – der mächtigste Herrscher der mykenischen Epoche behält zwar seine mythisch verfestigte Funktion, sein Regierungssitz wird jedoch delokalisiert. Das ist indes eine Ausnahme. In der Regel bleibt die politisch-geographische Landschaft in den Mythen so, wie sie in der Entstehungsperiode war, auch wenn die einstigen Fürstenstädte längst zu völlig unbedeutenden, verschlafenen Bauerndörfern herabgesunken sind, wie etwa Mykene und Tiryns in historischer Zeit. Das ist im übrigen nochmals ein Hinweis auf die Entstehungszeit der Mythen: Nach dem Untergang der mykenischen Kultur hätte niemand auf die Idee kommen können, in solch unscheinbaren Flecken Könige residieren zu lassen.
Die archäologisch abgestützte politische Geographie ist freilich nicht das einzige Indiz, das die mykenischen Wurzeln der historisierenden griechischen Mythen freilegt. Ein anderes, kaum minder aufschlußreiches Interpretationsmittel ist einmal mehr die Namensforschung. So hat etwa der Indogermanist Paul Kretschmer 1920 auf einen sehr eigenartigen Befund bei den mythischen Eigennamen aufmerksam gemacht. Es gibt in der griechischen Mythologie eine ganze Reihe von Namen mit der Endung -eus: Peleus, Achilleus, Odysseus, Atreus, Tydeus, Neleus, Oineus usw.; die etymologische Bedeutung dieser Namen ist meist schwer oder überhaupt nicht zu enträtseln. Dieser Gruppe steht eine andere gegenüber, die bezeichnenderweise fast durchgehend Komposita, d. h. zusammengesetzte Wörter aufweist, deren Semantik durchsichtig und im allgemeinen problemlos ist: z. B. Agamemnon («Bleibfest»), Menelaos («dem Volk gehörend» oder «dem Volk geneigt»), Neoptolemos («Jungkrieger»), Telemachos («Fernkämpfer»), Diomedes

(«Gottrat»), Meleagros («Jagdmann» oder «Ackermann»), Nestor («Heimkehrer»), Herakles («Heraruhm»). Diese Art der Namensbildung ist dem Griechischen noch in geschichtlicher Zeit eigen, man denke etwa an Sokrates («Schutzstark»), Perikles («Weitberühmt»), Kritias («Richter»), Aristophanes («Bestglanz») und viele andere; es sind Bildungen, die in ähnlicher Form auch im germanischen Sprachraum begegnen, die also sicher indogermanisches Erbe sind. Nun ist die zweite Art der Namensbildung schon bei Homer gang und gäbe, auch dort, wo es sich möglicherweise um Schöpfungen des Dichters handelt; man denke an Hektor («Halter»), Andromache («die Männerbekämpfende») und ihr gemeinsames Kind Astyanax («Stadtherr»). Diese Namen müssen also bereits in vorhomerischer Zeit üblich gewesen sein, und zwar schon länger. Wenn die Struktur der Wortbildung indogermanisch ist, dann ist die Annahme kaum zu widerlegen, daß diese Namen mykenisches Gut darstellen. Und wenn die Namen alt sind, dann dürften auch die an den Namen hängenden Mythen alt sein. Damit ist nicht gesagt, daß «Agamemnon», «Menelaos» und wie sie alle lauten die Namen der historischen mykenischen Stadtherren und Gaufürsten gewesen sind; aber es ist damit gesagt, daß die Zeit, die diese historisierenden Mythen schuf, auch deren Helden die Namen gab, die ihnen über die Jahrhunderte blieben.
Daß die Kompositnamen tatsächlich jünger sind als die Bildungen mit der Endung -eus, ist bezeichnenderweise mythologisch im Gedächtnis geblieben. Sehr häufig steht ein älterer Name in Verbindung mit einem jüngeren: So gehört zu Achilleus Neoptolemos, zu Odysseus Telemachos, zu Atreus Agamemnon und Menelaos, zu Neleus Nestor, zu Oineus Meleagros, zu Tydeus Diomedes usw. Die Strukturform, in der Mythos und Sage dieses Verhältnis eines jüngeren Namens zu einem älteren chiffriert, ist uns bereits anderwärts begegnet: Es handelt sich allemal um ein Vater-Sohn-Verhältnis.
Freilich kann in diesem Fall nicht die Rede davon sein, daß wir hier eine vorgriechische oder nichtgriechische Schicht von einer griechischen zu scheiden hätten; denn auch die kürzeren Namen auf -eus sind, wiewohl oft nur schwer deutbar, griechischen Ursprungs. Die Frage nach vorgriechischen Mythen ist ohnehin kaum zu lösen. Gewiß darf man mit einiger Wahrscheinlichkeit vermuten, daß auch die minoische Kultur, wie die übrigen Kulturen des Alten Orients, ihre Mythen hatten – sei es über die Schöpfung des Alls, sei es über das Leben der Götter untereinander und ihre Beziehungen zu ihrem irdischen Schützling, etwa die der Haus- und Palastgöttin zu dem unter ihrem Schutz stehenden Herrscher –, und ebenso wahrscheinlich ist, daß die Griechen aus solchen früheren Mythen und Sagen im Rahmen der allgemeinen religiösen und kulturellen Adaption einiges übernommen haben. Aber solche Traditionen im einzelnen sicher nachzuweisen ist bisher noch nicht gelungen.
Mythologische Kompositnamen geben übrigens auch noch in anderer Beziehung gelegentlich darüber Aufschluß, daß Mythen oder Mythenkreise in mykenischer Zeit entstanden sein müssen: nämlich immer dann, wenn ein zusammengesetzter Heroenname als Bestandteil den Namen einer Gottheit in sich trägt, die erwiesenermaßen erst von den einwandernden Griechen mitgebracht worden ist. Dies gilt zum Beispiel für Diomedes und für den berühmtesten von allen Helden, den am Ende sogar deifizierten Herakles. Bei ihm muß man – so Nilsson – davon ausgehen, daß der Name des Helden historisch primär ist, d. h., daß einem in einem Mythos glorifizierbaren Mann ein nach seinerzeit gängigen Mustern geprägter Eigenname gegeben wurde. Ob dahinter eine historische Persönlichkeit dieses Namens steht oder ob es sich um eine fiktive Gestalt, also einen Märchenhelden handelt, ist dabei von zweitrangiger Bedeutung. Die mythologische Verknüpfung dieses Helden mit der Göttin Hera dagegen ist sekundär, sie ging vermutlich eben von dem Namen «Herakles» aus sowie von dem Umstand, daß Hera die Hauptgöttin der mit den «Zwölf Taten» aufs engste verbundenen Residenz Tiryns war.
Wie man sieht, haben Archäologie und Namensforschung im wesentlichen die zentralen Probleme hinsichtlich der Entstehung der griechischen Heldenmythen gelöst. Die Tätigkeit der Archäologen hat aber – das darf nicht vergessen werden – noch auf einem anderen Gebiet Zeugnisse über griechische Mythen in mykenischer Zeit ans Licht gebracht: in der bildenden Kunst. Beispielsweise ist auf Wandgemälden, Gemmen, Einlegearbeiten eine ganze Reihe ikonographischer Beispiele von Jagdszenen erhalten geblieben, wie sie auch für den Herakleszyklus typisch sind: Löwenjagd (der «Nemeische Löwe»), Stierjagd (der «Kretische Stier»), Eberjagd (der «Erymanthische Eber»). 1926 kamen in einem Kuppelgrab bei Dendra mehrere Darstellungen einer auf dem Rücken eines Stiers sitzenden Frau zutage, eine Szene, die deutlich an aus historischer Zeit bekannte Darstellungen der Entführung Europas durch Zeus erinnert; aus demselben Fund stammen einige andere Darstellungen, die anscheinend (der Erhaltungszustand ist ziemlich schlecht) Bellerophon und die Chimaira darstellen. Und eine Gemme aus einem spätmykenischen Grab zeigt zwei Kentauren mit jeweils einem Dolch in der Hand; es muß demnach zu dieser Zeit bereits den Mythos von einem Kentaurenkampf gegeben haben.
Alle Anzeichen deuten also darauf hin, daß zahlreiche griechische Mythen schon in mykenischer Zeit im Umlauf waren, ja daß sie im Kern überhaupt in dieser Epoche entstanden sind. Wieviel dabei an früherer vorgriechischer Überlieferung in sie eingeflossen ist, läßt sich nicht mehr feststellen, wohl aber, daß sie nach ihrer Entstehung mannigfachen Veränderungen und Erweiterungen unterworfen waren, wie sie ähnlich auch die Mythen und Sagen anderer Kulturkreise aufweisen. Ziemlich sicher ist, daß mit dem Ende der mykenischen Kultur auch die Periode der Mythen weitgehend abgeschlossen war. In den dem Sturm der dorischen Einwanderung folgenden kulturell und politisch dunklen Jahrhunderten gab es kaum Ansatzpunkte für die Entstehung von Heldenmythen (Ausnahme: der Heraklidenmythos). Wohl aber setzte offensichtlich im neunten und achten Jahrhundert im Gefolge eines neuen politischen, wirtschaftlichen und kulturellen Aufschwungs (die Seefahrt begann wieder

zu prosperieren, und ein neuer Schub der Kolonisation bereitete sich vor) auch die reproduktive und die kreative Beschäftigung mit den alten Mythen wieder ein. Die Homerischen und Hesiodischen Gedichte sind die berühmteste Frucht dieser Renaissance. Daß dabei wiederum wesentliche Umgestaltungen in die überlieferte Substanz eingriffen, ist bekannt, wenngleich es im einzelnen meist schwer ist, den schöpferischen Eigenanteil des jeweiligen Dichters vom Traditionsgut zu sondern. Diese Freiheit zur Mythenvariation haben sich die Dichter ja auch in späteren Jahrhunderten nicht nehmen lassen, man denke nur an die Dramen der drei großen Tragiker Aischylos, Sophokles und Euripides. Und was für die großen Dichter der im neunten Jahrhundert einsetzenden Renaissance gilt, das gilt auch für deren kleinere, aber nicht minder fruchtbare Kollegen: die diversen Autoren des «Epischen Zyklus», die – gewiß ebenfalls unter manchen von ihrem literarischen Ziel bestimmten Änderungen an der Mythensubstanz – vom achten Jahrhundert an erstmals die Gesamtheit der Überlieferung zu einer umfassenden Revue vereinten und auf deren Schaffen wir darum noch einen kurzen Blick werfen wollen.

## 5. DER «EPISCHE ZYKLUS»

Der Begriff «Epischer Zyklus» (epikos kyklos) ist die in nachchristlicher Zeit übliche Bezeichnung für den Kreis jener altgriechischen Epen, die sich im Lauf von etwas mehr als eineinhalb Jahrhunderten um das Homerische Werk herum anlagerten. Daß die «zyklischen» Gedichte, ebenso wie die «Ilias» und die «Odyssee», durchweg auf fest überliefertem, im Volk seit langem verwurzeltem Mythengut gründen, steht, wie schon gesagt, außer Frage; problematisch dagegen ist bei diesem ganzen Sammelbecken (von einem solchen muß man korrekterweise reden), ob die einzelnen Werke, die sich hinter den uns bekannten Titeln verbergen, bereits auf dichterische Bearbeitungen ihrer Sagenstoffe zurückgreifen konnten. Das ist einerseits darum schwer zu entscheiden, weil die absolute wie die relative Chronologie ihrer Entstehungszeit für uns völlig dunkel ist: Wenn die «Thebaïs» wirklich schon Homer in ihrer endgültigen hexametrischen Gestalt vorlag und wenn in der Tat der um 565 v. Chr. schaffende Kyrenaiker Eugammon zu den Dichtern des «Zyklus» zählt, umfaßt die mögliche Zeitspanne, innerhalb deren man die Werke lokalisieren kann, immerhin fast zweihundert Jahre, so daß die frühesten Stücke mit demselben Grad von Gewißheit wie Homers Epik für originäre Sagendichtung gehalten werden dürfen. Auf der anderen Seite – man ersieht das noch heute aus den geringen Resten der Überlieferung und, beim troischen Mythenkreis, aus der Inhaltsangabe des Proklos (2. oder 5. Jahrhundert n. Chr.) – ist weithin der zyklische Zweck, dem die Einzelepen ihre Entstehung danken, also die Absicht, alle mythischen Geschehnisse von der Vereinigung des Uranos und der Gaia bis zum Tod des Odysseus poetisch überschaubar zu machen, so aufdringlich spürbar, besonders in der peinlichen Rücksicht auf die Erzählung von «Ilias» und «Odyssee», daß man annehmen muß, die Stücke seien so, wie sie im Rahmen des «Zyklus» auftreten, stofflich und kompositorisch original gewesen. Selbstverständlich gilt das nicht für jene ganz alten Teile (wie etwa die genannte «Thebaïs»), die zusammen mit den Gedichten Homers überhaupt erst den Kristallisationskern bildeten, an den sich die späteren Poeme anschlossen, und selbstverständlich ist damit auch nicht bestritten, daß diese zyklischen Epen – für «Ilias» und «Odyssee» darf man das ja gleichfalls vermuten – manches ältere Werk in sich aufgesogen haben können: Nur beweisbar sind dergleichen Bezüge nicht mehr.
Was die Epen des Zyklus von den Homerischen grundsätzlich unterscheidet – auch hierfür liegt die Ursache zum größten Teil in ihrer Zweckgebundenheit – ist die inhaltlich-technische Anlage: Sie wollen Geschichten erzählen, Ereignisse darlegen, Fakten der mythischen «Historie» verknüpfen, während es Homer, zumal in der «Ilias», doch auch in der «Odyssee», darum geht, ein Geschehen vorzuführen, die Entfaltung eines besonderen Augenblicks darzustellen: Der Zorn Achills, das leidensvolle Irren des Odysseus sind Manifestation der Entwicklung einer zutiefst entscheidenden, daimonerfüllten Phase im Leben dieser heroischen Männer. Nicht umsonst wurde immer wieder auf die Nähe Homers zu der attischen, speziell der Sophokleischen Tragödie hingewiesen. Selbst dort, wo ein Epos eine einzige Zentralgestalt zu schildern hatte, war dieser «unhomerische» Charakter dominant: Vom Stoff wurde das Werk geprägt, nicht von der künstlerischen Formung.
So ist es leicht zu begreifen, daß, je mehr sich die Fähigkeit zu ästhetischer Literaturkritik festigte, das Interesse an diesen alten Epen desto rapider verschwand; der stofflichen Einzelheiten bemächtigten sich die mythographischen Handbücher, Homer und Hesiod aber stiegen in den Rang der Klassiker epischer Dichtkunst auf: Bereits durch Aristoteles («Poetik», Kapitel 23, 1459 a 17ff) ist das Urteil gefällt, die Alexandriner nehmen es auf (in der Bibliothek zu Alexandria dürfte der «Zyklus» zum einzigen und letzten Mal in der antiken Zeit geschlossen vorhanden gewesen sein). Kallimachos dichtet: «Widerlich ist mir ein kyklisch Gedicht; ich mag nicht den Heerweg, drauf ein Menschengewühl hierhin und dorthin marschiert» («Anthologia Palatina» 12, 43), und schon für den großen alexandrinischen Philologen Aristarch ist «kyklisch» synonym mit «banal».
Überblickt man den Komplex des «Epischen Zyklus» im ganzen, so scheiden sich thematisch vier Gruppen voneinander: 1. die theogonischen Epen, von denen allein die «Titanomachie» noch etwas deutlichere Konturen zeigt; 2. die Sagen um Theben, um deren Zentrum, die «Thebaïs», sich zum einen die «Oidipodie», zum anderen die «Epigonen» legten; der Führer des Epigonenzugs erhielt in der «Alkmaionis» noch ein eigenes Denkmal; 3. die Hauptheldender «Epigonen» tauchen wieder auf in den Mythen um Ilion, sie bilden also das Bindeglied zwischen dem thebanischen und dem trojanischen Kreis: Die «Kyprien» handelten von der Vorgeschichte der «Ilias», die «Aithiopis» setzte diese fort bis zum Tod des Achilleus, die «Iliupersis» bis zur Einnahme der Stadt – die «Kleine Ilias» war anscheinend eine komprimierte Fassung der beiden letztgenannten Gedichte –; daran fügten sich die «Nostoi» an, als Fortsetzung und zugleich ergänzende Vorbereitung der «Odyssee»,

die ihrerseits wiederum durch die «Telegonie» zu Ende erzählt wurde.
In mehr oder minder locker supplementierender Anlehnung treten schließlich 4. noch Poetisierungen anderer Mythen hinzu, so zum Beispiel der Heraklessage durch eine «Herakleïs», eine «Phokaïs», der Danaidensage durch eine «Danaïs», der Theseussage durch eine «Theseïs» usw.; auch der «Argonauten»-Stoff wurde in jener Zeit zum erstenmal literarisch bearbeitet.
Angesichts der reichen Produktion dieser Epoche – die trotz aller schwankenden Chronologie zweifelsohne mit ihrer Hauptmasse das ganze siebte Jahrhundert erfüllt haben dürfte – stellte man natürlich immer wieder die Frage nach den Dichtern der Werke des Epenzyklus. Leider ist es um eine Lösung dieses Problems sehr schlecht bestellt, da wir den antiken Angaben von vornherein skeptisch begegnen, sobald wir erkennen, daß sie um so detaillierter werden, je später die Gewährsmänner leben. Nicht ohne Grund hat wohl Aristoteles in einsichtsvoller Bescheidung stets von «denen, die (das und das Epos) geschrieben haben» gesprochen, und er wehrt sich, wie schon Herodot, mehrmals gegen die billige Manier, alles Homer zuzuschreiben.
Freilich kann nicht von der Hand gewiesen werden, daß mancher der erwähnten Dichter vielleicht tatsächlich das eine oder andere Werk verfaßt hat, sei es nun Homer («Thebaïs», «Epigonen», «Kyprien», «Kleine Ilias», «Die Einnahme von Oichalia», «Phokaïs» rechnete man in der Antike auf sein Konto), seien es Arktinos aus Milet («Titanomachie», «Aithiopis», «Iliupersis»), Lesches («Iliupersis», «Kleine Ilias»), Kinaithon («Oidipodie», «Kleine Ilias», «Telegonie»), Eumelos aus Korinth («Titanomachie»), Agias aus Troizen («Nostoi»), Eugammon aus Kyrene («Telegonie»), Thestorides aus Phokaia («Phokaïs», «Kleine Ilias»), Stasinos («Kyprien»), Hegesias = Hegesinos («Kyprien»), Diodoros aus Erythrai («Kleine Ilias»), Kreophylos aus Samos («Kleine Ilias», «Einnahme von Oichalia»), oder andere mehr.
Im Grunde jedoch nützen uns diese Namen so gut wie nichts; selbst wenn sie verbürgt wären, könnten sie – wenigstens die älteren darunter – nur lehren, was wir bereits aus den wenigen Fragmenten und bekannten Motiven der dem Zyklus zugehörigen Werke wissen: daß diese unglaublich reiche Blüte epischer Dichtung – wie die «Ilias» und die «Odyssee» – ein Gewächs des kleinasiatisch-jonischen Griechentums ist. Erst allmählich, unter dem vermittelnden Einfluß der Wanderrhapsoden, griff der schöpferische Impuls auf das Mutterland und die Kolonien über, und im Zug dieser Ausbreitung geschah es dann auch, daß die katalogisierende Eigenart des Hesiodeischen Werks auf das erzählende Epos ausstrahlte.

# Politisch-propagandistische Mythenverwertung

1.
Will man den Mythos – wie es Aufgabe einer wissenschaftlichen Betrachtungsweise ist – nicht als eine ohne menschliches Zutun plötzlich vom Himmel gefallene Offenbarung ansehen, sondern als ein geschichtliches, irgendwann auf irgendeine Weise gewordenes Phänomen, so wird man auch den nächsten Schritt tun müssen und nach den Gründen fragen, die dieses geschichtliche Phänomen entstehen ließen. Nun wird es selbstverständlich nicht bei jedem einzelnen Mythos möglich sein anzugeben, warum er erfunden worden ist und warum er gerade so, wie er überliefert ist, erfunden worden ist; das herauszufinden wird überhaupt nur in den allerseltensten Fällen möglich sein. Wohl aber kann man bestimmte Tendenzen namhaft machen, die zur Erfindung gewisser Gruppen von Mythen geführt haben können, und man kann einzelne Mythen diesen Gruppen und Tendenzen zuordnen. Eine solche Tendenz kann etwa in dem Bedürfnis bestehen, eine Gegebenheit des Kultes genetisch zu erklären: So kommt ein aitiologischer Mythos zustande, ein Kultaition. Eine andere zur Erfindung eines Mythos beitragende Tendenz mag in einer ethnisch oder individuell angeborenen Lust am Fabulieren, am Ausdenken und Erzählen phantasiereicher, unterhaltsamer, auch belehrender Geschichten bestehen; diese literarische Tendenz führt zu Mythen, die man dann in Gattungen wie Novellistik oder Märchen oder zum Teil auch Sagen usw. einordnet. Wieder eine andere Tendenz kommt in dem rationalen Bemühen um eine Erklärung der Welt und ihres Ursprungs oder um eine Sinngebung für das menschliche Dasein zum Ausdruck: Daraus resultiert die Gruppe der teils religiös, teils philosophisch inaugurierten Kosmogonien, Theogonien, Anthropogonien usw. Eine weitere der für die Entstehung verantwortlichen Tendenzen äußert sich in Versuchen, bestimmte politische Zustände oder Aktionen durch einen Mythos zu begründen und zu rechtfertigen: Das Politikum erhält so eine quasireligiöse Weihe und Legitimation.
Es ist hier nicht der Ort und die Zeit, alle statistisch erfaßbaren oder ausdenkbaren Tendenzen aufzuzählen, die zur Erfindung oder zur Weitererzählung von Mythen führen können. Schon aus den genannten Beispielen wird indes ersichtlich, daß diese Tendenzen kategorial sehr verschiedener Natur sind. Daher rührt es, daß am Zustandekommen einer mythischen Geschichte auch mehrere Tendenzen gleichzeitig beteiligt sein können: Die «literarische Lust» mag sich mit dem Bedürfnis nach einem Kultaition oder mit philosophierender Spekulation paaren, ein theogonischer Mythos kann sowohl aitiologisch wie politisch motiviert sein (etwa wenn sich zwei Orte um den Ruhm streiten, Geburtsstätte eines Gottes zu sein), historisierende Sagen können sowohl literarischen als auch politischen als auch paränetischen Interessen entspringen und ähnliches mehr.
Politische Konnotationen, von denen im folgenden noch kurz die Rede sein soll, gehören zu den Aspekten, die – im weitesten Sinn genommen – letztlich bei der Entstehung, der Adaption und der Tradition aller Mythen beteiligt sind. Denn Mythenbildung ist ja nicht ein auf einen Einzelmenschen bezogenes, individualistisches Geschäft, sondern – zumal durch den

Konnex des Mythos mit dem Kult – eine von ihrem Wesen her auf die Gemeinschaft, die den Mythos kreiert und sich zu eigen macht, bezogene Sache, also etwas eminent Gesellschaftliches, das von Machtkonstellationen, Sozialverhältnissen, wirtschaftlichen Bedingungen, religiösen Vorgegebenheiten usw. abhängig, d. h. auf eine ebenso umfassende wie grundlegende Weise politisch geprägt ist.
Diesen von der Gesamtheit der äußeren Bedingungen bestimmten «Sitz im Leben» der Gemeinschaft für jede einzelne Mythenerzählung aufzuspüren ist aufgrund der Überlieferungslage natürlich ein Ding der Unmöglichkeit. Da wir, wie im Einleitungskapitel ausgeführt, ohnehin nur so viel an historischen Fakten aus den Mythen herauszulesen imstande sind, wie durch anderweitig (Archäologie, Sprachforschung, Religionswissenschaft usw.) gesicherte Forschungsergebnisse verifiziert werden konnte, bleiben im einzelnen nur relativ grobe und unbestimmte oder aber ganz zufällig-singuläre Beobachtungen – häufig genug auch nur Vermutungen – zu registrieren.

2.
Unser schon mehrfach zitiertes Paradeexempel, der Hyakinth-Mythos, kann einmal mehr als anschauliches Beispiel dienen, und zwar dafür, wie die Mythen als Gesamtheit von gegebenen politischen Verhältnissen mitgeformt sind. Hier ist ein von einer Bevölkerung, für die -nth-Suffixe charakteristisch sind, getragener Kult von einem anderen Gott übernommen worden, der von einer neu zugewanderten, die alte einheimische Bevölkerung unterdrückenden Gruppe präferiert wurde. Sofern die Theorie richtig ist, daß Apollon eine aus dem Orient zu den Griechen gekommene Gottheit darstellt, wird man sich den Vorgang dieser durch veränderte politische Machtstrukturen herbeigeführten Überlagerung – genauer: Verdrängung – als einen zeitlich gestreckten Prozeß vorstellen müssen: Da die neue Herrenschicht erst ihre Macht im Land konsolidieren mußte, ehe sie Verbindungen welcher Art auch immer nach Übersee anstreben konnte, wird der Hyakinth-Kult noch geraume Zeit nach der Eroberung des Landes durch die Griechen in seiner ursprünglichen Form Bestand gehabt haben; die Verdrängung setzt die Adaption Apollons durch die Griechen voraus.
Diese Kultüberlagerung – als primäres, politisch bedingtes Phänomen – führte ihrerseits sekundär zur Erfindung des bekannten Mythos, in dem der alte und der neue Gott gemeinsam figurieren und jener durch diesen den Tod findet. Sofern dieser Mythos tatsächlich alt ist, also in die vorhomerische (vermutlich die mykenische) Zeit hinaufreicht, läßt sich aus der Erzählung noch ein weiteres Moment herauslesen, das unser aus anderen Quellen gewonnenes Bild vom innenpolitischen Klima der mykenischen Epoche bestätigt: Zwar wird in dem Mythos einerseits das historisch richtige chronologische Verhältnis von «alt» und «jung» auf den Kopf gestellt – Hyakinthos ist der jugendliche Geliebte, Apollon der ältere Liebhaber (also als göttliche Person originärer) –, doch allein schon die Tatsache, daß die alte und die neue Gottheit überhaupt im vertrauten Duett eines Liebespaares auftreten, ist ein Politikum ersten Ranges, das aufs anschaulichste die Bereitschaft der neuen Herrenschicht zu religiös-kultureller Assimilation mit der Vorbevölkerung des eroberten Landes illustriert.
Im Bereich des kultisch verankerten Mythos sind die Möglichkeiten zu solchen Einzelbeobachtungen selten. Immerhin zeigt das Beispiel einmal mehr die Existenz mythenbildender Kreativität in der mykenischen Epoche, der man, wie schon gesagt, auch zu guten Teilen die Schaffung der mit dem patriarchalisch geordneten Olympischen Familienpantheon unter Zeus zusammenhängenden Mythen zurechnen muß, soweit nicht an einzelnen Göttern «hängende» Mythen von den Griechen schon bei ihrer Einwanderung mitgebracht wurden. Der Umstand, daß überhaupt Mythen, und zwar gleich in derartig reichem Ausmaß, geschaffen werden, ist ebenfalls ein – ethnologisch wie soziologisch relevantes – Politikum: Der schöpferische Impetus setzt das entsprechende Interesse einer Gemeinschaft voraus, die solche mythischen Geschichten verlangt und rezipiert. Dieses Interesse aber entspringt, um einmal bei den vorhin genannten mythogenen Tendenzen zu bleiben, weniger kultisch-religiösen Interessen (wir kennen zahlreiche Kultmanifestationen rund um die Welt, die mit sehr viel weniger mythologischem Zubehör auskommen) als offensichtlich literarischen Neigungen. Die Mitglieder der herrschenden Gesellschaft haben augenscheinlich die Lust und die Muße, sich solche Erzählungen erfinden und vortragen zu lassen, und hinter dieser Freude am gepflegten geistigen Amusement wiederum steckt als bewußter oder unterschwelliger Antrieb eine sozial- und machtpolitische Motivation.
Denn diese Geschichten um Zeus und seine Familienangehörigen propagieren direkt wie indirekt die neue patriarchalische Sozialordnung, in der (a) die Männer und (b) vor allem die durch Alter, Ansehen oder einfach brutale Macht führenden Männer – die «Väter» – alles dürfen und die übrigen – Frauen, Niedriggestellte, Sklaven – nichts. Ausnahmen wie die mannhafte Athene, die fanatisch jungfräuliche Artemis und das auf den Olymp projizierte ideale Lustobjekt Aphrodite bestätigen nur die Regel. Dabei spielt es keine – oder nur eine untergeordnete – Rolle, ob das Leben und Treiben der Olympischen Götterfamilie im einzelnen die reale Welt der mykenischen Burgherren spiegelt oder nur deren immerhin für möglich gehaltene Traumwelt: Es genügt festzustellen, daß die weitgehend von Interessen der Männer geprägte moralische Libertinage der Olympier – zu der erotische Freizügigkeit ebenso gehört wie Eifersucht, Streit, Betrug, Hinterlist, ja gemeiner, grausam ausgekosteter Mord an wehrlosen Opfern – von der die Mythen generierenden und rezipierenden Gruppe offenkundig ohne Bedenken akzeptiert worden ist. Immerhin sprechen die archäologischen Zeugnisse, vor allem die sagenhaften Goldfunde dafür, daß die Genußwelt der «leicht lebenden» Unsterblichen des Olymp («Ilias», 6, 138 u.ö.) im Ambiente der mykenischen Burgen einen ganz realen historischen Hintergrund hat.
Auch falls man die These von der bewußten oder unterschwelligen Motivation nicht akzeptiert, bleibt das Ganze ein Politikum. Denn die Propagierung der von den neuen Landesherren vertretenen patriarchalischen Gesellschaftsordnung ist auch dann noch

von Bedeutung für die Konsolidierung der Macht im Land, wenn sie bloß eine willkommene Begleit- und Folgeerscheinung der elitären Freizeitbeschäftigung «Mythenerzählen» ist, wenn also das Ziel der Mythen zunächst gar nicht Propaganda, sondern nur Selbstdarstellung ist – es ist dann eben indirekte Propaganda durch Selbstdarstellung. Daß auch die Fülle der historisierenden Mythen nur vor dem historischen Hintergrund realer politischer Ereignisse zu verstehen ist, haben wir bereits gesehen, ebenso, wie problematisch es zugleich ist, ganz bestimmter geschichtlicher Vorgänge in deren mythischen Reflexen habhaft zu werden. Nur an ganz wenigen Stellen wird der Schleier etwas durchsichtig: die Dominanz Mykenes gegenüber anderen Herrschaftszentren (Agamemnon!), die Auseinandersetzung mit dem minoischen Reich auf Kreta (Theseus und Minotaurus/Ariadne), kriegerisch ausgetragene Rivalitäten um die Macht konkurrierender Fürsten (Kampf der Sieben gegen Theben) – das sind einige der höchst singulären und dazu noch sehr grobrastigen historischen Fakten, die sich in den Sagen fixieren lassen. Demgegenüber erscheint ein anderes Moment der historisierenden Mythen politisch sehr viel aufschlußreicher: nämlich die kühne Unbefangenheit, in der man die Götter in das private und das öffentliche (meist kriegerische) Leben jener mykenischen Fürsten und Helden einbezieht. Sie kämpfen zusammen mit den Heroen oder gegen sie, sie greifen in das Familienleben der Fürsten ein (meist über deren Frau – man denke an Amphitryon), sie sprechen ihrem Schützling Mut zu usw.; eine Göttin wird sogar zur Gemahlin eines Staatsfürsten gemacht (die Baumgöttin Helena)! Darin manifestieren sich eine innere Sicherheit und ein politisches Selbstbewußtsein der griechischen Herrenschicht, die in dieser Form beispiellos sind.

Die mythenbildende Kreativität war indes nicht auf die mykenische Epoche beschränkt; dieser schöpferische Elan hielt sich kontinuierlich bis in die geschichtlichen Jahrhunderte. Wohl das bekannteste Beispiel – wiederum politisch inspiriert – aus der Zeit nach der Dorischen Einwanderung ist die Heraklidensage, eine rechtfertigende Erklärung der Besetzung der Peloponnes durch die Dorer. Diesem Mythos zufolge haben die Dorer unter Führung des Heraklessohnes Hyllos und seiner Nachkommen die südliche Halbinsel erobert; das ist freilich nicht auf einmal geschehen, sondern in verschiedenen Anläufen, die sich aufgrund von Mißverständnissen im Zusammenhang mit einem Orakel über mehrere Generationen erstreckten – ein augenfälliger Hinweis darauf, daß sich die Dorische Einwanderung in diversen vor- und zurückflutenden Wellen einzelner eindringender Gruppen vollzogen haben wird. Schwierigkeiten bei der Eroberung des mykenischen Herrschaftsgebietes spiegeln sich auch in der den Euripideischen «Herakliden» zugrundeliegenden Geschichte, in der die Herakleskinder von Eurystheus, dem König von Mykene (als dessen Vasall Herakles seine «Zwölf Taten» vollbracht hat), verfolgt werden. Daß die Heraklidengeschichten auch in der Nachwelt noch als politische Sage, nämlich als eine Art «Imperialismus-Apologie», verstanden wurden, beweist ihre spätere Ausdeutung im Zug der Auseinandersetzungen Athens mit Sparta um die Hegemonie in Griechenland. In den aus den Anfangsjahren des Peloponnesischen Krieges (431-404 v. Chr.) stammenden «Herakliden» des Euripides ist die Verherrlichung von Athens Hilfe für die durch Eurystheus bedrängten Herakleskinder zugleich eine Brandmarkung der jetzigen dorischen Undankbarkeit für einst erwiesene Wohltaten. Und in dem 339, kurz vor der Schlacht von Chaironeia, vollendeten «Panathenaïkos» des Rhetors Isokrates wird Sparta attackiert, weil es zahlreiche bedeutende Städte auf der Peloponnes unterjocht halte, deren Größe schon zu Zeiten des Trojanischen Krieges beachtlich gewesen sei, man denke nur an Messeniens König Nestor, an Lakedaimons Herrn Menelaos und an den Argiverfürsten Agamemnon. Hier vermischen sich Reflexe der Auslöschung des mykenischen Zeitalters mit deren aktualisierter Wiederholung in der damaligen Gegenwart – die aktuelle politische Situation des fünften Jahrhunderts als konsequente Folgeerscheinung der Ergebnisse der Dorischen Wanderung!

3.

Während die bisher genannten Beispiele insgesamt der ersten Phase in der Entwicklung der griechischen Mythen angehören, nämlich deren Entstehungszeit, wenden wir uns jetzt einer zweiten Phase zu: der Tradierung der in der mykenischen und submykenischen Epoche konstituierten Mythen. Und hier tritt nun, wenn wir nach politischen Implikationen fragen, ein ganz neues Phänomen zutage: die bewußte Manipulation am mythischen Traditionsgut aus politischen Gründen.

Das einfachste und weitaus beliebteste technische Mittel solcher Manipulationen besteht in Operationen am überlieferten genealogischen Bestand. Das Muster hierfür ist alt, seine exemplarische Ausprägung zeigt sich im Zustandekommen der Olympischen Götterfamilie: Einer Reihe von zusammen mit den Griechen «eingewanderten» Hauptgöttern – Zeus und seinen Geschwistern – wachsen nach und nach andere Familienmitglieder zu, die als «Kinder» des Göttervaters Zeus deklariert und so in den göttlichen Familienverband integriert werden. Beachtenswert dabei: Grundlage dieser mythologischen Adaptionen ist die indogermanische patriarchalische Familienstruktur – es wird stets auf die Vaterposition rekurriert, niemals auf eine Urmutter (der parthenogenetische Sohn der Hera ist eine vereinzelte Ausnahme). Dieses bei der Genese des Olympierpantheons vorgeprägte genealogische Grundprinzip wird in der Folge zum wichtigsten Mittel politisierender Mythenkonstitution und -variation. Die zahllosen Beispiele, die man dafür anführen kann (Martin P. Nilsson hat sie vor 25 Jahren in seinem Buch «Cults, Myths, Oracles, and Politics in Ancient Greece» zum erstenmal zusammengestellt), reichen von der mykenischen Zeit – der Danaidenmythos ist, Nilsson zufolge, wahrscheinlich damals entstanden – bis in die Jahrhunderte des römischen Imperiums. So wird etwa in einer gigantischen Konstruktion der ganze östliche Mittelmeerraum – von Libyen über Ägypten, Phönikien und das kleinasiatische Kilikien bis nach Griechenland – durch einen entsprechenden Stammbaum dem hellenischen Einflußbereich zugeordnet:

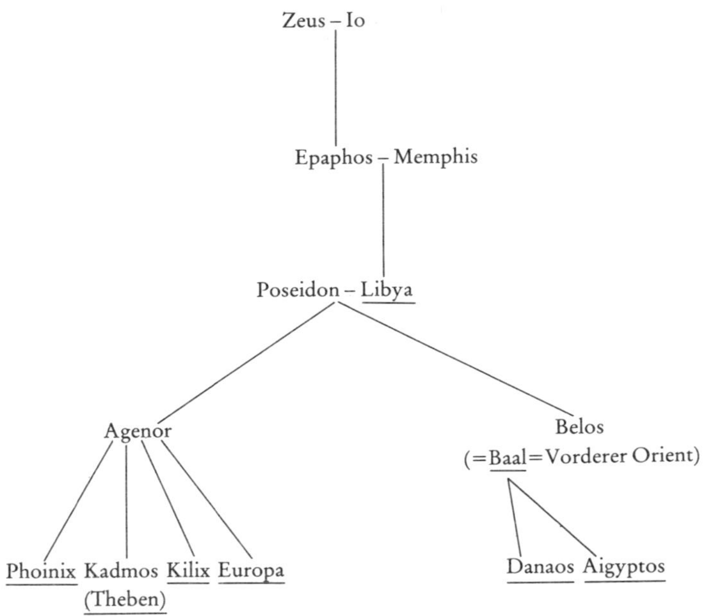


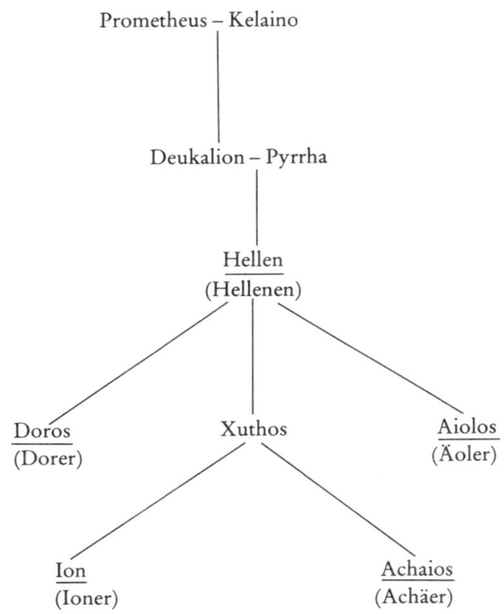


Dieselbe Tendenz liegt zugrunde, wenn man der Verbindung des Hermes mit der Belos-Tochter Thronie Arabs entspringen läßt; wenn aus der Liebschaft des Zeus mit Kallisto Arkas (der Stammvater der Arkadier), mit Maira Lokros (der Stammvater der Lokrer), mit Pathia Achaios (der Stammvater der Achäer) hervorgeht; wenn die Liaison des Poseidon mit Melanippe die Geburt des Aiolos (des Stammvaters der Äoler) und des Boiotos (des Stammvaters der Böotier) zur Folge hat; wenn Thero von Apollon den Chairon (den Gründer von Chaironeia) und Areia vom selben Gott den Miletos (den Gründer von Milet) zur Welt bringt usw. Der konstruktivistische Charakter dieser Verankerung der politischen Volks- und Stammesverhältnisse in der urzeitlichen Götterwelt zeigt sich zumal auch darin, daß für ein und dieselbe «Gründer»-Person ganz verschiedene Herkunftsmythen überliefert werden. So werden die Griechenstämme nach einer anderen, von Hesiod überlieferten und von Apollodor erweiterten Version von dem nachsintflutlichen Urpaar Deukalion und Pyrrha abgeleitet.

Das Verfahren, sich durch mythische Vorfahren, altehrwürdige eponyme Gründer usw. politisch zu legitimieren, war in historischer Zeit geradezu an der Tagesordnung.

In einem der diversen dorischen Herkunftsmythen ist, wie schon erwähnt, Herakles zum Stammvater der Dorer gemacht worden. Aus diesem «Faktum» leitete beispielsweise Sparta seine Ansprüche auf Messenien ab, indem es argumentierte, Messenien sei einst schon dem Neleus und seinen Nachkommen von Herakles abgenommen worden, weil diese die Rinder des Geryoneus gestohlen hätten. Und als im Jahr 25 n. Chr. (!) der römische Senat sich mit der Auseinandersetzung um ein zwischen Sparta und Messenien strittiges Heiligtum der Artemis Limnatis (den sogenannten ager Dentheliates) zu befassen hat, argumentieren beide Parteien mit mythologischen Thesen, Messenien etwa mit der Behauptung, der ager sei bei der Erbteilung der Peloponnes durch Herakles den Messeniern zugesprochen worden.

Auch die Genealogien der Herrscherhäuser gehören in diesen Zusammenhang: Die Ableitung von mythischen Vorfahren konsolidiert den Machtanspruch, sei es außenpolitisch, sei es innenpolitisch. Ein hübsches Beispiel aus der Zeit der Perserkriege ist in der «Historischen Bibliothek» (10,27) des Diodor überliefert, der es seinerseits vermutlich den «Historien» des Universalgeschichtlers Ephoros (gest. um 320 v. Chr.) entnommen hat. Demnach hatte der persische General Datis, von Geburt Meder, von seinen Vorfahren die Tradition übernommen, die Athener seien Nachkommen des Medos, der einst das Reich der Meder gegründet hatte. Datis schickte daher eine Botschaft nach Athen, die besagte, er komme mit seinem Heer, um die alten Souveränitätsrechte seiner Vorfahren wiederherzustellen: Medos, der älteste seiner Ahnen, sei ja bekanntlich von den Athenern seines Königtums beraubt worden und daher nach Asien emigriert, wo er dann Medien gegründet habe. Wenn ihm die Athener die Herrschaft freiwillig wieder übertrügen, sei er bereit, jenes alte Unrecht ebenso zu vergessen wie den Feldzug gegen Sardes (498 v. Chr.); falls sie seinen Anspruch dagegen zurückwiesen, werde es ihnen noch schlimmer ergehen als den Einwohnern von Eretria (Eretria wurde kurz vor der Schlacht von Marathon erobert und angezündet). In seiner Antwort, die auf dem gemeinsamen Beschluß der zehn Strategen basierte, erwiderte Miltiades: Wenn man den Gesandten des Datis Glauben schenken wolle, dann hätten eher die Athener Anspruch auf die Herrschaft über die Meder als Datis auf die über die Stadt Athen; denn das Königreich Medien sei von einem Mann aus Athen gegründet worden, Athen aber sei noch nie von einem Mann medischer Herkunft beherrscht worden.

Zwei Generationen zuvor hatte bereits der Athener Tyrann Peisistratos mit ähnlichen Rekursen seine Expansionspolitik gerechtfertigt. Fall 1: Die Eroberung der thrakischen Chersonnes und von da aus der Insel Lemnos wurde damit begründet, daß Akamas, der Sohn des attischen Königs Theseus, nach dem Trojanischen Krieg sich dort angesiedelt und eine thrakische Königstochter geheiratet habe. Fall 2: Ansprüche Athens auf das Gebiet um

Megara wurden so fundiert: Nisos, der eponyme Gründer des megarischen Hafens Nisaia – den Peisistratos eroberte – wird als Sohn des attischen Königs Pandion deklariert, der eine megarische Königstochter zur Frau genommen habe. Fall 3: Athen und die jonische Kolonisation in Kleinasien. Diese Kolonisation wurde nach athenischer Version von Androklos, dem Gründer von Ephesos, begonnen, einem Sohn des attischen Königs Kodros, dessen Vater Melanthos aus dem messenischen Pylos nach Athen gekommen sei. Der kleinasiatische Elegiker Mimnermos aus Kolophon dagegen kennt diese Geschichte nur in der Variation, daß die Kolonien direkt vom messenischen Pylos besiedelt worden sind. Der Umweg des Melanthos über Athen wird als politisches Manöver durchsichtig, wenn man bei Herodot (5,65) nachliest, daß sich die Peisistratidenfamilie demselben Stamm wie Kodros und Melanthos zurechnete – und wenn man weiß, wie nachhaltig sich Peisistratos um Einfluß auf die jonisch-kleinasiatische Inselwelt bemühte.
Zwei Jahrhunderte später wurde die angeblich mythische Herkunft des makedonischen Königshauses politisch relevant. Die schon zur Zeit der Perserkriege (Herodot 8,137) bekannte Version der Abstammung der makedonischen Herrscher von dem Herakliden Temenos, also letztlich von Herakles, war von entscheidender Bedeutung bei der Aufnahme Philipps II. in den Bund der delphischen Amphiktyonie: Diese Abstammung tilgte den Makel des «Barbarentums» und schuf die Voraussetzung dafür, daß Philipp in dem Bund zwei Stimmen erhielt (die ihm und seinen Nachkommen persönlich übertragen wurden, also nicht den Makedonen als Volksgruppe oder dem makedonischen Königshaus als Institution), was wiederum der Angelpunkt für die makedonische Hegemonie über Griechenland wurde. Philipps Sohn Alexander der Große berief sich zunächst ebenfalls auf Herakles als Vorfahr; nach seinem Besuch des Zeus-Ammon-Orakels in der Oase Siwa beanspruchte er dagegen, «Sohn des Zeus», also Inkarnation des höchsten Gottes zu sein.
Im fünften Jahrhundert, als die nichtgriechischen Epiroten hellenisiert wurden, war der Mythos entstanden, das Königshaus von Epiros stamme von Achills Sohn Neoptolemos ab, der zusammen mit Andromache aus Thessalien nach Westen emigriert sei. Diese Geschichte wurde unter König Pyrrhos (319-272) besonders relevant: «Pyrrhos» war als zweiter Name des Neoptolemos überliefert, und König Pyrrhos von Epiros verstand seinen langjährigen Krieg gegen Rom ausdrücklich als Kampf eines Nachkommens Achills gegen die Enkel der Trojaner.
Die Diadochen, die Herrscher in den Nachfolgereichen von Alexanders Imperium, hatten keine Schwierigkeiten, sich mythisch zu legitimieren: Es genügte die Herstellung eines Konnexes zum makedonischen Königshaus – damit war man automatisch Nachfahr des Herakles. Eine Sonderstellung nahmen sich lediglich die Seleukiden heraus: Sie vernachlässigten diese Deszendenz zugunsten der höherwertigen Abkunft von Apollon. Die Mutter des Seleukos, so hieß es, habe einen Traum gehabt. Apollon habe sie bei Nacht mit seinem Besuch beehrt und ihr als Dank für erwiesene Gunst einen Ring geschenkt; dieser Ring habe sich dann beim Erwachen in der Realität wiedergefunden – eines der typischen Wiedererkennungsrequisiten der Neuen Komödie wird hier in die Mythologie hineinprojiziert.

4.

Das letztgenannte Beispiel liefert mutatis mutandis das Stichwort für ein spezielles Phänomen: die Politisierung von Literatur mit Hilfe oder am Exempel des Mythos. Besonders markant und gehäuft tritt dieses Phänomen in der griechischen Tragödie hervor, und zwar deswegen, weil in dieser Gattung die Stoffe traditionsgemäß dem griechischen Mythos entnommen sind.
In einer der ältesten überlieferten Tragödien, den zur «Orestie» gehörigen «Eumeniden» des Aischylos (458 aufgeführt), gründet Athene höchstpersönlich den Athener Areopag als obersten Gerichtshof – eine für die damaligen Zuschauer unüberhörbare Stellungnahme zu der 462/61 unter dem Archonten Ephialtes von Konon durchgeführten Entmachtung dieses Oligarchengremiums. Die aus den Anfangsjahren des Peloponnesischen Krieges stammende «Andromache» des Euripides zeigt König Menelaos und seine Tochter Hermione geradezu als Ausbund spartanischer Perfidie, während umgekehrt die um 430 entstandenen «Herakliden» Athen als wahre Hüterin des Rechts preisen, indem hier die von Eurystheus verfolgten Herakleskinder Schutz finden (wodurch wiederum deren spartanische Nachfahren indirekt der Undankbarkeit gegenüber Athen geziehen werden); ähnliche Funktion hat in den vermutlich 424 aufgeführten «Hiketiden» – damals war von den Böotiern die Herausgabe attischer Gefallener verweigert worden – der athenische König Theseus, ein musterhafter Vertreter attischer Humanität und Demokratie, der dafür sorgt, daß die vor Theben gefallenen Helden (es geht um den Mythos der «Sieben gegen Theben») bestattet werden dürfen. 415, am Vorabend des in einer Katastrophe endenden sizilischen Abenteuers der Athener, benutzt Euripides in seinen «Troades» das Schicksal der nach der Einnahme von Troja gefangengenommenen Troerfrauen, um die Schrecken des Krieges zu brandmarken. Auch der dritte große Tragiker, Sophokles, verwendet – obschon ungleich seltener – seine Dramen zu verschlüsselten politischen Stellungnahmen, so etwa, wenn im «Oidipus auf Kolonos» Theseus wie bei Euripides sich als Schützer von Recht und Humanität den Machtansprüchen des Thebaners Kreon entgegenstellt.
Eine andere Gattung, die attischen Epitaphien (Reden bei staatlichen Gefallenenbegräbnissen), lebt beinahe vom politischen Rekurs auf den Mythos, mit einer bezeichnenden Ausnahme: dem von Perikles gehaltenen Epitaph bei Thukydides (2,35-46). Dabei erscheint von Anfang an ein Arsenal rhetorischer Topen fest ausgeprägt: (a) der Lobpreis der attischen Autochthonie – die Athener sind nie vertrieben worden und haben sich auch nie mit Barbaren vermischt wie die Dorer, Thebaner und Argiver; (b) sie haben schon in mythischen Zeiten heroische Kämpfe siegreich bestanden, wie den Krieg gegen die Thraker unter deren

König Eumolpos oder den Kampf gegen die Amazonen; (c) sie haben einst die Argiver gegen die Thebaner verteidigt («Hiketiden»-Thema: «Sieben gegen Theben»), so wie sie (d) den Herakliden gegenüber ihren Verfolgern zum Recht verhalfen; (e) schließlich wird Athens Größe noch durch aktualisierende Vergleiche zwischen dem Trojanischen Krieg und den Perserkriegen belegt. Die Epitaphientopik begegnet zum Teil in der politischen Rhetorik wieder, beispielsweise im «Panegyrikos» des Isokrates von 386, den man als «Programm des 2. Seebundes» bezeichnet hat: Hier werden die Motive «Autochthonie», «Herakliden» und «Hiketiden» ergänzt durch einen Hymnos auf die Stiftung der Eleusinischen Mysterien, durch die der gesamten Menschheit die Wohltaten «Getreide» und «Religiosität» geschenkt worden seien. Auch im «Panathenaïkos» von 339 finden sich solche Topen, erweitert durch die bereits genannte mythologische Begründung des Hasses auf Sparta und durch Hinweise auf die «Sauberkeit» attischer Mythen, in denen man keine Vater- und Muttermörder oder Kannibalen usw. antreffe. Das 346 entstandene Sendschreiben an König Philipp von Makedonien schlachtet den Herkunftsmythos des makedonischen Königshauses aus. Hier sind Philipps Vorfahren Herakles antizipatorisch alle Taten zugeschrieben, die Isokrates von Philipp selbst erwartet: die Einigung Griechenlands, der Kampf gegen die persischen Barbaren – das politische Programm der Gegenwart «wird ins mythische Zeitalter zurückprojiziert» (Nilsson).
Wohl das großartigste Zeugnis solcher politischen Mythenklitterung bietet – um noch ein lateinisches Beispiel zu nennen – Vergils «Aeneis»: eine mythologisch verankerte Gesamtgeschichte Roms, teleologisch-zwangsläufig auf die Bestimmung zum Imperium hinführend, unter Führung des Venus-Aeneas-Nachkommens Augustus und seines politischen Programms. Die das erste Drittel der Dichtung prägende Dido-Aeneas-Geschichte hat gleichfalls politische Funktion. Sie liefert die mythologische Begründung der Auseinandersetzung Roms mit Karthago um die Vorherrschaft im westlichen Mittelmeer. Und wenn Ovid sein großes Sagenepos, die «Metamorphosen», mit der Episode der Apotheose Iulius Caesars durch Venus, die Stammutter der gens Iulia, beschließt, so dient auch dies zu nichts anderem als zur Verherrlichung des nur dem Himmelskönig Iupiter vergleichbaren Adoptivsohnes von Caesar, des Weltbeherrschers Augustus.

5.
Die Reihe der literarischen Beispiele ließe sich mühelos fortsetzen, zumal wenn man den Begriff des Politischen etwas weiter faßt. Man denke nur an die unverhüllte, zum Teil ausgesprochen propagandistische Diskussion sophistischer Themen in den Tragödien des Euripides (Erörterungen über die Nomos- und Physis-Thematik, das Recht des Stärkeren, die Stellung der Frau, das Verhältnis von Vernunft und Leidenschaft) oder an die spielerischen Parallelisierungen der Olympischen Götterwelt mit dem göttlich verehrten alexandrinischen Herrscherhaus in den Dichtungen des Kallimachos (zum Beispiel in manchen seiner Götterhymnen, etwa dem Zeushymnos, oder in der «Locke der Berenike»).
Auch in der bildenden Kunst erscheinen Mythen in politisch verstandenem Arrangement. Nur zwei denkwürdige Beispiele: Nach den Perserkriegen wird Theseus mehr und mehr zum attischen Nationalheros stilisiert, während bis dahin Herakles weitaus populärer war; in dem nach Marathon für Delphi gestifteten Schatzhaus der Athener spiegelt sich der Punkt, wo sich die Verehrung beider gerade noch die Waage hält – die Südmetopen schildern Theseustaten, die Nordmetopen Heraklestaten. Der dreihundert Jahre später unter Eumenes II. (197-159) entstandene Fries des Pergamonaltars zeigt die Gigantomachie als bewußte Verherrlichung zeitgenössischer Kämpfe und Siege gegen die Barbaren. (Ähnlich hat man in dem um 460 entstandenen Kentaurenkampf im Westgiebel des Zeustempels von Olympia eine Reminiszenz an die Perserkriege sehen wollen.)
Im Zug der Hellenisierung nach Alexander dem Großen trieb die aktualisierende politische Mythenverwertung teilweise seltsame Blüten. Vor allem der Makel, barbarischen Ursprungs zu sein, trieb zahllose hellenisierte Städte zur Adaption und Usurpation griechischer Helden. Die in Homers «Ilias» genannten Anführer der Hilfsvölker wurden dabei noch halbwegs legitimerweise in Anspruch genommen. Andere Städte führten ihren Ursprung – auch das noch einigermaßen plausibel – auf einen der berühmten Wandergötter oder Wanderheroen zurück – Dionysos, Herakles, Perseus, Triptolemos oder Orest. Unerklärlich ist für uns dagegen die Anziehungskraft Spartas als Zentrum kolonialer Aktivitäten. So beanspruchten allein in Südwestkleinasien Alabanda, Kibyra, Sagalassos, Selge, Synada und Amblada lakedämonischen Ursprung; das kurioseste Produkt dieser Tendenz ist der etwa um 142 zu datierende, im «1. Makkabäerbuch» (12,5-23) nachzulesende Briefwechsel zwischen dem Makkabäer Jonathan und den Spartanern, ein Beistandsgesuch der Juden, basierend auf einem angeblich entsprechenden Angebot des Spartanerkönigs Areus (309-269), der sich dabei auf die gemeinsame Herkunft der Spartaner und Juden von Abraham(!) berufen hatte.
Amüsant ist es auch wenn, die mythologische Politisierung wieder in die Mythen selbst zurückschlägt, d.h., wenn eine mythische Figur innerhalb der mythischen Geschehenskonstellation Topen der politischen Mythendeutung anwendet: Als Aithra, die Gattin des Aigeus, den Theseus zur Welt gebracht hatte, verbreitete ihr Vater, König Pittheus von Troizen, das Gerücht, Theseus sei in Wirklichkeit mehr als ein normaler Königssohn, nämlich die Folge eines Seitensprungs von Poseidon mit Aithra – also ein Halbgott.
In all diesen Fällen ist der Zweck der Heranziehung von Mythen derselbe: Es geht um die Durchsetzung politischer Ansprüche durch Berufung auf mythische Gegebenheiten. Daß dies überhaupt mit Aussicht auf Erfolg versucht werden konnte, d.h., daß derartige Argumentationen ernst genommen wurden, liegt daran, daß die Griechen, wie gesagt, die mythischen Exempla für historische

Präzedenzfälle hielten. Die mythischen Geschichten waren für sie ernstgenommene Zeugnisse ihrer Geschichte, nicht einfach nur unterhaltsame, mehr oder weniger märchenhafte Erzählungen.
An dieser grundlegenden Geisteshaltung hat auch die aufkommende Geschichtswissenschaft im Prinzip nichts ändern können. In der späteren Schulrhetorik fungiert der Mythos ohne Unterschied neben der Geschichte im Rahmen der Paradigmen- oder Exemplalehre.
Im einzelnen lassen sich die politischen Absichten, die hinter dieser Art der Mythenverwertung stehen, noch weiter differenzieren. Dabei zeigt sich, daß die außenpolitischen Aspekte gegenüber den innenpolitischen stark überwiegen.
Außenpolitisch können Mythen dazu dienen

1. einen angestammten Territorialbesitz gegen Ansprüche von außen zu rechtfertigen (Datis-Miltiades);
2. Eroberungen, die man gemacht hat, zu rechtfertigen (Dorer auf der Peloponnes);
3. bei territorialen Streitigkeiten Ansprüche zu begründen (ager Dentheliates);
4. die Vorherrschaft über ein anderes Volk zu legitimieren (Datis-Miltiades umgekehrt);
5. die Zugehörigkeit zu einer vorherrschenden Elite zu bekunden (Entbarbarisierung hellenisierter Städte);
6. patriotische Emotionen zu wecken, die ein günstiges innenpolitisches Klima für oder gegen bestimmte außenpolitische Aktionen schaffen (Euripides' «Andromache» und «Troades»).

Für diese außenpolitische «Mythenpropaganda» hat man den treffenden Ausdruck «mythologischer Imperialismus» geprägt. Die – wie gesagt, selteneren – Fälle innenpolitischer Propaganda mittels Mythen sind

1. Begründung bestehender politischer Verhältnisse (zum Beispiel Abschaffung des Königtums in Athen durch Kodros; Einführung der Demokratie durch Theseus);
2. Rechtfertigung des Wunsches nach politischer Veränderung oder Bestätigung solcher Veränderung (zum Beispiel Phylen-Eponymen; Aischylos' Areopag-Verherrlichung);
3. Begründung und Rechtfertigung von Herrschaftsansprüchen (zum Beispiel die in historischer Zeit in Athen herrschenden altadligen Familien wie etwa die Alkmaioniden; die Stammbäume der Fürstenhäuser; Augustus);
4. innenpolitische Rechtfertigung außenpolitischer Aktionen, wie sie zuvor genannt wurden.

Die mythologischen oder mythographischen Mittel, mit deren Hilfe die politischen Ambitionen realisiert werden sollen, sind – das haben die Beispiele anschaulich erwiesen – im einzelnen sehr begrenzt und stereotyp. Entweder eine Geschichte wird glattweg erfunden, um das fragliche Politikum durch den Rückgriff auf die unantastbare mythische Vergangenheit zu legitimieren (Heraklidenmythos als Legitimation der Resultate der Dorischen Wanderung). Oder ein vorhandener Mythos wird anders gedeutet (Vorwurf der Zerstörung der mykenischen Reiche in Messenien, Lakedämonien und Argos durch die Dorer in Isokrates' «Panathenaïkos»). Oder aber man erfindet oder verändert Herkunftsmythen – solche genealogischen Manipulationen sind, wie gezeigt, von Peisistratos bis hin zu Augustus , die bei weitem am häufigsten angewandte Methode.
Überblickt man den gesamten Zeitraum, der uns historisch einigermaßen faßbar ist, also die Jahrhunderte von der mykenischen Epoche bis in die römische Kaiserzeit, so kann man deutlich eine Verschiebung im Gebrauch der politisch relevant werdenden mythologischen Mittel konstatieren. Anfangs überwiegt bei weitem die Erfindung, während man in historischer Zeit mehr zum Mittel der Veränderung überlieferter mythischer Zusammenhänge neigt – ein Wandel von der Kreation zur Variation, der wohl vor allem der seit Beginn der geschichtlichen Jahrhunderte verfestigten Mythentradition zuzuschreiben ist. Hinter diesem Wandel verbirgt sich zugleich ein nicht unbeträchtlicher Unterschied im Charakter der politischen Manipulationsmöglichkeiten durch den Mythos: Während es in den späteren Jahrhunderten um bewußte, ganz gezielt eingesetzte politische Propaganda geht, dürfte in den früheren Zeiten, als die Mehrzahl der Mythen entstanden ist, die politische Propagandawirkung eher die indirekte Folge einer Art von Selbstdarstellung der mykenischen Herrenschicht gewesen sein – daß ein Mythos erfunden oder in Auftrag gegeben wurde allein um des plakativen politischen Werbeeffekts gegenüber einem rivalisierenden Herrscher oder einer konkurrierenden Gruppe willen, das erscheint zwar denkbar, hat sich aber bislang noch nicht nachweisen lassen.
Dem steht nicht im Wege, daß wir annehmen dürfen, daß jeder Mythos, selbst der scheinbar ausschließlich kultischreligiöse, seiner Entstehung nach in einem Koordinatensystem verschiedener, nur politisch zu verstehender Voraussetzungen verankert ist – auch wenn sich diese Voraussetzungen heute im Einzelfall nicht mehr oder nur noch vermutungsweise fassen lassen.

Erich Lessing

# Die griechischen Sagen in Bildern erzählt

# SCHÖPFUNG UND URGÖTTER

## DIE GEBURT DER GÖTTER

Seid mir gegrüßt, Zeus' Kinder,
Schenkt mir sehnsuchtweckenden Gesang.
Rühmt der Unsterblichen heiliges Geschlecht,
Der immerdar Seienden:
Sie, die der Erde (Gaia) entstammen
Und dem gestirnten Himmel (Uranos)
Und der finsteren Nacht,
Sie auch, die das salzige Meer aufzog.
Sagt an, wie im Anbeginn Götter und Erde entstanden,
Und die Flüsse und das grenzenlose Meer,
Wogend in Stürmen,
Und die leuchtenden Sterne
Und der weite Himmel dort oben;
Und sagt die Götter, die nach diesen entstanden,
Die Spender der Güter,
Und wie sie die Fülle teilten
Und die Ehren unter sich vergaben
Und wie sie begannen
Und in Besitz nahmen
Den Olymp mit seinen vielen Schluchten.
Das sagt mir, ihr Musen, Bewohner der Häuser des Olymp,
Von Anbeginn an,
Und sagt, was davon zuerst entstand.
Wahrlich, zuallererst entstand
Die gähnende Leere (Chaos),
Alsdann aber die Erde (Gaia) mit ihrer breiten Brust,
Fort und fort sicherer Sitz von allen,
Und Eros (das Liebesbegehren), der der schönste ist
Unter den todfreien Göttern, der Gliederlösende,
Aller Götter und aller Menschen
Sinn und verständige Absicht
Bezwingt er in ihrer Brust.
Aus der gähnenden Leere entstanden
Erebos (die Region der Finsternis) und dunkle Nacht;
Aus der Nacht dann wieder entstanden
Himmelshelle und Tag.
Die sie gebar schwanger vom Erebos,
In Liebe sich ihm vereinend.

## HIMMEL UND ERDE

Die Erde (Gaia) aber brachte zuerst hervor
Gleich weit wie sie selber
Den Himmel (Uranos), den gestirnten,
Daß er sie überall einhülle,
Auf daß er sei den seligen Göttern
Fort und fort Sitz ohne Wanken.
Und sie gebar die weiten Berge,
Der Göttinnen reizvolle Behausungen, der Nymphen,
Die in den schluchtenreichen Bergen wohnen.
Sie gebar auch das unfruchtbare breite Wasser,
Das im Wogenschwall stürmt, das Meer (Pontos),
Ohne verlangende Liebe.
Aber darauf hielt sie Beilager mit dem Himmel
Und gebar den Okeanos, ihn mit seinen tiefen Wirbeln . . .
Nach diesen wurde als Jüngster geboren Kronos,
Er, der Krummes sinnt,
Der gewaltigste ihrer Kinder.
Der haßte den kraftvollen Vater.
Sie gebar auch die Kyklopen,
Die ein überstarkes Herz zu eigen haben:
Donner und Blitz und den Grellen,
Ihn mit dem gewalttätigen Sinn,
Die Zeus den Donner gaben und den Blitzkeil fertigten.
Die waren sonst in allem den Göttern ähnlich,
Ein einziges Auge aber lag mitten in ihrem Gesicht.
Kreisaugen (Kyklopen) war der Name,
Mit dem man sie nannte,
Weil kreisrund ihr einziges Auge im Gesicht lag.
Stärke und Gewalt und Erfindung waren bei ihren Werken . . .
All die Söhne also,
Die Erde und Himmel entsprossen,
Waren die gewaltigsten Kinder,
Verhaßt waren sie ihrem eigenen Vater,
Von Anbeginn an.
Und sogleich, wenn einer von ihnen geboren war,
Verbarg er sie einen um den andern
Und ließ sie nicht empor zum Licht,
In der tiefen Höhlung der Erde,
Und es hatte seine Freude am schlimmen Tun der Himmel.

Hesiod, Theogonie, 104–158

Was die Einwohner von Delphi den Nabel nennen, ist ein behauener weißer Stein. Die Delphioten behaupten, und Pindar schreibt es in einer seiner Oden, daß dies das Zentrum des gesamten Universums sei.

Pausanias, 10, 16, 3

Wohin auch jetzt, o ihr Töchter
  Harmonias, er die dort heimische Schar
Der Heroinen, sich zu versammeln, beruft,
  daß ihr Themis, die heilge, und Pytho,
  den Erdnabel auch,
Des Rechtes Stützpfeiler, feiert . . .

Pindar, Elfte pythische Ode, 7–10

Oben links: spätmykenisches weibliches Idol; rechts: böotisches Idol. – Rechte Seite: Omphalos in Delphi.

KRONOS ENTMANNT URANOS

Einen listigen, schlimmen Kunstgriff
Dachte sie sich aus.
Und sogleich schuf sie die Sippschaft
Des grauen Adams (Unbezwingbar),
Fertigte draus eine riesige Sichel
Und wandte sich an ihre Kinder;
Und, ihren Mut zu erregen, sprach sie,
Unwillig in ihrem Herzen:
«Ihr meine Kinder, Kinder eines ruchlosen Vaters,
Vielleicht, daß ihr gewillt seid, mir zu folgen,
Laßt uns vergelten des Vaters schlimme Schandtat,
Wenn er auch euer Vater ist;
Denn er hat begonnen und häßliche Taten erdacht.»
So sprach sie, aber die alle packte Furcht,
Und keiner von ihnen sprach.
Mut aber faßte der große, Krummes sinnende Kronos,
Und alsbald sprach er zu seiner Mutter mit den Worten:
«Mutter, ich bin es, der willens zu versprechen
Und so auch zu vollbringen dieses Werk,
Weil ich Rücksicht nicht kenne für einen Vater,
Dessen Name zu verabscheuen ist,
Wenn er auch unser Vater ist.
Denn er hat begonnen und häßliche Taten erdacht.»
So sprach er; und es freute sich sehr im Herzen die ungeheure Erde.
Und sie verbarg ihn
Und stellte ihn in einen Hinterhalt,
In seine Hände gab sie die scharfgezahnte Sichel;
Ganz vertraute sie ihm die List nun an.
Und es kam, die Nacht heraufführend,
Der riesige Himmel,
In Verlangen nach Liebe hielt er die Erde umfangen
Und breitet sich über sie, überall.
Der aber langte aus dem Hinterhalt,
Der Sohn, mit seiner Linken,
Mit der Rechten aber faßte er fest
Die ungeheure Sichel, lang, scharfgezahnt,
Schwang sie und schnitt ab des eigenen Vaters Gemächte,
Und rückwärts warf er es, daß es hinter ihn fiel.

Hesiod, Theogonie, 163 – 182

Oben links: Rheia von Poseidon bedroht. – Mitte: Gorgo. – Rechts: minoische «Schlangengöttin». – Unten: Moiren. – Rechte Seite: Thronende Göttin.

Es blieb aber nicht ohne Wirken,
Als es aus seiner Hand dahinflog,
Denn all die blutigen Tropfen, die
herabstürzten,
Sie alle nahm die Erde auf,
Und wie das Jahr sich gerundet zum Kreis,
Gebar sie die machtvollen Erinyen
Und die riesigen Giganten,
Strahlend in Wehr,
Lange Lanzen im festen Griff ihrer Hände,
Und die Nymphen, die sie die Eschenen
nennen
Über die unendliche Erde hin.

Hesiod, Theogonie, 182 – 187

Wenn man von Patras nach Aigion segelt, ist Rhion die erste Landzunge, etwa sechs Meilen von Patras entfernt.
Etwas später springt das Land wieder ins Meer vor; der Legende nach war es hier, daß Kronos die Sichel wegwarf, mit der er seinen Vater entmannt hatte. Und so heißt diese Landzunge Kap Drepanon, das Kap der Sichel.

Pausanias, 7, 22, 10; 23, 4

Oben: Polyphem. – Rechts: Kap Drepanon an der Küste zwischen Patrai und Aigion.

# DIE OLYMPISCHEN GÖTTER

VON MENSCHEN UND GÖTTERN

Ein Stamm: Menschen und Götter;
  von einer ja atmen wir, von
Einer Mutter wir beiden; doch Macht von
  ganz verschiedener Art
Trennt uns, so daß hier ein Nichts ist,
  dort der eherne Himmel ein sicherer Sitz
Bleibt für ewig. Doch kommen in
  etwas, sei's an hohem Geiste, sei's
Durch Natur, wir den Unsterblichen nah,
Wissen wir auch nicht, wohin wohl,
  ob es bei Tag ist oder Nacht, das
Schicksal uns zu
Laufen vorschrieb, bis zu was für einem
  Ziel.

Pindar, Sechste nemeische Ode, 1 – 7

Links: Kopf einer bronzenen Zeusstatue.

# ZEUS

Zeus – was sollen wir sonst, wenn wir ihm spenden, besingen,
Als ihn selber, den Gott, den immer großen und Herrscher,
Der Pelagonen Besieger und über die Himmlischen Richter?
Aber wie singen wir ihn, «Diktaios» oder «Lykaios»?
Zweifel umdrängt mich sehr. Umstritten ist nämlich die Herkunft.
Zeus! Sie sagen, du seist auf den Bergen des Ida geboren,
Zeus! In Arkadien sagen sie auch. O Vater, wer lügt nun?
«Kreter sind allzeit Lügner.» Denn auch ein Grab, o Gebieter,
Sannen die Kreter dir aus. Du starbst aber nicht, du bist ewig
In Parrhasien aber gebar dich Rheia, wo Büsche
Das Gebirge am dichtesten decken. Die Stätte ist seither
Heilig . . .
Aber als Kind schon ersannest du alles, was dann sich erfüllte.
Drum mißgönnten die Brüder, obgleich sie früher geboren,
Dir den Himmel nicht als deine gebührende Wohnung.
Nicht ganz wahr jedoch sangen die alten Dichter, die sagten,
Daß den Kroniden das Los die drei Behausungen zuwies.
Denn wer zöge das Los um den Hades und den Olympos,
Der nicht völlig von Sinnen? Um Gleiches nämlich zu losen
Ziemt sich. Aber wie weit ist hier das eine vom andern!
Lügen – schön! Aber so, daß man gläubig vernimmt, was ich sage!
Götterfürst wurdest du nicht durchs Los. Durch die Werke der Hände,
Deine Kraft und Gewalt, die du nah deinem Stuhle gesetzt hast!
Und den weitaus stärksten der Vögel schufst du zum Boten
Deiner Zeichen. O bötest du meinen Freunden nur gute!
Unter den Menschen wähltest du dir das Beste. Den Schiffe-
Kundigen nicht und nicht den gewappneten Mann und den Dichter.
Sondern die gabst du dahin den minderen unter den Selgen,
Dem zur Betreuung und dem. Du wähltest die Herrscher der Städte
Selbst, deren Hand über alles verfügt, den Bauer, den kundgen
Krieger, den Rudersmann. Wer beugt sich der Stärke des Herrn nicht?
Weisen wir doch Hephaist etwa die Bildner in Erz zu,
Ares aber die Krieger, die Jägersleute Chitone
Artemis, Phoibos, die schön zur Leier zu singen verstehen.
«Könige sind von Zeus», da göttlicher unter den Hehren
Nichts als Zeus. Drum wähltest zu deinem Lose du diese.
Städte gabest du ihnen zu schützen. Aber du selber
Throntest auf Höhen der Städte und wachtest darüber, wer krummen
Rechts die Bürger führt und wer gerade sie richtet.
Fülle schüttest du ihnen aus und Glücks zur Genüge
Allen, aber durchaus nicht gleich viel. Also bewährt es
Unser König. Denn weit vor allen schreitet sein Fuß hin.
Abends führt er zu Ende, was er am Morgen bedachte,
Nur das Schwerste am Abend, das Leichtre, sobald er's bedachte.
Andre brauchen ein Jahr und mehr, ja gänzlich verhinderst
Du Vollendung des öftern und brichst auseinander ihr Planen.
Heil dir, Heil, Kronide, erhabenster, Spender der Güter,
Spender des Wohlergehns! Wer sänge, was du verrichtest?
Keiner war und wird sein. Wer singt die Taten des Zeus je?
Heil dir, Vater, und abermals Heil! Gib Tugend und Reichtum.
Fülle, der Tugend bar, kann Menschen nicht fördern. Es kann's nicht
Tugend, des Reichtums bar. Gewähre denn Tugend und Fülle!

Kallimachos, Auf Zeus, 1 – 12; 57 – 96

Rheia nach der Geburt des Zeus. – Nächste Doppelseite: Arkadische Landschaft an der Grenze zu Elis.

## KRONOS VERSCHLINGT SEINE SÖHNE

Und die Kinder verschlang der riesige Kronos,
Sogleich wenn ein jedes aus der Mutter heiligem Schoß
Hervorkam zu ihren Knien,
Weil er befürchtete in seinem Sinn,
Daß ein andrer der erlauchten Nachkommen des Himmels
Die königliche Würde unter den Unsterblichen übernähme.
Er erfuhr nämlich
Von der Erde und dem gestirnten Himmel,
Daß es ihm bestimmt war,
Von seinem eigenen Sohn bezwungen zu werden,
So stark er selber war –
Nach Zeus', des großen, Ratschluß.
Darum stand er nicht unachtsam auf der Warte,
Sondern lauerte und verschlang seine Kinder.
Und Rheia hielt unerträgliches Leid gefangen.
Doch als sie nun Zeus gebären sollte,
Den Vater der Götter und Menschen,
Da geschah's, das sie anflehte
Die lieben Eltern, die ihren,
Die Erde und den gestirnten Himmel,
Ihr zu helfen mit dem Ersinnen eines Plans,
Wie sie verborgen bleiben könnte
Beim Gebären ihres lieben Sohns
Und Kronos zahlen ließe die Schuld,
Die geschuldet wurde
Den Erinyen ihres Vaters (des Himmels)
Und denen ihrer Kinder,
Die verschlungen hatte
Der große Kronos, der Krummes sinnende.
Und die hörten sehr auf ihre Tochter
Und waren ihr willig
Und zeigten ihr alles an,
Was nach der Bestimmung geschehen sollte
Mit Kronos dem König und dem starkgesinnten Sohn.
Nach Lyktos rieten sie ihr zu gehen,
In Kretas fruchtbaren Gau,

Wenn die Zeit käme,
Zu der sie den jüngsten ihrer Söhne gebären
sollte,
Zeus, den großen.
Es sagte zu die gewaltige Erde,
Den von ihr zu übernehmen
Und ihn in Kreta, der breiten Insel,
Zu nähren und aufzuziehen.

## GEBURT UND JUGEND DES ZEUS

Dorthin kam sie,
Als sie ihn durch schnelle dunkle Nacht
getragen,
Nach Lyktos, der ersten Stätte des Zeus.
Sie nahm und verbarg ihn mit ihren Händen
In einer hohen Grotte,
In den Tiefen heiliger Erde,
Im Berg Aigaion, dicht mit Wald bedeckt.
Einen großen Stein aber schlug sie in
Windeln ein
Und übergab ihn dem mächtigen Herrn,
dem Himmelssohn,
Der Götter früherem König.
Den ergriff er damals mit seinen Händen
Und tat ihn in seinen Leib, der grimmige,
Und nahm es nicht wahr in seinem Sinn,
Daß ihm, ausgetauscht mit dem Stein,
Für die Zukunft zurückblieb sein Sohn,
Unbesiegt und unversehrt,
Der ihn alsbald bezwingen sollte
Mit seiner Stärke und seinen Händen
Und aus der Würde vertreiben,
Selber aber unter den Unsterblichen
herrschen sollte.
Rasch wuchsen darauf heran
Der Mut und die strahlenden Glieder
Des so mächtigen Herren.
Als aber das Jahr sich rundete, gab,
Überlistet von der Erde vielklugem Rat,
Seine Nachkommenschaft wieder heraus
Der große, Krummes sinnende Kronos,
Unterlegen Künsten und Macht seines
eigenen Sohnes.
Und zuerst spie er aus den Stein,
Den er zuletzt verschlungen.
Den stemmte Zeus in die weitstraßige Erde
Im hochheiligen Pytho (Delphi) an des
Parnaß Hängen,
Daß er künftig ein Zeichen sei,
Zum Staunen für die sterblichen Menschen.

## ZEUS BEFREIT DIE BRÜDER DES KRONOS

Und des Vaters Brüder
Löste er von den schlimmen Fesseln,
Die Kinder des Himmels,
Die ihr Vater in seinem schlimmen Sinn
gebunden hatte.
Die, eingedenk seiner Wohltat, wußten
ihm dafür Dank,
Und sie gaben ihm Donner
Und rauchenden Blitzkeil und Gleißen;
Früher hatte die gewaltige Erde diese
verborgen.
Auf die baut er und herrscht so
Über Sterbliche und Unsterbliche.

Hesiod, Theogonie, 459 – 506

## DIE WIEGE ZWISCHEN HIMMEL UND ERDE

Als Rheia von Kronos den Zeus gebar, bat Hera, sie möchte ihn ihr überlassen; hatte doch Kronos den Hades unter die Erde und den Poseidon unter die Meereswellen verstoßen, weil er wußte, wenn ein Sohn von ihm da sei, dem sei es bestimmt, ihm die Herrschaft zu entreißen. Als er aber Rheia fragte, wo das Kind sei, das sie geboren habe, zeigte sie ihm einen umwickelten Stein: Kronos verschlang ihn. Als er die Täuschung erkannte, machte er sich auf die Suche nach Zeus von Land zu Land, Hera aber hatte diesen nach der Insel Kreta gebracht. Amaltheia, die Amme des Knaben, hängte ihn in der Wiege an einem Baume auf: er sollte nicht im Himmel, nicht auf der Erde, nicht im Meer gefunden werden. Und damit man das Schreien des Kindes nicht höre, rief sie Knaben zusammen und gab ihnen Schilde und Lanzen mit dem Auftrag, sich um den Baum zu bewegen und Lärm zu machen. Im Griechischen wurden sie Kureten genannt.

Hygin, Fabeln, 139

Oben: Höhle am Berg Ida, Kreta. – Mitte: Kretische Landschaft mit Ida. – Unten: Der kleine Zeus wird von der Ziege Amaltheia genährt. – Linke Seite: Kronos empfängt von Rheia den in Windeln gewickelten Stein.

Die Historiker, die sich mit der frühesten elischen Geschichte befassen, erzählen im Zusammenhang mit den Olympischen Spielen, daß Kronos der erste Herrscher im Himmel gewesen sei; die damaligen Bewohner, die Menschen des goldenen Zeitalters, bauten dem Kronos einen Tempel in Olympia. Manche Leute sagen nun, daß Zeus dort mit dem Kronos um den himmlischen Thron gerungen habe; andere wieder behaupten, Zeus habe die Spiele zur Feier seines Sieges eingeführt.

Pausanias, 5, 7, 6; 10

## DER KAMPF GEGEN DIE GIGANTEN

Ge aber, aufgebracht wegen des Schicksals der Titanen, gebar von Uranos die Giganten, von ungeheurer Größe und unwiderstehlicher Stärke. Sie waren furchtbar anzusehen, mit lang herabwallendem Haar Haupt und Kinn bewachsen, als Füße hatten sie schuppenbedeckte Schlangen. In Phlegrai, wie einige sagen, kamen sie zur Welt, nach andern in Pallene. Felsblöcke schleuderten sie gegen den Himmel und brennende Eichen. Vor allen taten sich Porphyrion und Alkyoneus hervor, der denn auch unsterblich war, solange er auf dem Boden kämpfte, auf dem er geboren war. Er hat auch die Rinder des Helios aus Erytheia weggetrieben. Den Göttern aber war eine Weissagung geworden, keiner der Giganten könne von den Göttern getötet werden; nur wenn ein Sterblicher mitkämpfe, seien sie dem Tod verfallen.
Als Ge davon erfuhr, suchte sie ein Heilkraut, damit sie auch vor einem Sterblichen gefeit wären. Zeus aber verbot Eos, Selene und Helios zu leuchten, und kam ihr zuvor, er schnitt selbst das Heilkraut und ließ durch Athene den Herakles als Helfer im Kampf herbeiholen. Zuerst traf er den Alkyoneus, aber fallend erlangte dieser durch die Berührung mit der Erde neue und vermehrte Lebenskraft. Da schleppte ihn Herakles auf den Rat der Athene aus Pallene fort. So mußte er sterben. Nun stürmte Porphyrion im Kampf gegen Herakles und Hera an. Aber Zeus ließ ihn

in Liebesverlangen nach Hera entbrennen, und schon zerriß er ihr Gewand und wollte ihr Gewalt antun, da rief sie Helfer herbei. Zeus traf ihn mit dem Blitz und Herakles tötete ihn mit seinen Pfeilen. Von den übrigen traf Apollon den Ephialtes ins linke, Herakles ins rechte Auge, den Eurytos erschlug Dionysos mit dem Thyrsosstab, den Klytios tötete Hekate mit brennenden Fackeln, oder eher noch Hephaistos mit glühenden Steinen. Auf den fliehenden Enkelados warf Athene die Insel Sizilien, dem Pallas zog sie die Haut ab und bedeckte mit dieser während des Kampfes den eigenen Körper. Polybotes wurde von Poseidon durch das Meer verfolgt und kam so nach Kos; der Gott riß ein Stück von der Insel los und warf es auf ihn, das sogenannte Nisyron. Hermes, der im Kampf den Helm des Hades trug, tötete den Hippolytos, Artemis den Gration, die Moiren Agrios und Thoon, die mit ehernen Keulen kämpften. Die andern vernichtete Zeus mit seinen Blitzen.

Apollodor, 1, 34 – 38 (6, 1 – 2)

Unten: Zeus tötet Kronos mit dem Blitz. – Linke Seite oben: Zeus mit dem Blitzbündel. – Unten: Zeustempel in Olympia. – Nächste Doppelseite: Kampf der Götter und Giganten.

Also den ganzen Tag bis spät zur sinkenden Sonne
Schmausten sie, und nicht mangelt' ihr Herz des gemeinsamen Mahles,
Nicht des Saitengetöns von der lieblichen Leier Apollons,
Noch des Gesangs der Musen mit hold antwortender Stimme.
Aber nachdem sich gesenkt des Helios leuchtende Fackel,
Gingen sie auszuruhn, zur eigenen Wohnung ein jeder,

Dort wo jedem vordem der hinkende Künstler Hephaistos
Bauete seinen Palast mit erfindungsreichem Verstande.
Zeus auch ging zum Lager, der Donnergott des Olympos,
Wo er zuvor ausruhte, wenn süßer Schlaf ihm genaht war;
Dorthin stieg er, zu ruhn mit der goldenthronenden Hera.

Homer, Ilias, 1, 601–611

Oben: Götterversammlung auf dem Olymp. – Rechts: Olymp.

# HERA

Hera stand nun schauend, die goldenthronende Göttin,
Hoch vom Gipfel herab des Olympos; und sie erkannte
Schnell den Schaltenden dort in der männerehrenden Feldschlacht
Ihren leiblichen Bruder und Schwager, freudigen Herzens.
Ihn alsdann auf der Höhe des quellenströmenden Ida
Sahe sie sitzen, den Zeus, und zürnt' ihm tief in der Seele.
Jetzo sann sie umher, die hoheitblickende Hera,
Wie sie täuschte den Sinn des ägiserschütternden Gottes.
Dieser Gedank' erschien der Zweifelnden endlich der beste:
Hinzugehn auf Ida, geschmückt mit lieblichem Schmucke,
Ob er vielleicht begehrte, von Lieb' entbrannt zu umarmen
Ihren Reiz und sie ihm einschläfernde sanfte Betäubung
Gießen möcht auf die Augen und seine waltende Seele . . .

Jetzt entwusch sie zuerst mit Ambrosia jede Befleckung
Ihrem reizenden Wuchs und salbt' ihn mit lauterem Öle,
Fein und ambrosischer Kraft, von würzigem Dufte durchbalsamt,
Welches auch, kaum nur bewegt im ehernen Hause Kronions,
Erde sogleich und Himmel mit Wohlgerüchen umhauchte.
Hiermit salbte sie rings die schöne Gestalt, auch das Haupthaar
Kämmt' und ordnete sie und ringelte glänzende Locken,
Schön und ambrosiaduftend, herab von der Göttlichen Scheitel;
Hüllte sich drauf ins Gewand, das ambrosische, so ihr Athene
Zart und künstlich gewirkt und reich an Wundergebilde;
Dann mit goldenen Spangen verband sie es über dem Busen;
Schlang dann umher den Gürtel, mit hundert Quästen umbordet.
Jetzo fügte sie auch die schönen Gehäng' in die Ohren,
Dreigestirnt, hellspielend; und Anmut leuchtete ringsum.
Auch ein Schleier umhüllte das Haupt der erhabenen Göttin,
Lieblich und neu vollendet; er schimmerte hell wie die Sonne.
Unter die glänzenden Füß' auch band sie sich stattliche Sohlen.

Homer, Ilias, 14, 153–186

Ich will nun den Tempel der Hera und seine Ausstattung beschreiben . . . Er ist im dorischen Stil erbaut und von Säulen umrahmt . . . Seine Länge beträgt 169 Fuß, die Breite 63 und die Höhe nicht weniger als 50. Man kennt den Namen des Architekten nicht.

Pausanias, 5, 16, 1

Linke Seite: Thronender Zeus. – Unten links: Hera. – Rechts: Kopf der Hera. – Nächste Doppelseite: Heratempel in Olympia.

Manche Leute behaupten, daß das Heiligtum der Hera auf Samos von der Mannschaft der Argo gegründet worden sei, die auch die Statue aus Argos gebracht hätten; aber die Samioten glauben, die Göttin hätte auf ihrer Insel ein Kind geboren, am Ufer des Imbraxos, unter der Weide, die noch zu meiner Zeit im Heraion stand. Man sah, daß der Tempel eines der ältesten Heiligtümer war – jedenfalls an der Statue, die Smilis von Aigina, der Sohn des Eukleides gemacht

hat. Dieser Smilis gehört zur Generation des Dädalus, aber hat niemals den gleichen Ruf gehabt.

Pausanias, 7, 4, 4

Ihre Hochzeitsnacht
Auf Samos dauerte
Dreihundert Jahre.

Scholiast, Über Homers Ilias, 1, 609

# ATHENE

## DIE GEBURT DER ATHENE

Und Zeus, der Götter König, nahm zur
ersten Gemahlin
Metis (die Klugheit),
Sie, die das Meiste unter den Göttern
wußte
Und den sterblichen Menschen.

Doch als sie nun gebären sollte die Göttin,
Die strahlenäugige Athene,
Da hinterging er mit List ihren Sinn,
In schmeichelnder Rede,
Und tat sie hinein in seinen eigenen Leib,
nach der Erde Rat und auch des Himmels,
des gestirnten;
So nämlich rieten sie's ihm,

Links: Heratempel von Samos. – Oben: Geburt der Athene.

Auf daß nicht das Königsamt
Ein andrer ergreife statt Zeus,
Über die Götter, die fort und fort Seienden.
Denn von ihr, so war es bestimmt,
Sollten rundum kluge Kinder entstehen:
Zuerst sollte sie eine Tochter gebären,
Die strahlenäugige Tritogeneia,
Sie, die gleichen Drang hat und Sinn wie ihr Vater
Und seinen klug planenden Willen,
Darauf dann aber einen Sohn,
Fürst über Götter und Menschen,
Dem ein Herz übervoll von Stärke zu eigen sein würde.
Zeus jedoch kam dem zuvor
Und tat sie hinein in seinen eigenen Leib,
Auf daß mit ihm vereint die Göttin dächte
Und riete Gutes wie Schlimmes.

Hesiod, Theogonie, 886 – 900

Als Hephaistos' Künste schufen,
Daß unter ehernem Beil Athene des Vaters Haupte hoch oben entsprang
Und im Sprung Kampfgeschrei schallen ließ langdauernden Rufs.
Uranos erschrak vor ihr und Mutter Gaia.

Pindar, Siebte olympische Ode, 35–38

## DAS BAD DER PALLAS ATHENE

Alle, die ihr das Bad der Pallas Athene bereitet,
Alle tretet heraus! Hör' ich die heiligen doch
Wiehern, die Stuten. Bereit ist auch die Göttin zu kommen.
Eilt, ihr Blonden, nun eilt! Ihr, des Pelasgos Geschlecht!
Niemals hat Athene die mächtigen Arme gereinigt,
Eh sie des Rossegespanns Weichen vom Staube befreit,
Selbst nicht, da sie vom Kampf mit den frevelnden Söhnen der Erde
Kam und die Rüstung trug völlig besudelt mit Schmutz . . .
Auf denn, Töchter Achaias! Nicht Salbenbüchsen und Myrrhen
– An der Achse des Rads hör' ich der Nabe Geräusch! –
Keine Salben und Myrrhen, ihr Wärterinnen, für Pallas
– Denn Athene verschmäht duftender Fette Gemisch –
Bringt den Spiegel auch nicht. Denn immer ist herrlich ihr Antlitz . . .
Am Eurotas – rieb, erfahrenen Sinnes, dem Körper
Schlichtes Öl nur ein, eigenen Baumes Gewächs.
O ihr Mädchen, da lief eine Röte darüber, der Rose
In der Frühe, dem Kern einer Granatfrucht gleich.
Also bringt denn auch heute nur Öl, wie es Männern genehm ist,
Dessen sich Herakles einst, dessen sich Kastor bedient.
Bringt einen goldenen Kamm sodann, damit sie entwirre
Ihrer Locken Geflecht, glätte das glänzende Haar.
Tritt hervor, Athene!

Kallimachos, Auf das Bad der Pallas, 1 – 8; 13 – 17; 25 – 33

Links: Nike von Samothrake. – Rechts: Athene.

## DER KAMPF DER GÖTTER UM ATHEN

Kekrops, der Ureingeborene, mit dem Körper halb eines Menschen, halb eines Drachen, war der erste König von Attika und nannte das Land, das früher Akte hieß, nach sich selbst Kekropia. Während seiner Herrschaft, so heißt es, beschlossen die Götter, Städte in Besitz zu nehmen, in denen sie jeder für sich seiner eigenen Ehre teilhaft sein wollten. So kam also zuerst Poseidon nach Attika, und mit dem Dreizack aufschlagend, ließ er mitten in der Burg Meerwasser hervorsprudeln, das sie heute Meer des Erechtheus nennen. Nach ihm kam Athene, und indem sie Kekrops zum Zeugen der Besitznahme machte, pflanzte sie einen Ölbaum, der heute im Pandroseion gezeigt wird. Als es nun um den Besitz des Landes zwischen Athene und Poseidon zum Streit kam, schlichtete Zeus, indem er ihnen Richter gab, nicht Kekrops und Kranaos, wie einige wollen, auch nicht Erysichthon, sondern die zwölf Götter. Durch ihren Spruch wurde das Land Athene zugesprochen, da Kekrops bezeugte, daß sie zuerst den Ölbaum gepflanzt habe. Athene nannte die Stadt nach sich selbst Athen, Poseidon aber, voller Grimm, überflutete die Thriasische Ebene und setzte Attika unter Wasser.

Apollodor, 3, 177 – 179 (14,1)

Oben: Athene. – Rechts: Propyläen der Akropolis von Athen.

# POSEIDON

Denn wir sind drei Brüder, die Kronos
zeugte mit Rheia:
Zeus, ich selbst und Aïs, der Unter-
irdischen König.
Dreifach geteilt ward alles und jeder
gewann von der Herrschaft.
Mich nun traf's, beständig das graue Meer
zu bewohnen,
Bleib' er, wie stark er auch ist, in seinem
beschiedenen Dritteil.
Nicht mit den Armen fürwahr,
wie den Zagenden schreckt mich jener!
Seine Töchter vielleicht und Söhn'
auch möcht er mit Anstand
Durch hochfahrende Worte bedräun,
wie er selber gezeuget,

Als wir gelost; den Hades traf das nächt-
liche Dunkel,
Zeus dann traf der Himmel umher in
Äther und Wolken;
Aber die Erd' ist allen gemein und der hohe
Olympos
Nimmer folg' ich demnach Zeus' Ord-
nungen, sondern geruhig
Denn sie werden aus Zwang
auf jedes Gebot ihm gehorchen!

Homer, Ilias, 15, 187 – 199

Links: Poseidon vom Kap Artemision. – Oben: Kopf der Poseidon-Statue.

Unterhalb der Ruinen von Nestane teilt sich das Ödland. Dort heißt die Gegend «Mairas Tanzboden». Die Straße führt etwa anderthalb Meilen durch diese Einöde, dann erreicht man eine weitere Ebene. Direkt neben der Landstraße fließt dort die «Lämmerquelle». Nach einer arkadischen Legende soll Rheia, als sie den Poseidon gebar, das Kind in ein Lammfell gewickelt und zu den Lämmern gelegt

Plötzlich stieg er herab von dem zackigen Felsengebirge,
Wandelnd mit hurtigem Gang; und es bebten die Höhn um die Wälder
Weit den unsterblichen Füßen des wandelnden Poseidon.
Dreimal erhob er den Schritt, und das viertemal stand er am Ziele,
Ägä, dort, wo ein stolzer Palast in den Tiefen des Sundes

haben. So bekam die Quelle ihren Namen, denn dort ist Poseidon mit den Lämmern aufgewachsen . . .
Die Stadt Mantineia ist ungefähr eine Meile von dieser Quelle entfernt.

Pausanias, 8, 8, 1–2; 4 partim

Oben: Erechtheion auf der Akropolis von Athen. – Links: Landschaft zwischen Tripolis und Mantineia.

Golden und schimmerreich ihm erbaut ward, stets unvergänglich.
Dorthin gelangt nun, schirrt' er ins Joch erzhufige Rosse,
Stürmenden Flugs, umwallt von goldener Mähne die Schultern;
Selbst dann hüllt' er in Gold sich den Leib und faßte die Geißel,
Schön aus Golde gewirkt, und trat in den Sessel des Wagens,

Lenkte dann über die Flut. Die Ungeheuer
des Abgrunds
Hüpften umher aus den Klüften, den
mächtigen Herrscher erkennend;
Freudig ihm trennte des Meeres Gewoge
sich, und wie geflügelt
Eilten sie, ohne daß unten die eherne
Achse genetzt ward . . .

Homer, Ilias, 13, 17 – 30

Kap Sunion ist eine Landzunge in Attika, die den Kykladen gegenüber in die Ägäis hineinragt. Wenn man um das Kap herumsegelt, kommt man zu einem Hafen.

Pausanias, 1, 1, 1

Oben: Mosaik im «Haus der Delphine» auf Delos. – Rechts: Poseidontempel auf Kap Sunion.

# APHRODITE
# ARES
# HEPHAISTOS

Singen will ich von Aphrodite, der Züchtigen, Schönen,
golden Bekränzten. Das meerumflossene Kypros ward ganz ihr,
samt seinen Zinnen, verliehn. In schmiegsamen Schäumen entführt sie
Zephirs, des feuchten Brausers, Kraft auf der Woge des immer
rauschenden Meers. Da nahmen die Horen mit goldenem Stirnreif
grüßend sie auf und hüllten sie ein in unsterbliche Kleider,
krönten ihr dann mit dem goldnen, herrlichen, trefflich gewundnen
Kranz das unsterbliche Haupt. Ins Löchlein am Läppchen der Ohren

steckten sie Blumen aus kostbarem Gold und aus Messing,
behingen dann noch den zarten Hals und die schimmernden Brüste mit goldnen
Ketten, womit die Horen selber sich schmücken, so oft sie
goldene Reifen im Haar zum lieblichen Reigen der Götter
und zum Hause des Vaters gehn. Als alles getan war,
führten sie Aphrodite im vollen Glanz ihres Schmuckes
jetzt den Unsterblichen zu. Die riefen «Willkommen!» beim Anblick,
reichten die Rechte ihr hin und jeder fühlte Verlangen,
daß sie Gattin ihm werde und heim er sie führe. So weckte
Staunen und Wundern der veilchenbekränzten Kythera Erscheinung.
Heil dir! strahlendes Auge, süßes Geschmeichel! beim Wettkampf

Links: Ares – Mitte: Fliegender Eros. – Rechts: Hephaistos. – Rechte Seite: Aphrodite von Melos.

laß mich heute siegen und laß mein Lied
mir gelingen!
Ich aber werde deiner und anderen Sanges
gedenken.

Homerische Hymnen, 6, An Aphrodite, 1 – 21

## EROS

Und Eros (das Liebesbegehren), der
der schönste ist
Unter den todfreien Göttern, der
Gliederlösende,
Aller Götter und aller Menschen
Sinn und verständliche Absicht
Bezwingt er in ihrer Brust.

Hesiod, Theogonie, 120 – 122

## DAS VORRECHT APHRODITES

Ihr gab Eros das Geleite,
Und Himeros (die Sehnsucht), der Schöne,
folgte ihr,
Vom Anbeginn, wie sie erstanden war
Und wie sie zu der Götter Schar schritt.
Und das ist ihr Vorrecht, das ihr von
Anbeginn gehört,

Oben: Aphrodite. – Links: Der Felsen der Aphrodite bei Paphos, Zypern.

Und das der Anteil, der ihr unter
Menschen
Und todüberhobenen Göttern zufiel
durchs Los:
Mädchengeflüster und Lachen und
Hintergehen
Und süßes Erfreuen und Lust und Kosen.

Hesiod, Theogonie, 201 – 206

## PRIAPOS, DER SOHN DER APHRODITE UND DES DIONYSOS

Der Gott Priapos wird überall dort verehrt, wo Ziegen und Schafe grasen, und Bienen schwärmen, er soll der Sohn des Dionysos und der Aphrodite sein.

Pausanias, 9, 31, 2

Dryope hatte vom Baum sich Blumen
gepflückt, sie dem Söhnchen
Hinzugeben zum Spiel und zu tun wie
jene gedacht' ich –
Denn ich begleitete sie – da sah ich
entfallen der Blüte
Tropfen von Blut und die Zweige bewegt
von zitterndem Schauer.
Eine der Nymphen, wie nun erst säumige
Bauern erzählten,
Lotis, hatte darin auf der Flucht vor
Priapus' Begierden
ihren gewandelten Leib mit behaltenem
Namen geborgen.
Nicht war dies der Schwester bekannt,
und erschrocken von hinnen
Wollte sie gehen und, die sie verehrt, die
Nymphen verlassen,
Als anwurzelnd ihr Fuß festhing. Los will
sie sich reißen,
Doch nur oben bewegt sie den Leib.
Aufwachsend von unten
Windet sich rings um die Weichen gemach
zäh haftende Rinde.
Wie sie es sieht, hebt jene die Hand,
sich das Haar zu zerraufen;
Da füllt Laub ihr die Hand. Rundum war
Laub an dem Haupte.

Ovid, Metamorphosen, 9, 342 – 355

Oben: Priapos. – Rechts: Hermaphrodit.

## DIE VERWANDLUNG DES HERMAPHRODITEN

Von Mercurius einst erzeugt mit der Göttin
Cytheras
Ward von Najaden ein Knab' in des Ida
Grotten erzogen.
Also war sein Gesicht, daß leicht so Vater
wie Mutter
Wieder erkannte der Blick; auch ward er
nach beiden geheißen.
Wie er erreicht dreimal fünf Jahre, da zog
von der Heimat
Bergen der Knabe hinaus und, getrennt

von dem nährenden Ida,
War es ihm Lust zu schweifen umher
durch fremde Gefilde,
Fremde Gewässer zu sehn; die Mühen
verringerte Neugier.
Auch zu dem lycischen Land und den

Carern, Lyciens Nachbarn,
Kommt er des Wegs. Hier lockt ihn mit glänzendem Wasser ein Weiher
Klar bis zum untersten Grund. Dort war kein sumpfiges Röhricht,
Dort kein mageres Schilf, noch Binsen mit stachliger Spitze.
Hell durchscheint die Flut. Doch außen umsäumet den Weiher
Frisch aufkeimendes Gras und grün stets bleibender Rasen.
Die ihn bewohnt, die Nymph' ist zur Jagd untüchtig, und niemals
Zieht den Bogen sie straff, noch mag sie eifern im Wettlauf,
Von den Najaden allein ganz fremd der behenden Diana.
«Jüngling», redet sie nun, «als einer der Götter zu gelten
Würdig zumeist! Wofern du ein Gott, wohl bist du Cupido;
Doch wenn sterblicher Art, dann selig die beiden Erzeuger,
Glücklich der Bruder von dir, fürwahr zu beneiden die Schwester,
Falls dein eine du nennst, und die einst dich säugte, die Amme!
Doch glückselig und reich vor allen und über die Maßen,
Die als Braut dir gehört, die würdig du findest der Fackel.
Hast du diese bereits, sei mein Umfangen verstohlen;
Hast du sie nicht, sei ich's, und laß uns einen das Brautbett!»
Stand hält Atlas's Sproß und weigerte der Nymphe die Freuden,
Die sie ersehnt. Sie drängt und spricht, wie sie dicht an den Jüngling
Sich mit dem Leibe gefügt: «Wie sehr, Grausamer, du wehrest,
Dennoch entkommst du mir nicht. So möge, verhängt es, ihr Götter,
Jenen von mir kein Tag, kein Tag mich trennen von jenem!»
Götter alsbald willfahrten dem Wunsch. Die Körper der beiden
Werden vermengt und zu einer Gestalt miteinander verbunden.
Wie oft einer gewahrt, der Zweige vereint mit der Rinde,
Daß sie verwachsen in eins und dann aufschießen gemeinsam:
Also, wie sich verschränkt die Glieder in enger Verschlingung,
Sind's nicht zwei und doch ein Doppelgeschöpf, das zu heißen
Knabe so wenig wie Weib; sie scheinen keines und beides.

Ovid, Metamorphosen, 4, 288 – 304; 320 – 328; 368 – 379

Hera gebar ohne Gatten den Hephaistos; wie jedoch Homer erzählt, gebar sie auch ihn von Zeus. Dieser stürzte ihn aus dem Himmel herab, als er der gefesselten Hera zu Hilfe eilen wollte.
Hephaistos fiel in Lemnos nieder und wurde, an den Füßen gelähmt, von Thetis gerettet.

Apollodor, 1, 19 (3,5)

## DIE RACHE DES BETROGENEN GATTEN

Ares' Liebe besang und Aphroditens der Meister,
Wie sich beide zuerst in Hephaistos'

AFRODITE

prächtiger Wohnung
Heimlich vermischt. Viel schenkte der
Gott und entehrte des hohen
Feuerbeherrschers Lager. Doch plötzlich
bracht' ihm die Botschaft
Helios, der sie gesehn in ihrer geheimen
Umarmung.
Aber sobald Hephaistos die kränkende
Rede vernommen,
Eilet' er schnell in die Esse, mit rache-
vollen Entwürfen,
Stellt' auf den Block den gewaltigen
Amboß und schmiedete starke,
Unauflösliche Ketten, um fest und auf
ewig zu binden.
Und nachdem er das trügliche Werk
im Zorne vollendet,
Ging er in das Gemach, wo sein Hochzeits-
bette geschmückt war,
Und verbreitete rings um die Pfosten
kreisende Bande;
Viel spannt er auch oben herab vom
Gebälke der Kammer,
Zart wie Spinnengewebe, die keiner zu
sehen vermöchte . . .
Und nachdem er den ganzen Betrug um
das Lager verbreitet,
Ging er gleichsam zur Stadt der schön
gebaueten Lemnos . . .
Ares schlummerte nicht, der Gott mit
goldenen Zügeln,
Als er verreisen sahe den kunstberühmten
Hephaistos.
Eilend ging er zum Hause des klugen
Feuerbeherrschers,
Hingerissen von Liebe zu seiner schönen
Gemahlin.
Aphrodite war eben vom mächtigen Vater
Kronion
Heimgekehrt und saß. Er aber ging in die
Wohnung,
Faßte der Göttin Hand und sprach mit
freundlicher Stimme:
Komm, Geliebte, zu Bette, der süßen Ruhe
zu pflegen!
Denn Hephaistos ist nicht daheim . . .
Also sprach er, und ihr war sehr will-
kommen die Ruhe.
Und sie bestiegen das Lager und schlum-
merten. Plötzlich umschlangen
Sie die künstlichen Bande des klugen
Erfinders Hephaistos,
Und sie vermochten kein Glied zu bewegen
oder zu heben.
Aber sie merkten es erst, da ihnen die Flucht
schon gehemmt war.
Jetzo nahte sich ihnen der hinkende
Feuerbeherrscher.
Dieser kehrte zurück, bevor er Lemnos
erreichte,
Denn der lauschende Gott der Sonne sagt'
ihm die Tat an.
Eilend ging er zu Hause mit tiefbeküm-
merter Seele,
Stand in dem Vorsaal still, und der
rasende Eifer ergriff ihn.
Fürchterlich ruft er aus, und alle Götter
vernahmen's:
Vater Zeus und ihr andern, unsterbliche
selige Götter,
Kommt und schaut den abscheulichen
unausstehlichen Frevel . . .

Homer, Odyssee, 8, 267 – 307 partim

## HEPHAISTOS, DER SCHMIED

Dieses gesagt, verließ er sie dort und ging
in die Esse,
Wandt' in das Feuer die Bälg' und hieß
sie mit Macht arbeiten.

Unten: Aphrodite, Pan und Eros. – Links: Aphrodite von Capua. – Nächste Doppelseite: Rückführung von Hephaistos in den Olymp.

Zwanzig bliesen zugleich der Blasebälg' in die Öfen,
Allerlei Hauch aussendend des glutanfachenden Windes,
Bald des Eilenden Werk zu beschleunigen, bald sich erholend.
Je nachdem es Hephaistos befahl zur Vollendung der Arbeit.
Jener stellt' auf die Glut unbändiges Erz in den Tiegeln,
Auch gepriesenes Gold und Zinn und leuchtendes Silber;
Richtete dann auf dem Block den Amboß, nahm mit der Rechten
Drauf den gewaltigen Hammer und nahm mit der Linken die Zange.
Erst nun formt' er den Schild, den ungeheuren und starken,
Ganz ausschmückend mit Kunst . . .
Als er den Schild nun bereitet, den ungeheuren und starken,
Schuf er anjetzt ihm den Harnisch, den strahlenden, heller denn Feuer;
Schuf ihm sodann den gewaltigen Helm, der den Schläfen sich anschloß,
Schön und prangend an Kunst, und zog aus Golde den Haarbusch;
Schuf ihm zuletzt auch Schienen, aus feinem Zinne gegossen.

Homer, Ilias, 18, 468 – 479; 608 – 612

Oben: Arbeit am Trojanischen Pferd. – Rechts: Helm und Panzer.

# APOLLON ARTEMIS

AUF DELOS

Wann entschließest du dich, mein Geist, die heilige Delos,
Welche Apoll genährt, zu besingen? Zwar alle Kykladen
Unter den Inseln, die liegen im Meere, die heiligsten, alle
Fordern Gesang. Doch als erste begehrt die Gabe der Musen
Delos, weil sie den Meister der Lieder, Phoibos Apollon,
Einst gebadet, umhüllt und zuerst als Gottheit verehrt hat . . .
Und es schreckte dich nicht das Zürnen der Hera. Gewaltig
Grollte sie nämlich den Frauen, die Zeus mit Söhnen beglückten,
Allen, doch Leto zumal, da einzig diese bestimmt war,
Zeus einen Sohn zu gebären, der lieber ihm würde als Ares.
Also wählte sie selbst eine Warte in Höhen des Äthers.
Mächtig, ja unaussprechlich bewegt verfolgte sie Leto,
Die sich in Wehen verzehrte . . .
Und sämtliche Städte, die Leto
Anging, verhinderten sie, die Drohenden, sie zu empfangen. . .
Als du die Göttin erblicktest, die von den Wehen bedrängt war:
«Hera, tue mit mir nach deinem Gefallen. Ich achte
Euerer Drohungen nicht. Du aber, nahe dich Leto!»
Sprach's, und jene beschloß erwünscht die beschwerliche Irrfahrt.
Und sie setzte sich nieder am Strand des Inopos, den Gaia
Als den tiefsten entsendet, wenn mit den schwellenden Fluten
Von Äthiopiens Höhen der Nil der Ebene zueilt,
Löste den Gürtel und stemmte sich gegen den Stamm einer Palme
Rückwärts, mit den Schultern, von unaussprechlichen Schmerzen
Heimgesucht. Und über den Leib floß Feuchte des Schweißes.
Und sie sprach unter Qualen: «Was peinigst du, Knabe, die Mutter?
Lieber! Die Insel ist da, die schwimmt auf Wogen des Meeres.
Knabe, komm ans Licht! Sei lieb und verlasse den Schoß nun!». . .
Seit dem Tage bist du die heiligste unter den Inseln,
Nährerin du Apolls . . .
Da beschweren sie auch mit Kränzen der altehrwürdgen

Unten: Die Agora der Italiker auf Delos. – Rechts: Phallisches Weihmonument auf Delos.

Kypris heiliges Bild, das verehrte, das
ehedem Theseus
Weihte, als er zurück von Kreta fuhr mit
den Kindern,
Da sie dem grausen Gebrüll und Pasphaës
schrecklichem Sohne
Und dem gewundenen Bau des Laby-
rinthes entronnen.
Herrin, da schlugen die Leier sie dir und
tanzten den Reigen
Rings um deinen Altar, und Theseus führte
den Tanz an.
Seither, als ewiges Weihegeschenk für
Phoibos Apollon,
Senden die Kekropien die Taue vom
Schiffe des Theseus.

Kallimachos, Auf Delos, 1–6; 55–61; 68–69; 202–214; 275–276; 307–315

AN APOLLON

Eileithya, die Wehen Gebärenden sendet,
betrat jetzt
Delos – da kam die Geburt und Leto
wollte gebären.
Um den Palmbaum schlang sie die Arme,
sie stemmte die Kniee
Fest in das Polster der Wiese – die Erde
unter ihr lachte –
Er aber sprang ans Licht und die
Göttinnen jubelten alle.
Gütiger Phoibos, von Göttinnen wardst
du in herrlichem Wasser
Heilig und rein nun gebadet. In neu
gewobene, feine
Weiße Laken gewindelt; sie legten darum
eine Goldschnur.
Nicht aber reichte die Mutter dem
goldenbewehrten Apollon
Selbst ihre Brust; denn zarte Ambrosia
gab ihm und Nektar
Themis mit göttlichen Händen zuerst;
doch freute sich Leto,
Daß sie den starken Sohn, den Bogen-
träger, geboren.
Phoibos, da hattest du kaum die
unsterbliche Speise genossen,
Nicht mehr hielten dich dann die goldenen
Schnüre, dich Zappler,
Auch nicht die Windeln vermochtens;
es löste sich jeglicher Knoten.
Gleich aber sagt den unsterblichen Fraun
jetzt Phoibos Apollon:
Mein sei die liebe Leier und mein der
gekrümmte Bogen!
Künden doch werd ich den Menschen
des Zeus untrüglichen Ratschluß.
Sprachs und verließ im Schreiten die
breiten Straßen der Erde,
Phoibos in wallendem Haar, der Schütze
ins Weite. Und alle
Göttinnen staunten. Ganz Delos strotzte
von goldnem Gepränge,
Sah sie doch vor sich den Sohn des Zeus
und der Leto; da ward sie
Freudig bewegt, daß der Gott sie erkoren
vor Inseln und Festland,
Heimstatt ihm zu sein. So wuchs ihr die
Liebe im Herzen,
Daß sie erblüht wie der Hügel am Berg,
wenn die Wälder erblühen . . .
Wie soll ich dich nur preisen, du ganzer,
herrlicher Lobpreis?
Soll ich besingen, wie du es hieltest mit
Liebe und Werbung? . . .
Oder sing ich, wie du, Schütze ins Weite,
Apollon,
Zogst über Land und suchtest die erste
Stätte, den Menschen
Weiszusagen? Stiegst zuerst herab vom
Olympos . . .
Hier nun stürmtest du eilig hinan zum
Rücken des Berges,
Kamst nach Krisa am Fuß des schnee-
bedeckten Parnassos,
Dort, wo nach Westen er schaut; die Fels-
wand wuchtet darüber;
Doch in der Tiefe zieht sich ein hohles,
steiniges Tal hin.
Dort nun wars, daß zum Bau seines lieb-
lichen Tempels der Herrscher
Phoibos Apollon sich entschloß. Da
sprach er die Worte:
Hier gedenke ich wirklich den schönsten
Tempel zu bauen.
Stätte der Weissagung werd er den
Menschen, . . .
Fragen werden sie mich – und ich werde
ehrlichen Ratschlag
Allen nach Recht und Fug orakeln im
schatzreichen Tempel.
Phoibos Apollon sprachs. Mit breiten und
überaus langen
Steinen legt er umfassend den Grund . . .
Da weilten
Rund um den Tempel unzählige
Völker der Menschen und legten
Stein auf Stein am Bau, daß die Lieder
ihn immer noch preisen . . .
Jetzt nun endlich besann im Gemüte sich
Phoibos Apollon,
Welche Menschen als Walter der Opfer-
feiern er hole,
Daß sie ihm Diener würden in Pythos
felsigen Höhen . . .
Toren seid ihr Menschen! Ihr Unheils-
dulder! Begehrlich
Wollt ihr ja Sorgen und arge Mühen und
enge Bedrängnis . . .
Aber bewacht mir den Tempel, nehmt auf
die Völker der Menschen,
Die sich alle hier sammeln, und folgt
genau meiner Weisung!
Törichte Reden wird es einst geben und
törichte Taten,
Übermütiges Tun, wie es Brauch bei den
sterblichen Menschen,
Kommen werden dann andere Männer,
die euch befehlen,
Beugen werdet ihr euch ihrem Zwang in
künftigen Tagen.
Nun ist alles gesagt; bewahr es in deinem
Gemüte!

Homerische Hymnen, 3, An Apollon, 115–139; 207–208; 214–216; 281–288; 292–295; 297–299; 388–390; 532–533; 538–544

Man erzählt, daß der älteste Apollon-Tempel aus Lorbeer gebaut war, aus Zweigen vom Lorbeerhain bei Tempe. Er muß also wie eine Hütte ausgesehen haben. . .
Daß der dritte Tempel aus Bronze gewesen sein soll, ist gar nicht so außergewöhnlich, wenn man bedenkt, daß das Heiligtum der Athene, das «Haus aus Bronze», noch immer in Sparta zu sehen ist. Es ist also nicht unwahrscheinlich, daß auch Apollon einen Bronze-Tempel gehabt hat.

Pausanias, 10, 5, 9 – 11

Links: Apollon von Piombino. – Rechts: Apollon von Siebenbürgen.

Apollon wurde von Pan, dem Sohn des Zeus und der Thymbris, in der Seherkunst unterwiesen und kam so nach Delphi, wo damals Themis Orakelsprüche verkündete; als aber die den Orakelsitz bewachende

Pythonschlange ihn daran hindern wollte, an den Erdspalt heranzutreten, tötete er sie und nahm die Orakelstätte in Besitz. Kurz darauf tötete er auch den Tityos, den Sohn des Zeus und der Tochter des Orchomenos, Elare. Nachdem Zeus ihr beigewohnt hatte, hatte er sie aus Furcht vor Hera unter der Erde versteckt. Den Sohn aber, mit dem sie schwanger gegangen war, Tityos, hatte er riesengroß ans Tageslicht gebracht.

Apollodor, 1, 22 – 23 (4, 3 – 4)

Oben: Die Kastalische Quelle in Delphi. – Unten: Apollon erschlägt den Riesen Tityos. – Rechts: Apollontempel in Delphi.

## MARSYAS IM WETTSTREIT MIT APOLLON

Athene soll als erste aus einem Hirschknochen eine Flöte hergestellt haben und sei zum Mahl der Götter gekommen, um zu singen. Hera und Aphrodite verspotteten sie, weil sie bläulich anlief und die Backen aufblies. Als häßlich befunden und beim Spiel verlacht, kam sie in den Wald Ida zu einer Quelle, hier erblickte sie sich im Wasser beim Spielen und sah, daß sie mit Recht verlacht worden war. Daher warf sie die Flöte fort und sprach den Fluch aus, daß, wer sie aufhebe, schwer sollte bestraft werden. Die Flöte fand der Hirt Marsyas, ein Sohn des Oiagros, einer von den Satyrn; fleißig übte er darauf und erreichte von Tag zu Tag einen lieblicheren Ton, so sehr, daß er Apollon zum Wettstreit mit dem Zitherspiel herausforderte.

Links: Apollon und Marsyas im musikalischen Wettstreit. – Unten: Bestrafung des Marsyas.

Apollon kam, und sie nahmen die Musen zu Schiedsrichterinnen. Als Marsyas schon als Sieger aus dem Wettstreit hervorging, drehte Apollon die Zither um – und der Ton blieb derselbe; das konnte Marsyas auf der Flöte nicht erreichen. Daher band Apollon den besiegten Marsyas an einen Baum und übergab ihn einem Skythen, der ihm gliedweise die Haut abzog; den übrigen Körper überließ er seinem Schüler Olympos zur Bestattung. Von seinem Blut erhielt der Fluß Marsyas seinen Namen.

Hygin, Fabeln, 165

Auf dem Weg von Delphi zum Parnaß, etwa 7½ Meilen hinter der Stadt, steht eine Bronzestatue. Von dort führt der Weg zur Korykischen Höhle. Der Pfad ist für einen kräftigen jungen Mann leichter zu ersteigen als mit Maultieren und Pferden zurückzulegen. Die Höhle heißt nach der Nymphe Korykia (die dem Apollon den Lykoros geboren hat) und ich halte sie für die schönste Grotte, die ich je gesehen habe. Die Korykische Höhle ist größer als alle anderen und man kann sie fast überall ohne Licht begehen. Die Decke ist angenehm hoch; Wasser strömt aus Quellen, aber noch mehr fließt von der Decke, so daß überall in der Höhle Wasserläufe deutlich sichtbar sind. Die Bewohner des Parnaß glauben, daß die Höhle den korykischen Nymphen heilig ist, besonders aber Pan.
Über die Höhle hinaus ist es selbst für einen geübten Bergsteiger nicht leicht, den Gipfel des Parnaß zu erreichen. Er liegt über den Wolken und um ihn rasen die Thuiaden zu Ehren des Apollon und des Dionysos.

Pausanias, 10, 32, 2; 7

Oben: Die Korykische Höhle am Parnaß. – Links: Silen und Mänade. – Rechts: Die Höhen des Parnaß.

O Musen, wie war doch der Tempel, den Hephaistos' und Athenes geschickte Hände erbauten? Die Wände waren aus Bronze, gestützt von bronzenen Säulen und über der Schwelle sangen golden die zaubrischen Sirenen.

Pindar, Achter Paian, 65 – 71 (Fr. 41)

Oben: Apollon von Olympia. – Rechts: Tholos in der Marmaria von Delphi.

Heil dir, selige Leto! Gebarst du doch
strahlende Kinder –
Denn Apollon ist Herrscher und Artemis
fröhliche Schützin –
Diese dort in Ortygia, ihn auf der steinigen
Delos.

Homerische Hymnen, 3, An Apollon, 14–16

## AUF ARTEMIS

Laßt uns erzählen zuerst, wie, auf den
Knien des Vaters
Sitzend, ein kleines Kind, sie sprach
zu ihrem Erzeuger:
«Schenke mir Mädchentum, Vater, für
ewige Zeiten,
Viele Namen auch, daß Phoibos sogar
mir nicht gleichkommt.
Schenke mir Pfeile und Bogen – nein,
Vater! um Köcher und großen
Bogen bitt' ich dich nicht; bereiten doch
gleich die Kyklopen
Mir die Geschosse und mir die schön
gebogene Waffe.
Aber die Fackel zu tragen und bis zum
Knie den gefransten
Rock zu schürzen, vergönne, damit ich das
Wild mir erlege.
Schenke mir ein Gefolge von sechzig
Okeaniden,
Alle neun Jahre alt, alle noch ungegürtete
Mädchen.
Schenke als Mägde sodann mir zwanzig
amnisische Nymphen,
Welche mein Schuhzeug mir und, wenn
ich Luchse und Hirsche
Fertig gejagt, mir gut die schnellen Hunde
betreuen.
Schenke mir alles Gebirg. Doch unter den
Städten gewähre,
Welche du willst; denn selten steigt
Artemis nieder in Städte.
Auf dem Gebirge wohn' ich, und Städte
der Menschen besuch' ich
Einzig zu Zeiten, wenn Frauen, gequält
von heftigen Wehen,
Mich als Helferin rufen, da ihnen zu
helfen die Moiren
In der Stunde meiner Geburt mir zugelost
haben.
Ohne Schmerzen gebar und trug mich
nämlich die Mutter;
Aus dem lieben Leibe entließ sie mich,
ohne zu ächzen.» . . .
Da neigte sich lächelnd der Vater,
Streichelte es und sprach: «Wenn mir die
Göttinnen solche
Kinder schenkten, der Zorn der eifer-
süchtigen Hera
Kümmerte mich gar wenig. Wohlan, Kind,
was du nur immer
Wünschest und Größeres noch wird dir
der Vater gewähren . . .
Nachdem er also gesprochen,
Nickte er seinem Wort mit dem Haupt.
Und das Mädchen enteilte
Auf das Weiße Gebirg von Kreta, das
Wälder behaaren,
Dann zum Okeanos hin, und sie wählte
sich viele der Nymphen . . .

Kallimachos, Auf Artemis, 4–25; 28–32; 39–42

Der goldspindelführenden Leto sprossen
lieb,
Freudig erglüht war bei Kastalias Quell
abends im Schwarm
Der Charitinnen . . .
Auch Tityos hat ja der Artemis hurtger
Pfeil erlegt, aus
Unbezwungnem Köcher schnell geholt
und entsandt,
Auf daß nur, soweit es erlaubt, man mit
Liebe sich zu befassen trachte!

Pindar, Sechste nemeische Ode, 36–38;
Vierte pythische Ode, 90–92

Unten: Artemis von Larnaka. – Links: Porticus des Artemisheiligtums auf Delos.

## DIE VERWANDLUNG DES AKTAION

In dem schattigen Tal, das Gargaphia heißt, badete einst zur Sommerzeit Artemis, vom langen Jagen ermüdet, an der sogenannten Parthenionquelle. Aktaion, der Enkel des Kadmos und Sohn des Aristaios und der Autonoë, suchte den gleichen Ort auf, um sich und seine Hunde zu erfrischen, mit denen er die Verfolgung des Wildes geübt hatte: da stieß er auf den Anblick der Göttin. Damit er nicht ausplaudern könne, verwandelte sie ihn in einen Hirsch. So wurde er als Hirsch von seinen Hunden zerrissen.

Hygin, Fabeln, 181

Oben links: Kretische Landschaft unweit der Hochebene von Mesara. – Oben rechts: Artemis, einen Pfeil aus dem Köcher ziehend. – Unten: Tod des Aktaion. – Rechte Seite: Artemis vom Ostfries des Parthenon.

# HERMES

Der höchste Berg in Arkadien heißt Kylene. Auf seinem Gipfel stehen die Ruinen eines Heiligtums des kylenischen Hermes.

Pausanius, 8, 17, 1

## HERMES DER RINDERDIEB ERFINDET DIE LEIER

Maia, die Älteste (Atlas-Tochter), die sich mit Zeus einließ, gebar in einer Höhle von Kyllene den Hermes. Als dieser noch in den ersten Windeln in der Wiege lag, kroch er schon heraus und machte sich auf nach Pierien, wo er Rinder stahl, die Apollon weidete.

Um nicht durch ihre Fußspuren entdeckt zu werden, wickelte er ihnen Lappen um die Füße und trieb sie nach Pylos. Die andern versteckte er in einer Höhle, nur zwei schlachtete er und hängte die Häute an Felsen auf. Das Fleisch kochte er zum Teil und verzehrte es, das andre verbrannte er. Dann kehrte er rasch nach Kyllene zurück. Vor der Höhle fand er eine Schildkröte auf Nahrungssuche. Er nahm sie aus, und indem er Därme von den geschlachteten Rindern über den Hohlraum spannte, stellte er eine Leier her

Oben: Hermes reitet auf einem Widder. – Links: Blick vom Stymphalos auf das Massiv des Kyllene.

und erfand dazu auch gleich das Schlagholz. Auf der Suche nach den Rindern kam Apollon nach Pylos und erkundigte sich bei den Einwohnern. Sie hätten wohl einen Knaben mit Rindern gesehen, sagten sie, wüßten aber nicht anzugeben, wohin er sie getrieben habe; denn sie könnten keine Fußspuren mehr finden. Doch ermittelte Apollon den Dieb dank der Seherkunst, worauf er sich nach Kyllene zu Maia begab und Hermes beschuldigte. Da zeigte sie ihn noch in Windeln. Doch nahm ihn Apollon mit zu Zeus und verlangte die Rinder zurück. Obwohl auch Zeus ihn zur Herausgabe aufforderte, stellte er den Diebstahl glatt in Abrede. Doch fand er damit keinen Glauben, und so führte er schließlich Apollon nach Pylos und gab die Rinder zurück. Als aber Apollon die Leier hörte, gab er dafür die Rinder. Beim Weiden der Rinder wiederum verfertigte sich Hermes eine Hirtenflöte und blies darauf. Apollon wollte auch diese haben und dafür den goldenen Stab geben, den er für das Rinderhüten bekommen hatte. Damit war Hermes wohl zufrieden, nur wollte er für die Hirtenflöte noch die Seherkunst dazu haben. So gab ihm jener den Stab und unterwies ihn außerdem im Weissagen mit Steinchen, und Zeus bestellte ihn als seinen und der unterirdischen Götter Boten.

Apollodor, 3, 112–115 (10, 2, 1–7)

Oben links: Der neugeborene Hermes. – Oben rechts: Der ausruhende Hermes. – Unten: Die Rinderherde des Apollon. – Rechte Seite: Der sandalenbindende Hermes.

# DEMETER

In Griechenland gibt es viele wunderbare Dinge zu hören und zu sehen, aber über den Mysterien von Eleusis und den Spielen in Olympia liegt ein ganz besonderer Zauber.
In Eleusis steht ein Tempel des Triptolemos

und einer der Artemis und Vater Poseidons. Sie haben auch einen Brunnen, den man Kallichoron nennt, an dem die eleusinischen Frauen zum ersten Mal getanzt und die Demeter verehrt haben.
Ein Traum verbietet mir, zu schreiben, was innerhalb der Mauern des Heiligtums geschieht, was die Profanen nicht sehen dürfen und worüber sie daher auch nichts wissen sollen.

Pausanias, 5, 10, 1; 1, 38, 6

Links: Hermes des Praxiteles. – Oben: Kallichoron-Brunnen in Eleusis.

Der Fluß Kephisos ist reißender als der andere Fluß gleichen Namens. An diesem reißenderen Kephisos liegt der Ort Erineos und dort, sagt man, ist Pluto in die Unterwelt gefahren, als er die Jungfrau Kore entführte.

Pausanias, 1, 38, 5

## DER RAUB DER PERSEPHONE

Preisen werd ich Demeter Schönhaar, sie, die erhabne
Göttin selbst und die Tochter mit hohen Knöcheln, die Hades
Raubte, dem Zeus sie, der weitumblickende Donnerer, schenkte.
Fern von Demeter, der golden Behängten, mit Früchten Geschmückten,
Trieb sie ihr Spiel mit Okeanos üppigen Töchtern und pflückte
Blumen, Rosen, Narzissen, Krokos, Iris und schöne
Veilchen und Hyazinthen im weichen Polster der Wiese . . .
Zauberumsponnen will sie mit beiden Händen die Schönheit
Raffen: Da barst die von breiten Straßen durchzogene Erde
Plötzlich in Nysas Gefild; hochauf mit unsterblichen Rossen
Stürmte der Herrscher, der Wirt der Vielen, der vielfach Benannte,
Sohn des Kronos, raubte das Mädchen trotz Jammers und Sträubens . . .
Nur Hekate, Perses'
Tochter, vernahm es in ihrer Grotte, die kindlich Gesinnte,
Zart Umschleierte; auch der strahlende Sohn Hyperions,
Herrscher Helios hörte das Mädchen schreien: Kronide,
Vater! Doch dieser saß weit ab von den Göttern in seinem
Tempel bei betenden Scharen und nahm dort von sterblichen Menschen
Schöne Opfer entgegen . . .
Doch die unsterbliche Stimme durchhallte die Gipfel der Berge,
Drang in die Tiefe der See, sie hört die waltende Mutter . . . (Sie)
Raste fort übers Feste und Nasse, wie Vögel es können,
Immer suchend. Doch wollte ihr niemand Treffendes sagen . . .
Erst als die leuchtende Eos zum zehnten Male heraufzog,
Traf sie auf Hekate, die sie suchte mit Licht in den Händen;
Kunde wollte sie geben und ließ die Worte vernehmen:
Waltende Mutter des Jahrs, umstrahlt von Gaben, Demeter,
Wer von den himmlischen Göttern, wer wars von den sterblichen Menschen,
Der dir Persephone raubte? das liebende Herz dir betrübte?
Wohl vernahm ich ein Rufen, doch konnt ich selber nicht sehen,
Wer es wohl war; . . .
Eilig stürmte sie weiter mit ihr nun zusammen,
Brennende Fackeln in Händen. Zu Helios kamen sie beide,
Alles erspäht er, was vorgeht bei Göttern und Menschen. Sie traten

Links: Hades (Pluton) mit Füllhorn. – Rechts: Daeira und Demeter. – Linke Seite: Plutonion in Eleusis.

Vor sein Rossegespann. Da fragte die
himmlische Göttin: . . .
Sag mir die Wahrheit! hast du mein
liebes Kind wo gesehen?
Wer hat die Sträubende ohne mein Jawort
gepackt und genötigt?
Wer von den Göttern? den sterblichen
Menschen? und ist nun verschwunden?
Also rief sie; der Sohn Hyperions gab ihr
zur Antwort:
Herrin Demeter, Tochter der lockigen
Rheia, du sollst es
Wissen. Groß ist wirklich mein Mitleid,
groß meine Ehrfurcht
Vor deinem Leid um die Tochter mit hohen
Knöcheln. Doch ist kein
Andrer Unsterblicher schuld als Zeus,
der Wolkenversammler,
Der sie dem Hades gab, daß sie blühende
Gattin ihm heiße,
Seinem Bruder. Der zog sie hinab ins
dämmernde Dunkel. . .
Ihr aber ward das Gemüt noch weher vom
grausigen Elend;
Hündischer fühlte sie sich. Dem dunkel
umwölkten Kroniden
Grollte sie, mied dann der Götter Verein
und den weiten Olympos,
Ging in die Städte der Menschen, zu ihren
fetten Gefilden,
Schändete selbst für lange ihr Aussehn.
Wer sie erblickte,
Kannte sie nicht, kein Mann, nicht tief-
gegürtete Frauen,
Bis sie endlich ins Haus des klugen Keleos
eintrat.
Herrscher war er damals im dufterfüllten
Eleusis . . .
Metaneira (die Gattin des Keleos), die
schön Gegürtete sprach nun
(zu Demeter)
. . . Dein Auge leuchtet von Selbstzucht,
Leuchtet von Huld, wie Könige schauen,
die Wahrer des Rechtes.
Aber Menschen sind wir und tragen der
Götter Geschenke
Auch mit Verdruß, wenn es sein muß;
es drückt ja ihr Joch unsern Nacken.
Jetzt aber, da du gekommen, wird alles
Meinige dein sein.
Zieh mir das Kind hier nun auf, das spät
und wider Erwarten
Uns die Unsterblichen schenkten; gar viel
hab darum ich gebetet . . . (Demeter)
Schmiegte ihn sich an die Brust und blies
ihm süß ins Gesichtchen.
Jede Nacht aber steckte sie ihn, als wäre er
ein Holzscheit,
Mitten in kräftiges Feuer; den Eltern
blieb es verborgen,
Wenn sie auch heftig staunten, wie frühreif
täglich er zunahm,
Grad wie ein Gott. Nun hätte Demeter
unsterblich und ewig
Jung ihn gemacht; doch die schön gegür-
tete Metaneira
Ging ohne Vorsicht nachts, um zu schaun,
aus dem duftenden Schlafraum,
Sah es und heulte und schlug sich auf beide
Schenkel und bangte
Für ihren Sohn; ihr Gemüt geriet in wilde
Verblendung.
Hellauf jammernd sprach sie sodann die
geflügelten Worte:
Demophon, mein Kind! in den Feuer-
haufen steckt dich
Unsere Fremde! das schafft mir Klage
und elende Sorgen.
Trauernd sprach sies; die himmlische
Göttin vernahm es und grollte . . .
Sprach zugleich zur schön gegürteten
Metaneira: . . .
«Ich aber bin Demeter, die Ehrenvolle,
zur größten
Freude und Hilfe für Götter und Men-
schen geschaffen. Wohlan denn!
Euer ganzes Volk soll mir einen mächtigen
Tempel
Baun, den Altar daneben, nahe der Stadt,
eine steile
Mauer werde erstellt auf Kallichoros
ragendem Hügel.
Weihen aber will selber ich stiften, damit
ihr in Zukunft
Schuldlos in Handel und Wandel mein
Herz zur Versöhnung bereit macht.»
Also sprach die Göttin, änderte Größe
und Aussehn,
Warf ihr Alter ab und Schönheit wehte
und wallte
Um sie herum, gar lieblich entströmt es
den duftenden Kleidern,
Weithin strahlt es von Licht aus ihrem
unsterblichen Körper.
Blonde Haare fielen herab auf die Schul-
tern, das feste
Haus erfüllte ein strahlendes Funkeln,
als wären es Blitze. . .
Als Eos sich zeigte,
Meldeten sie dem weithin mächtigen
Keleos ehrlich,
Wie es die Göttin befohlen, Demeter,
die herrlich Bekränzte.
Er aber rief sein erfahrenes Volk zum
Rat und befahl ihm,
Gleich einen reichen Tempel zu bauen,
den Altar daneben,
Beide auf ragendem Hügel zu Ehren
Demeters Schönhaar.
Diese gehorchten eiligst, hörten sein Wort
und besorgten,
Wie er befahl; der Bau aber wuchs durch
die Gnade der Gottheit.
Als sie das Werk dann getan, nach der
Plage Erholung sich gönnten,
Gingen sie alle nach Hause. Jedoch die
blonde Demeter
Blieb am Ort und saß entfernt von den
Seligen allen,
Voller Sehnsucht und Harm um die tief-
gegürtete Tochter,
Schickte den Menschen ein Jahr, so grausig
und hündisch wie keines
Über die Welt, die so viele ernährt. Kein
Samen im Boden
Keimte; die schön bekränzte Demeter
ließ ihn verkommen.
Rinder zogen vergeblich über die Äcker
die vielen
Krummen Pflüge; nutzlos fiel in die Erde
das weiße
Korn. Und sie hätte das ganze Geschlecht
der sterblichen Menschen
Ausgerottet durch gräßlichen Hunger,
hätt' rühmende Ehren,
Opferspenden entzogen den Herrn im
Palast des Olympos . . .

## MUTTER UND TOCHTER WIEDER VEREINT

Da dies Zeus, der weithinblickende
Donnerer, hörte,
Schickt er zum Erebos Hermes, den
schimmernden Gott mit dem Goldstab. . .
Nahe trat nun herzu und sprach der
Schimmernde, Starke:

Hades und Persephone als Herrscher der Unterwelt.

Hades, Dunkelgehaarter, Herrscher über
die Toten!
Vater Zeus befiehlt, die erlauchte
Persephoneia
Solle ich zu ihm bringen, herauf aus dem
Erebos, daß sie
Ihrer Mutter vor Augen stehe und diese
dann endlich
Nicht den Unsterblichen weiter grausig
zürne und grolle . . .
Sprachs. Aidoneus nickte lächelnd, der
Herrscher der Toten,
Mit seinen Brauen, hörte genau das
Begehren des Königs
Zeus und befahl dann eiligst der klugen
Persephoneia:

Geh, Persephone, geh, zur Mutter, der
dunkel Umhüllten . . .
Also sprach er; da jubelt die kluge
Persephoneia,
Tat einen raschen Sprung vor Freude.
Der Herr aber gab ihr
Einen honigsüßen Kern der Granate
zu essen.
Heimlich, und dachte dabei an sich, daß
jene nicht dauernd
Dort bei Demeter bleibe, der Ehrbaren,
dunkel Umhüllten.
Zunächst machte zurecht Aidoneus, der
große Gebieter,
Seine unsterblichen Rosse an seinem
goldenen Wagen . . .

Die Tochter
Sprang aus dem Wagen entgegen, sobald
sie die Mutter erblickte,
Stürzte ihr zu und hing am Hals,
umschlang sie in Tränen.
Aber während sie noch sich fest mit den
Armen umschlangen
Wars der Mutter, als stiege ein Argwohn
ihr auf im Gemüte,
List vermutete sie, bekam ein schreck-
liches Zittern,
Hörte auf zu liebkosen und stellte sofort
ihr die Frage:

Unten: Demeter und Persephone (?). – Links: Zeus von Aigeira.

Kind, du hast doch nicht etwa im Hades
Speise genossen? . . .
Aßest du aber,
Mußt du wieder zurück in die bergenden
Schluchten der Erde,
Jährlich von den Jahreszeiten drunten
ein Dritteil,
Zwei aber dann bei mir und den andern
Unsterblichen weilen.
Wenn die Erde sich schmückt mit
buntesten, duftenden Blumen,
Wie sie der Frühling bringt, dann wirst du
aus dämmrigem Düster
Wiederum auferstehn, – ein Wunder für
Götter und Menschen. . .
Rheia aber, die zart Verschleierte, sprach
zu ihr also:
Komm, mein Kind, der weitumblickende
Donnerer Zeus ruft.
Kehr in den Kreis der Götter zurück!
Denn Zeus hat versprochen
Vor den unsterblichen Göttern, er gebe
dir jegliche Ehre. . .
Also komm, mein Kind, und gehorche
und grolle nicht zu sehr
Ohne aufzuhören dem dunkel umwölkten
Kroniden!
Gleich aber laß wieder Früchte wachsen,
den Menschen zur Nahrung!
Also sprach sie; die schön bekränzte
Demeter gehorchte,
Ließ in den großen Schollen der Äcker
sogleich wieder Früchte
Wachsen, daß weithin die Erde strotzte
von Blättern und Blüten,
Ging zu den Königen dann, den Wahrern
des Rechtes, und zeigte
Erst dem Triptolemos, Diokles dann,
dem Meister der Pferde,
Keleos auch, dem Führer der Männer, der
Kraft des Eumolpos,
Allen den Opferdienst und beschrieb
die erhabenen Weihen,
Erst dem Triptolemos, dann Polyxeinos,
Diokles wieder.
Keiner darf je sie verletzen, erforschen,
verkünden; denn große
Ehrfurcht vor den Göttern läßt Menschen-
rede verstummen.
Selig der Erde bewohnende Mensch,
der solches gesehen!

Homerische Hymnen, 2, An Demeter, 1 – 480 partim

Hier (in Eleusis) zeigt man auch die Tenne und den Altar des Triptolemos.

Pausanias, 1, 38, 6

Unten: Altar in Eleusis. – Rechts: Demeter, Triptolemos und Persephone.

# DIONYSOS

## AN DIONYSOS

Semeles ruhmvollen Sohns, Dionysos will ich gedenken,
wie er erschien am Strande des Meeres auf felsiger Klippe –
rastlos wogte die Flut – ein Jüngling in frühesten Jahren.
Flatternd umflogen sein Antlitz dunkle, prächtige Locken,
doch seine wuchtigen Schultern umhüllte der Purpur. Da stürmten
Räuber – Tyrrhener – flugs aus festgezimmertem Schiffe –
weinrot blinkte das Meer – ihr Schicksal trieb sie ins Unheil.
Jetzt erblickten sie ihn: sie nickten sich zu und in Eile
sprangen sie, packten sie, setzten sie ihn auf ihr Schiff voller Freude,
meinten ein Sohn von Königen sei er, göttlicher Herkunft,
wollten ihn binden mit schmerzenden Fesseln, doch hemmten die Fesseln
nicht seine Freiheit. Die weidenen Ruten fielen ins Weite,
kaum daß sie Hände und Füße berührten. Und wie er nun dasaß,
lächelnd aus dunklen Augen, da kam ein Gedanke dem Steurer,
daß er sofort die Gefährten heranrief, um ihnen zu sagen:
Wahnbesessene! welchen Gott habt da ihr gefangen?
Welchen Starken gefesselt? das festgezimmerte Fahrzeug,
nicht einmal das kann ihn tragen. Fürwahr! dieser Bursche da – Zeus ists,
oder Apollon ists, der Gott mit dem silbernen Bogen,
oder Poseidon ists; er gleicht nicht den sterblichen Menschen,
vielmehr gleicht er den Göttern, den Herrn im Palast des Olympos.
Lassen wir eiligst ihn los hinaus aufs Festland, das schwarze,
und das sofort! packt ja ihn nicht an, damit er nicht grollend
widrige Winde errege und vielfach wirbelnde Stürme!
Also sprach er. Da schalt ihn mit häßlichen Worten der Schiffsherr:
Wahnbesessener! Schau auf den Fahrtwind! Segel gezogen!
Alle Taue gepackt! Für den Burschen da sorgen die Männer!
Hoffnung hab ich, er wird nach Ägypten, nach Kypros gelangen,
oder vielleicht zu den Hyperboreern, vielleicht gar noch weiter.
Schließlich wird er uns auch seine Freunde und Brüder verraten,
auch seinen ganzen Besitz; denn ein Gott hat ihn uns geliefert.

Sprachs und zog den Mastbaum hoch und das Segel des Schiffes.
Brausend bauschte der Wind das Segel, man straffte die Taue
allseits; aber gar bald geschahen seltsame Taten.
Süßer Wein rann erst übers Schiff, das hurtige, schwarze,
herrlich roch er, es quollen ambrosische Düfte. Das Schiffsvolk
packte bei diesem Schauspiel Staunen; es breitet ein Weinstock
gleich nach allen Seiten sich aus an der Spitze des Segels,
Trauben hingen in Fülle daran, es umrankte den Mastbaum
Efeu in dunkelnder Grüne, er strotzte von Blüten und lieblich
drängte sich Frucht an Frucht, alle Ruderpflöcke behingen
Kränze. Nun endlich bei diesem Schauspiel schrieen die Leute:
Steurer, das Schiff ans Land! Da wurde drinnen im Schiffe
er – der Gott – vor ihnen zum Löwen, mit mächtigem Brüllen,
stellte sich schrecklich hoch über sie. Doch mitten im Schiffe
ließ eine zottige Bärin er wandeln; so macht er sich kenntlich.
Gierig erhob sich die Bärin; der Löwe doch blickte von oben
schrecklich drohend herab. Da flohen die Leute nach hinten,
drängten voll Angst an den Steurer sich an, der noch bei Verstand war.
Plötzlich reckte der Löwe sich auf, er packte den Schiffsherrn,
alle anderen aber – sie sahens – sprangen zusammen
fliehend das böse Geschick hinab in das göttliche Meer und
wurden Delphine. Dem Steurer aber ward Gnade und Rettung.
Volle Beglückung gab ihm der Gott mit folgenden Worten:
Mut, ehrwürdiger Vater! du bist mir herzlich willkommen!
Dionysos bin ich, der Donnerer, den seine Mutter
Semele, Kadmos' Tochter, von Zeus empfangen in Liebe.
Heil dir, Sohn der lieblichen Semele, niemals vermöcht ich
süßen Gesang zu gestalten, wenn je ich deiner vergäße.

Homerische Hymnen, 7, An Dionysos, 1 – 59

## DIE GEBURT DES DIONYSOS

Lebt unter den Olympiern doch, die ihren Tod fand im Gegroll
Des Blitzstrahls, die langgelockte Semele; es liebt sie stets Pallas nunmehr
Und Vater Zeus, liebt sehr sie auch der efeutragende Sohn.

Pindar, Zweite olympische Ode, 25 – 27

Oben: Dionysos und Semele. – Rechts: Silen mit Dionysosknaben.

Zeus wollte sich mit Semele (Tochter des Kadmos) verbinden; als dies Hera erfuhr, verwandelte sie sich in die Amme Beroë, kam zu ihr und überredete sie, von Zeus zu wünschen, daß er in derselben Art wie zu Hera auch zu ihr käme: «Damit du merkst», sagte sie, «was für eine Lust es ist, bei einem Gotte zu liegen.» Daher bat Semele Zeus, so zu ihr zu kommen. Ihr Wunsch wurde ihr erfüllt, Zeus kam mit Blitz und Donner, und Semele ging in Flammen auf. Aus ihrem Leib wurde Dionysos geboren. Hermes entriß ihn dem Feuer und gab ihn dem (Silen) Nysos zur Erziehung. Darum heißt er Dionysos.

Hygin, Fabeln, 179

DIONYSOS ENTDECKT DEN WEIN

Dionysos wurde der Entdecker des Weinstocks. Darauf schlug ihn Hera mit Wahnsinn, und so irrte er durch Ägypten und Syrien. Zuerst nahm ihn Proteus, der König der Ägypter, gastlich auf, dann kam er nach Kybela in Phrygien, um dort

Oben: Delphinfresko aus Thera. – Rechts: Dionysos auf dem Meer segelnd.

von der Rheia gereinigt und in ihren Geheimdienst eingeweiht zu werden. In der Gewandung, die er von ihr erhielt, eilte er dann durch Thrakien. Lykurgos aber, der Sohn des Dryas, der Herrscher der Edoner, die am Strymon wohnen, verjagte ihn in frevelhaftem Übermut. Dionysos floh ins Meer zu Thetis, der Tochter des Nereus, die Bakchen aber und die ganze Schar der Satyrn, die ihm folgten, wurden gefangen. Die Bakchen zwar wurden

gleich wieder freigelassen, doch schlug Dionysos den Lykurgos mit Wahnsinn. Im Wahn tötete er – er glaubte, den Schoß eines Weinstocks abzuhauen – seinen Sohn Dryas mit einem Beilhieb und kam erst, nachdem er ihn verstümmelt hatte, wieder zur Besinnung. Die Erde blieb ohne Früchte, da verkündete der Gott, sie werde erst dann wieder Frucht tragen, wenn Lykurgos den Tod gefunden habe. Darauf führten ihn die Edoner in das Gebirge Pangaion, um ihn zu binden. Dort kam er, wie Dionysos es wollte, zu Tode, indem er von Pferden zerrissen wurde.
Nach seinem Zuge durch Thrakien kam Dionysos nach Theben und zwang dort die Weiber, ihre Häuser zu verlassen und im Kithairon das Bakchosfest zu begehen.

Apollodor, 3, 33 – 36 (5, 1, 1 – 2, 1)

Oben: Silen und Mänade. – Links: Dionysos und Lykurgos.

Der Helikon ist einer der fruchtbarsten Berge Griechenlands und bedeckt mit Baumpflanzungen. Die Büsche des Helikon tragen die schmackhaftesten Beeren für Ziegen, die es irgendwo auf der Welt gibt. Die Leute, die dort leben, erzählten, daß nicht ein einziges Kraut und keine einzige Wurzel, die auf dem Berg wachsen, für Menschen schädlich seien.

Pausanias, 9, 28, 1

Oben: Dionysos mit Weinbecher und Ei. – Links: Gefolge des Dionysos. – Nächste Doppelseite: Das Hochplateau des Helikon.

## DIE BACCHANALIEN AUF DEM HELIKON

Denn es erscheint ein Tag, der nicht, so
schwanet mir, fern ist,
Wo allhier einzieht der Sprößling Semeles,
Liber (Dionysos);
Wenn du diesem versagst alsdann die
Ehre der Tempel,
Wirst du liegen zerstückt und zerstreut
überall und die Wälder
Färben mit Blut und die Mutter zugleich
und die Schwestern der Mutter.
Ja, es geschieht! Du wirst die Ehre versagen der Gottheit
Und, daß ich in der Nacht zu hell nur
schaute, beklagen.

Ihn, der solches gesagt, heißt gehen (Pentheus) der Sohn des Echion.
Was er verheißen, erfolgt, und das Wort des Sehers erfüllt sich.
Liber erscheint, und es dröhnt die Flur von festlichem Jauchzen.
Alle zu Hauf, mit Männern gemischt so Mütter wie Schnurren,
Stürzen sie, Edle wie Volk, zu der neu anhebenden Feier . . .
Aber der Sohn des Echion beharrt. Nicht sendet er fürder,
Sondern er selbst geht hin, wo geweiht zur Feier Cithäron
Festlich erschallt von Getön und lautem Geschrei der Bacchanten . . .
Außen von Wald umkränzt liegt fast auf der Mitte des Berges
Frei von Bäumen ein Feld, zu sehen von jeglicher Seite.
Hier nun, wie er das Fest unheiligen Auges betrachtet,
Sieht ihn (Pentheus) die Mutter zuerst, und zuerst hineilend in Tollheit
Wirft sie zuerst nach dem eigenen Sohn den verletzenden Thyrsus.

«Kommt!» – so ruft sie dann – «kommt her, ihr beide, o Schwestern!
Dort auf das riesige Tier, das streift durch unsere Felder,
Dort auf den Eber die Jagd!» Da stürzt auf den einen der ganze
Rasende Schwarm, und zu Hauf verfolgen den Bebenden alle
Ihn, der bebt nunmehr, nun minder Vermessenes redet,
Nun sich selber verdammt, nun, daß er gefrevelt, bekennet.
Als doch blutet sein Leib: «Autonoe, Schwester der Mutter»,
Fleht er, «hilf! O laß dich rühren den Schatten Actäons!»
Doch nichts weiß von Actäon ihr Herz, und des Bittenden Rechte
Reißt sie hinweg. Ein Ruck der Ino verstümmelt die andre.
Arme gebrechen ihm nun, die klagend er hübe zur Mutter;

Links: Satyr überfällt eine Mänade. – Rechts: Rasende Mänade mit Leoparden. – Unten: Dionysosgefolge in Ekstase.

Aber ihr zeigend den Rumpf, der beraubt
der zerstückelten Glieder,
Ruft er: «Mutter, o sieh!» Bei dem Anblick
jauchzet Agaue,
Wirft den Nacken umher und schüttelt das
Haar in den Lüften,
Und das entrissene Haupt umfassend mit
blutigen Fingern
Schreit sie: «Io, mein Werk ist der Sieg,
ihr begleitenden Weiber!»
Nicht rafft schneller das Laub, das gerührt
vom herbstlichen Froste
Nur noch lose sich hält, der Wind von dem
ragenden Baume,
Als die Glieder des Mannes durch frevelnde
Hände zerstoben.
Dadurch gewarnt, begehn die ismenischen
Frauen den neuen
Dienst und ehren gesamt die heil'gen
Altäre mit Weihrauch . . .
Bacchus genügt das nicht; ganz jene
Gefilde verlassend
Nimmt er mit besserem Zug nach den
Weinhöhn seines Timolus
Und dem Pactolus den Weg, wenn auch
nicht golden die Wellen
Damals waren und nicht ob köstlichen
Sandes beneidet.
Satyrn schwärmen um ihn, das gewohnte
Gefolge, und Bacchen,
Aber Silenus ist fern. Der war von
phrygischem Landvolk,
Wankend von Wein und von Alter,
gehascht und mit Kränzen gefesselt
Hin zu Midas geführt, dem König.

Ovid, Metamorphosen, 3, 519 – 530; 701–703; 708–733; 11, 85–92

## ARIADNE

Auf der Insel Dia wurde Theseus durch einen Sturm zurückgehalten, und da er dachte, wenn er Ariadne in seine Vaterstadt mitbrächte, möchte man ihm Vorwürfe machen, ließ er sie schlafend auf der Insel Dia zurück; Dionysos, der sie liebte, entführte sie von dort, um sich mit ihr zu vermählen.

Hygin, Fabeln, 43

Unten: Schlafende Ariadne. – Rechts: Die Bucht von Naxos in der Nähe des Dionysostempels.

## AN DIONYSOS

Auf Dionysos, den efeubekränzten, heb
ich mein Lied an!
Mächtig donnert er, Zeus' und der
hochgefeierten Mutter
Semele strahlender Sohn! Vom Vater, dem
Herrscher, empfingen
Nymphen in schönen Haaren das Kind
und reichten die Brust ihm,
nährten es sorgsam auf Nysas Hügeln.
In duftender Grotte
wuchs es der Zahl der Unsterblichen zu;
so wollt es der Vater.
Viel in Liedern gepriesen entwuchs er der
Göttinnen Pflege,
zog dann gern von Gehöft zu Gehöft
durch die Wälder, mit Efeu
schwer behangen und Lorbeer. Nymphen
machten Gefolge,
er war der Führer, die endlosen Wälder
hallten vom Donner.
Darum dir auch Heil, Dionysos,
Traubenbeladener!
Laß uns die Jahreszeiten in Freude
noch einmal erleben,
doch nach den Jahreszeiten noch viele
weitere Jahre!

Homerische Hymnen, 26, An Dionysos

# ASKLE-
# PIOS

## DER KENTAUR CHIRON ZIEHT DEN ASKLEPIOS AUF

Daß doch – wünscht' ich – Chiron, der
  Philyra Sohn –
Wenn es ziemt, mit unserer Zunge den
  Wunsch, den
allgemeinen kundzutun –
Noch lebte, der längst schon verschied,
Kronos', des Uranossohnes, weit-
  waltender Sproß
Herr wär als rauhes Halbtier in des
  Pelion Geklüft,
Holdgesinnt den Menschen! Er zeigt' es,
  als einst er aufzog der
Schmerzstillung freundlichen Meister:
den gliederstärkenden, Asklepios,
Heros und Helfer bei aller Art von
  Krankheit . . .
Wie viel nun auch kamen, am Leib ein
  Geschwür,
Das von selbst wuchs, oder die Glieder
  verletzt durch
graues Eisen oder durch
Den weithin geschleuderten Stein,
Oder durch Sommersglut oder den
  Winter versehrt
am Körper: die macht' er von der,
  andere von
Jener Qual frei, manche behandelnd durch
  sanften Zauberspruch,
Andre mit heilendem Trank
oder Salbverbänden um die Glieder
  rings.
Andere bracht' er durch Schneiden auf
  die Beine.

Pindar, Dritte pythische Ode, 1–7; 47–53

Patient und Heilgott.

# PROMETHEUS

## PROMETHEUS, FREUND DER MENSCHEN

*Prometheus*
Nachdem er selbst sich auf den väterlichen Thron
Gesetzt, teilt er den Göttern gleich die Ämter aus,
Dem dieses, jenes jenem, fügt so Glied an Glied
Der Herrschaft. Der mühsel'gen Sterblichen jedoch
Gedachte er mitnichten, sann vielmehr sie zu
Vertilgen, zu erzeugen sich ein neu Geschlecht.
Und niemand stellte sich dem entgegen außer mir.
Ich aber wagt es, rettete die Sterblichen,
Daß sie zerschmettert stürzten in den Abgrund nicht.
Deshalb durch solche Martern beugen will man mich,
Die schmerzlich sind zu leiden, jammervoll zu sehn.
Weil ich der Menschen mich erbarmte, werd ich selbst
Des gleichen nicht gewürdigt, sondern mitleidlos
So zugerichtet, eine Schau nicht zum Ruhm des Zeus . . .
Den Sterblichen nahm ich vorzuwissen ihren Tod.
*Die Chorführerin*
Für solches Leiden welch Heilmittel fandest du?
*Prometheus*
Ich siedelte in ihnen blinde Hoffnung an.
*Die Chorführerin*
Gar große Wohltat für das sterbliche Geschlecht.
*Prometheus*
Dazu noch freilich gab ich Feuer in ihre Hand.
*Die Chorführerin*
Und jetzt des Feuers Lohe haben Vergängliche?
*Prometheus*
Und manche Künste werden lernen sie davon.

*Die Chorführerin*
Derart Vorwürfe also sind's, um die dich Zeus –
*Prometheus*
Schmählich mißhandelt und nicht nachläßt meine Pein.
*Die Chorführerin*
Und ist kein Ziel dir dieser Drangsal vorgesetzt?
*Prometheus*
Kein andres mindstens als wenn jenem es gefällt . . .
Und doch den neuen Göttern, diesen – wer als ich
War's, der die Ehren gültig ihnen ordnete?
Doch davon schweig ich. Wär's vor Wissenden ja auch,
Daß ich's euch sagte. Aber von der Menschen Not
Laßt mich erzählen, wie die vorher Törichten
Gedankenvoll ich machte, mächtig der Vernunft.
Ich sag es nicht, mich zu beschweren über sie,
Nur meiner Gaben gute Absicht deut ich aus.
Sie, die zu Anfang Augen hatten, doch nicht sahn,
Und Ohren und nicht hörten, sondern wie Gebild
Von Träumen ihre lange Lebenszeit hindurch
Blind all in eines wirrten und nichts wußten von
Ziegelgewebten Häusern noch vom Zimmerwerk,
Sondern vergraben hausten wie die wimmelnden
Ameisen, im Geklüft von Höhlen, sonnenlos.
Und wußten nichts: kein Zeichen für den Wintersturm,
Noch blütenreichen Frühlings, noch fruchtbringenden
Sommers, kein sichres. Ohne Einsicht trieben sie
Alles, bis ich denn ihnen Auf- und Niedergang
Der schwer zu unterscheidenden Gestirne wies.
Fürwahr die Zahl auch, ein vorzüglich sinnreich Ding,
Erfand ich ihnen und die Fügungen der Schrift,
Ein Denkmal aller Dinge, Musenmutterwerk.
Als erster schirrt' ich unters Joch das Wildgetier,
Daß es im Pfluge frone, Lasten trag' und so
Der schwersten Müh'n den Menschen manche nehme ab.
Und an den Wagen führt' ich die dem Zügel gern
Fügsamen Rosse, Überreichtums Lustgepräng.
Auch übers Meer zu treiben – niemand außer mir
Erfand der Schiffer linnenbeflügeltes Gefährt.
Und ich, der derlei Vorrichtungen den Sterblichen
Geschaffen, weiß nichts zu ersinnen für mich selbst,
Das aus dem Leid, das mir jetzt beiwohnt, mich erlöst . . .
Mit kurzem Wort erfahre alles in eins gefaßt:
Was Menschen wissen, von Prometheus haben sie's.

Aischylos, Der gefesselte Prometheus, 228–241; 248–258; 439–471; 505–506

Prometheus bildet den Menschen aus Lehm.

# DIE HEROEN

Golden haben zuerst das Geschlecht
hinfälliger Menschen
Todfreie Götter geschaffen, die himm-
lische Häuser bewohnen . . .
Und die lebten wie Götter und hatten
nicht Kummer im Herzen. . .
Starben, als käme ein Schlaf über sie . . .
Darauf als zweites Geschlecht, als weit
geringeres schufen
Dann das silberne sie, die himmlische
Häuser bewohnen,
Dem aus Gold an Gestalt nicht gleich und
nicht an Gedanken . . .
Zeus der Vater erschuf hinfälliger
Menschen ein drittes,
Andres Geschlecht, aus Erz, dem
silbernen nirgendwo gleichend,
Eschenentstammt, so furchtbar wie stark. .
Und dann gingen auch die, von den
eigenen Armen bezwungen,
Fort in das dumpfige Haus, zum frostigen
Hades hinunter. . .
Aber nachdem auch dieses Geschlecht
die Erde umfangen,
Hat noch ein anderes dann auf der
nährenden Erde, ein viertes
Zeus der Kronide geschaffen, gerechter
und besser geartet,
Das der Heroen, ein göttlich Geschlecht,
man nennet mit Namen
Halbgötter sie, das Geschlecht vor uns auf
der endlosen Erde.
Nun hat auch diese der böse, der Krieg
und der grausige Schlachtruf
Teils im kadmeïschen Land, vorm
siebentorigen Theben,
Hingemäht, wie sie kämpften im Streit um
des Oidipus Herden,
Teils vor Troja, wohin über dunkele
Tiefen des Meeres
Er sie auf Schiffen geführt. . .

Hesiod, Erga, 109 – 164 partim

Aiax gürtet sein Schwert, rechts Alkmene, links Thetis.

# HERAKLES

Es gibt zwei Straßen von Kleonai nach Argos, die eine ist kürzer, aber nur für einen sportlichen Mann zu bewältigen; die längere ist bequemer für den Wagenverkehr. In diesem Gebirge zeigt man noch immer die Höhle von Herakles' Löwen. Nemea selbst ist etwa zwei Meilen entfernt. Es lohnt sich, den Tempel des Nemeischen Zeus zu besuchen, obwohl das Dach eingebrochen und keine einzige Statue mehr vorhanden ist.

Pausanias, 2, 15, 2

DIE KINDHEIT DES HERAKLES

Ich jedoch wend
  Herakles freudigen Mutes mich zu
Ob seines Heldentums machtvoller Höh,
  der Frühzeit Mär erweckend, wie,
Als aus dunklem Schoße der Mutter noch
  kaum zu des Lichts sichtbarem Glanz
  der Sohn des Zeus,
Den Wehn entfliehnd, sich bewegt
  mit dem Zwillingsbruder, man
Ihn tat in Safranwindeln, nicht
Verborgen der goldthronenden Hera;
  vielmehr
Schickte ergrimmten Gemüts
Der Götter Kön'gin Schlangen sogleich
  hin. Und die –
Drangen durch die offne Tür
Weit in des Schlafgemachs Innres, voll
  Gier, die Kinder mit den hurtigen

Oben: Der neugeborene Herakles erwürgt die Schlangen. – Rechts: Zeustempel von Nemea.

Kiefern zu verschlingen; er aber – empor, aufrecht reckte er sein Haupt, versuchte erstmals sich im Kampf;
Mit seinen zwei Händen die zwei
Schlangen, mit den unfliehbaren, packt' er am Hals,
Bis den Gewürgten die Zeit
Die Seelen fortblies aus ihrem grausigen Leib.

Pindar, Erste nemeische Ode, 33–47

## HERAKLES TÖTET SEINE KINDER

Aber der Haß der Hera war schuld daran, daß Herakles nach dem Zusammenstoß mit den Minyern vom Wahnsinn ergriffen wurde und seine eigenen Kinder, die er von Megara hatte, und zwei von denen des Iphikles ins Feuer warf. Nachdem er sich selbst deswegen zur Verbannung verurteilt hatte, wurde er von Thespios entsühnt, worauf er nach Delphi ging und den Gott fragte, wo er sich niederlassen sollte. Die Pythia war es, die ihn damals zuerst als Herakles anredete, während er früher Alkeides hieß. Sie sagte ihm, er solle zwölf Jahre im Dienst des Eurystheus in Tiryns wohnen und die zehn Arbeiten, die ihm auferlegt würden, ausführen. Dann, wenn diese vollendet wären – bedeutete sie ihm –, werde er unsterblich sein.
Darauf begab sich Herakles nach Tiryns und führte aus, was ihm von Eurystheus aufgetragen wurde . . .
Auf Eurystheus machte seine Kraft solchen Eindruck, daß er ihm untersagte, von nun an die Stadt zu betreten: nur draußen vor den Toren sollte er die Ergebnisse seiner Arbeiten zeigen. Es heißt auch, er habe sich aus Angst unter der Erde ein ehernes Faß bauen lassen, um sich darin zu verstecken.

Apollodor, 2, 72 – 76 (4, 12, 1 – 5, 1, 5)

## DER RUHM DES HERAKLES

Singen will ich das Ruhmeslied
Ihm, den Kranz seiner Siegesmühn.
Tugend adliger Taten ist
Ehrenmal noch den Toten.
Von dem Löwen zuerst er-
löst' den Hain er des Zeus und
Hüllt' den Rücken ins falbe
Vlies, den Blondkopf im schrecklichen
Rachen barg er des Untiers.

Dann den bergebewohnenden
Stamm der wilden Kentauren
Streckt' mit blutgem Bogen er hin,
Sie tötend mit Flügelgeschoß.
Ihm zeugt's der schönwirbelnde Fluß Peneios,
Der Ebnen fruchtlose Gefilde weithin,
Und Pelions Ländereien,
Auch der Homola Nachbarwohn-
Statt: fichtenbewehrt die Hand,
Reiterschwärme, bezwangen dort-
her der Thessaler Land sie.
Dann die goldengehörnte
Hindin, scheckigen Rückens,
Die die Felder verwüstet,

Rechts außen: Herakles im Kampf mit der Hydra. – Links, Mitte und rechts: Herakles im Kampf mit dem Nemeischen Löwen.

Fällend, Oinoës Göttin ehrt',
Tötrin wilden Getiers, er.
Stieg aufs Viergespann dann
Und in den Zaum schirrt' er die Roß des Diomedes ein,
Die in den Kinnladen blutige Speise zermalmten
An roten Raufen halfterlos, in Menschenfraßes
Gier, scheusälge Esser.
Und jenseits des Hebros Silberstrom
Zog er hin, zu leisten
Dem Herrscher von Mykene dies Werk.
Dann in Pelions Landschaft
Beim Ursprung des Anauros
Erlegt' er mit dem Bogen
Kyknos, Schlächter der Fremden, Am-
Phanaias wilden Bewohner.

Dann zum westlichen Hof
Kam zu den liedsingenden Fraun er, mit der Hand wollt er
Ab von den goldenen Zweigen die Apfelfrucht brechen,
Den Drachen mit dem Purpurrücken, der unnahbar,
rings geringelt, Wach hielt,
Erschlug er. In Meeresschlüfte dann
Ging er ein, den Menschen
Zur Schiffahrt Wogenruh zu stiften.
Stemmt' dann unter des Himmels
Gewölb mitten die Hände,
Zum Haus kommend des Atlas,
Hielt mit männlicher Kraft die stern-
äug'ge Wohnung der Götter.

Durchfuhr dann gen der Amazonen Reiterheer im flußreichen Land
Maiotis Euxeinos' Meeresflut;
Aus Hellas wen rief er nicht
Zum Zug auf der Freunde all,
Zur Unheilsjagd auf den Gurt
An der Arestochter Kleid,
Dem goldenfaltgen Überwurf.
Und es gewann der Barbarentochter Beute sich
Der Griechen Land, wahret in Myken' sie.
Mit den zahllosen Köpfen
Den vielmordenden Hund, Ler-
nas Schlang', brannte er aus dann,
Ihr Gift strich an die Pfeil er,
Welche töteten ihm den drei-
leibgen Hirten Erythiens.
Den Siegspreis glückhaft andrer Züge
auch errang er, dann zum tränenrei-
chen Hades fuhr er, der Werke letztem;
Dort endete sein Leben er,
Der Dulder, wieder kehrt' er nicht.

Euripides, Herakles, 355–429

## DIE HYDRA

Fünf Meilen von der Stadt Argos kommt man bei Lerna ans Meer. Bei der Quelle der Amymone steht eine Platane; man sagt, die Hydra sei unter diesem Baum aufgewachsen. Ich selbst will gern glauben, daß dieses Ungeheuer sich von allen anderen Schlangen seiner Art unterschieden hat und daß sein Gift so tödlich war, das Herakles seine Pfeilspitzen damit behandelte; ich glaube aber auch, daß das Tier nur einen Kopf hatte und nicht mehrere. Peisander von Kamiros hat der Hydra nur so viele Köpfe angedichtet, um sie schrecklicher erscheinen zu lassen und auch, um sein Gedicht überzeugender zu machen.

Pausanias, 2, 36, 6; 37, 4

## DIE TATEN DES HERAKLES

Er tötete den Nemeischen Löwen, den Selene in einer Höhle mit zwei Eingängen aufgezogen hatte, den unverwundbaren, und nahm dessen Fell als Bekleidung. Die Lernäische Hydra, die Tochter des Typhon, mit neun Köpfen, tötete er an der Lernäischen Quelle . . .
Er tötete den Erymanthischen Eber. Den wilden Hirsch in Arkadien mit goldnem Geweih brachte er lebend vor den König Eurystheus. Er erlegte mit seinen Pfeilen die Stymphalischen Vögel auf der Insel des Ares, die ihre Federn als Wurfgeschosse gebrauchten. Er säuberte den Rinderstall des Königs Augias an einem Tage, zum größeren Teil mit Hilfe des Zeus; durch einen Fluß, den er zuleitete, spülte er den ganzen Mist fort. Den Stier, mit dem Pasiphaë Beilager hielt, brachte er lebend von der Insel Kreta nach Mykene. Den König Diomedes von Thrakien und seine vier Rosse, die sich von Menschenfleisch nährten, erschlug er zusammen mit seinem Gehilfen Abderos; die Rosse heißen Podargos, Lampon, Xanthos, Dinos. Die Amazone Hippolyte, die Tochter des Ares und der Königin Otrere: er raubte ihr den Amazonengürtel, dann schenkte er die gefangene Antiope dem Theseus. Den dreileibigen Geryones, den Sohn des Chrysaor, tötete er mit einem einzigen Geschoß. Den ungeheuren Drachen, den Sohn des Typhon, der die goldenen Äpfel der Hesperiden zu bewachen pflegte, erschlug er am Atlasgebirge und brachte König Eurystheus die Äpfel. Den Hund Kerberos, den Sohn des Typhon, holte er aus der Unterwelt vor die Augen des Königs.

Hygin, 30, Fabeln, partim

Oben: Eurystheus flieht vor Kerberos in ein Vorratsgefäß. – Unten: Herakles mit Keule und Löwenfell. – Rechts: Der Sumpf von Lerna. – Nächste Doppelseite: Burgmauer von Tiryns.

DER STALL DES AUGIAS

Augias war der Sohn des Eleios. Die Leute, die seine Geschichte romantisch ausschmückten, haben Eleios' Namen so verdreht, als könne er von der Sonne hergeleitet werden, und machen dadurch Augias zu einem Sohn der Sonne. Dieser Augias besaß so viele Rinder und Ziegen, daß der größere Teil seines Landes unbebaut unter dem Mist seiner Herden lag, und so überredete er Herakles – sei es für einen Teil seines Königreichs, sei es für eine andere Form der Bezahlung –, den Mist von seinem Grund und Boden zu räumen. Herakles leitete den Fluß Menios durch den Mist, aber weil er die Aufgabe ohne wirklich harte Arbeit und mehr durch Schläue gelöst hatte, weigerte sich Augias, zu zahlen. Als sein ältester Sohn Phyleus ihm vorhielt, er erwidere eine Freundlichkeit mit einer Beleidigung, warf er Phyleus aus dem Haus. Augias bereitete sich dann auf den Kampf mit Herakles vor. In diesem Kampf hat Herakles wirklich nichts heroisches geleistet: Die Söhne des Aktor, Augias Verbündetem, waren auf dem Höhepunkt ihrer jugendlichen Kraft und ihres Mutes. Sie schlugen Herakles' Verbündete so lange zurück, bis Korinth den Frieden der Isthmus-Spiele verkündete. Auf dem Weg zu diesen Spielen lauerte Herakles den Söhnen des Aktor auf und ermordete sie bei Kleonai. Daraufhin verlangte Elis die Bestrafung des Mörders von der Stadt Argos, da Herakles in Tiryns lebte.

Pausanias, 5, 1, 9–2, 2

Amphidamas, der Argonaut, warnte seine Genossen: «Selbst Herakles, als er nach Arkadien kam, konnte die Vögel, die auf dem Stymphalischen See schwammen, nicht mit Pfeil und Bogen verjagen. Ich habe es selbst gesehen: Er stellte sich auf einen erhöhten Platz; mit einer Metallrassel machte er einen gewaltigen Lärm und erst dann flogen die erschrockenen Vögel, vor Angst kreischend, weit fort.»

Apollonios von Rhodos, Die Argonauten, 2, 1046–1057

## DIE STYMPHALISCHEN VÖGEL

Hier entspringt die Stymphalische Quelle. Im Winter bildet sie bei Stymphalion einen kleinen See, aus dem der Fluß Stymphalos fließt. Die Geschichte berichtet, daß dort menschenfressende Vögel genistet haben, die Herakles abgeschossen hat.

Pausanias, 8, 22, 3 – 4

Linke Seite oben: Herakles und die Kerynitische Hirschkuh. – Mitte: Herakles im Kampf mit dem Kretischen Stier. – Unten: Kopf des Herakles. – Rechte Seite oben: Der Stymphalische See. – Mitte: Die Stymphalischen Vögel. – Unten: Der dreileibige Riese Geryoneus.

## HERAKLES UND AUGE

Als Herakles durch Tegea kam, schändete er die Auge, ohne zu wissen, daß sie eine Tochter des Aleos war. Das Kind, das sie heimlich gebar, barg sie im Tempel der Athene. Als darauf das Land von einer Pest heimgesucht wurde, wandte sich Aleos an das Heiligtum und entdeckte bei den Nach-

forschungen, die er anstellte, das Neugeborene seiner Tochter. Er setzte das Kind auf dem Parthenion aus, und dort wurde es durch die Fürsorge der Götter gerettet.

Apollodor, 2, 146 (7, 4, 1–2)

Oben: Teich und Ruinen von Tegea. – Rechts: Herakles Farnese.

## HERAKLES ÜBERLISTET DEN ATLAS

Prometheus hatte Herakles den Rat gegeben, nicht selbst die Äpfel aufzusuchen, sondern Atlas das Himmelsgewölbe abzunehmen und ihn zu schicken, und als er zu Atlas kam bei den Hyperboreern, folgte er dem Rat und löste ihn ab. Atlas pflückte drei Äpfel bei den Hesperiden und kam damit zu Herakles zurück. Da er aber das Himmelsgewölbe nicht wieder tragen wollte, (gab er vor, selber die Äpfel dem Eurystheus bringen zu wollen, solange solle jener noch an seiner Stelle die Last behalten. Herakles erklärte sich einverstanden, nur) wolle er sich ein Polster machen für seinen Kopf. Daraufhin legte Atlas die Äpfel auf die Erde und übernahm wieder das Himmelsgewölbe, indes Herakles sich mit den Äpfeln entfernte . . .

Apollodor, 2, 120 (5, 11, 11–12)

## HERAKLES BÄNDIGT DEN KERBEROS

Als zwölfte Arbeit wurde Herakles auferlegt, den Kerberos aus der Unterwelt zu holen. Der hatte drei Hundsköpfe, einen Drachenschwanz und über den Rücken hinunter die Köpfe von Schlangen aller Art. Bevor er zu ihm hinunterstieg, ging er zuerst zu Eumolpos nach Eleusis und wollte in die Mysterien eingeweiht werden. Als er aber Pluton um den Kerberos bat, machte ihm der Gott zur Bedingung, daß er ohne die gewohnten Waffen sich seiner bemächtigte und so ihn mitnehme. Er fand ihn an den Pforten des Acheron, und nur mit dem Brustpanzer bedeckt und durch die Löwenhaut geschützt, bezwang und würgte er den Hund und ließ nicht los, bis er ihn gefügig gemacht hatte, trotz der um sich beißenden Schlange, die seinen Schwanz bildete. Nachdem er ihn so in seine Gewalt gebracht hatte, kehrte er durch Troizen zur Oberwelt zurück.

Apollodor, 2, 122–126 (5, 12, 1–9)

## HERAKLES BESIEGT ACHELOOS

Der Flußgott Acheloos pflegte alle möglichen Gestalten anzunehmen. Als er mit Herakles um Deianeira kämpfte, verwandelte er sich in einen Stier. Herakles entriß ihm sein Horn, das er den Hesperiden oder Nymphen schenkte. Diese füllten es mit Obst und nannten es «Horn des Überflusses».

Hygin, Fabeln, 31

## HERAKLES TÖTET NESSOS

Der Kentaure Nessos, ein Sohn des Ixion und der Nephele, wurde von Deianeira gebeten, sie über den Fluß Euenos zu tragen: er nahm sie auf den Rücken und wollte ihr mitten im Fluß Gewalt antun. Herakles kam darüber hinzu, und da Deianeira ihn beschwor, durchbohrte er Nessos mit seinen Pfeilen. Sterbend – er wußte, was für ein furchtbares Gift die in die Galle der Lernäischen Hydra getauchten Pfeile mit sich trugen – fing dieser Blut auf und gab es Deianeira mit den Worten, es sei ein Liebesmittel; wenn sie wolle, daß der Gatte ihrer nicht überdrüssig werde, solle sie damit seine Kleider tränken. Deianeira glaubte daran und tat es auf die Seite, um es sorgsam zu verwahren.

Hygin, Fabeln, 34

Oben: Atlas bringt dem Herakles die Äpfel der Hesperiden. – Unten: Der dreiköpfige Kerberos. – Rechts: Kentaur.

DER TOD DES HERAKLES

Opfer dem Jupiter wollt' auf Cenäum
Öchalias Sieger
Weihn, wie gelobt: da eilte voraus zu
Deïaniras
Ohren die schwatzende Mär...
und von kleinem Beginn anwächst
durch häufige Lügen,
Daß von Iole ganz der Amphitryonide
bestrickt sei...
Dann aber beschließt sie
Hinzuschicken das Kleid durchdrungen
vom Blute des Nessus,
Daß es erneute Kraft der erloschenen
Liebe verleihe...
Ohn' Arg es empfangend
Legt um die Schultern das Gift der
lernäischen Schlange der Heros...
Siehe, der Plage Gewalt wird warm, und
gelöst von der Flamme
Dringt sie weit umher, durch Hercules'
Glieder ergossen.
Mannhaft hielt er zurück, so lang er
vermochte, die Klage.
Als die Geduld von den Leiden besiegt,
da stieß er den Altar
Weg und begann mit Geschrei zu erfüllen
den waldigen Öta...
Du, Jupiters herrlicher Sprößling,
Gibst, als Bäume gefällt, die trug der
erhabene Öta,
Und zum Brande gehäuft, mit dem Bogen
den räumigen Köcher
Und die Geschosse, bestimmt einst noch-
mals Troja zu schauen,
An des Pöas Sohn. Der legt dienstfertig
die Flamme
Unter den Stoß, und indem in die Scheiter
das gierige Feuer
Einschlägt, breitest du aus das nemeïsche
Fell auf des Holzes
Oberster Schicht und streckst dich, gelehnt
an die Keule den Nacken,
Mit nicht andrem Gesicht, als wärst du
gelagert zum Gastmahl,
Kranzumwunden das Haupt bei gefüllten
Bechern des Weines...
So mit dem edleren Teil, des sterblichen
Leibes entkleidet,
Lebt der Tirynthier fort in Fülle der Kraft
und beginnet
Größer zu werden und Scheu durch
heilige Würde zu heischen.
Jetzt auf dem Viergespann trug ihn der
allmächtige Vater
Mitten in hohlem Gewölk hinweg zu den
strahlenden Sternen.

Ovid, Metamorphosen, 9, 136–165; 229–238; 268–272

Unten: Auffahrt des Herakles in den Olymp. – Rechts: Das Oeta-Gebirge.

# ORPHEUS

Als ersten nenne ich den Orpheus, der Legende nach von Kalliope selbst ihrem thrakischen Liebhaber Öagrus auf den Höhen von Pimplea geboren. Man sagt, daß die Melodie seiner Stimme harte Felsblöcke und rauschende Wasser bezauberte. Auch wilde Eichen bei Zone an der thrakischen Küste bezeugen die Macht seiner Musik: Mit dem Klang seiner Leier lockte Orpheus sie vom Berg Pieria herunter – Reihe um Reihe, wie Soldaten auf dem Marsch.

Apollonios von Rhodos, Die Argonauten, 1, 22–31

Von Kalliope und Oigros . . . stammten Linos . . . und Orpheus, der die Sangeskunst zur Begleitung der Kithara meisterte und mit seinem Gesang Steine und Bäume in Bewegung brachte.

Apollodor, 1, 14 (3, 2, 1)

Oben: Orpheus zähmt die wilden Tiere mit dem Spiel seiner Leier. – Links: Laubwald in Thrakien.

Unter den vielen verschiedenen und unwahren Legenden, an die man in Griechenland glaubt, ist auch diese: daß Orpheus ein Sohn der Muse Kalliope war, daß seine Melodien die wilden Tiere ebenso anzogen, wie die Seelen der Toten und daß er lebend in den Hades hinabstieg, um die Götter der Unterwelt um seine verstorbene Frau zu bitten. Ich bin der Meinung, daß Orpheus seine dichtenden Vorgänger in der Schönheit der Verse weit übertraf, daß er großen Einfluß gewann, weil die Menschen glaubten, er habe göttliche Geheimnisse entdeckt, Zauber um böse Taten ungeschehen zu machen. Mittel gegen Krankheiten und Hilfe gegen Flüche des Himmels . . . Andere erzählen wieder, daß Orpheus' Frau vor ihm starb

und er ihretwegen nach Aornos in Thesprotia ging, wo ein Todesorakel war. Er glaubte, Eurydikes Seele folge ihm, und drehte sich um, um sie zu sehen. Als er begriff, daß er sie nun endgültig verloren hatte, brachte er sich aus Schmerz um.

Oben: Orpheus in der Unterwelt. – Links: Das Tempetal.

Pausanias, 9, 30, 4; 6

## IM HADES

Steil geht nieder ein Pfad, umdüstert von giftigen Eiben,
Der in das untere Reich durch schweigende Stille hinabführt.
Nebel verhaucht die träge Styx. Neukommende Schatten
Steigen hinab alldort und Gebilde bestatteter Toten.
Winter beherrscht und Grau das dornige Land, und die neuen
Manen sind ungewiß, wo der Weg zur stygischen Stadt sei,
Wo sich der finstere Dis erkoren die schaurige Hofburg.
Zahllos sind an der Stadt Zugänge und offene Tore
Allseits, und wie das Meer die Flüsse von allen den Ländern,
Also empfängt dies Reich die sämtlichen Seelen, und nimmer
Wird es dem Volk zu eng, noch merkt es der Menge Vermehrung.
Ohne Gebein und Leib gehn blutlos irrende Schatten.
Manche besuchen den Markt und manche das Haus des Beherrschers;
Andere treiben Gewerbe als Abbild früheren Lebens . . .
Vor dem verriegelten Tor, das schließt mit Stahle den Kerker,
Saßen sie da . . .
Die Statt heißt Ort der Verdammnis.
Tityos bot alldort zum Zerfleischen die Leber und deckte,
Wie er so lag, neun Hufen zugleich. Du, Tantalus, haschest
Stets nach Wasser umsonst, und der Baum, der winket, entweicht dir.
Sisyphus holt und drängt das immer entrollende Felsstück.

Ovid, Metamorphosen, 4, 432 – 445; 452 – 459

## DIE KIKONISCHEN FRAUEN ERMORDEN ORPHEUS

Während mit solchem Gedicht Waldstämme der thracische Sänger
Lockte herzu und lauschendes Wild und folgende Steine,
Siehe, da werden gewahr ciconische Frauen, den wilden

Busen mit Fellen bedeckt, von der Spitze des Hügels den Orpheus,
Wie wohltönenden Sang er gesellte geschlagenen Saiten.
Eine davon, die das Haar ließ treiben in wehenden Lüften,
Rief: «Seht, seht ihn dort, den Verächter der Fraun!», und der Thyrsus
Flog nach dem tönenden Mund des Apoll entsprossenen Sängers.
Laubumhüllt ließ jener ein Mal nur ohne Verletzung.
Waffe darauf ist der andern ein Stein: der aber, im Fluge
Von dem vereinigten Klang der Stimm' und der Leier bezwungen,
Legt, als bät' er in Reu', zu verzeihn so wütendes Wagnis,
Jenem zu Füßen sich hin. Doch nunmehr wächst die verwegne
Fehde, Maß ist fern, und es waltet wilde Verblendung.
All die Geschosse gesamt wohl wären erweicht von dem Sange;
Aber gewaltig Geschrei und Geklatsch, berecyntische Flöten
Mit abstehendem Horn und Trommeln und bacchisches Heulen
Dröhnten dem Saitengetön zu laut. Da wurden gerötet
Endlich die Steine vom Blut des nimmer vernommenen Sängers.
Die noch waren gebannt von des Liedes

bestrickendem Wohllaut.
Vögel in zahllosem Schwarm und Schlangen und Scharen des Wildes,
Orpheus' seltnen Triumph, zerfleischten zuerst die Mänaden,
Drauf mit blutiger Hand eindringen sie all' auf den Orpheus,
Gleich wie Vögel geschart, die sehen im Lichte des Tages
Flattern den Vogel der Nacht ...
Ihn, der flehend die Hände ausstreckt' und vergebliche Worte
Damals sagte zuerst und nichts mit der Stimme bewegte,
Morden sie ruchlos hin, und hinweg aus dem tönenden Munde,
Welchen die Felsen gehört und die lauschenden Tiere verstanden –
O du – Jupiter! –, wich in den Wind die verhauchte Seele.
Dir weiht Trauer das Wild, dir, Orpheus, klagende Vögel,

Linke Seite oben: Tür einer Grabkammer. – Unten: Heiligtum am Eingang zum Hades in Ephyras. – Rechte Seite oben: Charon im Boot. – Unten links: Tantalos. – Rechts: Sisyphos.

Dir das starre Gestein und der Wald, den
deine Gesänge
Oftmals hatten gelockt; um dich mit
geschorenem Haupthaar
Härmt sich entblättert der Baum; durch
eigene Zähren – erzählt man –
Wurden die Flüsse gemehrt, und in dunkle
Farbe gekleidet
Gingen, die Haare gelöst, Najaden einher
und Dryaden.
Hier und dort sind die Glieder verstreut.
Haupt aber und Leier
Fängst du, Hebrus, im Strom, und während
sie mitten dahintreibt,
Da – o Wunder! – erbebt wie klagend die
Leier, und klagend

Lallt die entseelte Zunge, und klagend
erwidern die Ufer.
Fern von dem heimischen Fluß schon
schwimmen sie weg in die Meerflut,
Und sie gewinnen den Strand der methym-
näischen Lesbos.

Ovid, Metamorphosen, 11, 1 – 25; 39 – 55

Oben: Der Acheron bei Ephyra. – Rechts:
Orpheus, Eurydike und Hermes.

ANTIOPA

In Griechenland sagen sie auch, daß die thrakischen Frauen Orpheus' Tod planten, weil er ihre Männer so sehr in Bann schlug, daß sie ihm auf seinen Wanderungen folgten; aber vor den Männern wagten sie den Anschlag nicht. Erst als sie voll Weines waren, führten sie ihren Plan durch und seit damals ist es üblich, daß auch die Männer betrunken in die Schlacht marschieren.

Pausanias, 9, 30, 5

Unten: Mänade tötet Orpheus.

# OIDIPUS

## KADMOS GRÜNDET THEBEN

Kadmos gründete Kadmea. Als der Ort wuchs, wurde es die Akropolis für das im Tale liegende Theben.

Pausanias, 9, 5, 2

Nicht weit vor den Toren Thebens zeigt man den Ort, an dem Kadmos (wenn man solchen Geschichten Glauben schenken will) die Zähne der Schlange, die er an der Quelle getötet hatte, aussäte.

Pausanias, 9, 10, 1

Unten: Kadmos tötet den Drachen.

Darüber aufgebracht, erschlug Kadmos den Drachen und säte auf den Rat der Athene dessen Zähne aus. Von dieser Saat wuchsen bewaffnete Männer aus der Erde, die sie die Sparten nannten (die «gesäten Männer»). Die brachten einander ums Leben, die einen in unbeabsichtigtem Streit, die andern, da sie sich nicht kannten . . .
Kadmos mußte für die Erschlagenen ein ewiges Jahr dem Ares dienen. Dieses Jahr aber war damals acht Jahre lang.
Nach dem Dienstjahr verschaffte ihm Athene die Herrschaft, Zeus gab ihm Harmonia, die Tochter der Aphrodite und des Ares, zur Gattin, und alle Götter verließen den Himmel und feierten in der Kadmosburg die Hochzeit mit einem Schmaus.

Apollodor, 3, 23; 25 (4, 1, 4; 2, 1–2)

Ganz Griechenland kennt die Leiden des Oidipus. Gleich nach seiner Geburt durchbohrten sie seine Knöchel und setzten ihn im Platäischen Land am Berg Kithairon aus. Am Isthmus von Korinth ist er aufgewachsen.
Als Laios König in Theben war und Jokaste Königin, weissagte das Orakel von Delphi, daß ein Sohn der Jokaste den König töten würde. Also setzte Laios den Oidipus aus: dennoch sollte Oidipus später seinen Vater umbringen und seine Mutter heiraten.

Pausanias, 10, 5, 3; 9, 5, 10

Auf dem Marktplatz von Korinth steht der Apollontempel. Man erzählt, daß Proitos ihn erbaute, weil an dieser Stelle seine vom Wahnsinn befallenen Töchter geheilt wurden. Auch Meleagers Speer, mit dem er den Eber erlegte, und Marsyas' Flöte wurden hier aufbewahrt. Allerdings ist nichts davon übrig geblieben – alles ist in dem Feuer verbrannt, das den Tempel zerstörte.

Pausanias, 2, 7, 8–9

In der Nähe von Theben . . . ist der Berg, auf dem der Sage nach die Sphinx hauste. Hier sprang sie plötzlich hervor, um ihr tödliches Rätsel zu fragen: Laios, der sie liebte, hatte ihr verraten, daß das Orakel Kadmos, dem Begründer von Theben befohlen hatte, einer Kuh zu folgen und dort, wo sie sich hinlegen würde, seine Stadt zu bauen. Dieses Geheimnis kannten nur die Könige und ihre Kinder, nicht aber die außerehelichen Söhne. Wenn diese zur Sphinx kamen, tötete sie sie, weil sie sich fälschlich als Erben von Theben ausgegeben hatten. Aber als Oidipus zur Sphinx kam, kannte er die Weissagung für Kadmos.

Nach Pausanias, 9, 26, 1–4

Apollontempel in Korinth.

In Delphi steht ein großer Fels aus dem Boden. Die Delphioten sagen, daß dort die Sybille Herophile stand, wenn sie ihre Orakel verkündete. Ich habe herausgefunden, daß diese frühe Sibylle zu den ältesten der Erde gehört. Sie soll die erste Frau gewesen sein, die Orakel im Sprechgesang verkündete. Es waren die Lybier, die sie Sibylle nannten.

Pausanias, 10, 12, 1

Unten: Pythia (?). – Links: Apollontempel in Delphi. – Nächste Doppelseite: Der Kreuzweg des Oidipus nahe der Abzweigung zum Kloster des Hosios Lukas.

Man kann auch über Daulis den Parnaß besteigen; der Weg ist länger als von Delphi, aber weniger beschwerlich ... Zwischen Daulis und der Straße von Delphi liegt die Wegkreuzung, an der Oidipus seinen Vater erschlug. Mit diesem Verbrechen beginnt der Fluch, der auf Oidipus lastet ... Der Kreuzweg und ganz Phokis sind durch den Vatermord beschmutzt; Theben ist verrucht durch die Legende von Oidipus' Ehe mit seiner Mutter und durch die Untaten seines Sohnes Eteokles.

Pausanias, 10, 5, 1; 3

Es reift, was reifen will – doch mein
  Geschlecht,
Und sei es noch so niedrig, deck ich auf.
Am Ende schämt sich noch ihr Frauenstolz,
Daß meine edle Abkunft unterging!
Von heute bin ich nur ein Sohn des Glücks!
Die große Spenderin entehrt mich nicht
Als neue Mutter; meine Sippe sind
Die Monde mit dem wechselvollen Glanz.
Und solcher Sippe bleib ich nur getreu,
Wenn ich enthülle meinen wahren Stamm.

Sophokles, König Oidipus 1076–1085

## DER TOD DES OIDIPUS

O ihr Bürger meiner Heimat,
Sehet, das ist Oidipus,
Der das schwere Rätsel löste,
Der so stolz und mächtig war,
Dessen Glück wir alle priesen,
Priesen und beneideten!
Seht, wie hat des Unheils Woge
Diesen Mann hinweggespült!
Muß der Mensch nicht ängstlich spähen
Nach dem letzten Lebenstag?
Kann man fortan einen Menschen
Glücklich nennen, der noch nicht
Seine ganze Bahn durchmessen
Ohne Kummer, ohne Leid?

Sophokles, König Oidipus, 1524–1530

*Bote*
Ihr Bürger, meine Botschaft faß ich kurz
In diese Worte: Oidipus ist tot.
Doch was sich dort begab, wieviel geschah,
Das schöpft man nicht mit knapper Rede
aus.
*Chorführer*
So starb der Ärmste?
*Bote*
Dessen sei gewiß,
Daß er für immer aus dem Leben schied!
*Chorführer*
Und hat ein Gott ihm sanften Tod gesandt?
*Bote*
Dies ist es, was man hier bestaunen muß.
Denn als er euch verließ, da hat ihn ja –
Du weißt es selber – keine Hand geführt,
Nein, ganz allein ging allen er voran.
Und als er zu dem steilen Felshang kam,
Der auf des Bodens Erz gegründet ist,
Stand er am Kreuzweg vieler Pfade still,
Ließ nah der Grube, wo Peirithoos
Und Theseus hinterlegten den Vertrag,
Sich nieder bei dem Stein von Thorikos,
Dem hohlen Birnbaum und dem Felsen-
grab,
Und tat den alten Bettlermantel ab.
Dann sandte er die Kinder nach dem Quell,
Dem Naß der Reinigung und Opferung.
Und das war rasch erfüllt: am nahen Fels
Demeters, die die grünen Fluren liebt,
Fließt Wasser, und sie schöpften für das
Bad
Und reichten frische Kleider nach dem
Brauch.
Da – als sie alles ihm nach Wunsch getan
Und nichts vergessen war – erdröhnte laut
Der Herr der Tiefe. Schauder überfiel
Die Mädchen, und sie sanken auf das Knie
Vor ihrem Vater, schlugen ihre Brust
Mit Tränen und mit langgedehntem Ruf.
Und als der Vater ihren Schrei vernahm,
Umschlang er sie und sprach: «Ihr Kinder!
Wißt,
Seit heute habt ihr keinen Vater mehr.
Dies ist mein Ende und ihr tragt fortan
Nicht mehr die Mühe um mein täglich Brot.

Ich weiß, wie schwer sie war; doch wiegt
euch ja
Ein einzig Wort die lange Plage auf:
Es hat kein andrer euch so sehr geliebt
Wie dieser alte Vater, ohne den
Ihr nun den Rest des Lebens tragen müßt.»
Und eng umschlungen weinten alle drei
Und schluchzten. Als die Klage dann ihr
Ziel
Erreichte und kein Laut sich mehr erhob,
War Schweigen. Aber eine Stimme rief
Ihn plötzlich, und es sträubte sich das Haar
Uns allen, denn uns packte große Angst.
Sie sprach: «O du! Ja du, mein Oidipus!
Was säumen wir? Du zögerst allzulang!»
Und als er diesen Götterruf vernahm,
Frug er nach Theseus, unserm Landes-
herrn,
Und sagte, als er kam: «O teures Haupt!
Gib meinen Kindern diese Eideshand
Und ihr dem Herrscher! Schwöre, daß
du sie
Nie willentlich verläßt und alles tust,
Was immer du für ihren Segen hältst!»
Und ohne Zögern schwur der edle Mann
Dem Fremden diese treue Hilfe zu.
Als dies geschehen, suchte Oidipus
Die Töchter mit der altersschwachen Hand
Und sprach: «Ihr Kinder! Tragt es tapfer
und
Verlaßt den Ort, daß ihr nicht seht und
hört,
Was ihr nicht sehen und nicht hören sollt!
Entfernt euch schnell! Nur König Theseus
darf
Noch bleiben und erfahren, was
geschieht!»
Wir hörten alle dieses letzte Wort
Und gingen weinend mit den Töchtern
weg.
Doch als wir aus der Ferne bald darauf
Die Blicke wandten, sahen wir genau,
Daß Oidipus nicht mehr zugegen war
Und daß der König seine Hand als Schild
Vors Auge hielt, als hätte schaudernd er
Ein unerhörtes Bild vor sich erblickt.
Nach einer kleinen Weile sah man ihn
Sich bis zum Boden neigen und zugleich
Zum Göttersitz erheben sein Gebet.
Doch welches Ende jener Alte nahm,
Das weiß wohl keiner außer Theseus selbst;
Denn weder hat ihn Blitzstrahl eines Gotts
Hinweggerafft noch Wirbelsturm, der sich
Vom Meer erhob in jenem Augenblick.
Ein Götterbote wars, die Erde tat
Sich auf und nahm ihn sanft in ihren Schoß.
Ganz ohne Qual und Krankheit ward der
Mann
Entrückt und wunderbar wie nie ein
Mensch.
Und wem dies töricht scheint, ich kann
ihn nicht
Bekehren, wenn er sich für weiser hält.

Sophokles, Oidipus auf Kolonos, 1579–1666

Außerhalb von Athen, an der Straße nach Daphnis, liegt die Akademie, und nicht weit von ihr ist Platons Denkmal . . . Hier zeigt man auch den Platz, der «Kolonos von den Pferden» heißt und an dem Oidipus Attika betreten haben soll. Das ist allerdings nicht bei Homer zu finden, aber die Leute sagen es. (Man kann hier auch einen Altar des «Poseidon von den Pferden» und der «Athene von den Pferden» sehen, ebenso Heldendenkmäler für Peirithoos, für Theseus, Oidipus und Adrastos.)

Pausanias, 1, 30, 3–4

Vorangehende Doppelseite links oben: Laios läßt den kleinen Oidipus aussetzen, weil er vom Delphischen Orakel vor der Zeugung eines Sohnes gewarnt wurde. – Links unten: Oidipus tötet seinen Vater. – Rechts oben: Oidipus löst das Rätsel der Sphinx. – Rechts unten: Oidipus wird vom Hirten wiedererkannt. – Rechts: Der Felsen von Kolonos.

Die alte Mauer von Theben hatte sieben Tore, die jetzt noch zu sehen sind . . . Auf der Straße von Plataia kommt man durch das Elektrator nach Theben; man sagt, daß Kapaneus hier die Mauer übersteigen wollte, aber vom Blitz getroffen wurde.

Pausanias, 9, 8, 4; 7

## SIEBEN GEGEN THEBEN

Polyneikes bat den Adrastos um eine Streitmacht, um das väterliche Reich von seinem Bruder wiederzuerlangen; Adrastos gab ihm nicht nur ein Heer, sondern brach selbst mit sechs andern Heerführern auf, da Theben sieben Tore hatte.
Alle diese Heerführer fanden bei Theben den Tod außer Adrastos, dem Sohn des Talaos; dieser nämlich wurde dank seinem Pferd gerettet. Er schickte später die Söhne der Sieben bewaffnet aus, um Theben zu erobern und das den Vätern angetane Unrecht zu rächen, denn sie waren unbestattet liegengeblieben auf Kreons, des Bruders der Iokaste, Befehl, der Theben in Besitz genommen hatte.
Der Seher Amphiaraos, der Sohn des Oikles und der Thestiostochter Hypermnestra, wußte, wenn er mitzöge, um Theben zu belagern, daß er von dort nicht zurückkehren würde; daher verbarg er sich mit Wissen seiner Gattin Eriphyle, Tochter des Talaos. Um ihn aufzuspüren, verfertigte Adrastos ein Halsband aus Gold und Edelsteinen und schenkte es seiner Schwester Eriphyle dafür, daß sie, lüstern nach dem Geschenk, den Gatten verriet. Amphiaraos legte seinem Sohn Alkmaion ans Herz, nach seinem Tode die Mutter zur Rechenschaft zu ziehen. Als er dann vor Theben von der Erde verschlungen wurde, erinnerte sich Alkmaion der Weisung seines Vaters und tötete seine Mutter Eriphyle; darauf verfolgten ihn die Erinyen.

Hygin, Fabeln, 69; 70; 73

Oben: Ausfahrt des Amphiaraos (?). – Links: Kapaneus vom Blitz des Zeus getroffen. – Rechts: Tor der Burg von Theben. – Rechte Seite: Kampf der Sieben gegen Theben (?).

## DIE SÖHNE DES OIDIPUS

Während Oidipus noch lebte und König war, verließ sein Sohn Polyneikes die Stadt Theben, da er fürchtete, der Fluch, der auf seinem Vater lastete, könne sich an den Kindern erfüllen. Er ging nach Argos und heiratete die Tochter des Adrastos; aber nach dem Tod des Oidipus sandte sein Bruder Eteokles nach ihm, und Polyneikes kehrte heim. Aber bald zerstritten sich die Brüder, und Polyneikes ging zum zweiten Mal ins Exil, verlangte aber, daß Adrastos eine Expedition ausrüsten sollte, um ihm

die Rückkehr nach Theben zu ermöglichen. Er verlor das Heer und forderte Eteokles zu einem Zweikampf, in dem die Brüder einander töteten. Die thebanische Krone ging an Laodamas, den Sohn des Eteokles, und Kreon wurde Regent und Vormund des Knaben.

Pausanias, 9, 5, 12–13

# THESEUS

## AITHRA AUS TROIZEN

Eine von den Inseln, die zu Troizen gehören, liegt so nahe am Festland, daß man zu Fuß hinübergehen kann. Ursprünglich hieß die Insel Sphairia, wurde aber dann «Heilige Insel» genannt, und zwar aus folgendem Grund: Auf der Insel befindet sich eine Gedenkstätte für den Sphairos, den Rosselenker des Pelops. Wegen eines Traumes, den ihr Athene schickte, ging die Königstochter Aithra eines Tages hin, um dem Sphairos ein Trankopfer zu weihen. Während sie auf der Insel war, sagt man, wurde sie die Geliebte des Poseidon. Deshalb ließ sie einen Altar für die «trügerische» Athene errichten und änderte den Namen von Sphairos in «Heilige Insel». Sie führte auch einen Brauch ein, nach dem die Jungfrauen von Troizen vor ihrer Hochzeit der «Trügerischen Athene» einen Gürtel weihten.

Pausanias, 2, 33, 1

## GEBURT UND HERKUNFT DES THESEUS

Aigeus, so erzählt man, wendete sich, weil er noch kinderlos war, an das delphische Orakel und erhielt von der Pythia jene berühmte Antwort, worin ihm geraten wurde, sich nicht eher mit einem Weib zu verbinden, als bis er nach Athen gekommen wäre. Da er aber diese Antwort nicht ganz deutlich fand, begab er sich nach Troizen, um den Pittheus über den Sinn des Orakels zu befragen, welches also lautete:

«Öffne nicht eher den vorragenden Fuß
des Schlauches,
trefflichster Fürst, bis du zum Volk der
Athener gelangest.»

Es ist ungewiß, was Pittheus beabsichtigte, jedenfalls redete er auf diesen ein und verlockte ihn, sich mit Aithra zu verbinden. Als jener es getan und erkannt hatte, daß er sich mit der Tochter des Pittheus verbunden hatte und vermutete, daß diese schwanger sei, ließ er sein Schwert und seine Schuhe zurück, versteckte sie unter einem großen Stein, der dazu weit ausgehöhlt war. Dies offenbarte er allein der Aithra, mit dem Auftrage, wenn sie einen Sohn zur Welt brächte, und dieser einst nach Erreichung des männlichen Alters imstande sein würde, den Stein aufzuheben, und die darunter liegenden Sachen hervorzunehmen, daß sie ihn damit zu ihm schicke, aber ganz insgeheim . . .

Plutarch, Theseus, 3

Unten: Stadtmauer von Troizen. – Links: Meerenge zwischen dem Festland bei Troizen und der Insel Poros.

An der Bergstraße nach Hermione entspringt die Quelle des Hyllikos. Auch der Felsen des Theseus befindet sich dort; er heißt so, weil der junge Theseus unter ihm Schwert und Schuhe des Aigeus herausgezogen hat. Vorher hieß der Felsblock der «Altar des starken Zeus».

Pausanias, 2, 33, 7

Der Isthmus von Korinth beginnt an der Stelle, an der der Räuber Sinis die Föhren bis auf die Erde bog und sie mit all denen, die er im Kampf besiegen konnte, wieder in die Luft fliegen ließ: jeder Föhrenwipfel zog das Opfer mit sich in die Höhe, und da keiner der Stricke nachgab, wurde der Mann in zwei Teile gerissen. Sinis erlitt dasselbe Schicksal, als Theseus ihn besiegte. Theseus säuberte die gesamte Straße zwischen Troizen und Athen von Räubern und Wegelagerern . . .
Es gibt eine Menge Geschichten über die einzelnen Felsblöcke an der Straße von Korinth nach Athen, vor allem dort, wo sie ganz eng wird.
Vom Molurischen Felsen erzählt man sich zum Beispiel, daß Ino sich von ihm ins Meer stürzte, ihren jüngeren Sohn Melikertes im Arm; der Ältere, Learchos, wurde von seinem Vater getötet. Melikertes soll von einem Delphin gerettet worden sein. Die Leute glauben, daß der Molurische Felsen heilig ist, aber behaupten, daß die tiefer liegenden Felsblöcke verflucht sind, weil Skiron dort hauste, der vorbeikommende Reisende ins Meer warf. Tief unten im Meer schwamm eine Schildkröte, die alle auffraß. Aber schließlich siegte die Gerechtigkeit und Theseus stürzte den Skiron an derselben Stelle ins Meer.

Pausanias, 2, 1, 4; 1, 44, 7–8

## THESEUS IN ATHEN

Am achten Tage des Monats Kronios, der jetzt Hekatombaion heißt, gelangte er endlich nach Athen, fand aber bei seiner Ankunft die Stadt voller Verwirrung und Uneinigkeit und das Haus des Aigeus besonders in Nöten. Medeia, die von Korinth entflohen war, hatte sich erboten, ihm durch Zaubermittel noch Leibeserben zu verschaffen, und lebte deshalb mit ihm zusammen. Da sie die Ankunft des Theseus vorher erfuhr, beredete sie den Aigeus, der davon nichts wußte und als ein alter Mann wegen der Uneinigkeit der Bürger immer in Furcht war, ihn als einen Fremden zur Tafel zu laden und mit Gift aus dem Wege zu räumen. Theseus erschien also beim Frühmahl, hielt es aber nicht für ratsam, sich gleich zu erkennen zu geben, sondern wollte jenem erst Gelegenheit zur Entdeckung bieten. Er zog deshalb sein Messer heraus, als wenn er das vor ihm stehende Fleisch zerlegen wollte, und ließ dabei das Schwert sehen. Aigeus, der es sogleich bemerkte, stieß den Giftbecher um, umarmte nach einigen Fragen seinen Sohn und erkannte ihn öffentlich in einer deshalb berufenen Versammlung der Bürger . . .

Plutarch, Theseus, 12

Oben: Der Felsen des Theseus bei Troizen. – Mitte: Theseus und der «Fichtenbeuger» Sinis. – Unten: Landschaft am Isthmos von Korinth. – Rechts: Der Molurische Felsen an der Straße von Korinth nach Athen. – Nächste Doppelseite: Tempel der Athena Parthenos auf der Akropolis in Athen.

THESEUS AUF KRETA

Nicht lange danach kamen Abgeordnete von Kreta nach Athen, um zum dritten Mal den Tribut abzuholen. Weil nämlich Androgeos hinterlistigerweise in Attika umgebracht worden war, hatte nicht nur sein Vater Minos die Einwohner bekriegt und ihnen viel Böses zugefügt, sondern auch die Götter selbst hatten das Land schwer heimgesucht, indem Pest und Hungersnot wüteten und sogar die Flüsse vertrockneten. Die Athener aber hatten von dem Delphischen Orakel die Antwort erhalten, daß der Zorn der Götter nachlassen werde und sie von ihren Plagen

befreit würden, wenn sie dem Minos Genugtuung leisteten und sich mit ihm aussöhnten. Deshalb hatten sie Gesandte nach Kreta geschickt und endlich auf inständiges Bitten Frieden erhalten, unter der Bedingung, daß sie alle neun Jahre sieben Jünglinge und eben so viele Mädchen als Tribut liefern sollten. So weit stimmen die meisten Geschichtsschreiber miteinander überein. Aber nun setzt die für die tragische Bühne so fruchtbare Fabel noch hinzu, die nach Kreta gesandten jungen Leute wären im Labyrinth entweder vom Minotauros umgebracht worden oder sonst nach langen vergeblichen Suchen eines Ausgangs umgekommen. Der Minotauros soll, wie Euripides sagt, «ein mißgestaltetes Tier, gemischt aus

Oben: Ariadne gibt Theseus den Wollknäuel. – Links: Lichthof mit Säulenhalle im Palast von Knossos.

zwei Gestalten –» gewesen sein, und «aus einem Stier und halb aus einem Mann gebildet» . . .

Plutarch, Theseus, 15

Bis dahin hatte man nicht die geringste Hoffnung auf die Rettung dieser Kinder; deshalb führte das Schiff, auf dem sie gleichsam in ein sicheres Verderben geschickt wurden, ein schwarzes Segel. Jetzt aber, da Theseus seinem Vater Mut zusprach und versicherte, daß er den Minotauros gewiß umbringen werde, gab Aigeus dem Steuermann noch ein weißes Segel mit, mit dem Befehl, er solle bei seiner Rückreise, wenn Theseus gerettet wäre, das weiße aufziehen, andernfalls aber mit dem schwarzen fahren, und ihm so von ferne sein Unglück zu erkennen geben. . .

Bei seiner Ankunft in Kreta bekam er, nach der Erzählung vieler Geschichtsschreiber und Dichter, von der in ihn verliebten Ariadne den Faden und die Anweisung, wie er sich aus den Irrgängen des Labyrinths herausfinden könne. Auf diese Weise erlegte er den Minotauros und segelte mit der Ariadne und den athenischen Jünglingen davon. Pherekydes berichtet, Theseus habe den kretischen Schiffen den Boden ausgeschlagen, um die Verfolgung zu vereiteln . . .

Plutarch, Theseus, 17; 19

Oben: Theseus tötet den Minotauros. – Rechts: Kulthörner im Palast von Knossos.

DER TOD DES AIGEUS

Als sie sich endlich der Küste von Attika näherten, vergaß sowohl Theseus als auch der Steuermann vor Freuden, jenes Segel aufzuziehen, durch das dem Aigeus ihre Rettung angezeigt werden sollte. Dieser geriet darüber in Verzweiflung und stürzte sich von einem Felsen herab zu Tode.

Plutarch, Theseus, 22

Rechts vom einzigen Eingang zur Akropolis von Athen befindet sich der Altar der Flügellosen Siegesgöttin. Von dort kann man das Meer sehen und man erzählt, daß Aigeus von dieser Stelle in die Fluten sprang. Das Schiff mit den Jünglingen und Jungfrauen fuhr mit schwarzen Segeln nach Kreta, und Theseus, der mitfuhr, um seinen Mut im Kampf gegen den Minotaurus zu beweisen, hatte seinem Vater versprochen, auf der Heimfahrt weiße Segel zu setzen, wenn er das Ungeheuer besiegt hätte. In seinem Kummer über den Verlust der Ariadne vergaß er sein Versprechen. Als Aigeus das Schiff mit schwarzem Segel in den Hafen einlaufen sah, dachte der alte Mann, sein Sohn sei tot, und stürzte sich ins Meer. In Athen hat man ihm ein Heldenmal errichtet.

Pausanias, 1, 22, 4–5

Oben: Theseus und Ariadne besteigen das Schiff zur Abfahrt von Kreta. – Rechts: Tempel der Athena Nike auf der Akropolis in Athen.

# THESEUS UND DIE AMAZONEN

Nach Philochoros und einigen andern ist er mit dem Herakles nach dem Pontos Euxeinos gesegelt, um die Amazonen zu bekriegen, und hat bei dieser Gelegenheit zur Belohnung seiner Tapferkeit die Antiope erhalten. Die meisten aber, und unter diesen Pherekydes, Hellanikos und Herodoros versichern, Theseus sei später als Herakles mit einer eigenen Flotte dorthin gefahren und habe die Amazone zur Gefangenen gemacht. Diese Erzählung ist viel wahrscheinlicher, denn unter allen

denen, die ihn auf diesem Zuge begleiteten, wird sonst keiner angeführt, der eine Amazone zur Gefangenen bekommen hätte. Nach Bion hat er auch diese nur durch einen Betrug entführt. Denn die Amazonen, die von Natur den Männern nicht abgeneigt waren, wären keineswegs vor dem Theseus, als er an ihre Küste kam, geflohen, sondern hätten ihm vielmehr Gastgeschenke geschickt; da habe er die Überbringerin eingeladen, zu ihm auf das Schiff zu kommen, und sobald sie es betreten, sei er davongefahren.

Plutarch, Theseus, 26

Oben: Theseus raubt Antiope. – Links: Kampf der Griechen gegen die Amazonen.

# OREST

Wenn man von Nemea wieder zum Tretos zurückgeht und die Straße nach Argos nimmt, liegen die Ruinen von Mykene zur Linken. Jedermann in Griechenland weiß, daß Perseus der Gründer der Stadt war... Dort nämlich fiel ihm die Kappe seiner Schwertscheide (mykes) herunter, worin er ein Zeichen sah, hier Mykene zu erbauen...
Die Herrscher des benachbarten Argos eroberten Mykene aus purem Neid. Die Argiver hatten während der persischen Invasion keinen Finger gerührt, während die Mykener 80 Mann zu den Thermopylen geschickt hatten und die Heldentat der Spartaner teilten. Diese großmütige Haltung ärgerte die Argiver und brachte Mykene den Untergang. Heute stehen noch Teile der Ringmauer und das große Löwentor.

Pausanias, 2, 15, 4 – 16, 5

Oben: Seher vom Zeustempel in Olympia. – Links: Burgmauer von Mykene. – Nächste Doppelseite: Belagerung von Troja (?).

Verstrichen ist nun das zehnte Jahr,
Seit Priamos' Feind,
Menelaos, der Fürst, Agamemnon auch,
Des Doppelthrones und Stabes von Zeus
Gewürdigt, das starke Atridenpaar,
Von tausend Argiverschiffen den Zug
Aus diesem Land
Anhuben, bewaffneten Beistand,
Und schrien aus dem Herzen den großen
Krieg...
So sendet des Atreus Söhne, der mehr
Vermag, wider Paris der gastliche Zeus
Um sie, die manchen Männern gehört.
Und gliederbeschwerende Kämpfe viel,
Wo sich die Kniee stemmen im Staub
Und wo zu Beginn des Streits zerspellt
Die Lanze, bereitet den Danaern er
Und gleich den Troern. So ist es nun,
Wie es ist, und erfüllt sich, wie es
bestimmt . . .
So aus dem Fluge der Vögel dem fürstlichen Haus
Verkündete Kalchas Verhängnis und Fülle
des Glücks.
Da stimme denn ein
Wehe-, Wehegesang! Doch es siege das
Gute . . .

Aischylos, Agamemnon, 40–48; 60–68; 156–159

Unten: Löwentor in Mykene. – Rechts: Orest tötet Klytaimestra. – Nächste Doppelseite: Megaron in der Burg von Mykene.

(Das Grab Agamemnons, im Hintergrund der Palast der Atriden mit einem Haupteingang und einem Eingang zum Frauenhaus. Orestes und Pylades treten auf.)

*Orestes*

Hermes in Tiefen! Wächter über des Vaters Macht!

Sei Retter und Mitstreiter mir! Ich flehe dich an.

Aus der Verbannung komm ich heim in dieses Land

Und rufe hier, am Rand der Gruft, den Vater an:

Erhöre mich!...

*Pförtner*

Weh mir und wehe! Überwältigt liegt der Herr.

Weh mir! Im dritten Anruf wieder schrei ich's aus:

Aigisthos ist nicht mehr. Mit Hebeln, so geschwind

Es sein kann, brecht die Tür des Frauenhauses auf.

Zwar, einer jugendlichen Kraft bedarf's – nicht ihn

Zu schützen. Denn es ist geschehn. Was hülf es noch?

Ah! Ah!

Zu Tauben schrei ich und vor Schlafenden red ich

Vergeblich. Wo ist Klytaimestra? Was soll geschehn?

Mir ist, ihr eigner Nacken, schon dem Messer nah,

Er falle bald, getroffen nach gerechtem Gang...

*Orestes*

(tritt aus dem Palast)

Seht hier des Landes doppelte Gewaltherrschaft,

Des Vaters Mörder und Verschleudrer meines Guts.

Noch eben saßen sie voll Würde auf dem Thron

Und sind auch jetzt vereint in Liebe, wie ihr Los
Bedeutet, und der Eid bleibt ihrem Bunde treu.
Erbärmlich schwuren sie vereint des Vaters Tod,
Vereint zu sterben. Was sie schwuren, ist geschehn . . .
Euch künd ich, Freunde, da ich noch bei Sinnen bin:
Mit Recht erschlug ich meine Mutter, sage ich,
Das Scheusal, das den Vater fällte, gottverhaßt. . .

Aischylos, Choephoren, 1–5; 875–884; 973–979; 1026–1028

*Apollon*
Ich lasse dich nicht fallen, stehe bis zuletzt
Dir bei, dein Wächter, ob ich fern sei oder nah,
Und niemals bin ich deinen Feinden wohlgesinnt . . .
Wandere zur Stadt der Pallas, wirf
Dich nieder und umarme das alte Götterbild.
Dort finden wir für deine Taten ein Gericht
Und Rat und Hilfe mit besänftigendem Wort
Und losgesprochen wirst du sein von aller Not.
War ich es doch, der dich die Mutter morden hieß. . .

(Athen, Akropolis, großer Platz mit Tempel, davor das Kultbild der Pallas Athene, das Orestes umklammert.)

*Athene*
Vernehmt nun meine Stiftung, Bürger Attikas,
Ihr, die als erste richtet über vergoßnes Blut:
Es währe auch für alle Zeiten künftighin
Von Richtern stets dem Volk des Aigeus dieser Rat.
Denn dieser Areshügel hier, einst Sitz und Zelt
Der Amazonen, als sie Theseus zornentbrannt
Befehdeten und türmten wider unsere Stadt
Die neugebaute Stadt mit hohen Zinnen auf
Und weihten sie dem Ares, dessen Namen nun
Der Felsen trägt: Areopag. . .
Das letzte Urteil auszusprechen, ist mein Amt,
Und für Orestes geb ich meine Stimme ab . . .

Aischylos, Eumeniden, 64–66; 79–84; 681–690; 734–735

Unten: Gräberrund in der Burg von Mykene. – Rechts: Orest in Delphi. – Nächste Seite: Akropolis von Athen.

Wolfgang Oberleitner

# Religion und Mythos in der griechischen Kunst

## Götterbild und Tempel der Klassik

1.
Die bildende Kunst der Griechen ist – zumindest vom Beginn der Archaik bis zum Ende der Klassik – überwiegend eine religiöse Kunst. Würdig einer bildlichen Darstellung sind die Götter, die Heroen und ihr Mythos. Ihnen sind die Weihgaben zugeeignet, die in großer Zahl die Tempel und Schatzhäuser, die heiligen Bezirke und die Plätze in den Städten füllen. Statuen und Statuengruppen, Reliefs, Geräte, Gefäße und Waffen werden der Gottheit gestiftet. Statuen von Sterblichen – von Siegern im sportlichen Wettkampf etwa – fallen durch ihre Weihung in den religiösen Bereich der Kunst. Demnach ist eine Geschichte der religiösen Kunst des alten Griechenland weitgehend eine Geschichte der allgemeinen Kunst. Von den primitiv-naiven Ton-Idolen des 2. Jahrtausends, den kleinen Götter- und Beterfiguren, die im besten Fall nur die Hauptbestandteile der menschlichen (und göttlichen) Gestalt zeigen, führt die Entwicklung über die Marmorstatuen der Archaik zu den strahlenden Götterbildern des 5. und 4. Jahrhunderts v. Chr., ohne die weder die hellenistische und römische Kunst noch die des Mittelalters und der Neuzeit denkbar ist. Wollte man dieses Werden, Blühen und Verströmen der griechischen Kunst in einer Kurve darstellen, sie müßte so verlaufen: Am Anfang entfernt sie sich kaum von der x-Achse, beginnt dann einmal langsam, einmal rascher zu steigen, sinkt manchmal zurück, schnellt plötzlich zur Hundertprozent-Marke empor, verweilt dort eine kurze Zeit und gleitet wieder nach unten, wird flacher, bis sie zur Parallele der x-Achse wird, die – wenn wir bei dem Vergleich der Geometrie bleiben – in der Unendlichkeit den Nullpunkt erreicht.
Der Höhepunkt dieser Kurve, den wir Klassik im engeren Sinn nennen, ist ein so unerhörtes Phänomen, so faszinierend, genial, kreativ, befruchtend, fast möchte man sagen übermenschlich-göttlich, daß es in der Geschichte menschlicher Schöpfungskraft einzigartig und einmalig ist. Die Gottheit findet in dieser Hoch-Zeit der Kunst im Gesamtbild des schönen Menschen Ausdruck – und umgekehrt des Menschen im Gesamtbild der idealen Gottheit; das heißt, daß Antlitz und Körper gleichberechtigt und zu einer Einheit verschmolzen sind (im Gegensatz beispielsweise zur römischen Kunst, die das Gesicht als Träger ihres äußeren und inneren Realismus bevorzugt).
Wesentliche Eigenschaften der klassischen Kunst sind Harmonie, Einfachheit, Beschränkung, Maßhalten im Ganzen wie im Detail; eine klare Linie, ein ruhiger Rhythmus des Umrisses, der nur wenige Überschneidungen kennt, ein Mittel von Naturnähe und Abstraktion; eine Symmetrie des Aufbaus, Verzicht auf Deskriptives, Kleinteiliges, Ornamental-Schnörkeliges. Ein Bild des Menschen soll geformt werden, das ihn nicht zeigt, wie er ist, sondern wie er sein soll: ein Wesen von vollendeter körperlicher und geistiger Schönheit; darum nichts Häßliches und Unvollendetes, nichts Ekstatisches, Transzendentes, Alltägliches, Banales, Triviales, Nebensächliches. Die Bewegungen der Figuren sind gemäßigt, es gibt keine säulenhafte Starre (wie in der Archaik), keine komplizierten Drehungen der Körper und Verflechtungen der Glieder, wie dies später im Hellenismus der Fall ist. Um die Wandlung von der alten Unbeweglichkeit zur schlichten Bewegung klassischer Figuren zu vollziehen, waren nicht – wie man meinen könnte – umständliche künstlerische Prozesse nötig.
Lediglich eine einzige, einfache, aber geniale Entdeckung war das auslösende Moment; eine Entdeckung, welche die Statue mit einem Mal aus der hieratischen Strenge löst und ihr Leben gibt (nicht nur die griechisch-archaischen, auch die ägyptischen und altorientalischen Skulpturen waren trotz ihrer hohen künstlerischen Qualitäten in diesem Sinne leblos). Diese unscheinbare, aber umwälzende Neuerung ist die Einführung von Stand- und Spielbein bei der stehenden Statue und der dadurch bedingten Belastung des einen und der Entlastung des anderen Beines. Die Folge sind ein Herausdrehen der Hüfte, ein geändertes Verhältnis von Rumpf, Kopf und Armen zueinander. Der gesamte Körper erhält ein elastisches Schwingen, einen bisher unbekannten Rhythmus.
Der Ausdruck der Gesichter, in denen das

archaische Lächeln fehlt, ist verhalten, denn auch Emotionen wie Freude, Trauer, Schmerz, Wut, Resignation sind nicht extrem, sondern eher zurückhaltend dargestellt. Ebenso die Merkmale des hohen Alters: Runzeln und Tränensäcke, also Schlaffheit der Muskeln und der Haut. Meist sind es Andeutungen, die auf das Alter hinweisen: voller Bart, schütteres Kopfhaar (oder weißes in der Malerei); die Oberflächen des Körpers und des Gesichtes bleiben glatt; nur über die Stirn quert eine Hauptfalte (Seite 191).
Die bisher angeführten Charakteristiken der Klassik werden durch einen sehr wesentlichen Punkt ergänzt: durch «den gleichsam aristokratischen Tatbestand großartig einsamer Spitzenleistungen, so wie sie allein als Krönung einer langen und dynamisch-aufstrebenden Entwicklung gewonnen werden können.
Diese Spitzenleistungen bildeten dabei stets das Reifeprodukt einer freien Meisterschaft und überstrahlten nun alles Bisherige.»[1]
Aus dem Zusammenfließen aller dieser Merkmale entstand das klassische Kunstwerk, «aus der bräutlichen Vereinigung von inhaltlicher wie bildnerischer Erhabenheit das Mysterium, das wir klassische Schönheit nennen»[2]. Das Streben nach dieser Schönheit ist tief im griechischen Wesen verwurzelt; natürlich ist es am Anfang verborgen, verdeckt von der Primitivität historischen Beginns; bricht nicht oder erst wenig durch diese Kruste an die Oberfläche. Aber schon in der geometrischen Epoche, vom 10. bis zum 8. Jahrhundert, können wir dieses Wollen ganz deutlich feststellen, wenn gemalte Ornamente die klar aufgebauten Gefäße nicht wahllos bedecken und überspinnen, sondern ihrer Tektonik folgen und auf sie Rücksicht nehmen. Mit der archaischen Zeit – dem Pubertätsstadium griechischer Kunst – setzt das Ringen um die schöne Form in der Großplastik ein, wohl noch unbefangen-naiv, aber nun ganz bewußt. Ebenmaß und Harmonie sind Ziel der Gestaltung; die Freude am Erzählen, das Verhaftetsein im Gegenständlichen, das Verspielte, die Unbeweglichkeit lassen jedoch eine Verwirklichung des Idealbildes noch nicht zu.
In der Klassik wird die Schönheit zum Dogma erhoben und die Vollendung erreicht. Im «Kanon», einer kunsttheoretischen Schrift des Bildhauers Polyklet, die nur fragmentarisch und mittelbar bei anderen Schriftstellern überliefert ist, wird klar ausgesprochen, was von einem Künstler und seinem Werk gefordert wird[3]: «So malen und formen die Plastiker und Maler und Menschenbildner und Bildhauer das Schönste in jeder Gestalt wie einen bestgestalteten Menschen oder Pferd, Stier, Löwen, indem sie das Mittlere (die goldene Mitte) in jeder Gattung im Auge haben. Und es wird doch auch ein Standbild des Polyklet gelobt, das man Kanon nennt und das diesen Namen erhalten hat, weil es ganz genau die Symmetrie aller Glieder zueinander einhält.» An anderer Stelle: «Die Schönheit aber liege nicht in der Symmetrie der Elemente, sondern in der der Teile, offenbar des Fingers zum Finger, ihrer aller zur Mittelhand und Handwurzel, dieser beider zur Elle und der Elle zum Oberarm und aller zu allem.» Polyklet spricht hier vom Äußeren, Meßbaren und großteils auch Erlernbaren. Anders Empedokles, der dem Schönen ontologische Bedeutung zuspricht: «Die Bande der Harmonie, welche die einzelnen Stoffe miteinander verknüpfen, sind zugleich die Macht, welche die letzteren überhaupt erst in Erscheinung treten läßt. Die Harmonie (das Schöne) ist Bedingung der Gestalt, der Form des Sichtbarwerdens.»[4] – Wie sehr den Griechen an der Verwirklichung des absolut Schönen gelegen ist, erhellt ein Passus in einem Gespräch, das Sokrates mit dem Maler Parrhasios geführt haben soll[5]: «Wenn ihr die schönen Gestalten nachbilden wollt, dann fügt ihr, da es nicht leicht ist, einen schönen Menschen zu finden, an dem alles untadelig ist, von vielen das zusammen, was an jedem das Schönste ist; so erreicht ihr, daß die Körper vollkommen erscheinen. Warum ahmt ihr nicht auch die seelischen Eigenschaften nach, das Überzeugendste, das Angenehmste, das Holdeste, das Begehrenswerteste und Entzückendste.» Skeptisch fügt er hinzu: «Oder ist das überhaupt nicht darzustellen?» Ähnlich wie Polyklet geht Sokrates bei Xenophon vom äußeren Schein aus; in der Folge jedoch deutet er an, daß die Vollendung mehr verlange als das Sichtbare; etwas mit dem Auge nicht Erfaßbares, Irrationales.
Platon[6], für den die Schönheit der Weltordnung durch Ebenmaß und Proportion bedingt ist, für den «das Ebenmäßige vom Gebiet des Guten in dasjenige des Schönen hinüberführe», unterscheidet eine äußere und eine innere Schönheit: «Alles möge einfach für schön gelten, was mit einer Tugend der Seele oder des Leibes, sei es mit ihnen selbst oder mit ihren Abbildern zusammenhängt; das Gegenteil aber gelte für häßlich.» Das Letzte, Irrationale, das gleichsam aus dem Inneren der Statue hervorschwingt und nicht nur auf die Sinne des Beschauers wirkt, sondern in seine Seele dringt, dieses Letzte ist es vor allem, was den Abstand vom archaischen zum klassischen Götter- und Menschenbild so groß macht: Der archaische Künstler hat eine äußere Hülle, einen schönen Körper geformt, den klassischen Figuren hat ein Gott die Seele eingehaucht.
Im Apoll vom Westgiebel des olympischen Zeustempels (Seite 100)[7] hat das Suchen nach dem Idealbild des Göttlichen sein Ziel gefunden: Eine hochaufgerichtete Gestalt, den rechten Arm in göttlicher Gebärde ausgestreckt, die Wendung des Kopfes mit dieser Gebärde verbunden. Ein schlanker, kraftvoller Mann, dessen Muskulatur in einfachen Flächen und Schwellungen gebildet ist. Nackt, denn nur so kann Wohlproportioniertheit eines Körpers zur Geltung kommen. Das Gesicht ist auf seine wesentlichen Merkmale abstrahiert: die Kurven der Augen, der Brauen, die in die gerade, doppelgratige Nase hinüberschwingen, den vollen Mund, den kräftigen Bogen des Kinns, die schlichte Wölbung der Stirn und der Wangen. Durch den Verzicht auf Nebensächliches entstand ein Gesicht, das von verhaltener Strenge, von Ernst und Klarheit geprägt ist: das Antlitz eines Gottes. Nicht ein Gott der Wut und der Rache, sondern der Hüter des Rechts, der Garant der sittlichen Ordnung, der mit einer einzigen Geste dem Chaos gebietet; dem Kampf der thessalischen Lapithen gegen die Kentauren, die diese Ordnung durchbrochen haben.
Der Lapithenfürst Peirithoos feiert Hochzeit mit Hippodameia. Gäste sind geladen und in großer Zahl gekommen; nun

sind sie in prächtigen Räumen um die Tische gelagert, schmausen von den dargebotenen Leckerbissen, trinken den kostbaren Wein; Tänzerinnen und Gaukler bieten ihre Künste dar, Musikanten spielen auf; Gesumme vielstimmigen Geplauders, ausgelassenes Gelächter: ein Fest der Fröhlichkeit. Plötzlich springt einer der Gäste auf, ein Kentaur, halb Pferd, halb Mensch, betrunken, enthemmt, tierisch, geil, und greift nach der Braut, um sie unter sich zu zwingen; seine Artgenossen fallen über die anderen Frauen her. Ein mörderischer Kampf beginnt, ein blutiges Gemetzel, in dem sich die Leiber ineinander verschlingen, Arme sich verkrallen, Mäuler beißen, Hufe treten, Steine Schädel einschlagen, Schwerter in die Körper stoßen. Da erscheint Apoll. Diese kurze Zeitspanne, diesen Augenblick des turbulenten Geschehens hat der Künstler für Tausende von Jahren festgehalten. Nicht ein Götterbild in säulenhafter Starre und nicht einen Gott in wilder ekstatischer Bewegung hat er geschaffen, sondern eine ruhig stehende, hoheitsvolle Gestalt. Ihr tritt das Entmenschte des Kampfes entgegen, der Schönheit und dem jugendlichen Adel das Tierhaft-Brutale, das Häßlich-Gemeine. Jedoch auch diese abstoßenden negativen Eigenschaften sind gemäßigt dargestellt, sind als Akzente gesetzt, die barbarisches von griechischem Wesen trennen.

Der Apoll von Olympia ist ebenso ein frühes Werk der Klassik – des Strengen Stils – wie die Statue des Poseidon vom Kap Artemision (Seite 72/73); der eine in schimmernden Marmor gemeißelt, der andere aus dem rötlichen Erz der Bronze gegossen. Mit seinen Brüdern teilt er die Weltherrschaft: mit Zeus, dem Vater des Himmels und der Erde, und mit Hades, dem Fürsten der Unterwelt. Er ist also einer der großen Götter, dessen Bereich das Meer ist, ein gefürchteter, grollender Gott, der mit dem Dreizack die See aufwühlt und die Felsen spaltet; ein Gebieter über Seesturm und Erdbeben. Und so zeigt ihn auch die Statue: als einen Herrn von gewaltiger Majestät und herber Würde, einfach im Rhythmus seiner weitausholenden Bewegung (der Dreizack, den seine Rechte schleuderte, ist verloren). Ein mächtiger Körper, voll elastischer Ausgewogenheit, von so vollendeter Harmonie, eine Gottheit von solch äußerer und innerer Dynamik und Wucht, daß sein Schöpfungsakt wohl würdig gewesen wäre, von Stefan Zweig in seine «Sternstunden der Menschheit» aufgenommen zu werden. Und merkwürdiger Zufall: Im Meer, das er einst beherrschte, wurde er gefunden; das Wasser, das sein Element war, hat ihn vor der Zerstörung bewahrt.

Ein ruhig stehender Apoll, ein einfach bewegter Poseidon und ein eilig laufender Zeus[8], der eine aus Marmor, der andere aus Bronze, der dritte aus Ton, den geraubten Ganymed im Arm (Zeus kann weder schönen Frauen noch zarten Knaben widerstehen). Gerade diese Statue zeigt, was an den meisten Marmorbildwerken verloren ist: die Farbigkeit. Verloren, weil Stein die Pigmente weniger tief in sich saugt als Ton. Was bei der Terrakottastatue elfenbeinfarbig ist – die menschliche Haut –, ist an der Steinfigur fast immer naturbelassen. Augen, Lippen, Haar, Gewand, Schmuck sind farbig.

In der archaischen und klassischen Zeit ist die Palette einfach, meist begnügt sie sich mit Weiß, Rot, Schwarz, Blau, Gelb, Ocker und Grün; erst im Hellenismus werden stärker gemischte und gebrochene Farben verwendet. Welchen Wert die Griechen der Statuenbemalung beimaßen, beweist ein Passus in der Naturgeschichte des Plinius[9]: «Als Praxiteles gefragt wurde, welche von seinen Werken in Marmor er am meisten billige, sagte er diejenigen, an welche Nikias (ein berühmter Maler) letzte Hand gelegt habe; soviel gab er auf dessen Bemalung.»

Die plastische Kunst macht den letzten Schritt zur Hochklassik. Form und Inhalt der frühklassischen Götterstatue sind anders, neu im Hinblick auf die vorangegangene Epoche; die Antithesis zur heiteren, verspielten, erzählfreudigen späten Archaik. Hier hat sich ein Bruch vollzogen. Zur Hochklassik hin aber schwingt vom Strengen Stil eine enge Verbindung, zu den Schöpfungen des Polyklet, des Myron, des Phidias, zu den Tempeln und Bildwerken der Akropolis (Seite 200, 105). Schlichte Frühlingsblüte und reife Frucht des Sommers. – Die Haltungen der Figuren werden gelöster, die Bewegungen freier. Die frühe Klassik hat die Dreidimensionalität des Körpers entdeckt, des Körpers als Einzelgebilde. Der Poseidon vom Kap Artemision, der Apoll, ja der gesamte Giebel von Olympia sind zur Seite hin ausgebreitet, bewegen sich am Beschauer vorbei. Nun aber nimmt die Figur Besitz vom umgebenden Raum, durch einen Schritt, durch das Vorstrecken der Arme, durch die Blickrichtung in diesen Raum.

Die Komposition in mehrfigurigen Szenen hat durch die Hochklassik nur eine Steigerung des in der Frühklassik Entdeckten gefunden: Aufbau und Richtung zu einem thematischen Zentrum (im Westgiebel von Olympia zu Apoll), die Verbindungen der Figuren untereinander zu einem organischen Ganzen im Gegensatz zu den beziehungslos nebeneinanderstehenden Gestalten der Archaik.

Die letzten Reste des Ornamental-Archaischen, wie sie noch in den Haaren Apolls und Poseidons zu sehen sind, fehlen nun. Fließender wird auch die Modellierung der nackten Körperteile, die Falten der Gewänder sind reicher. Intensiver wird die Beobachtung der Natur.

Das Innige, Klare, das Erhabene und die Würde der Frühklassik sind geblieben, die herbe Schönheit macht einer milderen, reicheren und reiferen Platz, die Schlichtheit weicht der Anmut. Polyklet, der große Bildhauer und Kunsttheoretiker, formt die Statuen des Hermes, der Hera und des Speerträgers; Myron, der an der Schwelle vom Strengen Stil zur Hochklassik steht, gießt den Diskoswerfer und die Athena-Marsyas-Gruppe in Bronze. Phidias gestaltet seinen Zeus, das Gold-Elfenbein-Bild für den großen Tempel in Olympia.

Um eine Vorstellung von der Wucht und geheimnisvollen Wirkung dieser Statue zu gewinnen, müssen wir uns vergegenwärtigen, daß die Cella, der Innenraum, in ein dämmriges Dunkel gehüllt war. Die Säulenreihen, die dieses Allerheiligste des Tempels in drei Schiffe teilten, und die Kassettendecke traten zurück, ließen sich nur erahnen; denn das Licht, das durch die offene Tür drang (außer ihr gab es keine Lichtquelle) fiel auf die kolossale Statue. Und nun schimmerten mattweiß das aus Elfenbein geschnitzte Gesicht, die Arme, der Oberkörper aus der umgebenden

Dämmernis, gleißte das goldene Gewand, funkelten die schmückenden Edelsteine. Der bärtige Kopf war bekränzt. Auf der Rechten trug Zeus die Siegesgöttin Nike, die Linke stützte sich auf das adlerbekrönte Szepter. Obwohl sitzend (der Thron war aus Ebenholz, Gold und Elfenbein verfertigt und mannigfach mit Reliefs verziert), war die Figur 12 m hoch.[10)]
Wäre sie aufgestanden, sie hätte das Tempeldach durchstoßen.[11)] Zeus, der Inbegriff aller Rechtsordnung und Schwurgott ist, der Blitz und Donner schickt, über Wetter und Wind gebietet, der Staat, Haus, Gastrecht, Freundschaft, Ehe, Familie schützt, ist hier vor allem die Verkörperung der göttlichen Macht, Herrscher über Menschen und Götter, Beherrscher des Himmels und der Erde; und er ist «darüber hinaus gesteigert zur Vorstellung des Einen Gottes, der nicht nur die höchste Wirklichkeit ist, sondern alle Wirklichkeit in sich faßt und über alles menschliche Begreifen geht»[12)].
Schon in der Antike war diese seine Statue eines der berühmtesten Kunstwerke, unter die Sieben Weltwunder gereiht, von Rhetoren und Schriftstellern gepriesen: «Phidias gilt jedoch als ein besserer Götter- denn Menschenbildner, in Elfenbein aber ist er über jeden Nebenbuhler erhaben, selbst wenn er nur die Athene in Athen und den Olympischen Zeus in Elis geschaffen hätte, dessen Schönheit sogar der geltenden Religion etwas hinzugefügt zu haben scheint:
So völlig hat die Erhabenheit des Werkes den Gott erreicht.»[13)] «Der Schöpfer des in Wahrheit seligen Götterbildes, das Eure Vorfahren mit ungeheuren Kosten und mit Hilfe vollendeter Kunst schufen und weihten – von allen Bildern, die es auf Erden gibt, das schönste und gottgeliebteste.»[14)] So vielgerühmt dieses Werk ist, sein Schicksal ist ein Beweis für die Vergänglichkeit auch des Größten, das Menschen hervorbringen. Nichts ist von ihm geblieben als ein paar kärgliche Abbilder auf elischen Münzen.
Etwas mehr an Anschauungsmaterial ist uns durch römische Marmorkopien von der zweiten Gold-Elfenbein-Statue des Phidias erhalten: von der Athena Parthenos, dem kolossalen Bild der Schirmherrin der Stadt Athen, der Göttin des Sieges, der Weisheit, des Friedens und des Krieges, der zum Schutz der Heimat gekämpft wird. Geben wir Pausanias das Wort[15)], der im 2. Jahrhundert n. Chr. Griechenland bereiste und einen antiken Baedeker verfaßte; in seinem trockenen Stil gibt er folgende Beschreibung: «Tritt man in den Tempel ein, den sie Parthenon nennen, so bezieht sich die ganze Darstellung im Giebel auf die Geburt der Athene, der rückwärtige Giebel aber enthält den Streit des Poseidon mit Athene um den Besitz des Landes. Das Kultbild selbst ist aus Gold und Elfenbein gemacht. Mitten auf dem Helm sitzt die Figur einer Sphinx; beiderseits am Helm aber sind Greifen angebracht. Das Kultbild der Athene ist aufrecht stehend mit einem Chiton bis zu den Füßen, und an ihrer Brust ist das Medusenhaupt aus Elfenbein angebracht.
Und eine Siegesgöttin, gegen vier Ellen hoch, hat sie in der Hand und eine Lanze, und zu ihren Füßen steht der Schild, und neben der Lanze befindet sich eine Schlange, und diese Schlange mag wohl Erechthonios[16)] darstellen. An der Basis des Kultbildes ist die Geburt der Pandora[17)] dargestellt.» Vom Zentrum des Schildes blickte unheilabwehrend das Haupt der Gorgo, rundum schlugen die Athener ihre Schlacht gegen die Amazonen. Die Innenseite des Schildes war von Phidias bemalt:
Die siegreichen Götter kämpften gegen die Giganten. Den Rand der Sandalen (daraus gewinnen wir eine Vorstellung von der Kolossalität des Kultbildes) zierte ein Relief mit der Kentauromachie. – Dieser reiche, figürliche Schmuck symbolisierte den übelabwehrenden, gefahrdämmenden Schutz, den die Göttin ihrer Stadt verlieh. Im Gegensatz zur Fülle des Beiwerks war das Gesicht schlicht, ernst und hoheitsvoll, in einfachen klaren Linien und Flächen gebildet. Selbst die römischen Kopien, die nur schwacher Abglanz des Originals sind, geben davon Zeugnis.[18)]
Außen um die Cella des Parthenon läuft ein Fries[19)], der die Prozession des Panathenäenfestes zeigt, die alle vier Jahre am Geburtstag der Göttin von der Stadt zum Tempel hinaufstieg; Höhepunkt und Ende des Zuges ist die Übergabe des neuen Peplos, des heiligen Gewandes, an die Stadtherrin – Athena Polias –, die von Göttern und Heroen umgeben ist (Seite 105). Ihr nähert sich der Zug von Mädchen mit Opfergaben, älteren Bürgern, jungen Männern, beritten oder mit Opfertieren. An den Metopen der Außenseite des Tempels waren Gigantenkampf, Amazonenschlacht, der Untergang Trojas und Kentaurenkämpfe dargestellt. So sehen wir das Programm des figürlichen Schmuckes sich von außen nach innen verdichtend. Die Metopen symbolisieren den Sieg der Hellenen über ihre Feinde oder ganz allgemein die Abwehr von Unheil; die Herrin des Tempels ist (wie in der Gigantomachie) aktiv in die Handlung einbezogen. Die Giebel enthalten Szenen aus dem Leben der Göttin: ihre Geburt und den Streit mit Poseidon um das attische Land, wobei Athene Siegerin bleibt (die Wiedergabe der Geburt hat sich gegenüber der Archaik grundlegend geändert; war Athene damals dem Haupt des Göttervaters entsprungen [Seite 67], so ist nun der Wunderakt dieser Geburt übergangen; in heftiger Bewegung steht sie neben dem thronenden Zeus). Der Fries hat den Kult – Prozession und Opfergabe – zum Thema. Er stellt – im Gegensatz zu den mythischen Szenen der Metopen und Giebel – ein aktuelles Ereignis dar, knüpft die Verbindung von Göttern, Heroen und Menschen. Im Raum steht das Heiligste, das monumentale Standbild. Das Programm hat also in jeder seiner Phasen Beziehung zur großen Göttin. Anders als am Zeustempel in Olympia, wo auf den Metopen Herakles, der große Heros der Griechen, seine Taten vollbringt (Seite 146 unten, 150 oben). Im Westgiebel gebietet Apoll (Seite 100) der entfesselten Leidenschaft des Kentaurenkampfes, während im Ostgiebel Zeus inmitten der Vorbereitungen zu einem mythischen Wagenrennen steht. Zur Gottheit, welcher der Tempel geweiht ist und deren Kultbild in der Cella thront, hat also nur der Ostgiebel unmittelbare Verbindung; die Metopen sind apotropäisch (unheilabwehrend), das Gotteshaus schützend, gemeint; der Westgiebel ist dem Gott des Delphischen Orakels gewidmet. Der Parthenon ist also hinsichtlich seines religiösen Programmes, der Verflechtung seiner figür-

lichen Thematik und der daraus gewonnenen Einheitlichkeit einen letzten Schritt vorwärts gegangen.
Sicher hat Phidias das Gesamtkonzept entworfen; wir wissen von Plutarch[20], einem philosophischen Schriftsteller, der etwa von 45-125 n. Chr. lebte, daß der Künstler nicht nur das Kultbild der Athene schuf, sondern auch die Gesamtleitung der Perikleischen Bauten übernommen hatte. Selbstverständlich ist es unmöglich, daß sämtliche Figuren seiner Hand zuzuschreiben sind. Man muß sich vor Augen halten, daß der Tempel mit 92 Metopen geschmückt war, daß der Cellafries 160 m lang war und daß in den Giebeln mindestens 40 überlebensgroße Figuren untergebracht waren. Es müssen demnach zahlreiche Werkstätten mit einem Heer von Bildhauern (unter ihnen zweifellos die bedeutendsten der Zeit) an dem riesigen Programm gearbeitet haben.
Eigenhändige Werke des leitenden Meisters wird man wohl an den wichtigsten Stellen der Eingangsseite zu suchen haben.
Die Kunst des Parthenon ist letzte Vollendung. Was seit Jahrhunderten erstrebt, wonach in Tausenden von Werken gerungen wurde – jedes war ein größerer oder kleinerer Stein einer gewaltigen Pyramide, jedes Voraussetzung für das nächste und damit auch für das letzte –, hier ist es erreicht. Von Harmonie und Maß, von Rhythmus und Symmetrie, von all den Kennzeichen klassischer Kunst brauchen wir nicht mehr zu sprechen; sie sind schon in der frühen Klassik enthalten. Das Verschmelzen aller Teile zu einem Ganzen im Thematischen, die Läuterung der religiösen Idee, der Weg zu der einen großen Göttin, gegen die alles sonst verblaßt, das Hellerwerden der Gestalten im Vergleich zum herben Ernst von früher; das Zusammenklingen zu einer einzigen Harmonie im Gesamtwerk (vorher war sie nur im Einzelwerk vorhanden): das ist die letzte schmale Stufe, die noch zu ersteigen, der letzte kleine und doch so große Schritt, der noch zu tun war, um die Verklärung der Parthenongestalten zu erlangen.
Daß dies gelungen ist (und nur dadurch war eine Steigerung der Qualitäten des Strengen Stils überhaupt möglich), ist in zwei genialen Persönlichkeiten begründet: in Phidias, dem Künstler, und in Perikles, dem Staatsmann. Zwei weitere sind ihnen an die Seite zu stellen: Iktinos und Kallikrates, die Architekten des Tempels (Seite 180/181). Dieser überragt ebenso alles Bisherige, ist höchste Verdichtung der Idee eines Gotteshauses, Höhepunkt einer Entwicklung, die eine weitere Steigerung nicht mehr zuläßt. Aber davon soll später die Rede sein.
Parthenonskulpturen und Phidiasisches Gesamtwerk haben nicht nur die folgende griechische Kunst, sondern besonders die römische beeinflußt; dies war um so leichter möglich, als auch die römische Religion zu einem großen Teil die griechischen Götter rezipiert hatte. Berühmte Statuen wurden kopiert, in der Hochklassik erfundene Figurentypen übernommen und in zahllosen Variationen verwendet, der Stil bis in die Spätantike weitergetragen.
Keine Frage, daß die Wirkung der Phidiaskunst auch auf das zeitgenössische Schaffen groß war. Das um 440 entstandene eleusinische Weiherelief (Seite 119) zeigt deutliche Spuren, wenngleich die feierliche Herbheit, die strenge Profilstellung der drei Figuren, die Linearität der Gewandfalten und Haare viel Altertümliches in sich tragen, Rückschauendes, das in der Ehrwürdigkeit der Mysterien von Eleusis begründet ist. – Demeter, die Erdgöttin, verleiht den Äckern Fruchtbarkeit, läßt das Getreide gedeihen und reifen, die Natur blühen und verwelken.
Mit ihrer Tochter Kore, die ein Drittel des Jahres in der Unterwelt verbringt (wenn die Vegetation abgestorben ist), gibt sie denen, die sie verehren, gute Ernten und ein glückliches Weiterleben nach dem Tod. Sie schenkt irdischen Reichtum; das ist ein ganz gebräuchlicher Zug des griechischen Götterglaubens. Den Vorstellungen der «offiziellen» Religion – schattenhaftes Dahindämmern im Hades – widerspricht das göttliche Fortwirken im Jenseits, die Glückseligkeitsverheißung für den in die Mysterien Eingeweihten. Es sind Wesenszüge einer Erlösungsreligion. Der Kult in Eleusis läßt sich bis ins 2. Jahrtausend zurückverfolgen. Demeter selbst soll ihn aus Schmerz um die von Hades in die Unterwelt entführte Tochter begründet haben. Im 5. Jahrhundert, als der Zustrom von Gläubigen gewaltig anwuchs, baute man ein stark vergrößertes Heiligtum. Darin war wohl das Weiherelief aufgestellt: Demeter, gestützt auf das Szepter, reicht dem Triptolemos Ähren, damit er die Menschen den Ackerbau lehre; dahinter steht Kore mit der Fackel im Arm und bekränzt den Knaben.
Die Orphik ist der Mysterienkult des kleinen Mannes. Wie die Eleusinien trägt sie Züge einer Erlösungsreligion: Wer ein gutes Leben führt, wer die Reinigungs- und Bekleidungsvorschriften einhält, wer vegetarisch lebt, wird in ein seliges Leben nach dem Tod eingehen. Grauenvoll ist das Geschick derer, die dies nicht tun. Die Geheimlehre kennt eine eigene Theogonie und die Seelenwanderung. Ihr legendärer Begründer ist Orpheus, der thrakische Sänger, der mit dem Spiel seiner Kithara und seinen Liedern Pflanzen und Tiere zu sich ruft (Seite 155, 157): Bäume, Vögel und Fische, Tiere des Waldes und wilde Bestien, die von der Macht der Musik gezähmt werden; ein antiker Franz von Assisi.
Selbst der Fürst der Unterwelt ist von den gottbegnadeten Melodien so sehr bezaubert, daß er der Rückkehr von Orpheus' toter Gattin ins irdische Leben zustimmt; nur eine Bedingung ist daran gebunden: Orpheus darf sich auf dem Weg nach oben nicht nach ihr umsehen. Tut er es dennoch, muß Eurydike für immer in die Unterwelt zurück. Die tragische Sekunde im Leben des Sängers, das Handeln gegen das Gebot aus übergroßer Liebe und Sehnsucht, war auf einem attischen Marmorrelief dargestellt, das in römischen Kopien überliefert ist (Seite 161). Eine zarte Moll-Stimmung klingt auf, als die Hände sich berühren, die Blicke zueinander gehen, schon in der jähen Erkenntnis, daß dieser einzige, kurze Augenblick alles Glück zerbrochen hat. Hermes Psychopompos, der Seelengeleiter, nimmt Eurydike an der Hand, um sie in das Reich des Todes zurückzuführen. Orpheus steht ein grauenvolles Schicksal bevor: Weil er sich in seiner Trauer von den Frauen abwendet, ermorden ihn thrakische Mänaden (Seite 162).
Das Originalbildwerk ist um 420 entstanden. Viel stärker als im eleusinischen Relief ist hier der Einfluß der Parthenon-

kunst spürbar. Darüber hinaus führt es mit dem starken Emotionsgehalt und dem Üppigerwerden der Drapierung in den Reichen Stil hinüber (Seite 161). Am Ende des Jahrhunderts wird die Balustrade um den Niketempel auf der Akropolis mit Reliefs versehen.[21] Siegesgöttinnen errichten ein Tropaion (Siegesmal), opfern einen Stier; Athene sitzt auf einem Felsen. Die Körper sind nun stärker bewegt, zeigen sich fast nackt durch die wie feucht anliegenden Gewänder, die Falten bewegen sich, blähen sich im Wind, steigen zu schönen Kurven und Bogen auf. Im Reichen Stil klingt zum erstenmal etwas an, das im Hellenismus oftmals zum Prinzip wird: die Bewegung der Figuren und die Schönförmigkeit der Linien um ihrer selbst willen.

Bisweilen ist es jetzt ein Zuviel des Guten, eine zu schöne Schönheit, ein zu reiches Detail (in anderer Form wird uns Ähnliches in der archaischen Spätzeit begegnen), eine zu starke Gefühlsaussage, die bis an die Grenze der Sentimentalität geht. Zum erstenmal ist das Maßvolle, die Harmonie gefährdet; gefährdet, aber nicht zerstört; denn nichts gleitet ins Extrem ab; nicht das im Gesicht deutlicher werdende psychische Erleben, nicht das Individueller-, Vertrauter-, Menschlicherwerden der Götter.

Bisher haben wir uns an den Werken der hohen Kunst, meist an den «Spitzenleistungen» orientiert. Suchen wir jetzt das Religiöse, die Darstellung des Göttlichen in kleineren Werken, die weniger bekannte Bildhauer oder biedere Steinmetze angefertigt haben mögen: Fromme Gläubige kommen mit ihren kleinen und großen Nöten zu Asklepios. Gerade in einer Zeit, in welcher der Peloponnesische Krieg so viele materielle und ethische Werte zerstört hat, wendet sich der Mensch an Götter, die fähig sind, mitzuleiden, zu trösten und zu heilen. Mehr noch als bei Demeter ist dies eine Eigenschaft des Asklepios, des gütigen, verständnisvollen, seelische und leibliche Gesundheit schenkenden Apollonsohnes. Er wird zum großen Gott, der familiären Charakter hat, dem sich die Mühsalbeladenen in großer Zahl vertrauensvoll nähern.

Die berühmteste Kultstätte ist ihm in Epidauros geweiht. Seine wachsende Beliebtheit (er verdrängt Apollon, der immer auch Heilgott war) erweist sich aus den Gründungen zahlreicher Heiligtümer ab dem ausgehenden 5. Jahrhundert: in Athen (420), Korinth, wo Asklepios Ende des 5. Jh. den alten Tempel des Apollon übernahm; in Gortys (Anfang 4. Jahrhundert), später in Pergamon und Kos. Familiär und intim sind die vielen kleinen und größeren Weihereliefs[22], die in diesen Kultorten gefunden wurden; Bitten und Dankesgaben an den Gott, der meist im Kreis seiner Gattin Hygieia und seiner Kinder erscheint, gelehnt an einen Stab, um den sich die Schlange schlingt – hier nicht als unheimliches und gefährliches, sondern als heilendes Tier. Naive Art der Darstellung menschlicher Demut und Nichtigkeit: Der Gott und seine Familie überragen die Pilger um Haupteslänge. Als Heilgott ist Amphiaraos in seinem Wesen dem Asklepios verwandt. Auch zu ihm flehen die Menschen um Genesung und Trost, auch ihm werden Heiligtümer eingerichtet, das bedeutendste in Oropos. Hier sind dem Gott und Seher Tempel und Altar geweiht, eine heilige Quelle entspringt dem Boden. Votivgaben wurden ihm dargebracht, darunter ein Relief (Seite 134/135), das einen Kranken im Bett liegend zeigt; eine Schlange beleckt heilend die Wunde und Amphiaraos selbst operiert die verletzte Schulter. – Zahlreich sind auch die Statuen und Votivreliefs, die – oft in kleinen, ländlichen Heiligtümern – dem Hermes geweiht sind.

Heute kennt man ihn meist als Götterboten; tatsächlich ist er eine der volkstümlichsten, vielseitigsten und schillerndsten Persönlichkeiten des Olymp. Als Götterbote mit Reisehut, Flügelschuhen und Heroldstab (ursprünglich ein Zauberstab) hat er eine dienende Rolle; ernste Charakterzüge äußert er, wenn er die Seelen der Verstorbenen in den Hades oder in den Olymp geleitet (Seite 161).

Im Grunde aber ist er ein Schalk, ein göttlicher Eulenspiegel, der – kaum geboren – dem Apoll fünfzig Rinder raubt (Seite 108 oben links, unten). Während er sich deshalb vor Zeus rechtfertigt, stiehlt er dem Apoll Bogen und Köcher. Den darob Tobenden besänftigt er mit den Melodien, die er seiner Leier entlockt. Schützer der Hirten und Kaufleute ist er, aber auch – infolge seiner einschlägigen Vergangenheit nicht weiter verwunderlich – Gott der Diebe (Seite 108 oben rechts). Ob ihn der Geldbeutel, den er auf manchen Darstellungen in der Hand hält, als letzteren oder als Gott der Kaufleute ausweist[23], mag dahingestellt bleiben. Jedenfalls hat er seine kriminelle Ader vererbt: Er ist der Vater des Meisterdiebes Autolykos.

Von einer Gefährdung der klassischen Harmonie war die Rede, entstanden aus verstärkten Tendenzen zu Emotionsäußerungen, aus einem Reichwerden der Details und der Bewegungen. Schon einmal, am Ausgang der Archaik, war die Gefahr des Niederganges gegeben; damals führte der Manierismus, die Veräußerlichung, zum Bruch: Aber Neues, Konträres entsprang dem vermeintlichen Ende. Und auch diesmal kommt es nicht zu einem Verfall. Zu viele Kräfte geballt, zu hohe geistige Werte gesammelt haben die wenigen Jahrzehnte, als daß aus ihnen nicht weiterhin Schöpferisches sprießen könnte. So ist die Kunst im 4. Jahrhundert immer noch Entwicklung, wenn auch nicht zu steileren Höhen, weil diese schon erklommen waren.

Für den Athenetempel in Tegea arbeitete Skopas die Statuen des Asklepios und der Hygieia, die neben dem alten elfenbeinernen Kultbild der Athene aufgestellt wurden; ebenso die Giebelskulpturen – Kaledonische Eberjagd, Kampf des Telephos und Achill –, spannungsgeladene, heftig bewegte Figuren, aus deren Gesichtern Leidenschaft bricht; also wiederum vermehrte Darstellung des Gefühls, das sich in den tiefliegenden Augen unter starken Brauenwülsten, in dem geöffneten Mund mit den geschwungenen Lippen äußert. Gewaltiges, machtvolle Größe, umweht von einem Hauch von Düsternis, spricht aus dem Zeuskopf von Aigeira (Seite 116); das aufflammende Haupthaar, der dicht wallende Bart umschließen ein kräftig modelliertes Gesicht mit großen Augen und offenem Mund. Diesem Hang zum Pathos steht zur gleichen Zeit das Werk des Praxiteles gegenüber, der wohl auch – wie kaum ein anderer – Emotionelles gestaltet; hier aber sind es weiche, zarte Stimmungen der Seele. Weicher werden nun auch die Figurenumrisse und Modellierungen, die

Bewegungen und Überschneidungen komplizierter. Die Beherrschung des Materials hat einen nicht mehr zu übersteigenden Höhepunkt erreicht. Am Hermes (er hält im Arm den kleinen Dionysosknaben, den er in die Obhut der Nymphen übergeben wird) kontrastieren die dunklen Schatten des schwer herabfallenden Gewandes mit den fließenden Rundungen und Wölbungen des Nackten, mit dem Körperschwung, der sich in den rechten, jetzt fehlenden Arm fortsetzte. Der verschleierte Blick, die vollen Lippen des leicht geöffneten Mundes, das Kinngrübchen geben dem Gesicht heitere Anmut und einen Zug ins Erotische (Seite 110). Die Praxitelische Aphroditestatue von Knidos[24] ist nackt. Während die Wiedergabe des unbekleideten männlichen Körpers als Ausdruck des Heroischen der griechischen Kunst seit eh und je geläufig war (denken wir nur an die archaischen Jünglinge (Seite 93 links), an den Apoll des olympischen Giebels (Seite 100) und an den Poseidon vom Kap Artemision (Seite 72), so waren Frauenfiguren bis weit ins 5. Jahrhundert bekleidet. Ausnahmen waren Darstellungen von Hetären und Wettkämpferinnen.
Erst in der zweiten Hälfte des 5. Jahrhunderts beginnen die Künstler ihre weiblichen Figuren teilweise oder gänzlich zu entkleiden. Als Schöpfer einer nackten weiblichen Kultstatue aber ist Praxiteles der erste. Er hat – was liegt näher – die Göttin der Schönheit und der Liebe dafür gewählt: Sinnliche Frauengestalten mit weichen, fließenden Konturen sind entstanden, mit zart schwellenden Oberflächen, die von feinen Schatten gegliedert sind. Plinius schreibt[25]: «Alle (Werke des Praxiteles) aber übertrifft die Venus, welche nicht nur des Praxiteles, sondern aller Welt Venus heißen kann; wie denn viele, um sie zu sehen, nach Knidos fuhren.» Daß damals nicht wenige an der Nacktheit einer Göttin Anstoß nahmen, bestätigt wiederum Plinius: «Er (Praxiteles) hatte zwei gemacht und verkaufte sie zugleich, und zwar eine in verhüllter Gestalt, welche die Koer, denen die Wahl freistand, weil er sie zu dem selben Preis angeboten hatte, vorzogen, indem sie dies der Ehrbarkeit und Sittsamkeit schuldig zu sein glaubten; die Zurückgewiesene kauften die Knidier, und diese sollte jene bei weitem an Ruhm übertreffen.» Welche Schönheit des Körpers, wieviel «Weiblich Hinanziehendes» muß dieser Marmorgestalt zu eigen gewesen sein, aber auch wieviel sexuelle Ausstrahlung, wenn eine solche Legende sich um sie ranken konnte: «Man erzählt, daß ein von Liebe Hingerissener, indem er sich des Nachts versteckte, das Götterbild umarmte und daß ein Flecken als Spur seiner Begierde blieb.» Die Erklärung dieses letzten Passus ist denkbar simpel und trocken: Jeder Marmor, auch der reinste und weißeste, hat irgendwo einen dunkleren Einschluß; an der knidischen Aphrodite scheint er nahe einer Intimstelle gewesen zu sein. – Selbst die ernsteste, erhabenste aller Göttinen, Athene – im 4. Jahrhundert seltener dargestellt –, wird graziler im Schwingen des schlanken Körpers, zarter und milder im Ausdruck des Gesichtes (Seite 69).
Apollon Sauroktonos[26] – der Eidechsentöter – gibt Zeugnis vom stärker werdenden Stimmungsgehalt, von der nicht mehr zu überbietenden Bewältigung des Materials. Aber was ist aus der hoheitsvollen, herben Männlichkeit des Gottes in Olympia geworden! Ein zarter Knabe, dessen Haltung und Körperformen ihm geschmeidige, fast feminine Züge verleihen. Die Darstellung dieser kindlichen Handlung wäre in der frühen und hohen Klassik undenkbar gewesen!
Auch Leochares hat zu dieser Zeit einen Apoll geschaffen (und auch dieser ist meilenweit vom Gott des Zeustempels entfernt): Eine leichthin schreitende, fast schwebende Gestalt voller Anmut, ein strahlender Gott des Lichtes. In diesem «Apoll vom Belvedere»[27] hat Winckelmann «das höchste Ideal der Kunst unter allen Werken des Altertums» gesehen.
Allen diesen über die Hochklassik hinausführenden Kriterien – Pathos, Gefühlssteigerung, Weicherwerden – ist ein weiteres an die Seite zu stellen: die Veränderung der Proportionen; die Körper sind stärker gelängt, die Köpfe kleiner. Besonders deutlich bricht dies am Fuggerschen Amazonensarkophag durch (Seite 188/189), an dem die Streckung der Figuren, die hohe Gürtung ihrer Kleidung, die Kleinheit der Köpfe manieristische Tendenzen zeigen.
Einer der letzten großen Bildhauer dieses Jahrhunderts ist eng mit Alexander, dem Herrn der Wende, verbunden: Lysipp.
Er ist Hofbildhauer, erhält den Auftrag, Porträts des Königs anzufertigen. Mit dem Herakles Farnese (Seite 149), einer römischen Kopie, welche die Charakteristiken des Originals sicher stark übersteigert, steht auch er an der Schwelle zu einer neuen Zeit, die sich vom klassischen Ideal immer weiter entfernt. Ein mächtiger Körper trägt einen viel zu kleinen Kopf. Der kraftvolle Held von einst ist ironisiert zu einem Protz, zu einem Mister World, der mit Body-Building seine Muskeln züchtet; der Kopf und vor allem sein Inhalt sind – wie der stumpfe Blick zeigt – zu kurz gekommen. – Schauen wir zurück zu den Heraklesfiguren der Olympiametopen (Seite 150 oben): keine Spur von Ironie, geschweige Sarkasmus; kein Ton, nicht die leiseste Schwingung eines Zweifels an der göttlich-schicksalsschweren Sendung eines Heros. Schlicht, einfach, kräftig steht er da und trägt das Tonnengewicht des Himmelsgewölbes – menschgewordene dorische Säule, Ausgleich von Lasten und Tragen, Niederdrücken und Emporstreben. Sind die beiden Heraklesgestalten – des unbekannten Künstlers von Olympia und des Lysipp – nicht Symbole ihrer kurzen Spanne Zeit? Des klassischen Beginnens: der eine ernst, die ganze Schwere seiner Pflicht begreifend, doch aufrecht und kraftvoll, voll Energie und Vitalität.
Der andere resignierend, verausgabt, trotz seiner Muskelberge stumpf, verloren, müde sich an seine Keule lehnend; einer der ausruht, für den es keine neuen Taten gibt. Sinnbildhaft steht er am Ende der Klassik.
Zu den Werken des Lysipp zählen auch ein Hermes, der den Ruf des Zeus hört, während er gerade seine Sandale bindet (Seite 109), und ein Silen mit dem Dionysoskind in den Armen (Seite 121).
Schwellende Muskulatur, komplizierte Überschneidungen von Körperteilen, schwierige Probleme des Standmotivs und der Haltung faszinieren den Künstler und drängen ihn zu einer Übersetzung in totes Material, das mit dem Gelingen der Aufgabe lebendig wird.
Göttliche Gestalten in Motiven des menschlichen Alltags; das Binden eines Schuhs,

das Wiegen eines Kindes und weibliche Eitelkeit: Aphrodite, die ihr schönes Antlitz und ihren makellosen Körper in der Spiegelfläche eines Schildes betrachtet. Nicht nur die Lysippischen, auch die Praxitelischen und Skopasischen Skulpturen sind Angelpunkte, Wendepunkte für die hellenistische Zukunft. Selbst nochmals klassische Höhepunkte, letzte Spitzenleistungen am Ende einer Epoche, voll psychischer Spannung und religiöser Aussage, tragen sie bereits den Keim in sich, der die Kurve griechischer Kunstentwicklung zum Sinken bringt. Das Weicherwerden, das Hervorheben des Gefühls sind Bestrebungen, die zur Verzärtlichung und zum Erotisieren, zum Rokoko der Antike führen können; die stärkere, kompliziertere Bewegtheit wird zu barocken Bewegungsekstasen. Die schwellenden Körperformen tendieren ebenfalls zu einem barocken Stil. Und schließlich die Veränderung des religiösen Inhalts: Wohl sind in der Spätklassik (sonst wäre sie ja nicht mehr Klassik!) die Götter noch in ihren Bildern gegenwärtig, sind lebendig; und sie sind noch immer das primär Darstellenswürdige. Aber sie sind einerseits aus der Erhabenheit in eine Atmosphäre der Seligkeit übergegangen, anderseits mit einem Individuellerwerden, mit dem Herabsteigen in die intimere Sphäre des Genreähnlichen, dem Menschen ganz nahe gekommen (eidechsentötender Apoll, Praxitelischer Hermes [Seite 110], der dem Dionysoskind eine Traube hinhält). Von da ist es nur noch ein kleiner Schritt zur künstlerischen Darstellung des täglichen Lebens: Derartige Neigungen klingen am Ende des 4. Jahrhunderts in den reizvollen graziösen Tonfiguren aus Tanagra an, deren Motive meist aus dem Kreis der Frau und des Kindes geholt sind.
Bisher hatte man Kleinplastiken den Toten in die Gräber mitgegeben, waren sie Weihegaben für die Gottheit; nun dienen sie nicht mehr allein dem Kult, sondern vorwiegend den Bedürfnissen der Menschen: Sie stehen als Nippesfiguren in den Wohnungen. In den folgenden Jahrhunderten führt die Vorliebe fürs Alltägliche zu einem Realismus, der auch das Häßliche und Gemeine in die künstlerische Aussage einbezieht.

2.

Immer ist das Einfache, Unkomplizierte bedeutend und ergreifend; sei es an der maßvollen Bewegtheit einer Statue, am klaren Wort der Dichtung, an der schlichten Melodie eines Liedes, an der harmonischen Gliederung eines Bauwerks. Die griechische Architektur legt von Beginn an alle Kraft und Fähigkeit in den Tempelbau. Verständlich, entsprechend dem bisher Gesagten selbstverständlich, daß – bis zum Ende des 4. Jahrhunderts – nicht Prunk- und Prachtentfaltung, nicht die Entwürfe komplizierter Grund- und Aufrisse, also nicht Paläste, Villen und Badeanlagen künstlerisches Ziel der Hellenen sind, sondern der ursprüngliche Baugedanke des Menschen: das (für die Gottheit zu bauende) Haus. Über ein paar Stufen liegt ein Quader, der das Giebeldach trägt. Einziger Unterschied zur simpelsten Art des Hauses sind zwei dem Eingang vorgestellte Säulen. Selbst wenn die Wände der Cella später von Säulen umstanden sind, der optische Eindruck, der Umriß des Quaders, bleibt.
Die Griechen bauen ein Gotteshaus, das sich in seiner Grundform über Jahrhunderte nicht verändert, zu dessen Prinzip es überhaupt keine Alternative gibt. Die Entwicklung verändert also nicht die Idee, sie trachtet sie nur zu verwirklichen bis zur Vollendung. Wenn wir als wohl nächstliegenden Vergleich an die Entfaltung des christlichen Kirchenbaues denken: allein die Art der Verwendung ist nicht die gleiche. Die Kirche ist Gotteshaus und Versammlungsraum der Gläubigen zugleich (in dem alle sakralen Handlungen, die den Christen von der Geburt bis zum Tod begleiten, vorgenommen werden), ist Tabernakel der göttlichen Gegenwart und Haus der Anbetung und des Opfers, das Gott selbst bringt und das von den Gläubigen miterlebt wird. Der Altar steht innerhalb des Gebäudes und ist Mittelpunkt und Träger des wunderbaren Geschehens. Der griechische Tempel ist der Schrein, in dem die Gottheit gegenwärtig ist; der Altar hingegen steht draußen, und dort auch wird der Gottesdienst gehalten und das Opfer dargebracht, das die Götter entgegennehmen; durch die geöffnete Cellatür ist der Blick des Kultbildes auf den Altar gerichtet. Eine grundlegende Differenz des Bauzwecks also. Welch tiefgreifender Unterschied aber erst in der Entwicklung des christlichen Kirchenbaues, welche Wandlung, Verwandlung, Verästelung! Schon der Beginn basiert auf zwei Grundgedanken: dem kuppelüberwölbten Zentralbau und der Basilika, die wohl ein Haus ist, aber schon kein gewöhnliches mehr; denn das Mittelschiff ist wegen des Lichtgadens überhöht, der Altarplatz ist auch von außen an der Apsis zu erkennen, der Turm tritt hinzu, ebenso das Querschiff mit der Vierung. Der romanische Dom wuchtig, festungshaft, Gottesburg; die gotische Kathedrale hoch aufstrebend, die Wände auflösend in farbiges Glas; die Fassade der barocken Kirche ein prunkvolles Tor, durch das man eintritt in einen Raum, der in den Himmel geöffnet ist.
Der griechische Tempel kennt solche Veränderungen nicht, weder der Idee noch der Form nach. Und doch ist er in seiner schönsten Gestalt das harmonischste Bauwerk geworden, unvergleichlich in seinen Maßverhältnissen, in der Schlichtheit seiner Gesamtform. «Was Athen am meisten zum Schmuck und zur Zierde gereichte, was den anderen Völkern die größte Bewunderung abnötigte und heute allein noch dafür Zeugnis ablegt, daß Griechenlands einstiges Glück, daß der Ruhm seiner früheren Größe nicht leeres Gerede sei, das waren seine prachtvollen Tempel.»[28] – Nicht allein das Lastende, auf der Erde Ruhende der Romanik, nicht das Aufstrebende, das Nach-oben-Blicken der Gotik, nicht der barocke Himmel auf Erden ist im hellenischen Tempel zu Stein geworden. Das Horizontal-Lastende des Gebälks wird von der Vielzahl der senkrecht aufsteigenden Linien der Säulen gemildert. Ausgleich und Verbindung sind die Schrägen des Daches (die einzigen am ganzen Bauwerk). Nicht ein Bogen, nicht eine sichtbare Kurve (von den unsichtbaren soll später die Rede sein) unterbricht die Geradlinigkeit des Baues. So ist auch im Tempel das Prinzip des Maßhaltens verwirklicht; ein Sich-Ergänzen von Last und Leichtigkeit, von Monumentalität und Anmut.
Die ersten Tempel wurden im 8. Jahrhundert errichtet. Zuvor verehrte man die

Götter in Hainen, Grotten, an Quellen und auf Plätzen, die durch eine Äußerung der Gottheit (durch Epiphanie, durch Blitzschlag beispielsweise) geheiligt waren; oder einfach nur an Orten, an denen die in der Natur wirkenden Kräfte besonders deutlich in Erscheinung traten.
Hier wurde geopfert, manchmal an einem einfachen Steinaltar; die Schädel der Opfertiere und die Weihgaben hängte man an Bäume. Zugleich mit dem Auftreten anthropomorpher Kultbilder baute man – die Gottheit brauchte eine Wohnung – die ersten Tempel. Bild und Bauwerk waren aus Holz (erst gegen Ende des 7. Jahrhunderts begann man am Tempel das Holz durch Stein zu ersetzen). Der Grundriß basiert auf dem Megaron, einem ägäischen Haustypus, der in den mykenischen Burgen zum zentralen Raum, zur Königshalle, wurde (Seite 196/197). Dem rechteckigen Saal, in dessen Mitte der kultische Herd stand, war manchmal ein schmaler Vorraum, immer eine den Eingang bestimmende Vorhalle vorgelagert; sie war durch Verlängerung der Längswände (Anten) und dazwischengestellte Säulen gebildet. Es ist der Grundriß des griechischen Antentempels. Dieser Urtyp erfährt im Lauf der Entwicklung mancherlei Variation und Bereicherung: An der Rückseite wird ein der Vorhalle entsprechender Raum angeschlossen (Doppelantentempel); in diesem Opisthodom werden häufig die Weihegeschenke aufbewahrt. Durch Errichtung einer Säulenreihe vor der Eingangshalle wird das Gebäude zum Prostylos, mit dem Weiterführen der Säulen um die gesamte Cella zum Peripteros. Ist der Tempel von einem zweireihigen Säulenkreuz umschlossen, spricht man von einem Dipteros. – Die Säule, aufragend und tragend zugleich, dem eckigharten Pfeiler durch ihre runde, geschmeidigere Gestalt überlegen, wird damit zum Hauptelement des griechischen Tempels, in der Spätzeit der gesamten griechischen Baukunst überhaupt. Kein Tempel, kein Schatzhaus, schließlich auch kein Marktplatz und kein Gymnasium ohne Säule. Und was ist aus dem glatten, zylinderähnlichen Schaft von ehedem geworden! Durch die Kannelierung kommt zur statischen Funktion die optisch-ästhetische; obwohl die Kannelur von ihrer «Erfindung» her ein geometrisches Problem war: aus dem kreisförmigen Schnitt der Säule regelmäßige Segmente zu entfernen; wobei die optische Wirkung nicht im Negativen, in der Aushöhlung liegt, sondern im Positiven, im Schnittpunkt der Kreise, dem Grat.
Durch ihn wird der Effekt der zweifachen Kontur einer glatten Säule, das Emporstreben, die Betonung des Vertikalen, vervielfacht.
Schon bald nachdem die ersten Tempel gebaut worden waren, entwickelten sich zwei Architekturstile: die dorische und die jonische Ordnung. Die Art der einen ist an das griechische Mutterland und seine Kolonien in Unteritalien und Sizilien gebunden. Sie ist in ihrer Wirkung kraftvoller, klarer, aber auch spröder und schwerer. Die jonische Ordnung, in der man an der anatolischen Westküste und auf den Inseln baute, ist leichter, anmutiger, eleganter, weniger wuchtig und bisweilen überschwenglich. Die Unterschiede liegen nicht nur in den Proportionen (gedrungene und schlanke Säulen), sondern auch in der Verschiedenartigkeit der Bauglieder. So steht die dorische Säule direkt auf dem Stylobat, der obersten Fläche des dreistufigen Unterbaues, während die jonische auf einer profilierten Basis ruht. Das dorische Kapitell ist ein mit einer Deckplatte (Abacus) versehener Polster (Echinus), der den Säulenschaft mit dem glatten Architrav (Tragbalken) verbindet. Darüber wechseln die manchmal figürlich geschmückten Metopenplatten mit den Triglyphen (Dreischlitzen) ab, an denen auch im Steinbau noch sehr deutlich die ursprünglichen Enden der hölzernen Deckbalken erkennbar sind. Horizontales und schräges Geison rahmen die Giebelfläche. Über den Giebelecken erheben sich die ornamentalen oder figürlichen Akrotere. Die Wasserspeier an der Sima (Dachrinne) sind häufig mit Löwenköpfen verblendet.
Außer durch die differenten Proportionen und die Säulenbasis ist die jonische Ordnung von der dorischen besonders durch das reichverzierte Volutenkapitell, durch den dreigeteilten Architrav, der bisweilen figürlich geschmückt ist, und durch den darüberliegenden Zahnschnittfries unterschieden. Sowohl der Architrav als auch der Zahnschnitt – eine Reihe von quaderförmigen, vorragenden «Balkenenden» – erinnern deutlich an die frühe Holzarchitektur. Der Zahnschnitt ist von profilierten Leisten aus stilisierten Blättern – den Kymatien – gerahmt. Ein schmuckloses Geison umfaßt das Giebelfeld, in dem im jonischen Bereich fast ausnahmslos figürliche Darstellungen fehlen. – Das aus Akanthusblättern und Volutenranken gebildete korinthische Kapitell ist eine Variante der jonischen Ordnung. Der römische Architekt und Ingenieur Vitruv berichtet[29], der Bildhauer Kallimachos habe es erfunden. Jedenfalls wurde es von Iktinos im Inneren des Apollontempels von Bassai erstmals angewendet.[30]
Die dorische wie die jonische Architektur zeigen eine Grundrißentwicklung, die von gelängten Rechtecken bei archaischen Bauten zu einem harmonischen Verhältnis von Länge und Breite in der Klassik tendiert. Im Heratempel von Olympia (erbaut um 600) entsprechen 6 Säulen an der Schmalseite 16 an der Langseite; im Apollontempel von Korinth (um 540) ist das Verhältnis 6:15, im olympischen Zeustempel (470-456) 6:13, im Parthenon (447-438) 8:17. Gedrungen werden die Grundrißrechtecke mitunter im Hellenismus.
Während die jonische Säule von Anfang an schlank und grazil ist, wirkt die frühe dorische wuchtig und schwer. Schon am Ende der Archaik, besonders jedoch in klassischer Zeit wird sie schlanker und verliert dadurch an Gewicht und Gedrücktheit. Ähnlich verhält es sich mit den dorischen Kapitellen, deren Echinoi zuerst breit, wie zusammengequetscht, wirken (Apollontempel von Korinth; Seite 164/165), später nur noch leicht gewölbt (Zeustempel in Olympia) und endlich gänzlich gestrafft sind. Die fortschreitende Entwicklung ist am Heraion von Olympia (Seite 64/65) deutlich zu verfolgen: Hier hat man die ursprünglichen Holzsäulen, immer wenn sie morsch geworden waren, durch steinerne ersetzt; die Kapitelle zeigen die Form der jeweiligen Epoche. Durch die Straffung der späten Exemplare wird der Übergang vom Senkrechten zum Horizontalen fließender. Das Kapitell ist Verbindung und Ausgleich von Tragen und Lasten geworden. Dieser Gegensatz liegt

in der jonischen Architektur weit weniger klar zutage, ist verdeckt durch die schlanken Säulen (mit einer Höhe bis zum 12fachen des unteren Durchmessers; die dorischen Säulen erreichten – erst in der Spätklassik – das 6,3fache) und die leichteren Gebälke, eingeschlossen in die wachsende Lebendigkeit der üppigen pflanzlichen Ornamente und in die reichen Relieffriese, die auf Wänden, Säulen und Architraven angebracht sind. Auch die Grundrisse sind variabler: Nur im jonischen Gebiet wird der Dipteros gebaut. Verbreiterte Mitteljoche geben der Eingangsseite verstärktes Gewicht. Hinter die Frontsäulen wird eine zweite Reihe gesetzt; das ist der Auftakt zu der im Jonischen häufig aufkommenden Überdimensionierung der Bauten. Um 570 errichtet Rhoikos den ersten Dipteros, den Riesentempel der Hera von Samos (Seite 66); er ist 105 m lang und 52 m breit; der Stylobat trägt 104 Säulen von 18 m Höhe.

Zehn Jahre später entsteht in Ephesos das Artemision[31], und um 540 wird der Apollontempel von Didyma[32] begonnen, kolossale Gebäude mit Wäldern von Säulen. Von einer Schlichtheit, wie sie den dorischen Heiligtümern eignet, kann hier nicht mehr geredet werden. Wie die gigantischen Ausmaße führt auch die Entwicklung des Stufenbaues, auf dem der Tempel steht, von ein- bis zweistufigen Beispielen über die dreistufigen klassischen zu hohen Podien und vielstufigen, freitreppenartigen Unterbauten im Hellenismus und damit zu einem Verlust des griechischen Maßhaltens.

Beide Stile erlangen ihre große Blüte, der jonische früher – etwa mit dem Wunderbau des ephesischen Artemisions –, der dorische später mit dem olympischen Zeustempel. Man sollte meinen, daß damit (gerade mit dem letztgenannten) eine Schwelle erreicht ist, hinter der es nur noch einen Weg geradeaus oder bergab gibt. Iktinos und Kallikrates fanden einen dritten nach oben führenden: mit der Vereinigung, der Symbiose beider Ordnungen im Parthenon. Hier klingen statische und dynamische Kräfte, differente Eigenschaften – Leichtigkeit und Schwere, Schlichtheit und Schmuckbedürfnis, Herbheit und Grazie – zu vielstimmiger Harmonie zusammen.

Der Parthenon (Seite 180/181) ist der größte dorische Tempel: ein Peripteros, der mit seinen 58 Außensäulen, mit einer Länge von 69,5 und einer Breite von 31 m bei weitem jedoch nicht die kolossalen Ausmaße jonischer Großbauten erreicht. Die dorischen Säulen sind schlanker geworden, die Kapitelle straff geführt, die Gebälke weniger gewichtig, aber nicht – wie im Jonischen – durch das Umranken mit pflanzlichen Ornamenten aller Last enthoben. Dorisch sind die Figurenszenen der Metopen und Giebel, jonisch ist der Fries, der die Cellawand umschlingt. Das Erbe der jonischen Mutter und des dorischen Vaters ist diesem schönsten und genialsten Kind griechischen Bauens zu gleichen Teilen mitgegeben.

Aus den Maßverhältnissen der Bauteile erwächst die Ausgeglichenheit und das In-sich-Ruhen: Stylobatbreite zu -länge, Säulendurchmesser zu Joch, Frontbreite zu -höhe, Cellalänge zu -breite verhalten sich wie 4:9. In Jahrhunderten haben sich Architekten und Baumeister abgemüht, das Ideal des Gotteshauses zu verwirklichen; Schritt für Schritt kamen sie mit zahllosen Experimenten an Grund- und Aufriß, an den Säulen, am Verhältnis der Teile zum Ganzen diesem Ziel näher. Schon in der zweiten Hälfte des 6. Jahrhunderts begann man mit Versuchen, die am Parthenon bis zur letzten Konsequenz durchgeführt sind: Hier gibt es kaum mehr eine echte mathematische Gerade. Horizontale Flächen und Kanten (des Stufenbaues, des Gebälks) sind leicht aufwärts gekrümmt, die nach oben verjüngten Säulen schwellen zur Mitte an; Säulen, Architrave und Wände neigen sich unmerklich nach innen; es sind architektonische Raffinements, die der Starre und Leblosigkeit eines reinen geometrischen Systems entgegenwirken.

Hierzu kommt ein weiterer Faktor: die Farbe. Wir sehen heute den pentelischen Marmor im warmen Ton der goldbraunen Patina, übergossen vom strahlenden Licht der griechischen Sonne, das die hellen Flächen überscharf in ihren Konturen formt und die dunklen Partien ruhig im Sonnenlosen verschwimmen läßt. Aus dem Wechselspiel von Licht und Schatten gewinnt das Bauwerk erst seine starke Plastik, nicht nur in der Gesamtheit, auch in den Einzelheiten, den Kanneluren, Kapitellen und Ornamenten. Für uns ist der Hell-Dunkelkontrast der einzige Farbeffekt des griechischen Tempels.

In der Antike entsprang seine Lebendigkeit nicht zuletzt aus der rot-blauen Bemalung der verzierenden Details (statische Glieder und Flächen – Stufen, Säulen, Architrave und Wände – beließ man in der natürlichen Farbe des Marmors).

Die schmückenden Elemente in den Metopen und Giebelfeldern (auch sie waren mit Ausnahme der nackten Körperteile rot und blau, seltener ocker- und goldfarben bemalt) sind früh schon an den dorischen Gotteshäusern zu finden. Dort waren die Kräfte, die Unheil und Gefahr abwendeten, gemalt oder gemeißelt: Löwen, fratzenhafte Gorgonen, Sphingen; später fanden die Mythen der Götter und Heroen Eingang. Aber von ihnen gab es keine Verbindung zum Götterbild in der Cella, sie waren symbolhafter Schutz des Hauses. Nun sind Giebel, Metopen und Fries, obgleich immer noch Abwehr des Bösen von Tempel und Stadt, dem allumfassenden Thema Athene eingegliedert. Der Parthenon steht beherrschend und schützend über der Stadt und dem attischen Land. In ihm sind die beiden griechischen Architekturstile vereint.

Den kleinen Niketempel (Seite 187) neben den Propyläen (Seite 71), den mächtigen Eingangshallen zur Akropolis, hingegen hat sein Architekt Kallikrates kurz nach 449 im jonischen Stil entworfen. Zart, wie schwebend, liegt er auf seiner hohen Bastion.

Im folgenden «Reichen Stil» werden die dorischen Bauformen und Grundrisse lockerer, der Schmuck virtuoser und üppiger, während in der Spätklassik des 4. Jahrhunderts nur noch eine Weiterentwicklung der Cella zu prachtvollen Räumen möglich ist, deren Wände durch korinthische Halbsäulen weitgehend aufgelockert sind (so im Athenetempel von Tegea[33]). Am Außenbau führen mathematische Proportionen und ein Abstrahieren zu geometrischen Formen, eine überzüchtete Eleganz durch überhöhte Säulen und kraftlose Gebälke die Erstarrung und damit das Ende des dorischen Stils als selbständige monumentale Architekturform herbei. Als Beispiel hierfür sei der Zeustempel in Nemea angeführt (Seite 138/139).

Mit dem Hellenismus ist auch das ursprünglichste Ziel der griechischen Baukunst, die Verwirklichung der Tempelform als einzig erstrebenswerter Bauidee, überschritten. Nicht nur, daß der Wohnbau luxuriöser wird, daß die Architekturglieder zu stereotyp wiederholten Elementen und damit zu endlosen Säulenfluchten oder mehrstöckigen Fassaden werden, auch die Heiligtümer (z.B. in Kos) umfassen nun häufig große Plätze mit geometrisch exakten Grundrissen, von Säulenhallen gerahmt; in einer der Achsen liegend ein kleiner Tempel von akademisch-klassizistischem Gepräge. Er ist nicht mehr selbständiger, einziger Bau, allein für die Gottheit bestimmt, sondern Teil einer vielgliedrigen, die Landschaft verändernden Anlage, die in erster Linie profanen Zwecken oder der Repräsentation eines Herrschers dient. Nicht mehr nach klassischer Ruhe und Ausgewogenheit geht das architektonische Streben, sondern nach perspektivisch effektvollen Großräumen, prunkvollen Fassaden und Hallen, nach gigantischen Dimensionen und nach Fernwirkung. Der Tempel ist nicht mehr hauptsächliches oder ausschließliches Anliegen, sondern gleichgeordneter, bisweilen untergeordneter Teil des Ganzen.
Nur im Dipteros, dem grandiosen Entwurf der jonischen Archaik, ist die Tempeltradition lebendig geblieben. Bekanntestes und kolossalstes Beispiel ist das Olympieion in Athen[34]. 174 v. Chr. begonnen, wurde es erst 130 n. Chr. von Hadrian, dem großen Philhellenen unter den römischen Kaisern, nach den alten Plänen vollendet. Es verhalf dem korinthischen Kapitell im Außenbau zum Durchbruch; so hat auch noch dieser späte griechische Tempel ein großes Erbe hinterlassen.

3.

Über die Monumentalmalerei des 5. und 4. Jahrhunderts erfahren wir eine ganze Menge aus der antiken Literatur; kaum etwas von den dort beschriebenen Originalen ist jedoch erhalten, weil sie auf vergängliches Holz gemalt waren. Berühmte Namen sind überliefert: Polygnot, Mikon, Panainos, Zeuxis, Parrhasios, Euphranor und Apelles. Die Akzente der Thematik sind, verglichen mit der Skulptur, anders gesetzt. Nicht die großen Göttergestalten stehen im Vordergrund, sondern der Mythos (das eroberte Troja, Odysseus, Amazonen- und Kentaurenkämpfe) als höhere Deutung des Zeitgeschehens; besondere historische Ereignisse (Schlacht von Marathon), ja sogar Allegorien (Demokratia, Demos) sind mitunter verwendete Sujets. Die große Malerei ist also nur zum Teil dem Religiösen verhaftet, profane Stoffe sind durchaus darstellenswürdig.
Ähnlich verhält es sich mit der Vasenmalerei, deren nichtreligiöse Themen allerdings kaum weltbewegende Geschehnisse sind, sondern meist dem bürgerlichen Milieu entspringen: Sport, Jagd, Gelage, Kriegers Abschied, Frauenbad, Hochzeitsvorbereitungen, sogar Küchenszenen. Selbst die unzähligen Darstellungen von Göttern und Mythen sind einfache Genrebilder, wirken intim, familiär wie die Gefäße selber, auf die sie gemalt sind; die nichts anderes sind als das «bessere» Haushaltsgeschirr. Dennoch können auch sie – und dies geschieht recht häufig – kultischen Charakter annehmen, wenn sie als Weihegeschenke oder Grabbeigaben dienen. Pflanzliche und geometrische Ornamente, Figuren in Schwarz und Terrakottarot bedecken die schön proportionierten, rhythmisch aufgebauten Vasen verschiedenster Formen: Hydrien (Wassergefäße), Amphoren (Mischgefäße), Oinochoen (Weinkrüge), Trinkschalen und -becher, Lekythen (Grabvasen).
Für die Forschung sind diese kleinen, reizvollen Szenen von unschätzbarem Wert. Bieten sie doch einen vollständigen Überblick über die griechische Zeichenkunst und können doch aus ihnen Rückschlüsse auf die große Malerei gezogen werden. Meist sind sie Werke tüchtiger Handwerker – große Künstler sind selten –, welche die Kompositionen zur Gänze oder in Teilen von der Tafelmalerei entlehnten. Fraglos ist diese von höherer Qualität, da die Vasenmalerei, zumindest in ihrer Masse, Reflex ist; Abglanz aus geborgtem Licht. Gerade das Innenbild jener Schale aber, die wir an den Anfang unseres kurzen Überblicks stellen, ist von einer monumentalen Kraft, hinter der eine überragende Persönlichkeit steht: Exekias (Seite 123). Um 540, weit noch in archaischer Zeit, hat er die Errungenschaften der frühen Klassik vorweggenommen: den schlichten Ernst, die Ruhe, die Harmonie, mit der das Bild in das Rund der Schale komponiert ist. Der Gott des Weines, Dionysos, segelt über das Meer. Seeräuber fallen über ihn her, um ihn als Sklaven zu verkaufen. Da steht das Schiff plötzlich still in den Wellen, die Fesseln fallen von den Gelenken des Gottes, Reben ranken am Mast empor.
Panische Angst überkommt das Räubergesindel. Wie rasend stürzen sie sich ins Wasser – und werden zu Delphinen. Den Augenblick hat Exekias eingefangen, da alles vorbei und wieder Ruhe ist, weil die göttliche Macht gesiegt und den Frevel bestraft hat.
Ebenfalls in schwarzfiguriger Technik (die Figuren und Ornamente stehen in schwarzem «Glanzton» vor dem Rot des gebrannten Tons), aber hinter der hohen Qualität des Exekiasbildes weit zurückfallend, ist ein anderer Dionysos gezeichnet: als Herr seines geilen, überpotenten Gefolges; ein antikes Pornobild (Seite 126). In diesen recht zahlreichen, oft bewußt übertreibenden Darstellungen (Seite 98 unten) steckt meist ein beträchtliches Quantum Humor. Ein Sich-lustig-Machen über das allzu Menschliche der Götter (schon bei Homer ist derartiges zu finden), in dieser Zeit allerdings noch in harmloser Weise, wenn man damit den beißenden Sarkasmus vergleicht, der am Ende des 4. Jahrhunderts und im Hellenismus manchmal aufblitzt. Man denke an den Lysippischen Herakles (Seite 149), dem das Hirn in den Bizeps gerutscht ist. Die Geste, mit welcher der Silen seine Ejakulation begleitet, gleicht der eines Kenners, der einen Schluck erstklassigen Weines auf der Zunge zerrinnen läßt (Seite 126).
Um 530 vollzieht sich eine Änderung in der Vasenmalerei, die den Bildern im Kontrast von Figur und Hintergrund stärkere optische Wirklichkeit und der Linienführung, besonders in den Details, größere Freiheit, Variationsmöglichkeit und Natürlichkeit verschafft. Irgendeinem der vielen Maler (fast immer waren sie die Angestellten des Töpfers) ist der Gedanke gekommen, die bisherige Technik einfach umzudrehen: den Grund zu schwärzen und die Figuren und Verzierungen in tongrundiger Silhouette stehen zu lassen.

Die Innenzeichnung – Haar, Bart, Faltenwurf – kann nun mit einem feinen Pinsel eingetragen werden. Abgesehen von der obenerwähnten größeren Unabhängigkeit der Strichführung ist die Gefahr des Absplitterns beseitigt; denn in der schwarzfigurigen Technik hatte man den glasharten, spröden Glanzton mit einem spitzen Instrument ausgekratzt. Beide Arten der Bemalung liefen noch eine Zeitlang nebeneinanderher – manchmal verwendete man an einem Gefäß beide Techniken –, bis die Neuerung das Schwarzfigurige gänzlich verdrängte.

Familiäre Atmosphäre atmet die Götterversammlung auf einem Skyphos (Becher, Napf), von dem wir den Namen des Töpfers – Brygos – kennen (Seite 60 links). In freundlicher Vertrautheit sitzen und stehen die Unsterblichen beisammen, diskutieren, plaudern, tauschen wohl auch den neuesten Tratsch aus. Derselbe Künstler (in der Fachsprache Brygos-Maler genannt) hat in einer anderen, weißgrundigen Technik das Innenbild einer Schale geschmückt (Seite 131 oben): Mit einer Mänade, die in der Ekstase des dionysischen Thiasos einen Leoparden ergriffen hat. Mit temperamentvollem, sicherem Strich zeichnet der Maler bewegte Figuren; er liebt das Detail, die kleinen Dinge, schöne gekurvte Falten, da und dort eine Verzierung, manchmal einen belebenden weißen oder dunkelroten Farbtupfen. Dieser Hang zum Schmückenden ist typisch für die Spätarchaik; wir kennen ihn von der Großplastik. Im Kunsthandwerk wirkt solches oft lange nach, ja die Beeinflussung vollzieht sich häufig erst, wenn sich die hohe Kunst längst in ihrem Stil geändert hat. Die Kleinkunst hat nicht den Bruch Archaik – Frühklassik erlebt; alles ist gleitender, an die Vergangenheit enger gebunden, weil hier die genialen Neuerer unter den Künstlern selten sind.

Noch in der Zeit des Strengen Stils gibt es eine kalligraphische Linienführung, wird die Freude am Erzählen und Beschreiben ausgekostet (aber das hängt sicher auch mit der verschieden akzentuierten und gestalteten Thematik zusammen), hat sich Schlichtheit und Beschränkung auf Wesentliches noch nicht allgemein durchgesetzt (Seite 130 oben, 131 oben), wenn auch – schon um 490 auf dem Brygosskyphos – eine neue Dynamik und ein Verständnis für die organische Ganzheit der menschlichen Figur aufkommt, die langsam schwerer, wuchtiger und einfacher wird (Seite 63 links). Nicht so sehr von der Plastik als von der Monumentmalerei kommen Einfluß und Anregung. Gegen die Mitte des 5. Jahrhunderts entstehen großartige Mythenbilder, in denen die Tragik menschlichen Schicksals geschildert wird: Zur selben Sekunde, in der Achill der Amazonenkönigin das Schwert in die Brust stößt, erkennen die beiden ihre Liebe zueinander.[35] Oder: Apoll und Artemis töten mit ihren unfehlbaren Pfeilen die vierzehn Kinder der Niobe, weil diese die Mutter der beiden geschmäht hat.[36] Thema und Ausführung dieser Szenen sind klassisch: Es ist das Eintreten in die hohe Schicksalswelt, wie Buschor[37] es nennt. Nicht nur aus den Niobebildern weht ein neuer Atem, auch aus den Kentauren- und Amazonenkämpfen z.B. des Parthenon; Mitleid mit den Besiegten, von den Göttern Verlassenen, dem Untergang Geweihten.

Natürlich sind diese wenigen Beispiele Höhepunkte ihrer Gattung. Man darf darüber nicht vergessen, daß die große Menge der Vasenbilder Durchschnittsqualität war, fabrikmäßig hergestellte Massenproduktion, zu der es im Lauf des 5. Jahrhunderts infolge des steigenden Wohlstandes kam. Die Nachfrage wuchs: Jeder, der etwas auf sich hielt, wollte «besseres Geschirr» in seinem Heim stehen haben.

Daß dies nicht der Qualität zugute kam, daß neben bloß hübschen Erzeugnissen auch viele von billiger und minderer Qualität gehandelt wurden, ist nicht weiter verwunderlich (Seite 162).

Nur wenigen Malern der Hochklassik gelingt es, sich dem Schönheitsideal der Parthenonkunst zu nähern. Die zahlreichen Figuren früherer Zeit sind reduziert auf wenige hoheitsvolle Gestalten, die in schlichter ausgewogener Komposition vor dem schwarzen Hintergrund stehen. Psychisches Erleben spricht aus den Gesichtern, besonders aus den Augen (Seite 94 unten). Im Reichen Stil verkehrt sich diese klassische Haltung nahezu ins Gegenteil (Seite 152): Eine Fülle von hochgestaffelten Figuren bedeckt die Wölbungen der Gefäße, pathetische Bewegung erfaßt das Geschehen, weite, virtuos geformte Kurven schwingen auf, und kleinteilige, enggesetzte Falten kräuseln auf den Körpern. Zu Schwarz und Rot kommen Gold und andere Farben. Die gebräuchlichen Themen der frühen und hohen Klassik, die allgemeingültigen Mythen mit den Olympischen Göttern und den großen Heroen, die Szenen des Alltags werden seltener oder verschwinden ganz. Lokale und bisher selten dargestellte Sagen, unwesentliche oder weitabliegende Mythendetails, kleine Götter und kaum bekannte Heroen, aber auch turbulente dionysische Thiasoi treten an ihre Stelle. Ähnliches geschieht in Unteritalien, wo attische Töpfer im 5. Jahrhundert Werkstätten gründeten, deren Produkte sich in Stil und Qualität bald von denen des Mutterlandes entfernten (Seite 126/127, 155). Unterweltsdarstellungen beispielsweise sind in der attischen Malerei verhältnismäßig selten, während sie zeitweilig in Unteritalien recht beliebt sind (Seite 115, 159 unten links, rechts).

Im 4. Jahrhundert verfällt die rotfigurige attische Malerei. Pathetisches Posieren, üppige Farbanwendung, erstarrte Routine und Schleuderhaftigkeit der Zeichnung führten zu ihrem Ende.

4.

Die religiöse Kunst zweier Jahrhunderte stand bisher im Mittelpunkt der Betrachtung: Götter- und Heroenbilder; als offizielle Version, in erhabener Größe und Allmacht, in ihrer Geneigtheit zum Staat und in ihrer Hilfestellung für ihn; aber auch als die vertrauten Wohltäter oder die gestrengen Strafenden am häuslichen Herd. Eine Ballung künstlerischer Höhepunkte prägt diese Zeit (selbstredend existieren daneben Nur-Begabung und Mittelmaß, wie sie immer und überall zu finden sind). Es hieße Wesentliches ignorieren, wenn wir die Frage nach den Kräften und Ursachen – vielleicht auch nach den Zufällen – offenließen, die diese Konzentration hoher und höchster Qualität um das Zentrum Götter und Mythos bewirkten.

In ganz seltenen Fällen läßt die Laune der Geschichte in kurzer Aufeinanderfolge große, schwerwiegende Ereignisse geschehen und zur gleichen Zeit geniale Menschen reifen, die diese Epoche ein für alle Mal aus der Durchschnittlichkeit von Jahrtausenden in schwindelnde Höhe reißen und damit diese Stunde zu einer unvergeßlichen und unwiederholbaren der Menschheitsgeschichte machen. In Griechenland beginnt diese Epoche mit der Einführung der Demokratie in Athen. Katastrophe und Triumph der Perserkriege folgen. Das politische (und menschliche) Ingenium Perikles wird zum Strategen gewählt. Aischylos, Sophokles und Euripides schreiben die großen Tragödien. Die Sophistik rüttelt an den Grundfesten der alten Religion. Der dumpfe Paukenschlag des Peloponnesischen Krieges – Selbstzerfleischung der Hellenen – kündigt das Ende dieser Stunde an.

Die Reform des Kleisthenes, des ehrgeizigen, leidenschaftlichen, berechnenden, rationalen, aufklärerischen Staatsmannes, Oberhauptes des Alkmaionidengeschlechtes, brachte den Athenern am Ende des 6. Jahrhunderts die Demokratie. Keine Volksherrschaft in dem Sinne, daß die gesamte Politik nun in Händen der besitzlosen Schicht gelegen wäre – das Volk war auch weiterhin in vier Klassen geteilt –, aber die absolute Dominanz der Aristokratie und Reichen war gebrochen. Nach Adelsherrschaft und Tyrannis, nach Solons Reformen, die später doch wieder in Gewalt und Unterdrückung ausliefen, wurde der attische Bürger von dem Gefühl ergriffen, am öffentlichen Leben teilzunehmen. Das bedeutete nie gekannte persönliche Freiheit, aber auch Verantwortungsbewußtsein, Reifwerden und Selbstbewußtsein. Da brach zu Beginn des 5. Jahrhunderts der Perserkrieg aus.

Die feindliche Übermacht war erdrückend: territorial, finanziell, militärisch. An den Thermopylen endeten die Kämpfe durch Verrat mit einem Massaker. Die «Barbaren» brachen ins Land ein. Rücksichtslos, grausam, brutal, vernichteten sie Städte, Dörfer und Felder, brandschatzten, vergewaltigten, verschleppten und mordeten; verwüsteten die Tempel und zerschlugen die Götterbilder. In dieser höchsten Gefahr gelang den Griechen – diesen ewig untereinander Zerstrittenen, in kleinlichen Eifersüchteleien sich Verzettelnden, diesen Uneinigen, nie in einem großen Staat Verbundenen – zum erstenmal eine Vereinigung, ein Zusammenschluß. Gemeinsam traten sie gegen die Supermacht zum Kampf an und schlugen die Perser bei Salamis, Platää und Mykale. Damit vertrieben sie den Erzfeind nicht nur aus dem Land, sie setzten auch seinem Expansionstrieb ein vorläufiges Ende. Aus wenigen Stadtstaaten hatten sie eine Phalanx gebildet und gesiegt. Dieser nie erträumte Erfolg steigerte gewaltig das Selbstvertrauen, die Griechen wurden sich ihrer Tapferkeit, Kriegstüchtigkeit, Überlegenheit und Macht aus ihrer Einigkeit bewußt. Sie erkannten aber auch ein weiteres: Die Götter und Heroen hatten geholfen; ohne sie hätte alle menschliche Kraft versagt.

Neue Frömmigkeit erwuchs aus der alten, bereits zur leeren Tradition gewordenen Religion. Den Göttern und Helden gebührte Dank. Ein Drittes: In diesem Krieg mußten auch die Besitzlosen Militärdienste leisten; damit war die Vorherrschaft des Adels, der Reichen und Wohlhabenden endgültig gefallen. Politische Gleichstellung, die allerdings nicht alle Teile der Bevölkerung einschloß, wertete die Demokratie enorm auf.

Diese drei Komponenten bilden die Grundlage für den kulturellen Aufstieg der Frühklassik. Man errichtet den Göttern neue Heiligtümer: In Olympia war dem Zeus bisher ein Opferaltar geweiht. Als auch in Elis 471 die Demokratie einzieht, baut man dem mächtigsten, göttlichsten unter den Göttern, der nun in den Vordergrund der Anbetung und des Dankes tritt, einen gewaltigen Tempel (Seite 56 unten). Nach den umwälzenden Ereignissen verlagern sich die Schwerpunkte der Verehrung und damit der künstlerischen Thematik. Apoll, der erhabene Gott der archaischen Zeit, wird verdunkelt vom Riesenschatten des Olympiers. Seit vielen Jahrhunderten galt dem Sohn des Zeus und der Leto überall in Griechenland höchste Verehrung.

In Delphi war sein berühmtestes Heiligtum entstanden, oft das einzige einigende Band der zersplitterten hellenischen Stadtstaaten. Religiöser Mittelpunkt war sein Tempel, dessen schlanke Säulen dem 4. Jahrhundert angehören (Seite 94/95, 166; zwei archaische Vorgängerbauten waren zerstört worden). Er war die Stätte des Orakels; Pythia, von der Gottheit besessen, weissagte im Zustand künstlich hervorgerufenen Rausches; Schatzhäuser waren errichtet, unzählige Weihegeschenke dem «griechischsten aller Götter», der sicher nicht griechischer Herkunft war, dargebracht worden. Wohl werden ihm auch jetzt, nach den Perserkriegen, weiterhin in Delphi Weihegaben als Dank für den Sieg aufgestellt, ist er im Westgiebel des Zeustempels steingewordener Ausdruck der göttlichen Ordnung, dem Chaos gebietend, dem Recht zu seinem Recht verhelfend (Seite 100). Gar so weiß, wie es scheint, ist die Weste dieser hehren Lichtgestalt jedoch nicht. Während des großen Freiheitskampfes der Hellenen hatte er mit den Persern sympathisiert. Im Augenblick des Siegesrausches vergißt und verzeiht zwar das Volk. Aber nicht lange mehr wird es dauern, bis man sich anderen Gottheiten zuwendet. Gewiß: In der Bergeinsamkeit von Bassai-Phigalia entsteht sein Tempel, in der Götterversammlung des Parthenon ist er vertreten, Leochares formt den «Gott vom Belvedere». Die Heiligkeit des Delphischen Orakels bleibt – das mag auch mit dem stark zunehmenden Aberglauben am Ende des Jahrhunderts zusammenhängen –, aber seine Bilder werden seltener, wie auch die des Poseidon; er steht nicht mehr in vorderster Reihe und an zentraler Stelle. Die Kentauromachie wird nun beliebtes, immer wieder abgewandeltes Thema, ebenso der Kampf gegen die Amazonen, der ursprünglich sicher die Auseinandersetzung des Patriarchats mit dem Matriarchat bedeutete. Jetzt sind Amazonen wie Kentauren die mythischen Stellvertreter des persischen Gegners, der bezwungen wurde.[38]

Der attische Nationalheros Theseus (Seite 178) und der panhellenische Herakles (Seite 146 unten, 150 oben) werden Symbol griechischen Heldentums. Selbstverständlich ist Nike ein bedeutungsvolles Thema, und öfter als früher wird nun das Opfer für die Götter dargestellt.

Schon in der Archaik, sogar in der geometrischen Epoche, war Attika dem übrigen Griechenland in den Künsten voraus. Nun aber bereitet sich Athen auf die absolute Herrschaft über die griechische Kultur vor. Perikles tritt an die Spitze des Staates, er wird sein Beherrscher, nicht mit der Brutalität des Diktators, sondern als der vom Volk gewählte Stratege. Das Strategenamt wird nicht auf Lebenszeit vergeben, ja nicht einmal für fünf Jahre. Nur ein einziges kurzes Jahr dauert es; und Jahr für Jahr wird Perikles wiedergewählt.

Er festigt den Delisch-Attischen Seebund, macht ihn zum «Attischen Reich», dem einzigen, das es in der griechischen Geschichte gegeben hat. Die Wirtschaft blüht auf, Attika wird zum Wohlstandsstaat. Pracht und Herrlichkeit werden zur Schau gestellt, großartige Feste gefeiert, auch der ärmeren Bevölkerung wird die Anwesenheit bei den Opfermählern ermöglicht. Gar so selbstlos und fromm, wie man meinen könnte, waren die Teilnehmer allerdings nicht, durften sie doch das Fleisch, das sie den Göttern weihten, selbst genießen; zusätzlicher Dank dafür war den Himmlischen sicher. Der Staatssäckel war voll. Trotz der gigantischen Bautätigkeit wurde er praller und runder. Die Ausgaben wurden durch Zölle, Kaufsteuer, Zahlung der Reichen und Wohlhabenden, durch den Ertrag aus den Bergwerken und die Leistungen der angeschlossenen Städte mehr als gedeckt.

Der Einfluß der Aristokratie ging weiter zurück. Das Großbürgertum begann eine bedeutende Rolle zu spielen. Dagegen waren die Schutzbürger (Metöken) und die Sklaven, obwohl ihre Arbeit den Reichtum nicht zum geringsten Teil geschaffen hatte, von politischen Rechten weitgehend ausgeschlossen. Eine in allen Belangen das gesamte Volk umfassende Demokratie war also auch die Perikleische nicht.

Mit Sparta, dem großen politischen Rivalen Athens, war es wieder zu schweren Auseinandersetzungen gekommen; die Einigkeit der Perserkriege war also nicht von langer Dauer. 446 wurde ein 30jähriger Friede geschlossen – er währte bis 431. In dieser Zeit der innen- und außenpolitischen Ruhe – auch mit Persien hatte man sich geeinigt – vollzog sich der steile Aufstieg Athens. Perikles konnte den politischen, wirtschaftlichen und kulturellen Elitegedanken Athens verwirklichen, weil er nicht nur die überragende Persönlichkeit der Politik und des Finanzwesens, sondern auch den Künsten, der Philosophie und der Wissenschaft eng verbunden war. Mit seiner Genialität waren eine weitherzige Toleranz und freies Denken vereint. Wenn er auch der Staatsreligion, den großen Göttern und Mythen den Vorzug gab, ließ er dennoch die geistigen und religiösen Neuerer wirken.

Die Athener standen eine Generation nach den Perserkriegen immer noch vor den rauchgeschwärzten Trümmern der Akropolis. Perikles regte den Neubau des Parthenon und darüber hinaus die totale Neugestaltung des heiligen Bezirkes an (Seite 200). Er gewann Phidias als künstlerischen und technischen Leiter, während er selbst dem Gesamtprojekt als Beauftragter der Stadt vorstand.

Zusammen mit den bedeutendsten Architekten der Zeit wurde geplant. Iktinos und Kallikrates bauten den Parthenon (Seite 180/181), Mnesikles die Propyläen (Seite 71), die großzügigen, festlichen Eingangshallen zur Akropolis. Phidias schuf den figürlichen Schmuck (Seite 105) des Tempels und die Athena Promachos (Seite 70), das bronzene Standbild der bewaffneten Göttin, die unter freiem Himmel stand und von der Pausanias berichtet, sie sei «als Weihung der Schlacht von Marathon aufgestellt»[39] und es seien «die Lanzenspitze und der Helmbusch schon sichtbar, wenn man von Sunion kommt»[40], um nach Athen zu segeln. Fügen wir hinzu, daß Phidias für die Akropolis auch die Athena Lemnia anfertigte, die den Beinamen «Schönheit» bekam und «die Phidias für wert hielt, daß er seinen Namen darauf schrieb»[41]; daß auch das Erechtheion (Seite 75), ein Heiligtum, das alte Kulte und Kultmale zusammenfaßte, schon unter Perikles geplant war, wegen des Peloponnesischen Krieges aber erst später in Angriff genommen werden konnte, so wird deutlich, welch gigantische Konzentration künstlerischer Tätigkeit sich hier zu Ehren der Götter vollzog. Sicher nicht um der Unsterblichkeit des Namens Perikles willen! Aus welchem Grund wäre sonst der Parthenonfries mit solcher Akribie ausgeführt worden? Der Beschauer sieht ihn wegen des steilen Blickwinkels kaum. Weshalb wäre auf die Innenseite des Schildes der Athena Parthenos von Phidias selbst ein Gigantenkampf gemalt worden? Auch er ist kaum zu sehen. Und wer einmal im British Museum vor den Giebelfiguren stehen sollte, der möge auch hinter sie treten; sie sind dort mit der gleichen Präzision gearbeitet wie die Vorderseiten[42] (das ist keineswegs selbstverständlich, denn schon im Hellenismus und vollends in der römischen Kunst werden häufig die Rückansichten vernachlässigt). Seit der Versetzung der Figuren in die Giebelfelder hat kein Grieche die Hinterseite mehr zu Gesicht bekommen. Kein menschliches Auge, aber die allwissenden Götter! Diese Tatsache macht klar, daß Perikles und sein Künstlerkreis der Religion noch eng verbunden waren, allen aufklärerischen Tendenzen der Zeit zum Trotz. Den Göttern – in diesem Fall speziell der Göttin – mußte man danken für die Hilfe, mußte sie anflehen, der Stadt und dem Land auch künftighin Schutz zu gewähren. Dafür war nichts gut und nichts teuer genug. Die Bauten und Statuen verschlangen Unsummen. So kostete das Gold-Elfenbein-Bild der Athena Parthenos 705 Talente und 1500 Drachmen, das sind 2431500 Drachmen, wovon sich allein der Goldpreis auf 616 Talente belief. Ein gewöhnlicher Arbeiter verdiente am Tag 1 Drachme und konnte damit recht und schlecht eine mehrköpfige Familie ernähren. Im Jahr kam er auf 300 Drachmen (die 60 Feiertage waren unbezahlt), während der Architekt 360 Drachmen als fixes Jahresgehalt erhielt; er wurde also auch alles eher als fürstlich honoriert[43]. Architekten und Bildhauer, auch die bedeutenden unter ihnen, galten damals lediglich als tüchtige Handwerker. Der Bau der Propyläen übrigens kostete die stolze Summe von 2012 Talenten, was einem Betrag von 12072000 Drachmen entspricht. Damit nicht genug: Man baute für Athene und Hephaistos als den Schutzgöttern der Handwerker über der Agora Athens einen Tempel, der unter dem Namen Hephaisteion bekannt ist. Die Metopen waren mit Taten des Herakles und Theseus, die Giebel mit der Einführung des Herakles in den Olymp und mit einer Kentauromachie skulpiert, mit den symbolträchtigen Standardthemen der Zeit also. Auch Poseidon bekam einen Tempel: Über seinem Element, auf

den hochragenden Felsen von Kap Sunion, stehen heute noch 12 der ehemals 38 dorischen Säulen (Seite 76/77).
Athen war Mittelpunkt geworden, Nabe, um die sich das Rad dreht; Zentrum Griechenlands und der Welt von damals; politisch und finanziell, in Wissenschaft und Kunst, Seefahrt und Handel. Und die Athener haben etwas anzufangen gewußt mit ihrer Demokratie, mit ihrer Toleranz und ihrem Selbstbewußtsein. Nur: Schritt für Schritt wurde die Toleranz zur Unduldsamkeit, das Selbstbewußtsein zur Selbstherrlichkeit. Nicht – vorläufig noch nicht – in der eigenen Stadt, sondern den anderen Griechen gegenüber. Die Demokratie hielten sie – eine Weile noch – untereinander hoch, die Bundesgenossen hingegen setzten sie mehr und mehr unter Druck. Aus der Prima inter pares war eine hochfahrende Herrscherin geworden, die ihre Macht zu nutzen verstand. Hierin liegt die Schuld des Perikles, daß er einen Zentralstaat anstrebte, in dem die Nichtattiker weniger Rechte besaßen, die man schließlich wie Untertanen behandelte. Sicher hatten die Bündner teil am Reichtum Athens; aber der erste Tropfen des Giftes Zwietracht war in das Glas gefallen, als Athen 454 die Bundeskasse von der heiligen Insel Delos in das Opisthodom des Parthenon holte. Später erhöhte man die Bundesbeiträge. Sie nahmen fast den Charakter eines Tributs an, so daß die Bundesstaaten auch finanziell ausgebeutet wurden. Die öffentliche Meinung stellte sich langsam gegen Athen. Als auch innenpolitische Spannungen hinzukamen – radikaldemokratische Strömungen hetzten gegen Perikles –, hatte Sparta, der alte Gegenspieler Athens, leichtes Spiel. Der Krieg beginnt, wird mit aller Grausamkeit geführt. In Athen bricht die Pest aus. Als ihr 429 auch Perikles zum Opfer fällt, fehlt fortan die große einigende Persönlichkeit, von der Plutarch[44] schreibt, daß «sich noch nie in einem Charakter hohes Selbstgefühl mit größerer Mäßigung, freundliche Güte mit würdevollerem Ernst gepaart» habe.
«Seine vielbeneidete Machtstellung war ein schützendes Bollwerk des Staates gewesen.» Nicht mehr nur die Griechen sind jetzt, wie schon so oft im Lauf ihrer Geschichte, untereinander uneins, auch die Athener. Verbündete fallen ab. Verwüstung und Zerstörung bedeuten das Ende von Reichtum und Wohlstand. Die Athener schmelzen die goldenen und silbernen Weihegeschenke der Akropolis ein, um die Flotte – bisher immer Trumpf im Spiel attischer Politik – zu erneuern. Sie wird in der Schlacht bei Aigospotamoi vernichtet. Das Attische Reich bricht auseinander. Rücksichtslosigkeit, Demagogie, Egoismus und Gewalt machen sich breit, Lauheit, Interesselosigkeit, Pessimismus – das «Mene-tekel uparsin» künftigen Unterganges – greifen um sich. Die Potenz der attischen Hoch-Zeit – die Harmonie – schwindet. Der Staat ist nicht mehr das zentrale Anliegen des Bürgers, und die offizielle Religion mit ihren erhabenen Göttern und Mythen sieht ihrem Ende entgegen. All das bricht natürlich nicht plötzlich hervor. Manches hat sich schon zur Zeit des Perikles angekündigt, vieles in seinen letzten Lebensjahren; die Jahrzehnte des Krieges – wie völlig anders hat sich der Perserkampf ausgewirkt! – haben den ethischen Valeurs den Garaus gemacht.
Am weitesten zurück liegt der Beginn des religiösen Niederganges.
Als die Naturphilosophie im 6. Jahrhundert beginnt, Mythisches, Wunderbares physikalisch zu erklären, sind erste Anzeichen dafür gesetzt, Spekulationen, die sich allerdings erst im 5. Jahrhundert auswirken. Wenn Xenophanes einen einzigen Gott propagiert, der weder menschen- noch tiergestaltig sei, so ist dies nicht nur Monotheismus, sondern Negieren jeglichen griechischen Götter- und Mythenglaubens, und wenn er die homerischen Götter vehement kritisiert und Nützlichkeit predigt, so wird er zum Vorläufer der klassischen Aufklärung.
Im 5. Jahrhundert teilt sich der Strom der griechischen Religion in drei Arme: Im Vordergrund steht die Staatsreligion.
Es ist der Glaube an die allmächtigen Götter, die ihren Anteil am Sieg über die Perser hatten. Für sie werden die Tempel gebaut, die Kultbilder aus Marmor, Erz, Gold-Elfenbein und die großen mythologischen Reliefzyklen geschaffen – im Auftrag des Staates. Daneben gibt es die Religion des Bürgers, des kleinen Mannes, der sich anfangs aus Dank für die Hilfe in höchster Not zu diesen großen Göttern hingezogen fühlt, die ihm aber bald zu erhaben sind, zu unnahbar, so unendlich weit entfernt in ihrer kalten Majestät, daß andere, warmherzige, mitfühlende an ihre Stelle treten. Und schließlich entsteht die Religion der Philosophen, der Dichter und Geschichtsschreiber, die sich mehr und mehr von den beiden anderen Richtungen distanzieren und – wie Sokrates, Platon, Aristoteles – das Suchen nach Wissen und Wahrheit, nach hohen sittlichen Werten fordern und das Göttliche in rein geistige Sphären verlegen; für die andererseits ein höchstes, alle weiteren Götter überragendes göttliches Wesen existiert (Pindar, Aischylos, Sophokles).
Eine umfassende Wirkung war dieser höheren Zeusreligion allerdings nicht beschieden, sie mag aber dazu beigetragen haben, daß die Darstellung des allgewaltigen Weltenherrschers in der bildenden Kunst in den Vordergrund rückt. Herodot, der erste Religionshistoriker, nennt nie einen persönlichen Gott, er abstrahiert ihn zu einem unpersönlichen, göttlichen Walten und Wirken. All das ist ein Sich-lösen-Wollen vom griechischen Götterhimmel mit seinen zahllosen Gestalten, die aber allesamt nur für Teilbereiche zuständig und nur in diesen mächtig und wissend sind. Es ist noch keine Kritik, die hier geübt wird, oder sie ist noch zaghaft, aber es zeigt sich daraus Mißbehagen und das Gefühl für etwas Unvollkommenes, Erstarrtes. Ein letzter Versuch ist es, den alten Glauben zu erneuern, ihm frische Impulse zu geben. Aber er kommt zu spät. Den sterbenden Göttern wird von der Aufklärung das Grab geschaufelt. Von einer Kritik, die vorerst ebenfalls sanft anläuft, später immer vehementer wird; die sich schließlich gegen alles Alte richtet, die jede herkömmliche Überlieferung negiert und zerstört und den menschlichen Verstand und die wissenschaftliche Erkenntnis über den Glauben stellt. Heraklit wendet sich gegen die Anbetung der Kultstatuen: «Und dann beten sie auch zu den Götterbildern – als ob man mit Häusermauern reden könnte – da sie das Wesen der Götter und Heroen nicht kennen.»[45] Er sagt also nicht der Gottheit als Wesen höherer Macht den

Kampf an, sondern der Vergöttlichung der steinernen Nachbildung; nicht also der Religion an sich, sondern ihren naiven und primitiven Auswüchsen. Er ist ein Fragensteller, ein Verneiner der vermenschlichten Götter, einer von denen, die erneuern, einen Gott verkünden in einem höheren Sinne. «Wenn die Götter etwas Schändliches tun, sind sie nicht Götter» – das ist ein scharfgeschliffenes Messer, mit dem Euripides zustößt[46]; extrem aber ist die Verhöhnung durch Aristophanes. Seine Kritik ist nicht der gutmütige, derbe oder feine Humor, der den Griechen immer eigen war und der sich so oft in den Mythendarstellungen der Vasen zeigt; der ein Lächeln schafft und Nachsicht heischt; der die Übermenschlichen nahebringt, weil sie durch ihre Mängel den Irdischen ähnlich werden. Aristophanes' Kritik ist ätzend, zerstörend, tödlich (eine Kritik, wie sie später im Herakles des Lysipp anklingt). Am Ende steht der Atheismus, dem viele Gebildete zuneigen, der zur Gründung eines «Klubs der Gottlosen» führt.
Rationalismus und Individualismus der Klassik haben das Wagnis gegen die Tradition unternommen. Gegen den Mythos; gegen Geschichte, Geschichten und Geschichtchen um die Götter und Heroen, die Heiligenlegenden des Volkes, die von Größe, Erhabenheit, Allmacht, Gerechtigkeit, Strenge und Milde der Götter, von den unvergleichlichen Taten der Halbgötter und Helden aus grauer Vorzeit erzählen; die aber ebenso Überlieferung aller negativen Charakterzüge und Handlungen sind. Der Anthropomorphismus in der griechischen Religion bedeutet nicht nur, daß die Götter sich in menschlichen Habitus kleiden – wobei sie ihrer äußeren Erscheinung nach immer als Idealbild auftreten –, sondern auch, daß ihre Taten menschlich sind. Das ist die Achillesferse, in welche die Sophistik ihre tödlichen Pfeile schießt: Streitsucht, Neid, Bestechlichkeit, Intrige, Brutalität, Ehebruch, Eifersucht, Vergewaltigung, Entführung, Sodomie – die Liste göttlicher Schandtaten ließe sich beliebig fortsetzen.
Im Siegesrausch des gewonnenen Perserkampfes und im Glückstaumel des Friedens war die breite Masse des Volkes der Staatsreligion, dem Kult der großen Götter, insbesondere des Zeus, aus dem Gefühl der Dankesschuld und dem Wissen um die vergeltende Gerechtigkeit nahegekommen. Die offizielle Glaubensversion war identisch mit der tiefen Gläubigkeit des Bürgers, auch des Künstlers, der die Kultbilder der Götter schuf, zu denen man betete, denen man dankte, die man um Hilfe bitten konnte; denn es war ja erwiesen, daß sie halfen. Die Kunst schlug die Brücke von der göttlichen Majestät zum Menschen. Die von den Persern zerschlagenen zahllosen Weihegeschenke aus vergangener Zeit hatte man pietätvoll im heiligen Boden der Akropolis bestattet. Nun führte eine vertiefte Gottesvorstellung zu einer Verringerung solch äußerer Gaben.
Erst allmählich – in der Hochklassik – begannen die Wege der Staatsreligion und des Volksglaubens auseinanderzuführen; langsam, tropfenweise begannen sowohl das Gift der Sophistik als auch das der Selbstgerechtigkeit und Überheblichkeit zu wirken. Der Philosoph warnte vor dieser Hybris, und der kleine Mann zitterte vor der Rache der Nemesis. Daß aber die gesamte Bürgerschaft ihre Bündnispartner mit intoleranter Überheblichkeit behandelte, sah niemand.
Die großen Götter wurden unnahbar. Nun begann man aber auch ihre Mängel zu erkennen, schenkte man der sophistischen Kritik größere Aufmerksamkeit. Perikles selbst neigte der neuen Geistesfreiheit zu; dennoch waren ihm die alten Götter gegenwärtig und verehrungswürdig. Ohne dieses hätten die aus tiefer Religiosität geschaffenen Götter- und Mythenbilder, die Tempel und Heiligtümer wohl nie in solcher Vollkommenheit entstehen können. Perikles war ein Mann der Mitte; den gleichen Weg wollte er dem Volk weisen. Als er starb und die apokalyptischen Reiter über das Land stürmten, Pest, Krieg und Tod in ihren Spuren zurücklassend, brachen die letzten Schranken. Da konnten die traditionelle Religion und der Staat nicht mehr das geben, was der Mensch ersehnte, da war die alte Frömmigkeit dahin. Man wollte nicht mehr die Götter fürchten, man wollte Götter mit Herz, mitleidvolle Helfer und Tröster in der Not. Das Leben gab keine Glückseligkeit mehr, darum suchte man sie im Jenseits. Neue Gläubige strömen den Mysterienreligionen zu, dem orphischen und eleusinischen Kult; deshalb jetzt auch ein verstärktes Einsetzen dieser Themen in der Kunst, vor allem in der Vasenmalerei, während andere der bislang so beliebten Mythenzyklen seltener werden.[47] Das Ekstatische, Geheimnisvolle, Zauberhafte drängt nach vorne. Man will Wunder und glaubt an Orakel, Traumdeutung, Vorzeichen aus Opfer und Vogelschau. Die Raserei der orgiastischen dionysischen Feste zieht die Menschen in ihren Bann. Im Mythos toben Satyrn, Silene und Mänaden über Berge, durch Wälder und Täler – seit langem ein beliebtes Thema, jetzt aber dominiert es (Seite 98 unten, 126, 130/131).
Dionysos läßt Wunder geschehen: Wein, Milch und Honig quellen aus dem Boden. Sex, der vergessen läßt, Wein, der trunken macht, Milch und Honig, süße Nahrung, die am Leben hält. Dionysos ist nicht nur Gott des Weines, er ist auch Gott der Seelen und der Auferstehung (Seite 127); im Winter vergeht er, im Frühling blüht er auf zu neuem Leben. Ist es so abwegig, daß der Mensch in einer Zeit der Not und des Sterbens nach diesem Rettungsseil greift, das ihn vor dem Versinken bewahren soll? Der Bürger wendet sich also gerade dem zu, was die Sophistik verdammt: dem Irrationalen und dem Aberglauben, der immer Verfallserscheinung einer großen Religion ist.
Man betet zu den kleinen Göttern, weil sie einem nahe sind. Gottheiten, die bislang im Hintergrund standen, werden plötzlich groß und bedeutend, weil sie helfen und heilen: Asklepios. Ihm werden nun zahllose Statuen und Votivreliefs geweiht. Aphrodite wird bevorzugter Gegenstand künstlerischen Schaffens, in ihrem Gefolge Eros, Himeros und Pothos, die Personifikationen von Sehnsucht und Verlangen. Helios, die strahlende und wärmende Sonne, Kastor und Polydeukes, die großen Nothelfer, blitzende Sterne am dunklen Himmel, werden häufiger dargestellt. Vor allem die Vasenmalerei – Biblia pauperum des Volkes – bemächtigt sich dieser Themen.[48] Nach außen hin existiert noch immer eine Staatsreligion; für den Durchschnittsbürger aber ist ihr Kult «sozusagen

das Sonntagskleid»[49], das er trägt, «weil man so tut», in dem er sich jedoch nicht wohl fühlt. Im Alltag legt er es ab und wendet sich seinen persönlichen Göttern zu.
Nach dem Ende des Attischen Reiches tritt Sparta an dessen Stelle. Die demokratischen Verfassungen machen oligarchischen Platz. In Athen wütet die Herrschaft der dreißig Tyrannen mit allen Mitteln einer totalen Diktatur. Nach ihrem Sturz erholt sich Athen noch einmal von den Folgen des mörderischen Krieges. Noch einmal erhebt sich die Demokratie – Euphorie vor dem Ende –, findet Attika seine Einigkeit, siegt es gegen Sparta (weder Athen noch Sparta entblöden sich, mit Persien, dem Todfeind von einst, zu paktieren), herrscht es über die Ägäis. Späte Jahre der Größe und der Freiheit, immer wieder aber erkauft durch Bruderzwist. Athen und Sparta, ganz Griechenland, verzehren ihre eigene letzte Kraft. Es spricht von der ungeheuren kulturellen Dynamik Athens, daß die Kunst aller historischen Turbulenz, der dadurch bedingten Verarmung und dem religiösen Verfall zum Trotz in klassischer Größe weiterlebt. Nach der Üppigkeit des Reichen Stils kehrt sie noch einmal zu schlichterer, harmonischer Gestaltung zurück. Ein grundlegender Unterschied zur hohen und besonders zur frühen Klassik macht sich jedoch bemerkbar. Die einzelnen Kultursparten sind nicht mehr vereint durch gleichlautende Aussage (wie die Kunst des Strengen Stils und die Tragödien des Aischylos), sie streben auseinander, gehen verschiedene Wege, sind bisweilen gegeneinander gerichtet. Auf der einen Seite eignet den Götterbildern dieser Zeit ein feiner Stimmungsgehalt, auf der anderen wird die hohe Kunst menschlicher; sie ist nicht mehr so ausschließlich religiös gerichtet. Tendenzen zum Profanen sind vorhanden. Die Darstellungen der Aphrodite, des Apoll (denken wir nur an den Sauroktonos!) umweht ein Hauch von Erotik. Eros, einst der große Gott, eine kosmische Urmacht Hesiods, wird zum lieblichen, verspielten, schalkhaften Knaben, der mit seinen Pfeilen Götter und Menschen verwundet. Aus dem einen werden viele: die Eroten. Platon hingegen sieht in ihm die personifizierte Sehnsucht des Menschen nach absoluter Schönheit und nach Erkenntnis der Idee des Guten. Eine Lösung von den Göttern der Vergangenheit: dort ins Menschliche (der Anthropomorphismus erfaßt die Göttlichen nicht mehr nur menschenähnlich, nun macht er sie zu Menschen, immer aber noch zu schönen Menschen); hier in eine Sphäre höchster Vergeistigung.
Und der Mensch selbst? Das einfache Volk hat die alten Götter der Perserkriege meist vergessen, hat sich neuen lohnverheißenden Religionen zugewendet oder ist in Aberglauben versunken. So mancher Gebildete ist Atheist geworden, viele haben Religionsvorstellungen der Philosophenschulen angenommen. Eine große Epoche geht zu Ende, und eine neue militärische, politische und kulturelle Macht tritt ins Rampenlicht der geschichtlichen Bühne: Philipp und Alexander bereiten die Weltherrschaft vor. Wenn man das Buch griechischer Geschichte liest, ist es erregender als der spannendste Kriminalroman. Wir haben – wie ein überneugieriger Leser dieser Buchspezies – die letzten Seiten aufgeschlagen, den Höhepunkt, die Lösung vorweggenommen. Wenn wir uns nun dem Anfang zuwenden, jener Epoche, in der das erste Mal ein Lichtstrahl in das Dunkel der hellenischen Urzeit fällt, da sehen wir etwas nahezu Unbegreifliches: Daß die griechische Kulturgeschichte wie jede andere aus dem Nichts kommt, liegt in der Natur jedes Beginnens; daß sie aber eine lange Zeit in diesem Nichts verharrt, daß sie wie ein Scharlatan von geborgtem Glanz lebt, ist kaum glaubhaft, wenn man bedenkt, zu welch ungeahnten Höhen sie später emporsteigt. Und doch ist es so.

# Aufstieg und Niedergang der mykenischen Kultur

In Griechenland lebte bis zum Beginn des 2. Jahrtausends v. Chr. ein mediterranes Bauernvolk, das seine Äcker mit Fleiß und Geschick bestellte. In den Siedlungen entstand im Lauf der Zeit ein tüchtiges Handwerk; in den Werkstätten verfertigte man reichgeschmückte Tongefäße, Werkzeuge und Waffen aus Stein und Bein, später aus Kupfer und Bronze. Man formte Götterbilder, kleine stilisierte Gebilde, Fruchtbarkeit symbolisierend, weiblichen und männlichen Geschlechts, wobei die Anzahl der ersteren dominiert; denn die Gesellschaftsordnung war mutterrechtlich. Zu diesen Idolen betete man, ihnen brachte man Opfer und Votivgaben dar. Es waren wohlentwickelte Kulturen, denen die Forschung die Bezeichnung Sesklo[50], Dimini[51] und frühhelladisch[52] gegeben hat. Archäologische Ausgrabungen haben uns ein Wissen über sie vermittelt, Kulturschicht über Kulturschicht sichtbar gemacht, in denen Idole und Keramik, Geräte und Reste der Häuser verborgen lagen als Zeugen eines langen, friedlichen Wachstums. Nur zuoberst war eine schwarze Schicht zu erkennen, untrügliches Zeichen von Feuer und Zerstörung. Fremde Stämme hatten um 1900 die Dörfer niedergebrannt und das Land in Besitz genommen. Die Vorväter der Griechen, Teile des indogermanischen Urvolkes, das ursprünglich zwischen Ostsee und Ural lebte, waren aus der Ungarischen Tiefebene gekommen. Viehzüchter, die mit ihren Herden wanderten und nebenbei etwas Ackerbau betrieben. Ein gewalttätiger, primitiver Menschenschlag, der die einheimische Bevölkerung brutal unterjochte; das neue Herrenvolk Griechenlands. Es hat eine Zivilisation zertrümmert, aber nichts Gleichwertiges an ihre Stelle gesetzt. Die Urgriechen sind in den frühen Jahrhunderten ihrer Herrschaft unproduktiv. Die Bauweise ihrer Häuser ist ebenso rückständig wie die Art der Keramik; und seltsame Ungereimtheit: Die Vorfahren der Griechen, die eineinhalb Jahrtausende später die genialsten Bildhauer hervorbringen werden, kennen keine Plastik (die ersten Ansätze einer figürlichen Kunst in ihrer neuen Heimat haben sie zerstört). Mit fortschreitender Zeit kommt es zu einem friedlichen Nebeneinander und Miteinander von Siegern und Besiegten; ist es aber nicht sonderbar, daß die physisch Starken, die «Unverbrauchten», von den schwächeren Unterworfenen kulturell beeinflußt werden? Wohl brachten die Eindringlinge ihren Zeus mit. Die Herrin der Tiere, Artemis, die Beschützerin der Städte, Athene, die Geburtshelferin Eileithyia, die Göttermutter Rheia übernehmen sie jedoch von mediterraner Seite. Der gewaltige Poseidon, damals noch nicht Beherrscher der Meere, sondern pferdegestaltiger Gott der Unterwelt, Erreger der Erdbeben, ist eine Mischgestalt aus indogermanisch-patriarchaler und mittelmeerisch-matriarchaler Tradition; desgleichen Demeter, Erd- und Fruchtbarkeitsgöttin. Nur eines bringen die ersten Griechen mit, das von Anbeginn dominiert: die Sprache.

Rund dreihundert Jahre leben die neuen Herren in Griechenland, sind seßhaft geworden, haben ihre politische Führung gefestigt; von außen her – von Kreta und den Kykladen – haben sie wenig aufgenommen. Es ist ein Dasein, in dem nichts Bedeutsames geschieht. Kein Funke blitzt auf, von dem man sagen könnte, er sei ein erstes Zeichen künftiger Größe. Vielleicht ist dieses Verharren im kulturellen Unvermögen nur eine besonders langdauernde Anlaufzeit; vielleicht hätte jetzt, nach ein paar hundert Jahren, ein Aufstieg begonnen. Vielleicht. Wenn nicht plötzlich – um 1600 – eine Flut von Einflüssen über Mittel- und Südgriechenland hereingebrochen wäre.

In Kreta ist die erste europäische Hochkultur voll entwickelt. Prachtvolle Paläste sind gebaut, die nicht nach außen hin wirken, sondern im Inneren: durch Repräsentations- und Wohnräume, Kapellen, Korridore, Terrassen und Werkstätten, die um einen zentralen Hof gruppiert sind. Eine verwirrende Anordnung der Räume, unerwartete Lichteinfälle und Ausblicke prägen den Charakter der Bauten (Seite 182/183). Sie sind unbefestigt; schützende Mauern sind nicht nötig, denn die Insel ist abgeschirmt durch eine mächtige Flotte, die das Ägäische Meer beherrscht. – Höfisch wie das Leben ist auch die Kunst: Zauberhafte Landschaften, Prinzen, die sie durchschreiten, märchenhafte Gärten mit allerlei Tieren, Genrebilder, Stierspiele und Massenszenen sind an die Wände gemalt. Fauna und Flora des Meeres bedecken die Wölbungen der Tongefäße. Unerhörte Meisterschaft zeigen die Werke der Goldschmiede: die getriebenen Becher und das Geschmeide. Eine aristokratische Kunst, naturalistisch, voll scharfer Beobachtungsgabe, manchmal impressionistisch hingehaucht, lyrisch-verträumt, von höfischem, überfeinertem Geschmack, aus dem die Freude am Genuß spricht. Es ist eine Kunst, die vom weiblichen Element geprägt ist; denn die Frau spielt eine bevorzugte Rolle im profanen wie im religiösen Bereich: Inbegriff der höchsten Macht ist die große Fruchtbarkeits- und Erdgöttin, Herrin der ungezähmten Natur und der Unterwelt; ihr heiliges Tier ist die Schlange (Seite 44 oben rechts). In Grotten und Höhlen, in den Hauskapellen der Paläste bringt man den Göttinnen, Dämonen und Fabelwesen Opfer dar. Bäume und Säulen sind heilig, Hörner und Doppeläxte Symbole des Kultes (Seite 185): ein reiches Repertoire anbetungswürdiger Objekte. Aber Götterdarstellungen sind selten. Kultbilder gibt es wenige, und diese sind kleinformatig. Nur Epiphanien – Augenblicke des Sichtbarwerdens – sind immer wieder in Siegel eingeschnitten. Die kretische Kunst konzentriert sich zum überwiegenden Teil auf Menschliches, Tatsächliches (in lyrisch-romantischer Form), zum geringeren auf Religiöses, Transzendentes. Die Gottheit ist existent, gibt sich auch zu erkennen; die Sinnesfreude, der Genuß und die Dinge, die ihn ermöglichen, sind jedoch das Vorherrschende, für das Leben am Hof Wesentliche.

Griechenland um 1600: Seine Fürsten beginnen schlagartig, sich für kretische Erzeugnisse zu interessieren. Die mit herrlicher Treibarbeit geschmückten Gefäße, das goldene Geschmeide, die tauschierten Waffen werden importiert. Als Erdbeben- und Flutkatastrophen die Paläste und Flotte Kretas zerstören, erringen die Griechen – die Achäer, wie sie sich selbst nennen – zum ersten Mal die Oberhoheit in der Ägäis (auf diesen ersten Niedergang der Macht nimmt die Sage vom attischen Heros Theseus bezug; er tötet Minotauros, das stierköpfige Untier [Seite 184] im Labyrinth – dem Palast – von Knossos). Sie plündern die Insel, bringen minoisches Beutegut, kretische Künstler und Handwerker mit nach Hause. Dennoch baut Kreta seine Paläste wieder auf, gelangt nochmals zu hohem Wohlstand. Aber auch in Griechenland erblüht zum ersten Mal mykenische Kultur; eine «Satellitenkultur»[53] allerdings, die in engster Abhängigkeit zur minoischen steht. Die Erzeugnisse der mykenischen Kunst sind ohne Kreta undenkbar; minoische Künstler haben sie geschaffen, oder das große Vorbild hat so intensiv gewirkt, daß man nicht mehr von Beeinflussung reden kann, sondern von Nachahmung: Die prunkvollen Waffen und Geräte, Edelmetall- und Tongefäße, Schmuck, geschnittene Steine, Wandgemälde, sogar die mykenischen, nach unten sich verjüngenden Säulen sind kretisch oder kretischem Formenschatz entlehnt (Seite 182/183, 194). Noch etwas übernehmen die Griechen, diesmal allerdings nicht von Kreta, sondern aus dem Osten, etwas, das sich revolutionierend auswirkt: den Streitwagen, die neue Wunderwaffe. Durch ihn bildet sich eine militante Oberschicht, ein Ritterstand, ein Kriegeradel, der sich politisch, wirtschaftlich und sozial hoch über das übrige Volk erhebt. Nach und nach ändern sich die Lebensformen: Sie sind von der Freude am Kampf, an der Jagd (damit an Waffen aller Art), an Wagenrennen mit glanzvollen Festlichkeiten bestimmt. Der Mann ist – wie immer schon im griechischen Bereich – tonangebend, die Frau bedeutet wenig, im besten Fall nimmt sie an der aristokratischen Repräsentation teil.

Die Fürsten und Prinzen Mykenes werden in Schacht- und Kuppelgräbern bestattet (Seite 198), aus der Beute der Raubzüge gibt man ihnen eine Fülle von Waffen, Schmuck und Gefäßen mit. Gold, immer wieder Gold als Ausdruck des neuen Reichtums; golden sind auch die Totenmasken, die man den Verstorbenen aufs Gesicht legt. In Verbindung mit den Gräbern tauchen zum ersten Mal Aspekte auf, die griechischem Wesen entsprechen: Über den Schachtgräbern sind es die reliefverzierten Steinstelen, an den Kuppelgräbern ist es die neue Monumentalität, die der minoischen Kunst – sie ist immer Kleinkunst geblieben – völlig fremd ist. Unkretisch ist auch die tektonische Strenge, die nun in

Fresko- und Vasenmalerei aufkommt.
Das Großartige, Monumentale bricht vollends durch, nachdem die minoische Kultur mit der Zerstörung der Paläste um 1400 ihr Ende gefunden hat. Nicht Schlösser mit zahllosen prachtvoll ausgestatteten Räumen bauen die achäischen Fürsten, sondern uneinnehmbare Burgen.
Gigantische Mauerringe mit wehrhaften Toranlagen (Seite 144/145, 190, 194) umschließen das Herrenhaus mit dem zentralen Saal, dem Megaron (Seite 196/197). Die berühmtesten stehen in Mykene und Tiryns. Noch viel späteren Generationen erscheint die technische Bewältigung dieser Bauwerke durch Menschenhand so unmöglich, daß man sie den sagenhaften einäugigen Riesen zuschreibt: «Die Mauer ist ein Werk der Kyklopen und aus unbehauenen Steinen gebaut, jeder Stein so groß, daß auch der kleinste von ihnen von einem Gespann Maultiere überhaupt nicht von der Stelle bewegt werden könnte.»[54]
Der Türsturz der Burg von Mykene wiegt 20 Tonnen.
Die achäischen Fürsten sind mächtige Könige geworden, die über Land und Meer gebieten. Der Reichtum wächst, Handel und Gewerbe blühen, Niederlassungen auf den Inseln und an der kleinasiatischen Küste werden gegründet. Kunst und Religion aber zehren immer noch von Kreta, obgleich nun viel Eigenständiges an die Oberfläche tritt. Zahlreiche Götter und Kulte gehen auf minoischen Einfluß zurück. Man verehrt sie in heiligen Hainen, in Höhlen, auf Berggipfeln; Tempel baut man ihnen nicht. Menschengestaltige Kultbilder sind selten. Die beiden Tiere, die wappenartig zu den Seiten einer Säule aufgerichtet sind (Seite 194), haben ihren Ursprung in Kreta; sie sind die von der großen Göttin gebändigten Löwen, die Säule ist Ausdruck der sich offenbarenden Gottheit. Oder konkreter: Die Säule könnte eine Idolform der Hera sein; sie war eine der mykenischen Hauptgottheiten und wurde schon im 13. Jahrhundert gemeinsam mit Zeus verehrt; säulen- und pfeilerförmige Kultbilder sind auch für Apollon, Dionysos, Hermes und Artemis bezeugt.
Das Motiv ist also entlehnt, die Monumentalität des Löwenreliefs von Mykene, das dem Tor und der Burg Schutz verleiht, ist jedoch griechisch. – Immer großartiger werden auch die Kuppelgräber: Das «Schatzhaus von Atreus» hat einen Durchmesser von 14,5 m, immerhin ein Drittel des Ausmaßes der Pantheonkuppel.
Die gewaltigen Grabbauten geben den Ruhm der achäischen Fürsten an die Nachwelt weiter (Totenkult dieser Art scheint ebenfalls dem eigenen Wesen zu entsprechen).
Noch immer fehlt die Großplastik fast völlig; lediglich erste Anzeichen sind in dem etwas unterlebensgroßen Stuckkopf einer Sphinx vorhanden. Zahlreich sind kleine Tonidole (Seite 42 links) mit betend erhobenen Händen, ornamental bemalt, die wichtigsten Teile der menschlichen Gestalt darstellend, Votivgaben an die Götter.
Die mykenische Kunst erfaßt – wie die minoische – in erster Linie profane Themen; Baukunst, Malerei, Keramik, Goldschmiedearbeit: All das dient vorwiegend dem Schutz oder dem Prunk, der Verschönerung des Daseins. Rar sind Götter-, kaum überliefert Mythendarstellungen. Erst Archaik und Klassik stellen die Gottheit in den Mittelpunkt der künstlerischen Gestaltung; dennoch sind manche der großen griechischen Götter schon in dieser frühen Zeit faßbar: auf Vasen und Siegeln, als Terrakotta- und Elfenbeinstatuetten, auf Stuck gemalt und als Schmuckteile finden wir Zeus, Demeter, Kore, Plutos, Artemis, Athene und Aphrodite. Wie gesagt: Solche Darstellungen sind äußerst selten, und nicht immer ist die Deutung völlig gesichert. Man darf nicht vergessen, daß bisweilen amorphe Gegenstände kultisch verehrt, ja mit bestimmten Gottheiten identifiziert wurden: Das älteste Kultbild der Hera von Argos war ein Brett. Das erwähnte Säulenidol von Mykene (Seite 194) wäre – als plastisch gerundeter Körper – ein Übergangsstadium zur menschengestaltigen Kultstatue. – Die Mythen selbst, die Götter und Kulte haben in großer Zahl die kommenden Katastrophenzeiten durch mündliche Weitergabe überlebt und Eingang in den Glauben der Hellenen gefunden. In der mykenischen Religion liegt der Samen, aus dem die griechische sprießt.
Der Höhepunkt achäischen Glanzes ist überschritten; eine Kultur geht zur Neige. Ihr Schlußpunkt wird nicht von innerer Erschöpfung gesetzt, sondern durch Zerstörung von außen. Wie um 1900 stoßen auch jetzt – am Ende des 13. Jahrhunderts – neue Barbarenstämme mit ungeheurer Kraft in die fruchtbare Landschaft des Südens vor, gedrängt und getrieben von der Völkerflut der Illyrer; die große Wanderung beginnt. Waren es vor sechshundert Jahren Indogermanen, die eine fremde Kultur, die frühhelladisch-mediterrane, unterjochten, so sind es jetzt Indogermanen, die den stammesverwandten Achäern den Todesstoß versetzen; die gewaltigen Burgen und Siedlungen sinken in Schutt und Asche: Mykene, Tiryns, Pylos, Theben, Orchomenos, Athen. Die Nordwestgriechen, vor allem aber die Dorer sind es, die nun (Jahrhunderte lebten sie in Nordgriechenland) nicht nur die Peloponnes verheeren, sondern auch auf die Inseln und sogar nach Kleinasien übersetzen. Wie am Beginn des 2. Jahrtausends sinkt Griechenland wieder in ein zivilisationsarmes Dasein zurück. Die «dunklen Jahrhunderte» brechen an. Kümmerliche Gefäße und meist recht primitive Idole kennzeichnen die «künstlerische» Produktion der submykenischen Periode. Trotz alledem darf ein Positivum nicht übersehen werden: Die Menschen dieser Zeit – nach und nach vermischen sie sich mit den verbliebenen Achäern – schlagen die Brücke von der Vergangenheit zur Zukunft. Sie geben Götter, Sagen und Kulte, die ritterliche Komponente und in bescheidenem Maße sogar kunsthandwerkliche Tradition an die folgenden Generationen weiter. Diesmal ist es keine lang andauernde Rückständigkeit und keine, die in einem plötzlichen Ansturm von fremden Einflüssen überrannt wird. Es ist eine Epoche, die nach einer Spanne des Verharrens langsam, aber stetig nach oben führt.
Der Einbruch der Nordwestgriechen und Dorer übt einen ungeheuren Druck auf die ansässigen Achäer aus. Viele haben dieser Kraft keine ebenbürtige entgegenzusetzen, geraten deshalb in Bewegung, weichen aus – wandern aus. Vor allem die Jonier – nur ein geringer Teil von ihnen nimmt

Attika in Besitz – setzen nach Kleinasien über, besetzen die anatolische Küste und gründen Städte, denen eine blühende Zukunft bevorsteht. Später werden von hier starke kulturelle Impulse ins Mutterland zurückfließen. Die Auswanderer haben mykenisches Erbe mitgebracht, und sie haben den leichteren, helleren – den jonischen – Sinn, im Gegensatz zur dumpferen, bäuerlichen Strenge der Dorer. Nur im Land um Athen werden die beiden Pole zusammenfinden, werden die Gegensätze verschmelzen zur Harmonie der Klassik.

Bis dort ist ein langer Weg; noch ist kaum ein erster Schritt getan. Vorerst leben im Mutterland – der Kampfeslärm der Landnahme ist abgeklungen – die kleineren und größeren Stämme neben- und miteinander. Die brutale Gewalt, die Zeit der Gefahr ist vorüber: die Macht des Königtums sinkt, der an Wohlhabenheit zunehmende Adel gewinnt auch gewaltig an politischem Einfluß; er ist der tatsächlich Herrschende. Ritterliche Gesinnung äußert sich wieder in Sport und Jagd und in kriegerischen Beutezügen.

## Die geometrische Epoche: Ahnen künftiger Größe

An den Herrenhöfen wirkt ein Stand, der nicht nur eine befriedende Rolle zwischen der alten und der neuen Aristokratie, zwischen Achäern und Eroberern spielt, sondern auch die Reste der vergangenen Kultur, insbesondere der Religion, in das künftige Hellas hinüberrettet: die fahrenden Sänger, die von den Göttern und Heroen, von den Taten und dem Ruhm der Ahnen erzählen. Bis einer kommt, der diese Epen zu einer der großen Dichtungen der Menschheit zusammenfaßt: Homer (plötzlich ein Name, nach dem anonymen Dasein von tausend Jahren). «Ilias» und «Odyssee» sind die Bibel der Griechen geworden. Sie (und Hesiods «Theogonie») sind das Fundament der griechischen Religion; und damit ihrer künstlerischen Gestaltwerdung. Wie Homer zurückgreift auf ein vergangenes Heldenzeitalter, den Kampf um Troja schildert, von Göttern Rühmliches und Unrühmliches berichtet, Könige und Helden nennt: Agamemnon, Hektor, Achill, Odysseus, Nestor (das Ebenbild seines goldenen Bechers, den Homer beschreibt[55], hat Schliemann im vierten Schachtgrab von Mykene gefunden); so wird sein Epos zum Stoff, aus dem die Künstler ihre Kultbilder und Mythendarstellungen formen werden.

Mit dem 10. Jahrhundert hat Griechenland seinen kulturellen Tiefstand endgültig überwunden. Schon die vorangehende protogeometrische Zeit ließ eine erste Blüte ahnen. Jetzt, im geometrischen Stil, bricht sie auf. Ratio und Phantasie schmücken gleichermaßen die straff geformten Gefäße mit einer Überfülle von Ornamenten. Zirkel und Lineal triumphieren, die Motive sind hauptsächlich geometrischer Art: Dreiecke, Kreise, Mäander, Zickzack, Schachbrett und Rauten.

Selbst die menschliche Gestalt – die Themen sind vorerst dem Totenkult entnommen – ist stilisiert zu Dreiecken, Kurven und Geraden. Die Verteilung der dunklen Linien auf den rottönernen Flächen ist klar, ausgewogen, wohlgeordnet. Wieder steht die Keramik und das Schmuckbedürfnis – wie immer in einer kulturellen Frühepoche – im Mittelpunkt handwerklichen Schaffens. Die ersten kleinformatigen Plastiken sind bronzene Tiere und Tonidole (Seite 42 rechts), die auf gleiche Art bemalt sind wie die Vasen. Nach und nach mischen sich unter diese nicht näher zu benennenden Figürchen vereinzelt Gestalten der Sage: ein Kentaur, eine Sphinx, ein panartiger Bock; und die ersten Götterbilder: ein Zeus aus Bronze, Chariten aus Elfenbein, ein Kopf des Apollon. Gerade dieser ist – obwohl mit noch ungelenken Fingern aus Ton geknetet – ein Urahn der Großplastik. Nicht nur, weil er durch sein größeres Format aus der Masse der zeitgenössischen Produktion hervorragt (der Kopf mit dem Helm mißt 12 cm), sondern auch weil Kopf und Einzelheiten wie Augen, Nase, Mund und Ohren sich von der primitiven Herstellungsart der meisten Idole – mit zwei Fingern gequetschte Nase, aufgesetzte Kugelaugen, eingetiefte Mundspalte – weit entfernen in Richtung auf naturnähere Formen und Proportionen.

Zwei Folgerungen können wir aus diesen frühesten Darstellungen ableiten: daß man leicht zu bearbeitendes Material verwendet; der spröde Stein ist für die Skulptur noch nicht entdeckt; und daß die großen Götter von Anfang an anthropomorph sind; daß Allmacht, Herrschaft über die Natur, das Vermögen, Wunder zu tun, keine Abnormitätenbildungen mit sich bringen – Vervielfachen von Gliedmaßen, Vermischungen mit Tierteilen beispielsweise –: daß vielmehr die reine, einfache Menschengestalt auf die Gottheit und ihr Abbild übertragen wird.

Zeichen des Übermenschlichen und der besonderen Fähigkeit wird das Attribut; ein Blitzbündel, das Zeus als den Gebieter über die Unwetter, den «Herrscher im Donnergewölk», erweist; die Flügelschuhe des Hermes: «Unter die Füße sich band er die Sohlen,/Schön, ambrosisch und golden, womit er über die Wasser/und das unendliche Land hinfährt wie im Hauch des Windes.»[56]

Es ist bezeichnend, daß das Fundglück ausgerechnet einen Apoll bewahrt hat; Apoll, der ganz und gar zu einem hellenischen Gott wird, zur griechischsten aller Göttergestalten, obwohl er ursprünglich aus dem Orient stammt. Sein Orakel in Delphi spielte schon im 8. Jahrhundert eine nicht geringe Rolle als ein einigendes Band, das die in kleine Stadtstaaten zersplitterten Griechen umfing (eine ähnliche Funktion werden auch die Olympischen Wettspiele übernehmen). Dieser Partikularismus war für den ewigen Streit und Zank verantwortlich, er schuf anderseits aber durch die damit verbundene Urbanisierung die Keimzelle für einen Kulturaufstieg ohnegleichen; denn in der Polis, der einzigen Stadt im Staat, konzentrierte sich alles Geistige, Schöpferische. Nur hier konnte dieses infolge des dichten Nebeneinanders und der damit verbundenen Anregung und Anstöße, durch ein Übertreffenwollen der Rivalin seine Leistung ständig steigern.

Um 750 begann ein gewaltiger Expansionsstoß die Küsten vom Schwarzen Meer bis zur Straße von Gibraltar zu verändern. Die Grenzen der Heimat waren den Griechen zu eng geworden; so strömten sie hinaus: Reiche und Arme, Aristokraten wie Klein-

bauern, gründeten Pflanzstadt neben Pflanzstadt, verbreiteten griechische Religion, Sprache und Kultur.
Vor allem in Unteritalien und Sizilien entstanden Ketten blühender Siedlungen – heute noch sind die archaischen und klassischen Tempel in Paestum, Syrakus, Agrigent, Selinunt und Segesta großartige steinerne Zeugen dieser Kolonisation.– Ist es nicht sonderbar, daß durch solches Auseinanderstreben die streitsüchtigen, miteinander hadernden Griechen – sie beginnen sich Hellenen zu nennen – nun das Gefühl der Gemeinsamkeit, des Zusammengehörens entdeckten?
Im Mutterland kristallisierten aus der Unmenge von kleinen und kleinsten Stammesgebieten zwei Staaten aus, die in Zukunft die Geschichte Griechenlands im wesentlichen bestimmen sollten: Sparta und Athen.
Der dorische Kriegerstaat Sparta, der die Bewohner des umliegenden Landes brutal unterjochte (man denke an die messenischen Kriege des 8. und 7. Jahrhunderts), rückte damit zur ersten Macht der Peloponnes auf. Das jonische Athen, das Attika zu einem Einheitsstaat zusammenschloß, politisch der große Gegenspieler Spartas, wird sich kulturell zur Führungsmacht Griechenlands entwickeln.
Ansätze dazu zeigen sich bereits in der geometrischen Ära. Ein letztes Mal wird im 7. Jahrhundert ein kraftvoller, konsequenter Kulturanstieg gehemmt. Der Orient überschüttet Griechenland mit einer Fülle von Einflüssen. Reichverzierte Textilien, Metallgefäße und Schmuck werden eingeführt. Alles Ungewöhnliche, dem eigenen Wesen Fremde wird aufgenommen: Ornamentik aus der Pflanzenwelt, Figürliches aus dem Tierreich (Löwe, Steinbock, Hirsch), phantastische Mischbildungen (Greif, Sphinx, Chimaira).
Sofort macht sich nun die Fähigkeit bemerkbar, die so kennzeichnend für den Griechen ist: Einzelheiten sich von außen anzueignen, sie aber im selben Moment im eigenen Geist umzuformen. So gesehen ist das Hemmnis der vorderasiatischen Beeinflussung nur positiv; denn jetzt erst hält der Handwerker, der Bildhauer, der Maler alles Rohmaterial in Händen, mit dem er unabhängig und wirklich kreativ schaffen kann. Die Lehrzeit ist vorüber, das Stadium des Kindlichen, Unzulänglichen, Nachahmenden, auch des Mißlingens. Der Geselle schickt sich an, erste Hand an sein Meisterstück zu legen.

# Die Archaik: Alles ist voll von Göttern

Was wir an der griechischen Kunst am meisten bewundern, was sie weiterleben ließ, sind die Statuen und die Tempel. Um so erstaunlicher ist daher, daß die Griechen etwa die halbe Zeit ihrer künstlerischen Existenz weder Standbilder und Gotteshäuser herstellten, noch überhaupt die Religion das Bewegende ihres Schaffens war. Nach einer Spanne von tausend Jahren setzte all dies ziemlich gleichzeitig ein, wobei sicher das religiöse Moment primär die treibende Kraft war, die das bisher Gewonnene und Erlernte in eine stetig aufsteigende Entwicklung lenkte. Diese rollte vor einem historischen Hintergrund ab, der von außen her kaum Störendes oder gar Zerstörendes hinnehmen mußte, der aber im Inneren unruhig und gärend war. Die Aristokratie übte eine Kastenherrschaft aus. Die Gemeinfreien hatten kaum Rechte, das Kleinbauerntum kämpfte schwer um seine Existenz; dazu kam das Ansteigen der Sklaverei. Der erste heilige Krieg zur Verteidigung Delphis brach aus. Revolutionen fegten die mißliebige Adelsherrschaft hinweg. Tyrannen traten an ihre Stelle, unter ihnen bedeutende, tatkräftige Männer, die dem Volk Agrarreformen und dem Staat eine zielbewußte Außen- und Innenpolitik gaben, eine aktive Religionspolitik betrieben und die Künste förderten: Periander von Korinth, Kleisthenes von Sikyon, Polykrates von Samos, Peisistratos von Athen. Allenthalben regten sich Tendenzen zu einer demokratischen Staatsreform: Solon, einer ihrer großen Wegbereiter, glaubte an die Reife des Volkes, ein Gemeinwesen ohne Tyrannen leiten zu können; er scheiterte. Seine Saat ging erst am Ende des 6. Jahrhunderts auf, als Kleisthenes nach der Ermordung des Hipparch und dem Sturz des Hippias Athen eine neue Verfassung bescherte.
Sparta stand allen derartigen Bestrebungen gegenüber abseits. Vorerst den Künsten aufgeschlossen, blieb es später infolge seiner erzkonservativen Einstellung kulturell rückständig; es entwickelte sich zu einem Polizei- und Militärstaat. Außenpolitisch war ihm allerdings mit der Gründung des Peloponnesischen Bundes ein großer Erfolg beschieden.
In diesem Gärungsprozeß der archaischen Zeit entfalteten sich die geistigen Kräfte: Die großen Epen blieben ohne Nachfolger; aber die Lyrik blühte auf. Dichtung, die Schmerz, Sehnsucht, Liebe, Zorn – die ganze Skala des eigenen Fühlens – in Worte faßte. Ihre großen Namen: Archilochos und Sappho. Aus dem Dithyrambos, dem alten dionysischen Kultlied, entsproß die Frühform der Tragödie.
Weder das Emotionale der Lyrik noch die ersten Anklänge der «Schicksalswelt» der Tragödie hatten in der bildenden Kunst der Archaik Parallelen; erst in der Klassik kam dies zum Durchbruch. – In Jonien begann mit der Naturphilosophie «die Urgeschichte der abendländischen Wissenschaft»[57].
Und wie stand es um die Religion? Es gibt keinen Zweifel, daß das Volk tief gläubig war. In Epochen sozialer Not wird vom Überirdischen Hilfe und Gerechtigkeit erwartet. Einerseits war es das Ekstatische des Dionysoskultes, das die Menschen in seinen Bann zog, anderseits Apollon, der die orgiastischen Feiern in ruhigere Bahnen lenkte und damit ausgleichend wirkte; sein Tempel in Delphi beweist dies sehr sinnfällig: Im Ostgiebel war Apollon, im Westgiebel Dionysos dargestellt.
Apollon hatte eine absolute Herrscherstellung im Hellas der archaischen Zeit. Er war der Gerechte, der Heil- und Sühnegott; er gab den Menschen den Frieden mit den Göttern. Delphi war nicht nur sein großes Heiligtum, es war auch das religiöse Zentrum Griechenlands. Hier baute man dem Gott die Schatzhäuser, errichtete ihm unzählige Statuen und Weihegeschenke; hier stand der Omphalos (Seite 43), der heilige Stein (Apollon war eng mit dem uralten Steinkult verbunden), der erst später als Mittelpunkt der Erde gedeutet

wurde. Obwohl lokal beschränkt, übten die Mysterienkulte – in erster Linie der von Eleusis – und die mystische Orphik starke Anziehungskraft aus. Den größten Einfluß übte jedoch der Staat auf die Religion aus, sei es Königtum oder Adelsherrschaft, sei es Tyrannis oder Demokratie. Er bestimmte, welche Götter die höchsten und mächtigsten waren: Apoll, Zeus, Hera, Athene und auch Dionysos,dessen orgiastische Riten durch die Aufnahme in den öffentlichen Kult gemildert wurden. Er stiftete die großen Feste, brachte die Heroenverehrung, die sich aus dem Totenkult ableitet, zu hoher Blüte, er nutzte die Religion für politische Zwecke aus; und er war auch der Mäzen der religiösen Kunst.

Neben die kleinen Bronze- und Tonfiguren treten im 7. Jahrhundert die ersten Bronzen größeren Formats (bis zu 80 cm): wieder ist es ein Apollon, der zusammen mit Leto und Artemis in einem Tempel in Dreros auf Kreta[58] gefunden wurde (die Insel spielt in der frühesten griechischen Plastik eine gewichtige Rolle). Besonders die beiden Frauengestalten sind starr, zylinderförmig, die Arme liegen gänzlich am Körper an. Erinnern wir uns: Säule und Pfeiler wurden kultisch verehrt; hier ist der erste Schritt vom Anorganischen zum Organischen getan:

Aus der Säule wird die Statue; oder aus dem Pfeiler: «Auch die Delier haben ein nicht großes Holzbild der Aphrodite; statt der Füße läuft es unten viereckig aus», bezeugt Pausanias.[59] Zum erstenmal wird Kalkstein als Material verwendet: Stehende und sitzende Göttinnen und Weihestatuen in starrer Haltung entstehen, meist in reich verzierten Gewändern; die Köpfe sind flach, von dreieckiger Form, die Körper haben wenig Tiefe. Sicher ist, daß viele dieser frühen Kultbilder – auch das älteste des Apoll in Delphi – aus Holz waren. Natürlich sind sie nicht erhalten, aber Pausanias erwähnt sie des öfteren: «Von den Werken des Daidalos existieren also diese beiden in Böotien, ein Herakles in Theben und in Lebadeia der Throphonios[60], und ebenso viele weitere Holzbilder gibt es noch in Kreta, eine Britomartis[61] in Olus und eine Athene in Knossos.»

Erstmals erwähnt Pausanias hier auch einen Künstlernamen: den legendären Daidalos, der nicht nur Bildhauer war, sondern auch Architekt (er baut dem kretischen König Minos das Labyrinth, in dem der Minotauros gefangengehalten wird; er gibt Ariadne den Wollknäuel, mit dessen Hilfe Theseus aus den verschlungenen Gängen wieder ans Tageslicht zurückfindet); Daidalos ist Erfinder, der mit Flügeln aus Federn und Wachs von Kreta flieht. Nach ihm hat die Archäologie die frühe Epoche griechischer Plastik benannt: die dädalische.

Daß die göttlichen Gestalten – kaum haben sie das Stadium der Kleinkunst hinter sich gelassen – bisweilen zu gigantischen Maßen aufwachsen, berichtet ebenfalls Pausanias. Über eine Apollonstatue in Amyklai, die aus Bronze, vermutlich über einem Holzkern, gehämmert war – eine Technik, in der auch die erwähnten Statuetten aus Dreros gearbeitet sind –, schreibt er: «Ich weiß von niemandem, der ihre Größe gemessen hätte, sie scheint aber 30 Ellen hoch zu sein. Sie ist nicht ein Werk des Bakthykles, sondern alt und kunstlos gemacht. Denn außer dem Gesicht und den Händen ist das übrige wie eine Bronzesäule.»[62] 30 Ellen – das sind ungefähr 13 Meter!

Doppelt lebensgroß war auch die archaische Kultstatue im Heratempel von Olympia. Ihr Kopf, der 1878 bei Ausgrabungen gefunden wurde, ist voll monumentaler Wucht und Herbe (Seite 63 rechts). Unglaublich, was in den hundert Jahren, seit die griechische Kunst die ersten Beispiele einer Großplastik gesetzt hat, geschehen ist. Zuerst hatte weit über ein Jahrtausend die religiöse Kunst und vor allem die Plastik nur am Rande agiert, ein Aschenbrödeldasein geführt; denken wir an die primitiven Idole, die nichts, aber auch gar nichts für die Zukunft in sich zu tragen schienen. Aus diesem talentlosen griechischen Kind sollte einmal eine geniale Schöpferpersönlichkeit werden?

Am Ende des 8. Jahrhunderts brachen fast schlagartig die Dämme, drängte alles, was da verborgen schlummerte, ans Tageslicht. In wenigen Jahrzehnten konzentriert sich alles Schöpferische auf die göttlichen Themen, entsteht eine Großplastik, die wohl noch unentwickelt, einfältig und steif ist, in der aber das Eigene, Wesentliche im Keim vorhanden ist. Gut hundert Jahre nur – welch kurze Spanne Zeit im Ablauf ihrer Geschichte! – brauchen die Griechen, um das Antlitz der Hera von Olympia zu formen (nochmals hundert Jahre, und sie werden an der Schwelle zur Klassik stehen): klar, streng geformt mit einem festumgrenzten Mund, großen, mandelförmigen Augen und scharf abgesetzten Stirnlocken. Die Proportionen des menschlichen (göttlichen) Gesichtes sind gefunden. Welch gewaltige Wirkung muß doch vom Gesamtwerk ausgegangen sein: «Hera sitzt auf einem Thron, Zeus steht daneben, bärtig und mit einem Helm auf dem Kopf.»[63] Der Herakopf ist aus Kalkstein. Jetzt aber entdecken die Bildhauer das Material, das von der späten Archaik an für die Steinfiguren bestimmend wird: den Marmor; den weißen bis goldgelblichen vom Pentelikongebirge, den schneeweißen von Paros, den weißen bis hellgrauen von Naxos. Ein transparentes Gestein mit einem unvergleichlichen Schimmern an der bearbeiteten Oberfläche; die Griechen nannten es lithos leukos: leuchtender, schimmernder Stein. Eine Unzahl von Marmorstatuen entsteht. Von vielen wissen wir nicht, ob sie Götterbilder oder Weihefiguren sind: die Kuroi, die Jünglinge, und die Korai, die Mädchen. Sie stehen frontal, mit hängenden Armen, die sich vom Körper zu lösen beginnen (das Säulenhafte schwindet damit mehr und mehr), das eine Bein ist vor-, das andere zurückgesetzt, beide aber sind gleichmäßig belastet. Die Männer sind fast durchwegs nackt, die Frauen immer bekleidet. Häufig wird nun die Plastik zum Schmuck und Schutz der Gotteshäuser verwendet. Auf Metopen erscheinen Europa auf dem Stier, der Kalydonische Eber, Herakles, Theseus, seltener die Dioskuren und Orpheus. In der Giebelmitte des Artemistempels von Korfu wehrt eine riesige geflügelte Medusa, eine der drei Gorgonen, mit einem fratzenhaften Gesicht, die Zähne bleckend, mit Schlangen im Haar und um den Leib, jedes Unheil vom Haus der Göttin ab (Seite 44 oben Mitte). Die archaische Kunst legt den Akzent auf das Dämonische, Grauenhafte (beim Anblick der Medusa wird der Mensch zu Stein), während die Klassik das Abstoßende mildert und der Hellenismus dem Gesicht des Scheusals weibliche Schönheit gibt.

Das sogenannte «Knielaufschema» ist der

erste künstlerische Ausdruck des schnellen Laufens oder Fliegens.
Zu den Giebelecken hin agieren selten gestaltete Themen der frühen Göttergeschichte: Zeus erschlägt Kronos mit dem Blitz (Seite 57); Rheia wird von Poseidon bedroht (Seite 44 oben links). Es sind Figuren von urwüchsiger Kraft und Eindringlichkeit, mit seltsam eckigen Drehungen, wobei Kopf und Oberkörper meist in Vorderansicht wiedergegeben sind. Im Gegensatz zur Rundplastik ist das Relief bereits imstande, heftige Bewegungen zu zeigen (Seite 174 oben, 195). Während sich im Laufe der späteren Entwicklung die Figuren in Bewegung und Pose dem durch die Giebelschräge vorgegebenen Raum anpassen, gegen die Ecken hin knien, kauern, liegen (wie z.B. in den Giebelecken des Olympischen Zeustempels) und dadurch gleiche Körpergröße haben, ist hier – mit Ausnahme der Liegenden in den Ecken – darauf keine Rücksicht genommen; daher die nach den Seiten immer kleiner werdenden Figuren. Die Themen im Giebel stehen beziehungslos nebeneinander. Nicht nur das: Auch zur Göttin des Tempels gibt es – typisch für die Archaik – vom Giebel her keinerlei Verbindung. Die Einheit des Inhalts aller figürlichen Teile eines Gotteshauses (einschließlich Kultbild) wird erst in der Klassik angestrebt; erreicht ist sie im Parthenon.
Im kleinasiatischen Jonien entsteht eine Reihe bedeutender Skulpturen: in Didyma die Sitzstatuen der Branchiden[64] (Priester des Apollonorakels), schwere blockhafte Figuren, die orientalische Anregungen aufgenommen haben; in Ephesos stiftet König Kroisos die reliefverzierten Säulentrommeln des Artemistempels[65]; auf Samos weiht Cheramyes eine noch säulenhaft wirkende Hera[66], schafft Genelios sechs Statuen, in denen sich eine ganze Familie der großen Göttin darbringt, und signiert die Gruppe[67]. Wie jetzt überhaupt die Künstler selbstbewußter werden und immer häufiger ihren Namen unter das Werk setzen.
Auf der Akropolis von Athen entfaltet Peisistratos eine rege Bautätigkeit. Davon stammen Reste zahlreicher Giebelskulpturen: Zeus und Hera empfangen Herakles im Olymp, Herakles ringt mit einem Triton, ein dreileibiger Dämon erscheint[68] – phantastische Fabelwesen sind beliebte Themen der archaischen Kunst.
Gestalten, deren Realität – seien die Sujets auch noch so märchenhaft – durch leuchtende Farben in ihrer Wirkung gesteigert ist (Seite 45). Sie sind von warmem Leben durchflutet, strotzend vor Kraft und Vitalität. Die Statuen und Reliefs besitzen stellvertretende Kraft, sind nicht Abbilder, sondern selbst die Götter und Heroen. Werden doch viele Kultbilder gebadet und bekleidet, als lebende Wesen behandelt, denen man Geschenke darbringt!
Ist die Skulptur einerseits erfüllt von Unbefangenheit und naiver Frische, so ist auf der anderen Seite insbesondere der Statue eine starre Strenge, ja eine gewisse Stereotypie in Körper und Gesicht (das «archaische Lächeln») nicht abzusprechen. Anders steht es diesbezüglich um die archaische Vasenmalerei, die lockerer, vielfältiger, ungebundener ist. Wohl ringt anfangs die frühattische Kunst, als figürliche Stoffe die geometrische Ornamentik ablösen, um die Meisterung der menschlichen Gestalt in ihren Kriegs- und Mythenszenen (Perseus und Gorgo, Blendung des Polyphem); aber schon in der zweiten Hälfte des 7. Jahrhunderts erblüht die Malerei zu erster Reife. In der Zeit der starken orientalischen Einflüsse steigt die Vasenkunst in Korinth zu hoher Qualität an, im 6. Jahrhundert jedoch fällt die Führung an Athen zurück und bleibt dort bis zum Ende dieses Kunstzweiges.
Reich ist die Ausdrucksfähigkeit im Zeichnerischen, im Kompositionellen und in der Thematik. Man experimentiert mit den Linien der Muskulatur und der Gewandfalten, erfindet neue Bewegungen, vervollkommnet die rahmende Ornamentik. Der Inhalt ist überwiegend dem Mythos entnommen, obwohl auch Genrehaftes und Alltägliches dargestellt werden. Zu den wenigen Themen der Frühzeit kommen immer neue hinzu: der trojanische Sagenkreis, Kentaurenkämpfe, der dionysische Thiasos, Theseusabenteuer, Heraklestaten und Götter. Diese Bilder sind von Erhabenheit und Tragik oder von intimerem, familiärem Charakter geprägt, sind reich an Stimmungen; bisweilen dominiert das komische Element. Eines aber ist allen gemeinsam: Je weiter sich die Malerei entwickelt, desto stärker wird die Freude am Erzählen, das Schmuckbedürfnis, die Vorliebe fürs Detail. Mit welcher Akribie sind die Locken des Haares und Bartes, die Webemuster der Gewänder gezeichnet!
Dieser Hang zum Schmücken führt allerdings auch zu einem allgemeinen Stilisieren: Augen, Muskellinien und Gewandfalten werden zum Ornament[69]; ein Phänomen, das auch an der spätarchaischen Skulptur zu beobachten ist.
Ansätze dazu finden sich am Siphnierschatzhaus in Delphi: Im Giebel streiten Apoll und Herakles um den Dreifuß, in den Friesen sind Parisurteil, Kämpfe zwischen Griechen und Trojanern, eine Versammlung der Götter und die Gigantomachie dargestellt (Seite 58/59): Dionysos, Kybele (die Löwen ihres Gespannes greifen in den Kampf ein), Zeus, Hera, Athene, Ares und Hermes bedrängen ihre Gegner. Apollon und Artemis legen die unfehlbaren Pfeile auf drei Giganten an, die hinter ihren Schilden Deckung suchen. Fliehende, Verwundete, Tote. Ein stark bewegtes Kampfgetümmel, in dem die Figuren in mehreren Schichten hintereinander angeordnet sind.
Die schwellenden Formen, manche Details, ein zierlicher Faltenwurf kündigen ein Überreichwerden des Stils an. Als dies gegen das Ende des Jahrhunderts extrem wird, ist die Möglichkeit einer Weiterentwicklung nicht mehr gegeben. Was sich an Dekadenz, Unnatürlichkeit, Prachtentfaltung, Verspieltheit in den Adelshäusern und Residenzen der Tyrannen tut, spiegelt sich in der Kunst wider. Stilisierungen werden zur Formelhaftigkeit, zur Etikette gewissermaßen. Das archaische Lächeln wird zur Affektiertheit; die Gewandfalten sind zum reinen Ornament geworden, rieseln in kleinen Wellen die Körper entlang, bilden Zickzack-, Parallel- und Fächerlinien. Vieles wirkt manieriert, parfümiert und überzüchtet. Besonders deutlich wird dies an den späten Mädchen- und Jünglingsfiguren, an den Metopen des Athenerschatzhauses in Delphi – verherrlicht sind die Taten des Herakles (Seite 146 oben) und Theseus – mit der gesteigerten dramatischen und doch erstarrten Bewegung, die in seltsamem Gegensatz zur

Zierlichkeit der Ausführung und zum lächelnden, ausdruckslosen Ausdruck des Gesichtes steht. Die archaische Kunst hat einen ungeheuren Aufstieg hinter sich. Sie hat zum erstenmal in der griechischen Kunst plastisch und zeichnerisch das Wesen der menschlichen Gestalt erfaßt, hat das Gesicht, die Muskeln, den Schritt, die Gewandfalten und eine (wenn auch noch steife) Bewegung entdeckt, eine unbefangene, naive, strenge Schönheit geschaffen. Aber ein Letztes blieb ihr verwehrt: den Göttern und Helden eine Seele zu geben und sie individuell zu differenzieren. So hat sich eine Figurentypik ergeben, die – von einem bestimmten Stadium ab – keine positive Neuerung mehr bringen konnte.
Die Entwicklung gleitet in Gewolltes, Gekünsteltes, in Überladenheit und Routine ab; und zwar in kürzester Zeit. Noch und besonders im dritten Viertel des 6. Jahrhunderts ballten sich künstlerische Ideen, drängte kreatives Wagnis, entstanden Werke von so hoher Qualität wie die «Kore im Peplos»[70] und der Fries des Siphnierschatzhauses (Seite 58/59). Als die künstlerischen Möglichkeiten erschöpft sind, dauert es noch zwei Jahrzehnte, bis sich – um 500 – das Ende zeigt. Was nun kommt, ist wie eine Zäsur, eine Fermata: wie die Generalpause einer Brucknerschen Symphonie; ein Sich-Sammeln, ein Atemholen; mit dem nächsten Takt strahlen die Akkorde der Klassik auf; die herben, schlichten des Strengen Stils, die in einem letzten Crescendo zu den monumentalen Harmonien des Höhepunktes führen. Apoll von Olympia, Poseidon vom Kap Artemision, Phidias, Zeus, Parthenon, Iktinos, Propyläen, Hermes des Praxiteles, Skopas, Apoll vom Belvedere, Lysippos. – Lysippos, schon in Diensten des Mannes, der die Welt verändert: Alexander.

# Die profanen Götter des Hellenismus

Vom Standpunkt des Klassischen ist diese Epoche – die letzte der griechischen Kultur – eine Zeit des Verfalls. Die klassischen Maximen: Maß, Harmonie, Schönheit, Verinnerlichung sind nicht mehr bindend. Alltägliches, Triviales, Häßliches, Gemeines wird darstellenswert. Es kommt zu Übersteigerungen des Pathos und der Bewegung. Religion und Glaube als leidenschaftliche Triebe zu künstlerischer Gestaltung werden lauer, schwächer, farbloser. Und nicht nur durch das Brennglas der Klassik gesehen ist der Hellenismus – vor allem seine Kunst – eine Periode des Niederganges. Wohl gibt es noch die starken Künstlerpersönlichkeiten, die den Barberinischen Faun[71], den Gigantenfries des Pergamonaltares[72], die Nike von Samothrake (Seite 68) und die Aphrodite von Melos (Seite 79) schufen; aber sie werden immer weniger, und vor allem sind sie gemessen am Maß eines Myron, eines Phidias und eines Praxiteles wenig bedeutend. Wohl formt Menander in seinen zeitkritischen Großstadtkomödien lebensechte Figuren, schreibt Kallimachos seine Hymnen an die Götter, aber hinter einem Pindar, Aischylos, Sophokles und Euripides stehen sie weit zurück. Die großen Leistungen dieser Zeit liegen auf anderen Gebieten: auf denen der Naturwissenschaft und Technik.
Das Ingenium der Epoche aber war der Mann, der sie einleitete: Alexander der Große. Er stampfte ein Riesenreich, ein Weltreich aus dem Boden, das von der Donau bis zum Indus und zum Nil reichte. Der Makedone, der selbst griechische Erziehung genossen hatte, brachte den Völkern dieses Reiches griechische Bildung und Kultur. Der Preis dafür war hoch: die Toten und die Zerstörung des Krieges. Die Verantwortung lag allein beim strategischen und politischen Genie Alexander; beim selben Alexander, der – unfaßbares Paradoxon – bauend auf der stoischen Philosophie den Unterworfenen Gleichheit, Eintracht und Brüderlichkeit bringen wollte; der die Oikumene als das gemeinsame Vaterland aller betrachtete; in Ansätzen hat Alexander solches Denken verwirklicht: Es kam beispielsweise zur Gleichsetzung und gemeinsamen Herrschaft von Makedonen und Persern.
Was die Religion betrifft, ging Alexander vorerst die ausgetretenen Pfade der Tradition. Er ehrte die Heroen (besonders die der Ilias) und die Götter, brachte ihnen Opfer dar, glaubte an Orakel und Vorzeichen. Als er Babylonien, Persien und Ägypten kennenlernte, näherte er sich auch den Göttern dieser Völker. Bis der Übermensch – als seinen Ahnherrn bezeichnete er Herakles – durch die ungeheuren Erfolge dem Rausch der Macht erlag und seine eigene Göttlichkeit über die der anderen Götter stellte. Er selbst war Gott, der von den Untertanen göttliche Ehren forderte. Damit wurde er zum Begründer des Königskultes, der in der hellenistischen Kunst eine bedeutende Rolle spielen sollte.
Daß unter solchen Umständen das Porträt des Gottkönigs[73] Gewicht erhielt, ist klar, ebenso, daß dieses Bildnis einerseits Züge der Wirklichkeit überliefern, andererseits auch göttliche Hoheit ausstrahlen mußte, daß also Realismus und Idealismus in ihm vereint waren. «Die körperliche Erscheinung Alexanders geben am besten die Statuen des Lysippos wieder, der vom König als einziger gewürdigt wurde, Bildnisse von ihm zu fertigen. Denn die Eigentümlichkeit, welche später viele Nachfolger und Freunde besonders nachzuahmen suchten, die leichte Biegung und Neigung des Halses nach links und das Schwimmende im Blick, das hat der Künstler genau festgehalten.» Soweit Plutarch über das Porträt Alexanders.[74]
Zu bemerken wäre, daß die Charakteristika, die als individuell beschrieben werden, doch wohl ein erhöhtes Idealisieren sind: das Pathos der Kopfhaltung und des Blickes, das Löwenmähnenartige des Haares.
Mit dem Tod des großen Königs zerbrach sein Werk; die Kleinen im Geiste rauften um sein Erbe, schlugen einander die Schädel ein, um einen Happen der gewaltigen Beute zu erlangen. Das Reich wurde geteilt; die Seleukiden herrschten über Syrien, die Ptolemäer über Ägypten, die Antigoniden über Makedonien und Griechenland. Von mehreren kleinen Königreichen, die in Kleinasien entstanden, ist wegen seiner kulturellen Leistungen vor allem Pergamon unter den Attaliden hervorzuheben. Athen hatte ein letztes Mal vergebens um seine Freiheit gekämpft. Es wurde dem makedonischen Reich eingegliedert. Der

Niedergang des griechischen Stadtstaates hatte den endgültigen Verfall der Religion zur Folge. Die großen Götter waren die Beschützer der Polis gewesen. Als diese sich den neuen Herrschern beugen mußte, war es auch um die Allmacht ihrer Götter geschehen. Sie lebten wohl aus Lokalpatriotismus und aus alter Gewohnheit noch fort, aber in einer Erstarrung, die einer Ohnmacht gleichkam. Besonders die führenden Bevölkerungsschichten pflegten in ihrem Hang zur Tradition die Überlieferungen und ließen sie schriftlich festhalten; es war jedoch kein lebendiger Glaube mehr, der hier gehütet wurde, sondern eine Bewegung, die unserer Heimatkunde recht nahe kam.

Die kleinen Leute nahmen an den Kulten der alten Religion nur noch äußerlichen Anteil, sie hingen jedoch nach wie vor an Asklepios und verehrten die Götter am Hausaltar: Hermes, Hestia, Hekata, Priapos, Tyche, die Dioskuren. Die Mysterienkulte bewahrten weiterhin ihre Anziehungskraft, auf viele übte die Astrologie eine magische Wirkung aus, die Orakel hingegen verloren an Bedeutung; sie nahmen nicht mehr den umfassenden politischen und religiösen Einfluß wie ehedem. Daimon, die Macht, die den Menschen durch das Leben begleitet, und Tyche, die Göttin des wechselhaften Glücks, des Schicksals, wurden verehrt. Man veränderte die alten Sagen, erdichtete neue: politische Mythen zu Ehren der vergötterten Könige, Verwandlungsmythen (aus einer neuen Vorliebe für das Wunderbare, Unerklärbare), Geschichten, denen Exotisches anhaftet; der Siegeszug des Dionysos nach Indien gehört hierher. Fremde Kulte wurden populär; denn die Hellenen wanderten in alle Welt hinaus, nachdem Alexander zahlreiche Städte gegründet hatte, die bevölkert werden mußten. Die umgesiedelten Griechen hatten – ganz im Gegensatz zum Leben in der Polis – keinen Anteil an der Politik, denn die Demokratie war der Monarchie gewichen; sie waren entwurzelt, vermischten sich mit den Einheimischen; ihnen fehlte die alte Vaterlandsliebe, und mit ihren Lokalgottheiten konnten sie in der Fremde nichts anfangen. Sie brauchten eine neue Religion. In den fremden Ländern lernten sie andere Götter kennen und entdeckten in ihnen Züge ihrer eigenen Gottheiten. Serapis, Isis, Anubis, Harpokrates, die große syrische Göttin, Astarte sind nur einige der vielen Namen, die bei den Griechen Aufnahme und Verehrung fanden. Der Sonnengott – der orientalische, nicht der griechische – begann eine Rolle zu spielen. Nur Tyche ging mit den Griechen in die Fremde und wurde dort zur Stadtgöttin. Zahlreiche Kultstatuen, mit der Mauerkrone auf dem Haupt, wurden ihr geweiht; ein berühmtes Beispiel erwähnt Pausanias[75]: «Dieser Eutychides (ein Bildhauer, der Schüler des Lysippos war) hat auch den Syrern am Orontes[76] ein Kultbild der Tyche gemacht, das bei den Einheimischen in hohen Ehren steht.»

Die Philosophie hat manchen Gebildeten beeinflußt, einen breitgestreuten Effekt in religiöser Hinsicht hatte sie sicher nicht, weil sie dem einfachen Menschen weder Halt noch Hoffnung geboten hat: Für Epikur war der Tod das Ende; seelische Ausgeglichenheit und Freude war die Voraussetzung für das Glück auf Erden; demgegenüber predigten die Kyniker völlige Bedürfnislosigkeit und Nichtachtung aller Konvention. Aristoteles lehnte den Mythos konsequent ab. Gott ist die ursprüngliche Wesenheit, göttlich sind Himmel und Gestirne. Die Lehre der Stoa war schließlich auch nicht dazu angetan, die Masse in ihren Bann zu ziehen: Der Verstand, der mit dem Feuer identisch ist, durchdringt und ordnet alles in der Welt. Gott, Vernunft und Schicksal sind eins. Ganz deutlich sind überall die monotheistischen Tendenzen; aber sie sind zu abstrakt, zu wissenschaftlich, sie wenden sich zu wenig an das Gefühl. Die Sehnsucht nach einem persönlichen Gott, der sich um den Einzelmenschen kümmert, wurde übermächtig und – unter dem Einfluß der orientalischen Religionen – der Ruf nach einer strengeren Moral; beides brachte das Christentum.

Das alles bedeutet, wenn wir uns nun der Kunst zuwenden: Die Statue eines Zeus, eines Hermes, einer Artemis kann gar nicht mehr die Kraft eines archaischen oder klassischen Werkes ausstrahlen, weil dem Künstler und dem Auftraggeber die Tiefe des Glaubens fehlt. Daher wirken die Götterbilder des Hellenismus spannungslos und leer. Sie gehen auch zahlenmäßig stark zurück. Die hellenistische Kunst ist keine religiöse Kunst mehr. Das Profane tritt stark in den Vordergrund: Athleten, an denen die barocke Übersteigerung der Muskulatur am besten demonstriert werden kann, Darstellungen von Barbaren als Gegensatz zum Griechentum, Figuren aus dem täglichen Leben, des «niederen Volkes», die eine Möglichkeit bieten, realistisch das Elend, die Häßlichkeit und die Gemeinheit zu zeigen: letztes Stadium der Trunkenheit, das ausgemergelte Gesicht des Greisenalters, derbe Erotik. Die religiösen Themen konzentrieren sich auf die neuen, orientalischen Götter, auf Dionysisches (Satyrn, Mänaden, Priapoi), auf Aphrodite und Eroten; in der Plastik ebenso wie in der Malerei, die im Hellenismus wieder an Bedeutung gewinnt: Apelles malt Tyche, Aphrodite und den göttlichen Alexander; Aetion die Hochzeit des makedonischen Königs. Von den Gemälden kennen wir nur wenige; das meiste aus römischen Nachschöpfungen in Fresko- und Mosaiktechnik. Die Letztgenannte erlebt im Hellenismus ihre erste Blüte, nachdem man schon in klassischer Zeit Mosaiken aus unbearbeiteten Kieseln gelegt hatte; neben rein ornamentalen Böden entstanden damals Mythendarstellungen: Bellerophon, Achill und Nereiden, Kentaurenkämpfe. Handwerker des 3. Jahrhunderts erfinden die Technik der geschnittenen Mosaiksteinchen, mit deren Hilfe eine differenziertere, stärker naturalistische Wiedergabe von Personen, Tieren und Landschaften möglich ist. Der neue Kunstzweig reicht von Pergamon über Delos und Alexandria bis nach Morgantina auf Sizilien. Auch wenn im Fresko oder Mosaik mythologische oder an Religiöses anklingende Themen verarbeitet werden, in erster Linie dienen sie – wie viele der zu gleicher Zeit entstandenen Plastiken – dem Schmuck und der prunkvollen Ausstattung von Palästen der Könige und Villen der Reichen. Die Architektur selbst dient der Prachtentfaltung. Das gilt für viele der großangelegten Heiligtümer, die letztlich Herrscherrepräsentation sind, und für den Wohnluxus, der erst in der letzten Phase

griechischer Kunst in den Aufgabenbereich der Baukunst tritt.
Hang zur Prunksucht und hoher Lebensstandard einer nur dünnen Überschicht lassen die Kleinkunst, besonders das Goldschmiedehandwerk aufblühen. In vollendeter Technik werden Diademe, Ohrgehänge, Ketten und Ringe hergestellt. Von den Anhängern baumeln zierliche Eroten, in die edlen Steine der Ringe sind Götter und Mythenfiguren geschnitten, die nichts Heiliges mehr an sich haben, sondern nur noch ein wenig Aberglauben, in erster Linie aber dem Schmuck und der Eitelkeit dienen: Porträts, Musen, die Dioskuren, Prometheus (Seite 136) und immer wieder Aphrodite und Eros. Kostbares Tafelgeschirr wird aus Gold und Silber gegossen, getrieben und feinstens ziseliert; Trinkhörner in Form von Tieren und Fabelwesen (Seite 151), Teller mit Negerköpfen (das Exotische ist interessant!), Amphoren mit Szenen aus dem ehemals so erhabenen Mythos (Seite 175).
Die große Plastik des Hellenismus teilt sich – den Anregungen der großen Künstlerpersönlichkeiten des 4. Jahrhunderts folgend – stilistisch in mehrere Richtungen: Die Radikalisierung des mehrfach erwähnten Realismus wird durch die Entwicklung der Naturwissenschaften begünstigt. Das Voluminöse, Pathetische, Schwellende, die rauschenden Gewänder, die Übersteigerung wegen einer ganz bestimmten Wirkung führen zur Ausbildung des antiken Barock. Komplizierte Überschneidungen und Bewegungen interessieren den Künstler, ihre technische Bewältigung ist ihm Anreiz; das Ergebnis allerdings ist oft gekünstelt, geziert, voll flackernder Unruhe. Dem stehen Werke gegenüber, die bewußt vereinfachen, sachlicher und straffer werden.
Die sinnliche Ausstrahlung und die zarten Stimmungen, die weichen Modellierungen und die geschmeidigen Konturen Praxitelischer Statuen führen zu den zarten, anmutigen und aparten Figuren des antiken Rokoko, die im Wesen den zeitgenössischen Schäfergesängen eng verwandt sind. Häufig gleiten sie allerdings ins Verspielte, Liebenswürdige, Allzu-Reizende, Dekadent-Erotische, Kitschige ab.
Im 3. Jahrhundert, das die Blüte hellenistischer Kunst bringt, wird noch Neues entdeckt, nicht nur stilistisch, sondern auch thematisch und motivisch. Der Silen Marsyas, der in frevelnder Hybris zu einem musikalischen Wettstreit mit Apoll antrat (Seite 96/97), soll auf grauenhafte Weise bestraft werden: Ein Skythe schleift das Messer[77], um ihm die Haut bei lebendigem Leib abzuziehen (Seite 97 rechts). Neu ist hier zweierlei: die Darstellung einer Phase, welche die unmittelbar darauf folgende Grausamkeit schon wissen läßt. Zur Wiedergabe der Schindung selbst ist es in der griechischen Kunst nie gekommen, da sogar der hellenistische Realismus vor der Zurschaustellung einer derartigen Unmenschlichkeit zurückschreckt. Zum zweiten ist diese Marmorstatue des Marsyas in der gesamten griechischen Kunst das einzige Beispiel eines aufgehängten Körpers – ein Motiv, das in der christlichen Kunst immer wieder abgewandelt wird. Die anatomischen und statischen Probleme, die sich aus dem Hängen und Strecken ergeben, faszinieren den Künstler.
Enorme technische Schwierigkeiten wurden bei der Aufstellung des Weltwunders von Rhodos gemeistert: das kolossale Bild des Sonnengottes, der nicht wie der Olympische Zeus in der Dämmerung der Tempelcella stand, sondern an einer Hafeneinfahrt: «Bewunderung erregte aber vor allem der Koloß des Helios zu Rhodos, welchen Chares von Lindos, ein Schüler des obengenannten Lysipp, gemacht hatte und der siebzig Ellen in der Höhe maß.» Siebzig Ellen, das sind zweiunddreißig Meter! Nicht lange stand der bronzene Gigant: «Sechsundfünfzig Jahre später wurde dieses Bildwerk durch ein Erdbeben umgestürzt, aber auch liegend gilt es noch als ein Wunder.»[78] Sind Götter einerseits also zu Zeugen technischer Leistungen und kolossaler Repräsentation geworden, so entfernen sie sich andererseits immer weiter von der klassischen Erhabenheit; sie werden menschlicher im Sinne des Alltäglichen: Üppige Aphroditen kauern nackt im Bad und lassen über ihren Körper Wasser fließen[79]; andere balancieren auf einem Bein und lösen das Schuhwerk[80]. Rokokohaft sind eine Reihe von Statuen und Statuetten, anmutig, zierlich, oft sinnlich bis zur Laszivität: etwa ein Pan, der seinen Schüler Daphnis das Blasen auf der Syrinx lehrt, wobei er sich dem schönen Knaben zärtlich zu nähern versucht[81]; Eros, der Psyche küßt[82]; ein Satyr, der einen Hermaphroditen an sich ziehen will[83], und ein schlafender Hermaphrodit (Seite 83); göttliches Zwitterwesen, das der Hellenismus aus dem Orient übernimmt. Von nun an wird es, auch in der römischen Kunst, ein beliebtes Motiv.
Immer wieder stellt man fest, welch hohes technisches Können, welch traumwandlerische Beherrschung des Materials dieser Plastik zu eigen ist. Der Marmor ist menschliches Karnat, Haut, Stoff des Gewandes; er schimmert in tausend Brechungen des Lichtes. Aber es ist ein kalter Schimmer, der an der Oberfläche haftet; er gibt keine innere Lebendigkeit, weil die Voraussetzung dafür fehlt: die tiefe Gläubigkeit, die große Götterbilder zu schaffen imstande ist; Götterbilder, die nicht Abbilder oder gar Alibis für eine Pseudoreligion sind, sondern die Gottheit in sich tragen. Wer aber sollte wohl zu einem in wollüstigen Träumen sich räkelnden Zwitter beten? So hat der Hellenismus die Götterbilder profaniert. Sie sind für den Menschen geschaffen, sind vorhanden, um betrachtet zu werden.
Die Tendenz zum äußeren Effekt verstärkt sich im 2. Jahrhundert: Ein großartiges Siegesmonument ist die Nike von Samothrake (Seite 68). Die Göttin hat soeben ihre Füße auf den Schiffsbug gesetzt. Die Flügel sind noch geöffnet, das Gewand umrauscht im Flugwind mit weiten, ausschwingenden Massen den Körper. Wirkungsvoll ist die Bewegung, kompliziert die Drehung der Figur. Ist sie nicht eine echte Schöpfung barocker Kunst? – In Pergamon läßt Eumenes II. den Altar des Zeus und der Athena Nikephoros erbauen[84]. Der große Gigantomachie-Fries greift nochmals auf das Pathos der Alexanderzeit zurück, bringt es zu letzten Dimensionen. So grandios jedoch die Konzeption im Gesamten, die Durchführung im Einzelnen ist, sie läßt kühl und unbeteiligt, ergreift nicht. Krieg, Schmerz, Qual, Tod und Sieg sind zu einem

pastosen Fortissimo gesteigert, sind ein rauschendes Fest der Bewegung geworden. Wenn aber in der archaischen Gigantomachie – am Siphnierschatzhaus in Delphi (Seite 58/59) – die großen Götter als Wahrer von Gerechtigkeit, Ordnung und Gesetz über das Chaos grausam-wilder Urzeit siegen, wenn im Kentaurenkampf der Klassik – im Westgiebel des olympischen Zeustempels – symbolhaft auf die Niederringung des persischen Erzfeindes Bezug genommen wird, die aber nur mit Hilfe der allmächtigen und gerechten Olympier vollzogen werden konnte: In Pergamon ist der alte Mythos nur noch Sinnbild für den Triumph Eumenes' II. über die Gallier; nicht die Götter sind hier verherrlicht und gepriesen, sondern der Mensch, der König, der selbst Gott ist. Plastik, Malerei, Architektur sind nur so lange Kunst, als sie schöpferisch im engsten Sinn des Wortes sind. Mit Schöpfung ist der Begriff des Neuen, der Erfindung, des bisher noch nicht Existenten und des Einmaligen verbunden; sprießend aus dem Erbe einer Entwicklung, dem goldenen Boden technischen Vermögens und dem Fundament einer Idee oder Ideologie, der Religion, der Geschichte. Jedes Kunstwerk ist also ein Neu-Geborenes, ein Wesen, das einem Zeugungs- und Geburtsakt entspringt und somit ein Individuelles, Noch-nie-Gewesenes und Unwiederholbares ist. Beginnt hingegen eine Kunst das Vergangene – unter welchen Schlagworten auch immer – in die Gegenwart zu zerren, es zu wiederholen und zu imitieren, so ist sie vom Tod gezeichnet.

Dieses Rückblicken – Jugenderinnerungen eines Greises – setzt zu einem Zeitpunkt ein, als die Geschichte Griechenlands zu Ende geht. Seit dem Anfang des 2. Jahrtausends waren Griechen die Besitzer dieses Landes; erst die Achäer, die ihre Burgen in Mykene und Tiryns bauten, ihre Kultur zum größeren Teil von der Insel des Minos holten; dann die Dorer, die das Land überschwemmten, die Jonier, die an der kleinasiatischen Küste einen Streifen blühenden Landes schufen und in Attika – in Verschmelzung mit dem dorischen Element – eine geistige und künstlerische Explosion zündeten, deren Blitz die Welt bis in unsere Tage erhellt; und schließlich die Makedonen, selbst aufs engste den Griechen verwandt und mit ihnen – wenn auch langsam absteigend – hellenische Kultur fortbildend und weitertragend. Erst Rom spielt auf zu ihrem Totentanz. Wieder ist der Krieg der Baumeister eines neuen Weltreiches. Griechenland und Kleinasien, zum Schluß auch Ägypten, werden erobert. Für den Römer aber wird alles Griechentum zum Bildungselement. Er steht den griechischen Kunstwerken – vor allem den klassischen – staunend gegenüber. In Griechenland geht es mit dem Eigenschöpferischen zu Ende: Lauerwerden des Herzens, Kraftloserwerden des Pulsschlages. Man greift – unter dem Deckmantel der Pietät und der heiligen Tradition – auf das Alte zurück; ein Klassizismus, der von Rom gefördert wird. Und erstaunlich: Selbst unter derartigen Voraussetzungen entstehen noch Arbeiten von so hoher Qualität wie die Aphrodite von Melos (Seite 79); ihr Vorbild ist eine Statue, deren Schöpfer Lysippos die künstlerischen Voraussetzungen des Hellenismus gesetzt hat: die Aphrodite von Capua (Seite 84) klar, harmonisch, von leichter Bewegtheit. Ihre Nachschöpfung ist schwerer, voll flackernder Unruhe, kompliziert in der starken Drehung des Körpers, ist ganz auf äußere Wirkung aus. Seit den Praxitelischen Figuren ist das erotische Moment der Liebesgöttin in hohem Maße eigen; nun aber dominiert es; Mund und Augen sind zu einer Aufforderung geworden (Seite 81 rechts), die Sinnlichkeit ist zur Schaustellung der Nacktheit ausgeartet, die noch nicht alles zeigt. Erst im nächsten Augenblick wird die letzte Hülle des Gewandes fallen: raffiniertes Striptease einer Göttin. Gänzlich nackt ist sie in einer Statuengruppe aus Delos (Seite 85). Der häßliche Pan, lüsterner Bocksgott, hat Aphrodite angefaßt, die sich mit einem Pantoffel zu wehren scheint. Aber weder diese Geste noch die schamhafte der linken Hand glaubt ihr jemand. Es ist die Alibihandlung einer tief gesunkenen großen Unsterblichen; wie zum Hohn flattert verbindend der kleine Liebesgott über dem ungleichen Paar. Ein rokokohaftes Thema, kokett-sinnlich und abstoßend-derb zugleich; alles in allem: Kitsch.

Nicht nur auf Vorbilder der Spätklassik greift man seit dem Ende des 2. Jahrhunderts aus Mangel an schöpferischen Ideen zurück, läßt sich von ihnen «inspirieren», imitiert sie, wobei Routine, technisches Können und Einfühlungsvermögen mitunter noch hervorragende Ergebnisse bringen. Auch und vor allem die frühe und hohe Klassik und die Archaik werden nachahmenswert. Die großen Götter – selbst nur noch mühsam bewahrte Tradition – bildet man in der Art der berühmten Meister einer vergangenen Zeit, in der diese Gottheiten noch allmächtig und lebendig waren: Apoll mit dem Bogen und Lorbeerstamm (Seite 93 rechts); seine Schwester Artemis, in den Proportionen des Hellenismus: aufschwingender, gelängter Körper, kleiner Kopf; sie stützt sich auf ihr eigenes, in den altehrwürdigen, starren und doch anmutigen Formen des archaischen Stils gearbeitetes Kultbild (Seite 103).

Zum neuen Zentrum der bildenden Kunst wurde Rom. Gerade Rom aber bezeugt, wie stark die hellenische Ausstrahlung war. Ein Enthusiasmus für alles Griechische setzte ein. Zahllos sind die Kunstwerke, die nach Rom gebracht wurden: ein Kunstraub größten Ausmaßes. Die gepriesenen Bronze- und Marmorstatuen, die Gemälde wurden immer wieder kopiert. Griechische Künstler – wegen ihres hohen Könnens mehr denn je gefragt – arbeiteten in Rom und bald auch in den bedeutenden Provinzstädten. Das Römische Reich hat aber nicht nur aufgenommen; es hat vermittelt und weitergegeben: an die künftigen abendländischen Kulturen.

# Griechisches Erbe

Das Schöpferische der griechischen Kunst war nun endgültig dahin; in den großen Werken der Vergangenheit jedoch liegt eine solche Kraft, liegt die unwiderstehliche Gewalt des Unsterblichen, daß sie überall dort ausstrahlen, beeinflussen, unterdrücken, umgestalten, Neues anregen, wo das Hellenentum Fuß faßte, wo es anderes, Fremdes berührte. Aus dieser Kunst fließt ein Strom, der seine Ufer bis in die Gegenwart befruchtet. Primär ist es die religiöse

Kunst, die diese Wirkung innehat. Sowohl die mykenische als auch die geometrische Epoche, in denen Götter und Heroen in weit geringerem Maße künstlerische Gestalt annahmen, haben meist nur in das Griechische selbst – als frühe Stufen einer Entwicklung – Eingang gefunden. Lebendig und befruchtend sind erst Archaik, Klassik und – obwohl Periode des Abstieges – der Hellenismus geblieben.

Aber nicht nur Erbe hinterließ Hellas, schon zu Lebzeiten verschenkte es von seinem Reichtum: Es soll gar nicht davon die Rede sein, daß Ableger davon in der zeitgenössischen Kunst Spaniens, Südrußlands und Indiens, ja sogar Chinas Wurzeln schlugen. Um so selbstverständlicher ist es demnach, daß die Nachbarn Griechenlands in seinen Bann gerieten: im Norden die Thraker, in Italien die Etrusker, in Kleinasien die Lyder und Lykier (nur ein paar Namen seien aus der Fülle gegriffen). In Gölbaşi-Trysa ließ ein lykischer Dynast sich und seiner Familie ein Grabmonument errichten: hausartige Sarkophage stehen innerhalb einer Umfriedungsmauer, die mit Relieffriesen geschmückt ist. Dem griechischen Mythenkreis sind die Themen entnommen: Amazonomachie, Kentaurenkämpfe, Perseus- und Theseussage, Freiermord des Odysseus, die Sieben gegen Theben (Seite 174 unten links) und die Belagerung einer Stadt, vielleicht Trojas, vielleicht einer einheimischen Festung (Seite 192/193).

Zweifellos arbeiteten hier griechische Bildhauer, unterstützt von lykischen Gehilfen. Überwiegend griechisch ist der Stil und griechisch ist die Perspektive, die hier zum erstenmal in der Baukunst in Erscheinung tritt; vermutlich hat sie ihren Ursprung in der Bühnenmalerei des 5. Jahrhunderts. Orientalisch hingegen ist die Einbindung des Geschehens in die umgebende Räumlichkeit, in die Stadt mit ihren Toren, die erstürmt werden, mit ihren Zinnenmauern und Türmen; orientalisch auch die Repräsentation des Herrscherpaares und die monotone Reihung der Verteidiger – ein Stakkato von Figuren, das der Härte des Kampfes entspricht.

Sind es in Lykien meist ausgewanderte Künstler, welche die Kultur ihrer griechischen Heimat weitertragen, so ist es in Thrakien zum überwiegenden Teil Importware aus Hellas und aus Persien, mit der Könige und Fürsten ihre Prunksucht befriedigen: goldenes und silbernes Geschirr, Trinkhörner, Schalen, Amphoren und Becher für Eß- und Trinkgelage (Seite 141 links), Helme, Panzer und Beinschienen (Seite 89), aber auch Ohr- und Armringe, Fibeln, Halsketten und Anhänger für die weibliche Hautevolee. Thrakisches Kunsthandwerk hat versucht, die prachtvollen Gefäße mit den getriebenen Mythendarstellungen, das schwere, glitzernde Geschmeide und Münzen mit dem Gefolge des Dionysos (seine Heimat ist Thrakien) nachzuahmen, im eigenen Sinn umzudeuten, auf eine stilisierende Art, die sehr reizvoll ist, aber an das Vorbild nicht im mindesten heranreicht (Seite 125 rechts).

Die ersten Anregungen hat Etrurien empfangen, als Griechenland in Unteritalien und Sizilien seine Kolonien gründete. Nach und nach wurde griechische Kunst zur unwiderstehlichen Anziehungskraft.

Seit dem 6. Jahrhundert importierten die Etrusker die nachbarlichen Produkte in großen Mengen und riefen griechische Künstler in ihr Land. Nicht nur das: Die etruskische Religion war zwar durch ihre Orientierung am Jenseits, durch den Kult für die Ahnen, die in ihren Gräbern weiterleben, durch die Dunkelheit des Dämonenglaubens deutlich von der griechischen unterschieden; es bestand andererseits aber auch eine enge Verbundenheit mit Hellas. Man befragte den delphischen Apollon und baute ihm Schatzhäuser, man nahm griechische Kulte auf und betete zu Göttern in griechischer Gestalt mit griechischen Attributen und gräzisierten Namen: Der höchste Himmelsgott Tinia entspricht dem Zeus; in der Hand hält er den Blitz (Seite 56 oben). Mythen mit Scharen griechischer Heroen und Halbgötter wurden übernommen; dargestellt sind sie in großer Zahl auf den gravierten etruskischen Spiegeln (Seite 88, 137).

Mannigfaltig und umfassend waren die griechischen Einflüsse auf das künstlerische Schaffen der Etrusker; sie nahmen mit offenen Händen, aber sie besaßen genug schöpferische Eigenart, um das Erhaltene in ihrem Sinn umzubilden: Ihnen lag ein Hang zur Wirklichkeit und ein Realismus im Blut, der seine radikalste Ausformung im Leichenporträt fand (an diesen dem Ahnenkult entstammenden Kunstzweig knüpften später die Römer an). Für die Etrusker war das Einmalige, Individuelle am Menschen wesentlich; sie versuchten daher Ausdruckswerte im menschlichen Antlitz zu konzentrieren. Die Folge war eine Vernachlässigung des Körpers. Dem Künstler fehlte der Sinn für die Proportion, für das Verhältnis der Teile zum Ganzen; es entstanden merkwürdig gelängte oder gedrungene Figuren.

Dieses Offenstehen für eine Beeinflussung und das Talent zur Umformung ging im 5. Jahrhundert schlagartig zurück. In einer Zeit, da in Griechenland alles zur letzten Vollendung von Schönheit und Harmonie hindrängte; zu einem Ziel, das dem etruskischen Wesen widersprach. In der etruskischen Kunst gibt es keine Klassik! Erst am Ende des 4. Jahrhunderts wurden die künstlerischen Beziehungen zu Griechenland intensiviert, da die realistischen Züge des Hellenismus den etruskischen Absichten und Neigungen verwandt waren. Der Einfluß begann wieder zu strömen. Aber die Etrusker verloren ihre kulturelle Kraft, wie auch ihre politische Macht schwand; sie waren nicht mehr imstande, fremde Einflüsse dem eigenen Wesen entsprechend umzugestalten. Die Erzeugnisse der künstlerischen Produktion dieser letzten Epoche sind mehr oder weniger treue Nachahmungen der griechischen Vorbilder.

Rom tritt in Etrurien sein politisches Erbe an. Nicht nur ein politisches, auch ein künstlerisches. Nicht zu vergleichen aber sind die etruskischen Impulse mit der kulturellen Überschüttung, die aus Griechenland kommt: Das Hauptgewicht liegt auf der religiösen Kunst, im besonderen auf der Skulptur. Die Römer haben ihre Götter – zumindest der äußeren Gestalt nach – den griechischen gleichgesetzt, und sie haben sich vielfach die griechischen Motiverfindungen, den äußeren Habitus, die Figurentypen und die Attribute angeeignet. Häufig werden griechische Werke kopiert oder variiert. Auf Reliefs stellt man nicht selten die verschiedensten Vorwürfe zusammen. Ein Ansichreißen griechischer Formengutes, obwohl das Klassische, Schöne, Ausgewogene den Römern nicht angeboren ist. Es ist häufig nur eine echte oder versnobte Begeisterung, ein oft angestrebtes Ideal – oder eine vom kaiserlichen Hof diktierte Mode.

Dem Römer mit seinem Sinn für das Reale waren andere Fähigkeiten mitgegeben: Höchstleistungen hat er auf den Gebieten der Porträtkunst und der Architektur hervorgebracht. Bildnisse von Menschen, die oft mit einem radikalen Realismus gestaltet sind, die den Charakter und die äußere Erscheinungsform – positiv wie negativ – bis zur letzten Konsequenz den Gesichtern aufzwingen; den Gesichtern, denn die Körper sind sekundär. Die Architektur wächst zu gigantischer Monumentalität empor: die Amphitheater, die Basiliken, die Wölbungsbauten der Thermen, das Pantheon – technische Wunder ihrer Zeit.

Die religiöse Kunst, die Götterstatuen und die Mythendarstellungen bleiben weitgehend in Abhängigkeit vom griechischen Vorbild (Seite 78 rechts, 104 oben rechts, 183 rechts, 186). Tausende von Reliefs auf Friesen, Sarkophagen, Altären und Statuenbasen erzählen – immer wieder abgewandelt – die alten griechischen Sagen (Seite 199, 96/97, 130/131, 44 unten, 170/171). Die ausgewogene, klare Komposition der Klassik läßt sich oft nur noch erahnen. Meist ist eine Fülle von Figuren charakteristisch, die in mehreren Ebenen den Hintergrund verdeckt. Figurenschichtung und hohes Relief sind die Ursache eines kräftigen Hell-Dunkelkontrastes. Primär sind es Themen, die schon in griechischer Zeit bevorzugt waren: Trojanischer Kreis, Herakles, Niobiden, dionysischer Thiasos, Apoll-Marsyas, Oidipus; aber auch Stoffe, die wohl dem griechischen Mythos entstammen, in griechischer Zeit aber kaum oder nur selten bildlich dargestellt worden waren: Geburtslegende des Zeus und die Unterwelt (Seite 51, 54, 55 unten, 159 oben). Die religiöse Kunst Roms hat ihr griechisches Erbteil angenommen, hat ihm Eigenes gegeben durch ihren Stil, durch Neues im Detail, durch Variation, aber die großen schöpferischen Ideen blieben ihr versagt.

Rom war Epigone; dennoch waren die römische und die byzantinische Kunst die umfassenden Mittler vom klassischen Hellas zur künftigen Kunst Europas. Es gibt keinen Zweifel, daß die Kunst des Mittelalters, so unmittelbar und frisch, so kreativ sie ist, vom Griechischen beeinflußt wurde. Natürlich nicht, weil man bewußt, rückblickend, aus Enthusiasmus von der Antike übernimmt, sondern weil diese weiterlebt, weil ihr Geist weitergegeben wird von Jahrhundert zu Jahrhundert: über die karolingische und ottonische Epoche zur Romanik – der Archaik der europäischen Kunstentwicklung. Denken wir an die Gebundenheit, die Säulenhaftigkeit der Statuarik, aber auch an die unheilabwehrende Wirkung der fratzenhaften Wasserspeier an den Kirchen; denken wir weiter daran, daß die christliche Engeldarstellung – vermittelt durch die römische Victoria – auf die griechische Nike zurückgeht und die bildliche Wiedergabe des tierbeinigen, gehörnten Teufels wohl mit dem Pan in Zusammenhang zu setzen ist. Gelöster, bewegter, klarer sind die gotischen Figuren; das klassische Urbild wird erahnbar. Am deutlichsten ist jedoch die Beeinflussung in einem wesentlichen Bestandteil der Architektur sichtbar (in der griechischen war er zum Hauptelement geworden): in der Säule mit dem Blattkapitell. Der gotischen Baukunst ist sie Erinnerung und Überlieferung, übersetzt in eine neue Sprache. Erst die Renaissance greift ganz bewußt und direkt auf die griechische Antike zurück. Wie diese hat sie die Begabung, das Vorbild, das Übernommene dem eigenen Charakter und Wollen entsprechend umzugestalten; die alte Erde zu pflügen für eine neue Saat, aus der nun wiederum Spitzenleistungen keimen. Auch ihr Leitmotiv wird das Maßvolle, Harmonische, die Schönheit.

Man baut in jonischer und korinthischer Ordnung, man schwelgt in griechischen Ornamenten, komponiert Bilder und Bildwerke in strenger Symmetrie. Man bearbeitet Stoffe der griechischen Mythologie: Pollaiuolo malt den Herkules, Botticelli die Venus, Raffael fügt in die Fresken der Vatikanischen Stanzen sogar die «vielbrüstige» ephesische Artemis ein! Viel umfassender vollzieht sich eine solche Übernahme in der Barockzeit; nun schmückt die vollständige Palette griechischer Götter und Sagen die Wände und Decken der Paläste. Es bleibt nicht bei der bildenden Kunst. Die Literatur bemächtigt sich der klassischen Thematik und vor allem die Musik. Der weitgespannte Bogen reicht von Monteverdis «L'Orfeo» über Glucks «Orpheus und Eurydike», Offenbachs «Orpheus in der Unterwelt» bis zu Strawinskys «Orpheus»; und das ist nur eine Auswahl zu einem einzigen Thema!

Im 18. Jahrhundert waren es zwei gewaltige Anstöße, die das Interesse an der Antike neu belebten, es zu einem Begeisterungssturm ohnegleichen anwachsen ließen: die Freilegung der Vesuvstädte Herculaneum und Pompei. Marmor- und Bronzestatuen, Fresken und Mosaiken kamen ans Tageslicht. Häuser standen, wie sie bewohnt und belebt gewesen waren. Die Toten fand man so, wie sie die Katastrophe ereilt hatte, so als wären sie in ihrem Tun erstarrt. Hier waren Städte nicht in natürlichem Vergehen gestorben; die Schlamm-, Aschen- und Lavaflut des Berges hatte alles Leben mit einem Schlag ausgelöscht. Dann gingen 1700 Jahre darüber hin, bis die Städte wiedererweckt wurden. Johann Joachim Winckelmann war ihr erster Publizist. Auf ihn führt die Begründung einer wissenschaftlichen Archäologie zurück; durch seine Veröffentlichungen wurde die Welt von einer Welle der Begeisterung für antike Ideale überflutet, von einem Enthusiasmus, der das Zeitalter des Klassizismus bestimmte. Architekten, Bildhauer, Maler bauen, meißeln, malen im griechischen Stil. Sie nehmen diesen aber nicht wie Renaissance und Barock als Anregung, aus der Neues gedeihen soll, sondern als Vorbild, dem man möglichst nahekommen will, nicht mit eifernder Leidenschaft, sondern mit kühler Berechnung. Das verführt weitgehend zu Nachahmung und gekünstelter Nachempfindung; man kopiert Tempel und Säulenhallen, errichtet offizielle und private Gebäude ganz in Anlehnung an die Antike, und man erfaßt die alten mythologischen Sujets. David malt Paris und Helena, Canova vereint Amor und Psyche zu einer theatralischen Gruppe, läßt Theseus den Minotauros in gewaltiger Pose erschlagen.

Daß die Neo-Strömungen des 19. Jahrhunderts durch ihr Rückgreifen auf Romanik, Gotik und Renaissance antikes Formengut enthalten, braucht nicht betont zu werden. Erst die Kunst des 20. Jahrhunderts scheint sich dem griechischen Einfluß mehr als jede Epoche zuvor zu entziehen. Aber auch wenn Picasso einen Faun oder einen Kentauren zeichnet, so ist das Ergebnis weder formal noch thematisch ohne die Kunst der Griechen denkbar. Selbst abstrakte Maler und Bildhauer, die in ihren Gemälden Ausgewogenheit und Harmonie der Farben und in ihren Skulpturen bewußt den «Goldenen Schnitt» anstreben, sind Erben der griechischen Klassik.

Die bildende Kunst der Griechen war in den Epochen ihrer Blüte überwiegend eine religiöse Kunst. Als die Achäer am Beginn des 2. Jahrtausends v. Chr. in das frühe Dämmerlicht der Geschichte traten, deutete nichts darauf hin, daß ihre Nachfahren eine Hochkultur schaffen sollten, die wie keine andere mit solcher Intensität und über derart umfassende Zeiträume hinweg bestimmen, beeinflussen und inspirieren würde.

Im Gegenteil: Die frühen Griechen wurden selbst in hohem Maße beeinflußt; ihr eigenes Wesen, ihre Kraft konnte nicht voll aufblühen. Erst als sie den engen Horizont ihrer Heimat überschritten, Kolonien gegründet hatten, als die Polis-Idee gefestigt war, als Homer und Hesiod das Fundament der Religion gelegt hatten, da begann das griechische Ingenium sich zur vollen Größe zu entfalten; in einer Zeit der tiefen Gläubigkeit und der Anerkennung der Götter als totale Autoritäten. Als diese Götter in den Perserkriegen ihre Macht erwiesen hatten, die Griechen aber zur gleichen Zeit erkannten, daß sie zu diesem Triumph ihr Scherflein beigetragen hatten, da schuf eine Konzentration der Genialität die Götterbilder der Klassik.

Zu den religiösen, historischen, literarischen und künstlerischen (also menschlich-geistigen) Voraussetzungen kommt ein letzter, für Wesen und Aufstieg der griechischen Kunst mitverantwortlicher, unbeeinflußbarer Faktor: die Landschaft.

Sie ist der Boden, der nährende Humus, in dem das Saatkorn gedeihen konnte; sie ist schließlich aber auch der Hintergrund, vor dem die Werke dieser Kunst – die Götter und ihre Tempel – stehen. – Ein karges Land, ein schönes Land. Eine Landschaft voller Gegensätze: zerfurcht an seinen Ufern, überragt von den Rücken und Gipfeln der Berge; darunter die Täler und Becken im grauen Grün der Oliven, im dunklen Grün der Pinien. Ein Land der Farben und des Lichtes: Rotbraun die Erde, blau das Meer und der Himmel, weiß der Schnee, der bis weit in das Frühjahr hinein auf den höchsten Gipfeln leuchtet. Zartes Braun des Grases, wenn es von der gleißenden Hitze der südlichen Sonne verbrannt ist. Bunt von Blumen und Blüten im Frühling, wenn Dionysos aus dem Tod erwacht.

Ernest Borneman

# Recht und Sexualität im griechischen Mythos

1.
Es ist eine kennzeichnende Eigenschaft der Mythen, daß sie sich nicht von innen entschlüsseln lassen. Die Hoffnungen, die sich an die ersten Versuche der linguistischen und strukturellen Mythendeutung geknüpft hatten, sind heute weitgehend zerstoben, und der Glaube, Mythen wie Kryptogramme entziffern zu können, ist selbst bei Lévi-Strauss, dem Vater der strukturellen Methode, heute einer heilsamen Skepsis gewichen. Der langsame, mühselige Weg der traditionellen Mythenforschung, getragen von archäologischer Feldarbeit, kann offenbar weder durch induktive noch durch rein deduktive Denkarbeit ersetzt werden.
Überraschend hilfreiche Unterstützung ist der Mythenforschung dagegen aus den Gebieten der Ethnologie, der vergleichenden Rechtswissenschaft und neuerdings auch aus der historischen Sexualforschung zugeflossen. Als besonders fruchtbares Forschungsgebiet hat sich jene Grenzregion zwischen Rechts- und Sexualwissenschaft herausgestellt, aus dem solche einst schon als veraltet betrachteten Begriffe wie «Vaterrecht», «Mutterrecht», «Männerrecht», «Frauenrecht», «Kinderrecht», «Erbrecht» stammen. Vielleicht hat es sich deshalb als so fruchtbar erwiesen, weil sich dort seit Anfang unseres Jahrhunderts jener gewaltige Komplex der Verwandtschaftsforschung angesiedelt hat, den die angelsächsische Ethnologie «Kinship» und die französische «Parenté» nennt. Hier sind Forschungsprozesse zusammengetroffen, die in der deutschen Altertumswissenschaft bisher nur geringe Beachtung gefunden haben. Deshalb mag es sinnvoll sein, sich am Anfang einer rechtlichen und sexuellen Untersuchung der griechischen Mythen erst einmal mit den Grundbegriffen dieses Forschungsgebietes zu befassen.
Das Wort «Mutterrecht» stammt von dem schweizerischen Rechtsforscher Johann Jakob Bachofen (1815-1887) und ist vor allem durch sein Hauptwerk «Das Mutterrecht. Eine Untersuchung über die Gynaikokratie der Alten Welt nach ihrer religiösen und rechtlichen Natur» (1861) in den deutschen Sprachgebrauch eingedrungen. Ansätze zu den von Bachofen entwickelten Theorien befinden sich aber bereits bei dem Missionar Joseph François Lafiteau (1681-1740), der in seinem Pionierwerk über das Sippen- und Stammesleben kanadischer Indianer «Moeurs des sauvages comparées aux moeurs des premiers temps» (2 Bände, 1732) einige der wichtigsten Entdeckungen der Ethnologie des 19. und 20. Jahrhunderts vorweggenommen hat, unter anderem das klassifikatorische System, das der amerikanische Rechtsforscher Lewis Henry Morgan (1818-1881), der seinerseits stark von Bachofen beeinflußt war, dann weiterentwickelt hat.
Der Begriff «klassifikatorisches System», der von Morgan stammt, deutet an, daß die Verwandtschaftsbeziehungen, die wir heute verwenden, einst nicht auf Individuen, sondern auf Klassen von Verwandten zutrafen. Nach dieser Theorie bezeichnete der Terminus «Vater» in einem Zeitalter, in dem der kausale Konnex zwischen Paarung und Zeugung noch unbekannt war, nicht nur den leiblichen Vater, sondern alle Männer der Generation des Vaters. «Mutter» bedeutete analog nicht nur die leibliche Mutter, sondern alle Frauen der mütterlichen Generation. In dieser Zeit, in der die ökonomische Abhängigkeit der Mitglieder einer kleinen Horde noch so groß war, daß der einzelne ohne Hilfe der anderen verhungert wäre, konnte sich – so Morgan – noch gar kein Bewußtsein der Individualität und damit auch kein Verständnis individueller Verwandtschaftsbeziehungen entwickeln. Jeder Versuch, unsere gegenwärtige Nomenklatur der Verwandtschaftsbeziehungen in eine primitive Gesellschaftsordnung oder gar in die Vorgeschichte hineinzutragen, stelle deshalb eine Verfälschung dieser Kultur dar und führe zur Mißdeutung ihrer Struktur.
Die Untersuchungen aller drei Forscher drehten sich also nominell um die Frage, ob die Bezeichnungen der Verwandtschaftsgrade zwischen verschiedenen Kulturen austauschbar seien. Aber hinter dieser scheinbar so harmlosen Frage verbarg sich die für die damaligen Verhältnisse geradezu revolutionäre Vermutung, daß die Gehirntätigkeit in den vorgeschichtlichen Gesellschaftsordnungen zwar anders, aber nicht einfacher als die der geschichtlichen funktioniert haben könne, ja daß sie in mancher Hinsicht eher komplizierter

gewesen sei. Daran heftete sich dann prompt der Verdacht, daß «primitive» Kulturen nicht notwendigerweise primitiver als «zivilisierte» seien und daß «ehelos» deshalb nicht notwendigerweise mit «sittenlos» gleichzusetzen sei.
Für gläubige Christen wie Lafiteau und Bachofen waren das Erkenntnisse von außerordentlichem Mut und weltverändernder Radikalität. Lafiteau wurde überhaupt nur dadurch mit ihnen fertig, daß er argumentierte, alle Gesellschaftsordnungen seien gottgegeben; deshalb müßten auch die verwunderlichsten als Gottes Werk hingenommen werden.

Obgleich das Argument längst den Rahmen eines theologischen Disputs transzendiert hat, beherrscht es in säkularer Form noch immer gewisse Zweige der Ethnologie und Vorgeschichtsforschung. Es hat sich neuerdings wieder in der Diskussion um die Hauptthesen der strukturellen Anthropologie[1] und besonders intensiv in der Kritik an meinen Thesen vom Ursprung des Patriarchats[2] niedergeschlagen. Dort hatte ich nämlich argumentiert, daß das Wort «Matriarchat» eine Fehlbezeichnung sei, da die griechische Wurzel archos, «Herrscher», andeutete, die Mutter herrsche in mütterlich orientierten Kulturen. Das tat sie aber nachweislich in keiner Gesellschaftsordnung der europäischen Vor- und Frühgeschichte. All jene Kulturen, die Lewis Henry Morgan beschrieben hat, zeichneten sich gerade dadurch aus, daß die Mütter ihre latente Macht im Gefüge der Sippe und des Stammes nicht zur Beherrschung ihrer Gatten, Väter und Söhne verwandten. Eben darin liegt der charakteristische Unterschied zwischen diesen Gesellschaften und dem Patriarchat, das von Anfang an ein «echtes», ein autoritäres Herrschaftssystem gewesen ist.
Ähnlich steht es mit dem von Bachofen geprägten Ausdruck «Mutterrecht», denn der Kernpunkt jener Kulturen, die er «mutterrechtlich» nennt, ist gerade der, daß sie präjuristischen Ursprungs sind: Ihr Gesellschaftssystem stammt aus der Ära vor der Konstituierung des menschlichen Rechts. Das Recht – und dies ist eine Kernthese meiner Deutung des Patriarchats – geht auf einen historischen Urakt zurück: auf die Negation der Natur. Der natürliche Vorgang, der hier negiert wird, ist die Geburt. Die Frau weiß stets, daß das Kind, das sie geboren hat, ihr eigenes ist; der Mann dagegen kann seiner Vaterschaft nie sicher sein.
Das Patriarchat konstituiert sich mit dem männlichen Diktum, daß dieser Zustand aufzuhören habe: «Da die Frau uns bis in alle Ewigkeit überlegen wäre, wenn ein solcher Zustand weiter bestünde, verbiete ich ihn hiermit. Dieses Verbot nenne ich: das Recht.»
Recht ist also im historischen Sinne das, was die Natur negiert und deshalb mit einem stets wachsenden Apparat von Gesetzgebern und Gesetzen, Richtern und Richtsprüchen, Polizisten und polizeilichen Maßnahmen, Gefängniswärtern und Gefängnissen, Strafbehörden und Strafen erzwungen werden muß. Deshalb stellt der Ausdruck «Mutterrecht» auch einen Widerspruch in sich selbst dar. In «mutterrechtlichen» Gesellschaftsordnungen konnte es noch gar kein «Recht» geben, weil es noch keine Überschüsse gab. Niemand zerbrach sich den Kopf, wem ein Kind «gehören» sollte, solange das Kind noch nicht als Eigentum empfunden wurde. In Begriffen des Eigentums lernte der Mensch erst dann zu denken, als seine Nahrungsversorgung so weit fortgeschritten war, daß sie einen Überschuß produzierte. Erst der Überschuß ermöglichte die Akkumulation von Eigentum, erst die Akkumulation von Eigentum ermöglichte dessen Vererbung, und erst die Vererbung von Eigentum erforderte die Feststellung der Vaterschaft. Dies war der historische Punkt der Machtübernahme des Patriarchats.
Jenes prähistorische Niemandsland, in dem die Ansatzpunkte der Rechtsgeschichte und der historischen Sexualforschung zusammentreffen, ist also das «Erbrecht», und dieses wird innerhalb einer jeden Gesellschaftsordnung von dem dort herrschenden Deszendenzsystem beeinflußt. Keine Gesellschaft läßt sich ohne Kenntnis ihrer Deszendenzordnung deuten. Darunter versteht man die Methode, nach der ihre Mitglieder ihre Abstammung definieren. So leiten die meisten Einwohner der Balkanhalbinsel vor der Einwanderung der Griechen ihre Abstammung von ihrer Mutter ab. Das nennt man matrilineare Deszendenz. Unser gegenwärtiges westliches System ist dagegen bilinear: Wir leiten unsere Abstammung sowohl von unserem Vater wie von unserer Mutter ab; in den Standesämtern werden beide Zweige der Familie geführt. An der Tatsache, daß wir unsere Nachnamen aber gemeinhin von unserem Vater, nicht von unserer Mutter übernehmen, erkennen wir, daß unser System früher patrilinear gewesen ist und auch heute noch sein Schwergewicht von der väterlichen Seite bezieht.
Das balkanische Deszendenzsystem der vorgriechischen Zeit war aber nicht nur matrilinear, sondern auch matrilokal. Das heißt: der Mann siedelte sich im Haus seiner Frau oder bei deren Sippe an. Verglichen hiermit ist unser heutiges westliches System neolokal. Sobald sich das junge Paar eine eigene Wohnung leisten kann, zieht es von den Eltern oder Schwiegereltern fort und gründet einen neuen Haushalt. Aus verschiedenen Spuren können wir aber entnehmen, daß unser System seinerzeit patrilokal gewesen ist. Früher zog das neuvermählte Paar in den Haushalt der Großfamilie des Gatten oder seines Vaters, wie es noch heute bei manchen Bauern üblich ist. Die Frage der Matrialresidenz – des Ortes, wo man sich ansiedelt, wenn man heiratet – ist in der griechischen Geschichte und deren mythologischem Niederschlag von allergrößter Bedeutung.

2.

Wer waren die Griechen? Es waren Wanderhirten, die gegen Ende des dritten Jahrtausends vor unserer Zeitrechnung aus den Steppengebieten östlich des Kaspischen Meers nach Kleinasien und Europa eingewandert waren. Einige ihrer Stämme züchteten Ziegen, andere Schafe, wieder andere – die Vorfahren der Dorer – auch Pferde. Die Rinderzucht erlernten sie erst auf ihrem Weg durch Kleinasien. Die Dorer folgten einer matrilinearen Deszendenzordnung, die meisten anderen waren patrilinear und patrilokal organisiert. Wüßten wir etwas von den Mythen und

Sagen, die diese nomadischen Steppenbewohner vor und während ihrer großen Wanderung entwickelt haben, so wäre unsere Aufgabe sehr viel leichter, als sie ist. Denn was wir aus den geschriebenen Texten der Hellenen über ihre Sagen- und Mythenwelt erfahren, stammt aus einer Zeit, in der sie sich längst mit den nichtgriechischen Einwohnern der Balkanhalbinsel vermischt hatten. Die daraus resultierende Mythologie ist von einer so außerordentlichen Kompliziertheit, daß sie jeder späteren Deutung widerstand, bis man aus archäologischen und linguistischen Spuren zu dem Schluß gelangt war, daß sie sich aus mehreren Teilen zusammensetzte, die einander bis zur totalen Auflösung der separaten Urformen durchdrungen hatten.
Eine Oberschicht sehr labiler, vom Wanderhirtentum geprägter Sagen der offenen Steppe war offenbar auf eine ältere, stabilere, von der zerklüfteten Küstenlandschaft der Balkanhalbinsel geprägte Schicht von Bauernmythen aufgepfropft worden und hatte zu synkretistischen Verschmelzungen und Sinnentstellungen geführt.
Was in den uns überlieferten «griechischen» Mythen aufscheint, ist also der Konflikt zwischen dem patrilinearen, patrilokalen Götter- und Heldenkult der eingewanderten griechischen Hirten und der matrilinearen, matrilokalen Theogonie der besiegten Bauernvölker mediterranen Ursprungs, die das Land vor der Ankunft der Griechen bewohnt hatten. Wie bei einem Palimpsest, einem jener mittelalterlichen Pergamente, auf denen die alte Handschrift abgekratzt und durch eine neue ersetzt worden ist, um das kostbare Material wiederverwenden zu können, finden wir in der «griechischen» Mythologie immer wieder Überreste der frauenrechtlichen Agrarmythen vorgriechischer Zeit, die von den Griechen «abgekratzt» und durch ihre eigenen männerrechtlichen Steppenmythen ersetzt worden sind. Die Namen der vorgriechischen Göttinnen und Götter wurden verändert und durch griechische ersetzt. Die Biographien der griechischen Helden wurden denen der vorgriechischen Sagenfiguren aufgepfropft. Frauenrechtliche Geschehnisse, die den Griechen nicht nur zuwider, sondern auch in den meisten Fällen einfach unverständlich waren, wurden durch männerrechtliche Deutungen bis zur Unkenntlichkeit entstellt.
Wie das Christentum im Mittelalter überall seine Kirchen auf den Trümmern der heidnischen Kultstätten aufbaute, um diese nicht nur unkenntlich zu machen, sondern sich auch noch an ihrem kultischen Erbe zu bereichern, so errichteten die Griechen überall ihre Tempel auf den Kultstätten der vorgriechischen Religionen. Wie das Christentum seine Feiertage auf diejenigen der alten Fruchtbarkeitskulte legte, um diese unschädlich zu machen und ihr kultisches Erbe zu arrogieren, so legten die Griechen ihre Feste auf die Tage der vorgriechischen Kultfeiern. Was wir in den Sagen und Mythen, den Kulten und Riten der Griechen vorfinden, muß also sorgfältig seziert werden. Wie bei archäologischen Ausgrabungen muß man das Alte vom Neuen scheiden, muß man die mythologischen Funde in verschiedene Schichten einordnen, muß man Griechisches vom Vorgriechischen trennen.
Wie man das macht, kann ich in einem so beschränkten Beitrag nicht zur Genüge belegen. Ich weise aber auf die Arbeiten des schottischen Gräzisten George Thomson als Vorbild hin.[3] Meine Aufgabe kann hier nur darin bestehen, die Existenz zweier so unterschiedlicher Kulturen zu belegen und die Vorgänge der Akkulturation und des Synkretismus an einigen Beispielen vorzuführen. Auch will ich kurz zu belegen suchen, daß das traumatische, immer wieder bei den griechischen Kulten auftretende Phänomen der doppelgeschlechtigen Götter nichts anderes ist als der teils erfolgreiche, teils erfolglose Versuch einer kultischen Synthese zwischen den alten, chthonischen Göttinnen der vorgriechischen Hackbauern und den neuen olympischen Hirtengöttern der Griechen.

3.

In ihren Überlieferungen erwähnen die Griechen vier Stämme, die Hellas besiedelt hätten: die Achaier, Aioler, Jonier und Dorer. Die Achaier seien zuerst gekommen, und zwar nach Thessalien, die Dorer ein wenig später nach Epirus, dem Südteil des heutigen Albanien. Die Achaier seien von Thessalien nach Mittelgriechenland (Aitolien, Lokris, Phokis, Boiotien, Attika) und Südgriechenland (Achaia, Argolis, Messenien) weitergewandert, die Jonier hätten gleichzeitig Euboia und das Grenzgebiet zwischen Lakonien und der Argolis besetzt. Etwa um 1150 vor unserer Zeitrechnung seien die Dorer aus Epirus nach Süden vorgerückt und hätten die anderen beiden Stämme aus Argolis, Lakonien und Messenien vertrieben, einen Teil der Küste des südlichen Kleinasiens besetzt (Doris) und die Inseln des Ägäischen Meers erobert (Kythera, Thera, Rhodos, Kreta). Von Korinth und Lakonien aus hätten sie Niederlassungen in Westgriechenland, auf Sizilien und in Unteritalien gegründet. Die Jonier seien dabei zum großen Teil auf andere Inseln des Ägäischen Meers und die mittlere Westküste Kleinasiens ausgewichen (Jonien), während die Aioler an die nördliche Westküste Kleinasiens geflüchtet seien (Aiolis).
Von diesen Überlieferungen stimmt manches mit den Tatsachen überein. Aber aus keinem Bericht der Griechen, nur aus den Implikationen ihrer Mythen, können wir entnehmen, wie ihre Ankunft auf die friedlichen Ackerbaustämme mit ihrer vertrauensvollen, jeglichem Verdacht der Überrumpelung fernen Tradition der Mütterlichkeit und Fürsorge gewirkt haben muß. Man denkt unwillkürlich an die ersten Begegnungen zwischen den «mutterrechtlichen» Azteken und den Raubrittern des Cortez, aber der Vergleich hinkt in mehr als einer Hinsicht. Andererseits hatten die Spanier eines mit der ersten Vorhut der Griechen gemein: Sie führten keine Frauen mit sich. Deshalb betrachteten sie die Frauen der Ackerbauern mit der gleichen Brille, durch die die Spanier die Frauen der Azteken gesehen hatten: als doppelt verachtenswerte Geschöpfe; erstens weil sie zum Volksstamm der Unterlegenen gehörten; zweitens weil sie, wie das bei erobernden Truppen üblich ist, nur zur hastigen Befriedigung dienen mußten. Man vergewaltigte sie, weil man seit langem keine Frauen gehabt hatte, aber man benutzte sie gleichzeitig auch als stellvertretende Objekte jener profunden Verachtung, die man ihren Männern ent-

gegenbrachte. Denn daß diese Bauernvölker, die nie einen Krieg geführt hatten und gar nicht wußten, daß es so etwas wie Kriege gab, sich nicht einmal wehrten, schien den Griechen der Inbegriff des Unmännlichen, das Kainsmal des Weibischen.
Der Schock dieser ersten Begegnung zwischen matrilinearen, matrilokalen und patrilinearen, patrilokalen Völkern hinterließ bei beiden untilgbare Spuren; bei den Bauernstämmen den Eindruck, daß diese Eindringlinge genau das waren, was die Griechen später in deren Nachkommen sahen: Barbaren; bei den Griechen dagegen eine traumatische Unfähigkeit, die Frau je als ebenbürtiges Wesen zu betrachten. Eine eigentümliche Mischung von sexueller Hörigkeit und menschlicher Verachtung, gekoppelt mit dem schlechten Gewissen, das man diesem fremdartigen Wesen gegenüber empfand, weil man schließlich doch mit ihm koitiert hatte – all das prägte das Sexualleben der Griechen noch Tausende von Jahren lang.
Der wichtigste Unterschied zwischen den verschiedenen griechischen Stämmen, wie er sich nach der Besiedlung der Balkanhalbinsel, der kykladischen Inseln und der Küste Kleinasiens herausbildete, geht wahrscheinlich zurück auf die Tatsache, daß die Achaier, Aioler und Jonier keine Frauen ihrer eigenen Stämme mitbrachten, die Dorer dagegen mit ihren Frauen und Kindern einwanderten. Das Maß der Vermischung zwischen Griechen und Vorgriechen ist bisher nur ungenügend erforscht worden. Es gibt aber Grund zur Annahme, daß die Vermischung zwischen Ausländern und Einwohnern besonders zahlreich in Arkadien, Aiolien und Boiotien gewesen ist. Daß diese Verbindungen in Wahrheit Vergewaltigungen waren, geht unter anderem aus der Tatsache hervor, daß Herodot, der ja Karer war, also der besiegten Bauernschicht angehörte, eindeutig berichtet, die Frauen seines Stammes hätten sich noch Hunderte von Jahren später geweigert, je mit griechischen Männern an einem Tisch zu sitzen, ja sie auch nur beim Namen zu nennen, und dies selbst dann, wenn man ihnen die «Ehre» antat, sie ganz legitim zu heiraten. Morgan hat einmal gesagt, als er von der Behandlung dieser Frauen durch die Griechen sprach, daß «Menschen, die keine Rücksicht auf die elterlichen, ehelichen oder persönlichen Rechte ihrer Feinde nahmen, unmöglich zu irgendeinem hohen Begriff der Rechte ihrer eigenen Frauen gelangen konnten». Und da liegt in der Tat das eigentliche Sexualproblem der griechischen Gesellschaft.
Als die Achaier die Balkanhalbinsel eroberten und langsam nach Süden vorrückten, die Frauen der Bauern vergewaltigten und versklavten und ganze Horden von ihnen wie die Troßweiber der mittelalterlichen Söldner mitschleiften, gelang es ihnen fast überall, die Siedlungen in ihren Besitz zu bringen. Aber als sie weiter nach Süden marschierten, mußten sie viele dieser Siedlungen auch wieder verlassen. Die Bauern strömten zurück in ihre Dörfer, und alles war wieder, wie es vorher gewesen war. Nur die alpdruckartige Erinnerung an die viehtreibenden Männer, die da vor ein oder zwei Generationen durchmarschiert waren, blieb im Gedächtnis und in den Mythen der Bauern hängen.
Je näher die Achaier nun aber dem Südzipfel der Halbinsel kamen, um so öfter stießen sie auf Zeichen einer völlig anders organisierten Gesellschaft: auf die Handelsniederlassungen und burgartigen Kolonien der Kreter, der ersten Hochkultur Europas. Hier begann nun der charakteristische Prozeß der griechischen Geschichte zu wirken, die sogenannte Akkulturation, jenes paradoxe Phänomen, daß der Sieger die Kultur des Besiegten übernimmt, statt ihm seine eigene aufzuprägen. Zwar gelang es den jungen, unverbrauchten Griechen, auch hier den Sieg über die kretischen Kolonisten mit ihren allzu langen, allzu verwundbaren Versorgungslinien davonzutragen, aber nach dem militärischen Sieg der Griechen begann der kulturelle Sieg der Kreter. In den von den Griechen eroberten kretischen Siedlungen Mykene, Tiryns, Asine, Argos und Pylos ließen sie sich nach kretischem Vorbild Burgen bauen. Die erfahrene Berufskaste der kretischen Schreiber entwickelte für sie eine eigene Schrift, das sogenannte Linear-B (nach dem Vorbild der kretischen Linear-A-Schrift). Von kretischen Baumeistern ließen sie sich Häuser bauen, von kretischen Schiffsingenieuren Schiffe, von kretischen Schneidern Kleider. Von kretischen Kaufleuten erlernten sie die ersten Rudimente des Handels.
Um 1400 vor unserer Zeitrechnung setzten sie dann zum Angriff auf die Hauptstadt ihrer Lehrmeister an, um sie zu plündern, wie sie alles auf ihrem Weg zerstört, niedergemetzelt und geplündert hatten. Ihre Ökonomie war die des Diebes: Sie produzierten nichts, brachten nirgends irgendwelche Fortschritte der Produktionstechnik hervor und lebten ausschließlich von dem, was andere produzierten. Selbst die Viehzucht, ihr eigentlicher Beitrag zur ökonomischen Umgestaltung der Balkanhalbinsel, wurde bald nur noch in ihrem Auftrag und unter ihrer Aufsicht von versklavten Mitgliedern der eingeborenen Bauernschicht ausgeübt. Sie nannten sich stolz «Plünderer der Städte» und hegten die tiefste Verachtung für alle Menschen, die arbeiten mußten. Wenn Aischylos in den «Hiketiden» von Theseus sagt, er habe mit eigener Hand im Schweiße seines Angesichts die Toten vom Schlachtfeld getragen, so erwähnt er dies nicht etwa als gute Tat, sondern als Akt der Selbsterniedrigung, der einer Erklärung und Entschuldigung bedarf. Körperliche Arbeit war nun einmal Sache der Knechte; wer sie freiwillig verrichtete, entwürdigte sich.
Der freie Mann gewann seine Freiheit mit dem Schwert; die Arbeit mit der Waffe war die einzige Arbeit, die er verrichten durfte. Damit erwarb er sich aber auch das Recht auf Genuß. Und Genuß galt, im Gegensatz zu der späteren christlichen Auffassung, als etwas Lauteres und Erhebendes. Die Versklavung anderer Menschen wurde also nicht etwa als ein notwendiges Übel, sondern ganz im Gegenteil als eine ehrenhafte Tat betrachtet, da sie den edlen Menschen von der entehrenden Arbeit freisetzte. Die Versklavung anderer Menschen war nicht nur das Recht des «Plünderers der Städte» (Homer), sondern seine moralische Pflicht. Wie Gott im «1. Buch Mose» den Menschen als jenes Geschöpf konzipiert, das da herrschen solle über die ganze Erde und über alles Gewürm, so verstand der Grieche der

oberen Klasse seine Mission auf Erden als die der Herrschaft über die Minderwertigen, von Natur Unfreien: die Frauen, die Sklaven und die Nichtgriechen.
Der Angriff auf Knossos, die Hauptstadt der Kreter, und deren Zerstörung durch die Achaier war also nicht nur, wie alle anderen Kriege der frühen Griechen, ein reiner Beutefeldzug, sondern auch, nach dem widersprüchlichen Ethos der Achaier, ein Akt der Sühne für das, was sie von den Kretern gelernt hatten: ein Akt der Rache für die Erniedrigung, die sie dadurch erlitten zu haben glaubten, daß die Kreter ihnen die Kultur beigebracht hatten.

4.

Das wichtigste Ereignis der griechischen Geschichte – dasjenige, ohne dessen Verständnis jeder Versuch der Deutung hellenischer Mythen zum Scheitern verdammt ist – folgte nun: das Mißlingen des ersten Versuchs der Griechen, ihre Eroberungen zu konsolidieren, das Scheitern des ersten Versuches einer patrilinearen, patrilokalen Kultur. Was uns in den meisten Schulbüchern unterschlagen worden ist und selbst in den besten Geschichtswerken neueren Datums mit eigentümlicher Scham herabgespielt wird, ist die Tatsache, daß der Aufbau der griechischen Herrschaft, der ja auch der Aufbau des ersten europäischen Patriarchats ist, nicht geradlinig oder in einer steigenden Erfolgskurve verlief, sondern nach der Eroberung Kretas, dem militärischen Höhepunkt der frühgriechischen Geschichte, zu dem katastrophalsten Rückschlag geführt hat, der uns überhaupt aus der Geschichte Europas bekannt ist.
Auf die kurze Blüte der achaiischen Burgenkultur, die ja kaum mehr als eine Abschöpfung des Mehrwerts der Kreter war, folgte die lange Nacht des griechischen «Mittelalters», ein Rückfall in die Steinzeit, ein halbes Jahrtausend des Verfalls aller kulturellen Institutionen. Alles, was die Griechen bei ihrem ersten Ansturm auf die Macht von den Bauernstämmen und den Hochkulturen gelernt hatten, ging nun verloren. Das geschriebene Wort verschwand. Tausend Jahre nach Erfindung der Schrift verbreitete sich von neuem völliges Analphabetentum. Die Kunst der steinernen Architektur starb in den griechischen Siedlungen aus. Mit primitivsten Werkzeugen begannen die Nachfahren der Eroberer Lehm- und Holzhütten zu errichten. Bronze und Eisen, das eine von den Achaiern, das andere von den Dorern längst erfolgreich gemeistert, verschwanden wieder. Die längst erfundene eiserne Pflugschar geriet in Vergessenheit. Hesiod kannte noch im 8. vorchristlichen Jahrhundert, mehr als tausend Jahre nach der Einwanderung der Griechen, nichts anderes als die einfachste Form des hölzernen Pflugs. Alle von den matrilinearen, matrilokalen Stämmen Vorderasiens, Kretas und der Kykladen erreichten Fortschritte der Nahrungsproduktion gingen auf dem griechischen Festland wieder verloren, als ob sie nie gemacht worden wären. In der ganzen Geschichte der Menschheit gibt es kaum ein vergleichbares Beispiel einer so totalen Niederlage eines neuen Gesellschaftssystems wie die des ersten Machtanspruchs des Patriarchats in Hellas. Martin P. Nilsson, der schwedische Philologe und Religionshistoriker (1874-1967), der als einer der besten Kenner dieses Abschnitts der griechischen Geschichte gilt, hat ihn als «die ärmste und finsterste Epoche in der ganzen griechischen Geschichte mit der einzigen Ausnahme der Steinzeit» genannt und dabei noch reichlich untertrieben, denn den steinzeitlichen Einwohnern der Balkanhalbinsel ging es unvergleichlich viel besser als den Griechen der «dunklen Jahre» – von ihren Opfern ganz zu schweigen.[4)] Die Welt der letzten vorgriechischen Kultur auf der Halbinsel, das sogenannte Frühhelladikum, hatte noch beachtliche Leistungen erbracht, zum Beispiel in dem Kuppelgrab von Tiryns, dem Haus der Kacheln von Lerna, in subtiler Keramik und hervorragenden Metallarbeiten, aber all das fand ein jähes Ende, als die Griechen einmarschierten. Das Mittelhelladikum, die erste Epoche der Griechenherrschaft, erwies sich als primitivste Dorfwirtschaft mit Häusern aus Lehm und winzigen Kistengräbern, die den Toten zusammenquetschten, als ob man die Mühe gescheut hätte, ein wenig mehr Erde auszuheben. Die Grabbeigaben, im Frühhelladikum oft schon aus Bronze, werden mit jeder Generation der Griechen ärmlicher. Bald ist alles nur noch aus Holz, und schließlich finden wir nichts als tönerne Imitationen von Geräten, die man einst aus edlen Materialien hergestellt hatte.
Auch die von den Lebenden benutzten Geräte werden von Generation zu Generation gröber. Steinzeitliche Rohstoffe wie Feuerstein, Knochen und Horn treten an die Stelle von Metall. Die Architektur verfällt. Nur in einzelnen Distrikten überlebt die Kunst des Mauerns: in Attika, Argolis und Thessalien. Im ganzen Rest Griechenlands vermag man nur noch Hütten aus Holz oder Lehmziegeln zu errichten. Wo die Kreter und die von ihnen ausgebildeten Griechen zu mykenischer Zeit noch Bauwerke aus behauenem Marmor, aus polierten Quadern, aus gesägtem Kalkstein errichtet hatten, kam jetzt die mit Schmirgel ausgelegte Bronzesäge ebenso abhanden wie das Instrumentarium zur Bearbeitung von Quadern. Selbst die einfachste Form der Eisenerzverarbeitung verschwand im 11. Jahrhundert vor unserer Zeitrechnung, als ob das Patriarchat jegliche Erinnerung an die Schmiedekunst der Vergangenheit verloren hätte. Mindestens ein halbes Jahrtausend lang hinkte das vaterrechtliche Griechenland hinter den «mutterrechtlichen» Eisenkulturen Mesopotamiens und Ugarits her. Bis ins 5. vorchristliche Jahrhundert benutzten die Griechen mehr Bronze als Eisen für ihre Pfeil- und Speerspitzen. Eiserne Schwerter, eiserne Dolche und eiserne Rüstungen, wie die dorischen Krieger sie besessen hatten, als sie in die Argolis einmarschiert waren, galten hundert Jahre später als Artikel von nahezu mythischer Rarität.
So verschwand auch die raffiniert geschneiderte Kleidung der Kreter. Die geknöpfte und genähte Kleidung der Mykener geriet in Vergessenheit. Die Griechen verlernten sowohl das Nähen wie das Knöpfen, ja selbst das Zuschneiden, bis sie sich am Ende auf ungeschnittene, ungenähte, knopflose Tücher als einzige Kleidung beschränken mußten. Selbst die Jäger der Steinzeit mit ihren sorgfältig genähten Fellanzügen waren besser gekleidet als diese Pioniere des Vaterrechts. Finstere

Zeiten im wahrsten Sinne des Wortes: Selbst die Kenntnis von Kerzen, Leuchtern und Lampen starb aus. Das einzige Licht, das diesen fast ins Höhlenstadium zurückgefallenen Menschen noch blieb, war das rauchende, beizende Herdfeuer.

Alle Formen der Produktion sanken auf das Niveau der steinzeitlichen Naturalwirtschaft zurück. Die hochentwickelte Landwirtschaft der Kreter geriet in Vergessenheit. Handwerker, die sich in Kreta und den kretischen Kolonien auf der Balkanhalbinsel bereits als selbständige Klasse herausgebildet hatten, wurden arbeitslos, kehrten aufs Land zurück und wurden wieder Hirten. Verkehr und Handel schliefen ein. Fast drei Jahrhunderte lang, von etwa 1 200 bis etwa 900, verschwand Griechenland nicht nur von der ökonomischen Landkarte Europas, sondern schied überhaupt als Kulturregion aus.

A. M. Snodgrass, der eines der sorgfältigsten Forschungsprojekte über diese Periode betrieben hat, schreibt deshalb auch: «Wenn es allein eine Sache der schwindenden Qualität der Materialien wäre, könnte man noch argumentieren, daß dies so sei, weil Griechenland nicht mehr von Mykenern beherrscht war; aber wenn wir gleichzeitig eine so drastisch schwindende Quantität der Funde bemerken, daß wir an eine Einbuße von drei Vierteln der gesamten Bevölkerung denken müssen, dann wird es unmöglich, noch daran zu glauben, daß der alte Wohlstand bewahrt worden wäre... Die griechische Bevölkerung des 11. Jahrhunderts war kleiner als die des vorhergegangenen Jahrtausends. Zu keiner späteren Zeit der Antike war sie so gering... Die Vorstellung, daß viele Teile Griechenlands, besonders die Inseln, eine Zeitlang völlig entvölkert waren, sollte uns nicht so schockieren, daß wir sie für unmöglich halten.»[5)]

Dies ist der Kernpunkt der griechischen Mythologie: Die Griechen starben aus, weil die ägäischen Bauern, von denen sie lebten, ausstarben. Eine Verödung ohnegleichen setzte ein. Fast überall begann die Verkümmerung bereits gegen Ende des 12. Jahrhunderts und führte im 11. Jahrhundert zu Geisterstädten wie im späteren Klondyke. In Lefkandi wird ein angefangener Bau der Stadt halb fertig aufgegeben. Asine wird verlassen, weil sich dort niemand mehr ernähren kann. Und ähnliches geschieht in fast jeder Siedlung Südgriechenlands. Überprüft man statistisch, was wir von der Siedlungsgeschichte dieser Region wissen, so stößt man auf folgende Zahlen:

Siedlungen des 13. Jahrhunderts: ca. 330
Siedlungen des 12. Jahrhunderts: ca. 130
Siedlungen des 11. Jahrhunderts: ca. 40.

In Messenien und Lakonien begann die Entvölkerung bereits um 1200. Im westlichen Attika folgt die Verödung nur wenige Jahrzehnte später. Von 1025 an waren Attika und ein großer Teil des übrigen Griechenlands nahezu völlig von der Umwelt isoliert.

Wie erklärt sich das alles?

Wahrscheinlich daraus, daß man die matrilinear, matrilokal organisierten Völker einfach nicht in ein patrilinear, patrilokal orientiertes Gesellschaftssystem integrieren konnte. Auch wollte es nicht gelingen, diese freien, in Sippen und Stämme aufgeteilten Ackerbauern in ein geographisch orientiertes System, das der Städte, einzuordnen. Schließlich – und dies war das Wichtigste – gelang es mit aller Machtanwendung nicht, diese Menschen in Sklaven zu verwandeln. Denn man konnte sie zwar zur Arbeit, nicht aber zur Vermehrung zwingen. Mit dem bezeichnenden Freiheitswillen, den wir bei einer sozial und ökonomisch ganz ähnlich gearteten Bevölkerung, den Indianern, Jahrtausende später beobachten können, zogen sie es vor, lieber auszusterben, als für den Eroberer in erniedrigender Form tätig zu werden.

Nur bei den Dorern, wo die Herrscherschicht ebenfalls matrilinear und matrilokal organisiert war und wo die unterdrückten Ackerbauern zumindest das Recht hatten, ihre Wirtschaft so zu betreiben, wie sie sie vorher betrieben hatten, war die Versklavung erfolgreich – aber selbst hier nur auf Kosten der Verwandlung der Herrscherschicht in ein einziges Heerlager, dessen Streben nur in zweiter Linie auf eine Verteidigung nach außen gerichtet war, dessen eigentliches Ziel aber in der Aufrechterhaltung der Macht über die Heloten, die Nachkommen der vorgriechischen Ackerbauern, lag.

Als nomadische Viehzüchter hatten sich die Griechen an die unerschöpflichen Weideländer der Steppen gewöhnt. Generationen von Wanderhirten hatten die Erfahrung gemacht, daß man bloß weiterzuziehen brauchte, wenn ein Fleck abgegrast war. Als sie nun in das kleine, überall von Meer und Bergen eingeengte, von Buchten, Klüften und Steilhängen zerfurchte Griechenland kamen, ging ihnen erst spät auf, daß sie nicht nur das Land, sondern sich selbst ruinierten, wenn sie ihren Tieren erlaubten, alles kahlzufressen, was ihnen zur Verfügung stand. Auch der allzu spät begonnene systematische Getreideanbau in Thessalien, Attika und der Argolis erwies sich als Irrweg. Griechenland war ebensowenig eine Getreidekammer, wie es ein Weideland war. Der einzige Ausweg, nämlich das anzubauen, was dort besser wuchs als anderswo, und dies gegen das auszutauschen, was man nicht ökonomisch anbauen konnte, kam in letzter Minute: nur wenige Jahre vor dem völligen Aussterben der Bevölkerung.

In diesem Sinn lassen sich die ökonomischen Folgen des Einfalls der Griechen in die Balkanhalbinsel mit den Folgen späterer Einfälle der Steppenvölker in andere Regionen Europas vergleichen. Denn auch die Hunnen, Awaren, Petschenegen, Magyaren und Mongolen verursachten überall in Europa, wo sie zur Macht kamen, einen lang andauernden und schwerwiegenden Zerfall der Landwirtschaft. Es war nicht die militärische Niederlage, und es war auch nicht allein der Verlust an Menschen, der das ökonomische Chaos in den besetzten Gebieten auslöste; es war vielmehr die Unfähigkeit dieser aggressiven, patriarchalischen Steppenvölker, mit der Ackerbauwirtschaft in den eroberten Gebieten fertig zu werden.

Die Wechselfeldwirtschaft entsprach noch am ehesten ihrer nomadischen Lebensweise, und sie war auch die einfachste Form der Landwirtschaft, die man als Hirt erlernen konnte. Feldbauern dieser Art sind ja oft noch Halbnomaden, indem sie jedes Jahr ein neues Feld bebauen und nach der Ernte weiterziehen. Aber Obstbauern, Weinbauern und vor allem Olivenbauern benötigen viele Jahre der Seßhaftigkeit, ehe sie die Früchte ihrer Arbeit ernten können. Diese Anpassung fiel den Griechen besonders schwer und erforderte Jahrhunderte der langsamen Umstellung auf eine ihnen völlig fremde Ökonomie. Der Nachdruck, mit dem Hesiod noch um 700 vor unserer Zeitrechnung seine Landsleute antreibt, überhaupt ihren Boden zu bearbeiten, läßt uns vermuten, daß die Griechen selbst in dieser späten Zeit nicht nur der Anregung bedurften, sondern noch immer nicht klar verstanden, wie man mit den Problemen einer ihnen nach wie vor fremden Tätigkeit fertig werden sollte.

5.

Wenn wir diese dunklen Jahre, das Mittelalter der griechischen Geschichte, als die Zeit zwischen dem Ende der Geschichte Mykenes und dem Anfang der Geschichte Athens definieren, so stoßen wir auf die beachtliche Tatsache, daß diese Definition weitgehend mit der Periode zusammenfällt, die von manchen Gräzisten als «homerisches Zeitalter» bezeichnet wird. Ich halte diesen Terminus technicus für anfechtbar, weil er von anderen Althistorikern und besonders von den Altphilologen oft in einem anderen Sinn benutzt wird und deshalb als zeitliche Einheit unklar ist. Der einen Gruppe bedeutet er die Epoche, in der die Homerischen Epen verfaßt worden sind, der anderen jedoch die Ära, mit der sich diese Epen befassen. Denn obgleich die Zeitspanne zwischen den Ereignissen und deren Beschreibung umstritten ist, so ist eines doch sicher: Die Verse stammen nicht aus der Zeit des Trojanischen Krieges und auch nicht aus den Jahrzehnten, in denen die Irrfahrten des Odysseus stattfanden, sondern sind sehr viel später niedergeschrieben worden. In der «Ilias» ist Agamemnon König von Mykene, und aus seiner Machtstellung als Heerführer geht eindeutig hervor, daß in der Zeit, von der die Ilias handelt, Mykene noch die mächtigste Stadt Griechenlands war. Andererseits geht aus einer kritischen Analyse der Verse ebenso eindeutig hervor, daß sie aus einer Zeit stammen, in der Mykene längst gefallen war.
Die Trojanischen Kriege, die Raubzüge der Achaier gegen die Trojas, fanden zwischen 1300 und 1200 statt. Die «homerischen» Verse sind aber wahrscheinlich erst gegen Ende des 9. oder Anfang des 8. vorchristlichen Jahrhunderts in der uns überlieferten Form gesammelt und niedergeschrieben worden. Es herrscht also zwischen Ereignis und Niederschrift ein Zeitraum von rund 400 Jahren. Das schlägt sich in Widersprüchen nieder, die viel über die Mentalität der homerischen Griechen aussagen. So werden bei «Homer» die Schwerter und Speerspitzen stets als aus Bronze bestehend, handwerkliche Geräte dagegen als eisern beschrieben. Eine Zeit, in der diese Metalle gleichzeitig für diese Zwecke verwendet worden sind, hat es aber nie gegeben. «Homer» hat also die eisernen Geräte seiner eigenen Zeit beibehalten, seinen Helden aber bronzene Waffen verliehen. Ob dies nun aus bewußt archaisierenden, also rein poetischen Motiven geschehen ist oder ob die Erinnerung an die Zeiten der achaiisch-mykenischen Kultur tatsächlich verblichen war, ist umstritten. Ich neige zu der Ansicht, daß die Vergangenheit weniger vergessen als verdrängt war. Die Anhänger der Ansicht, daß sie einfach vergessen war, stützen sich auf die Tatsache, daß es keine schriftliche Überlieferungen gab, zumindest keine, die man im 9./8. Jahrhundert noch lesen konnte. Linear-B, die Schrift der achaiischen Mykener, war ja in Vergessenheit geraten. Aber eben die Tatsache, daß sie in Vergessenheit geraten war, scheint jene Scham hervorgerufen zu haben, die ihrerseits den Prozeß der Verdrängung ausgelöst haben muß. Die Griechen weigerten sich mit allen psychischen Mitteln, die Zeiten des Verfalls, des Niedergangs und des Aussterbens anzuerkennen. Und so ist eigentlich die ganze griechische Mythologie nur als Produkt der Verdrängung zu verstehen: als eine Art von Gruppenamnesie, die alles, was vor der Zeit des Rückschlags geschehen war, im magischen Licht des Übermenschlichen erscheinen läßt.
Ich möchte das an drei Beispielen erläutern: erstens an dem Verlust der Baukunst und der sich daraus ergebenden mythischen Verklärung der alten Baumeister; zweitens am Absterben des Schneiderhandwerks und der daraus resultierenden Mythologisierung der Arm- und Schulterspangen; drittens an der psychischen Weigerung, die peinlichen, erniedrigenden Tatsachen im Gedächtnis zu behalten, daß man trotz der erfolgreichen Eroberungen die Kultur der Eroberten übernommen, daß man sich dem System der matrilinearen Deszendenz jahrhundertelang gebeugt und daß man die Ordnung der matrilokalen Residenz regelmäßig akzeptiert hatte, wenn man in die Sippen der einheimischen Bauern oder in die Königshäuser der Nachbarstämme einheiraten wollte. Auch hier wurden die Erinnerungen an beschämende Geschehnisse nachträglich durch mythische Erfindungen ersetzt: durch den Triumph der patrilinearen, patrilokalen Götter über die matrilinearen, matrilokalen Göttinen.

6.

Wir sagten bereits, daß die Baukunst der kretischen Baumeister, die den Achaiern der mykenischen Zeit beigebracht hatten, wie man gigantische Quader zuschneidet und transportiert, wie man Kalkstein sägt und mit Mörtel mauert, den Zeitgenossen Homers nicht mehr geläufig war. Wenn sie nun auf die Überbleibsel der Bauten ihrer Vorväter stießen, auf die Ruinen der Burgen von Mykene, Tiryns und anderer kretisch-achaiischer Siedlungen, weigerten sie sich, die Tatsache anzuerkennen, daß sie diese Künste einst beherrscht, aber durch mangelnde Effizienz und ein impraktikables Deszendenzsystem verloren hatten. Statt dessen schufen sie die Legende von einäugigen Riesen, die diese Gebäude errichtet hätten.
Nun ist Einäugigkeit aber ein unmißververständliches Symbol für Kastration. Wenn Oidipus sein Augenlicht verliert, so verliert er seine Virilität. Teiresias, der blinde Seher, wird mit Blindheit geschlagen, weil er sein Geschlecht verloren hat, zur Frau geworden ist und öffentlich verkündet hat, daß der weibliche Liebesgenuß stärker als der des Mannes sei. Was die Sage von den Kyklopen, den einäugigen Baumeistern der Vorgeschichte, die die «Kyklopenmauern» errichtet haben, also aussagt, ist, daß diese Wesen sich gefügt haben, daß sie sich der frauenrechtlichen Kultur der Kreter gebeugt und dadurch ihre Künste erworben haben.
Ähnlich die Geschichte des griechischen Schneiderhandwerks. Da die Griechen der dunklen Jahre verlernt hatten, wie man Kleider von der Raffinesse der kretisch-mykenischen Schneiderkunst zu-

schnitt, nähte und knöpfte, hatten sie um die Vergangenheit ihrer Kleider viele Mythen gewoben, die meisten mit versteckt libidinösen Motiven durchsetzt und viele von der gleichen Kastrationsangst, die uns bereits bei dem Kyklopenmotiv begegnete.
Trotz großer regionaler Unterschiede ähnelten sich die Kleidungsstücke des klassischen Hellas darin, daß sie eigentlich nichts anderes als ungenähte, ungeknöpfte Tücher waren, die drapiert und mit simplen Spangen zusammengehalten wurden. Aber auch die Unterschiede sind bedeutsam. Zum Beispiel trugen die Mädchen in Athen selbst in frühem Alter bereits eine der erwachsenen Frau ähnliche Kleidung, während in Sparta Mädchen und Knaben bis zum siebten Jahr meist nackt gingen.
Die Athener hielten das für unsittlich, aber nicht etwa weil sie den nackten Körper beider Geschlechter als häßlich empfanden, sondern weil sie die Frau als Eigentum des Mannes betrachteten und die Entblößung des spartanischen Mädchens deshalb als Bloßstellung der männlichen Mitglieder ihrer Sippe sahen.
Andere Unterschiede der Kleidung zwischen den griechischen Stämmen sind nicht ganz so leicht zu erklären. Weshalb hüllten die Athener ihre Frauen in lang herabfallende weiße Kleider, während die Spartanerin ärmellose, seitlich offene und ganz kurze Kleider bevorzugte? Wieso lehnten die Athener jede Form von Schulterspangen ab, benutzten dagegen aber Ärmelspangen? Weshalb benutzten die Spartanerinnen keine Ärmelspangen, dagegen aber Schulterspangen? Wieso waren die Schulterspangen in Aigina nahezu doppelt so groß wie in Sparta? Die Antwort mag mythologisch verschlüsselt in der Sage von den Epidauriern liegen, die einst Aigina erobert und die Aigineten versklavt hatten, trotzdem aber beinahe Hungers gestorben wären, weil ihre Ernte jedes Jahr fehlschlug. In ihrer Not wandten sie sich an die Wahrsagerin Pythia, die ihnen offenbarte, ihre Felder würden erst dann wieder fruchtbar werden, wenn sie den Göttinnen Damia und Auxesia Standbilder aus dem Holz eines heiligen Ölbaumes errichteten.
Heilige Ölbäume besaßen aber nur die Athener. Als die Epidaurier nun nach Athen zogen, um die Erlaubnis zum Fällen eines solchen Baumes zu erbitten, stimmten die Athener zwar zu, erhoben aber die Bedingung, daß die Epidaurier ihrerseits den athenischen Göttern, vor allem dem Erechtheos, Opfer brächten.
Dies geschah auch jahrelang, aber eines Tages rebellierten die Aigineten gegen ihre Unterdrücker und raubten deren Götterbilder. Dadurch sahen sich die Epidaurier der Pflicht enthoben, den athenischen Göttern weiterhin Opfer zu bringen. Die Athener bestanden jedoch auf ihrem Vertrag und verlangten, daß die Epidaurier die aus athenischem Holz geschnitzten Götterbilder zurückeroberten und nach Athen bringen sollten. Da dies den Epidauriern unmöglich war, erklärten die Athener ihnen den Krieg, marschierten nach Aigina ein, entdeckten die Götterbilder und brachen sie von ihren Sockeln, um sie mitzunehmen.
Die Götter betrachteten dies als Frevel und bestraften die Athener, indem sie das athenische Heer von den Aigineten umbringen ließen. Nur ein einziger Athener kam mit dem Leben davon. Als er in seine Heimatstadt zurückkam und den Frauen berichtete, was geschehen war, legten diese die Niederlage ihrer Männer als Feigheit aus und nahmen ihre Rache an dem Überlebenden, indem sie ihre Schulterspangen öffneten, ihre Kleider fallen ließen und den Boten mit den spitzen Nadeln ihrer Spangen erstachen. Bei jedem Stich rief eine jede den Namen ihres gefallenen Mannes aus, indem sie sagte: «Dies ist für ...!»
Als nun aber die Generation der Söhne aufwuchs und die Macht im Staat übernahm, verbot sie den Frauen, jemals wieder Schulterspangen zu tragen. Die Aigineten dagegen führten ein Gesetz ein, die Schulterspangen ihrer Frauen zu vergrößern, so daß sie ihnen im Notfall als Waffe dienen konnten. Jedes Jahr wurden die Spangen von neuem den Göttinnen Damia und Auxesia geweiht.
Bachofen war der erste, der diesen Mythos zu deuten versucht hat. In «Das Mutterrecht» schreibt er: «Der aphroditisch-erotische Sinn kann nicht bezweifelt werden. Die Weihung der Nadelspange (perone, porpe, von welchem das letztere den Ring an der Spange, das erstere die sie durchschneidende Nadel bezeichnet), welche das Gewand zusammenhält, hat mit der Weihung des weiblichen Gürtels dieselbe Bedeutung. Beides deutet auf die Hingabe der Jungfräulichkeit. Die Weihung der Spange bezeichnet den Übergang zum Muttertum, den Eintritt in die Ehe ... Das geschlossene Kleid wird jetzt geöffnet. Die Spange, früher Symbol der Jungfräulichkeit, wird nun Bild der Ehe. Der von der Nadel durchschnittene Kreis ist selbst das Bild des zur Zeugung vereinten Geschlechts. Mit dieser erotischen Beziehung stimmen alle Einzelheiten der Erzählung überein. Vorerst die Mutternatur der beiden Gottheiten Damia und Auxesia, deren cerealische Beziehung nicht verkannt werden kann.»
Tatsächlich sind beide Göttinnen Darstellungen des Muttertums, thaleiai, «Göttinnen der Fülle» (Plutarch, «Symposiaka», Bd. 9) und geben sich als solche schon in ihren Namen zu erkennen. Auxesia ist von auxano, «mehren», abgeleitet, einem Wort, das die Alten häufig zur Kennzeichnung der befruchteten Naturkraft gebrauchten. In Damia dagegen liegt ein Stamm vor, der in zahlreichen Beziehungen wiederkehrt und stets die Erde, die Materie, die Mutter zur Grundlage hat: «Daher sind jene Götterbilder aus dem Stamme eines die Erdfruchtbarkeit in besonderem Grade darstellenden Baumes gefertigt.»[7]
Sicherlich stimmt das. Wie so oft, nimmt Bachofen hier Erkenntnisse voraus, zu denen Freud und Jung erst ein halbes Jahrhundert später gelangt sind. Aber er läßt unerklärt, wieso die Frauen den überlebenden Mann ermorden und wieso das Mordwerkzeug ausgerechnet der Dorn der Spange, also das Penissymbol, sein soll. Auch die Angabe, daß die Frauen den Boten töten, weil sie nicht wissen, daß der Tod ihren Männern von den Göttern als Bestrafung eines Frevels zugedacht worden ist, überzeugt nicht. Denn selbst wenn sie, wie der Mythos meint, fälschlich glaubten, ihre Männer seien feig gewesen, gibt es keinen Grund, den Überlebenden für diese Feigheit verantwortlich zu machen und sich an ihm zu rächen.
Weshalb wurden die Athener denn eigentlich vernichtet? Weil sie gegen die alten Muttergottheiten gefrevelt hatten. Sie hatten versucht, die Göttinnen von ihrem Sockel, ihrem irdischen Nabelstrang, zu

trennen, um sie nach Athen, der Hochburg des Vaterrechts, zu verschleppen. Das Ganze ist also ein Kapitel aus der Chronik vom Kampf der neuen gegen die alten Götter, vom Versuch der Vaterrechtler, das mythische Reich der Mütter zu usurpieren. Die Göttinnen schlagen zurück, indem sie die Frauen zur Vernichtung des Mannes aufrufen. Und womit findet die Vernichtung statt? Mit des Mannes eigenem Genital: dem Penis.

Die Szene ist bestechend: Die nackten Frauen mit ihren Schulterschnallen stechen dem Manne zuerst die Augen aus. Er wird symbolisch kastriert. Wir haben bereits auf die Analogie zu Oidipus hingewiesen: Wenn er sich die Augen aussticht, so ist es ein Akt der Selbstkastration. Und womit sticht er sie sich aus? Mit der Schulterspange der Frau, mit der er Inzest begangen hat: mit der Spange, das heißt der Klitoris, seiner Mutter. Das Ganze ist also zugleich ein Akt der Sühne und der Rache. Und zum Sühneakt zog man sich in den alten Mutterkulten nackt aus. Deshalb also die Nacktheit der Frauen bei der Ermordung des Boten.

Die alten Muttergötter waren irdische, materielle Wesen: «mater» hat die gleiche Wurzel wie «Materie». Sie waren matrilokal: Sie lebten in der Materie, im Erdreich, in den Höhlen der Unterwelt, im Leib der Erde, im Mutterleib. Die neuen Vatergötter waren himmlische Wesen. Sie lebten auf den Gipfeln der Berge, mit ihren Köpfen in den Wolken. Sie waren patrilokal: Wo Zeus, der Gottvater, sich angesiedelt hatte, da lebten auch die Frauen und Kinder: auf dem Olymp. Der Kampf der beiden Göttersippen um die Macht über Hellas wird am deutlichsten im Orestes-Mythos und von allen Fassungen am klarsten in der «Oresteia» des Aischylos behandelt.

Ob man dichterische Verarbeitung der Mythen als «echt» betrachten und zur Mythendeutung heranziehen darf oder ob nur das, was vom Volk geschaffen und mündlich überliefert worden ist, als Mythos bezeichnet werden kann, ist eine Frage, die so oft diskutiert worden ist, daß ich darauf verzichten will, sie hier noch einmal zu erörtern. Meine eigene Überzeugung, durch jahrzehntelanges Sammeln von heutigem Volksgut geformt, geht dahin, daß der Mythos, genau wie das Volkslied, die Volkserzählung und das Volksrätsel, stets das Werk eines einzelnen ist, das dann allerdings durch jahrzehntelanges, jahrhundertelanges Weiterreichen, Verändern und Paraphrasieren zum Gemeingut einer ganzen Volksgruppe wird. Ich akzeptiere die Mythenbearbeitungen der griechischen Dichter deshalb als «echte» Mythen, weil sie jahrhundertelang innerhalb des griechischen Volkes verbal weitergereicht und verändert worden sind.

Die «Oresteia» ist die beste mythische Fassung, die wir vom Kampf des Vaterrechts gegen die Welt der vorgriechischen Bauern besitzen. Die «Handlung» ist von geradezu exemplarischer Kargheit. Sie schält aus der homerischen Landschaft des Trojanischen Krieges und seiner Nachwehen das Schicksal einer einzigen Familie heraus. Agamemnon, König von Mykene, der oberste Heerführer der Griechen, wartet in der boiotischen Hafenstadt Aulis (dem heutigen Vathy) mit der fast meuternden griechischen Flotte verzweifelt auf günstigen Wind. Der Priester Kallias sagt ihm, der Wind werde sich erst dann ändern, wenn Agamemnon seine Tochter Iphigenie den Göttern opfere.

Unter dem Vorwand, Achilles wolle Iphigenie heiraten, befiehlt Agamemnon seiner Frau Klytaimestra, das Mädchen ins Lager zu bringen. Nachdem er das furchtbare Opfer vollzogen hat, beginnt Klytaimestra ihn zu hassen, und zwar nicht nur, weil er aus Eitelkeit den Kriegsruhm höher schätzt als das Leben seiner Tochter, sondern auch wegen der für sie unverzeihlichen Heiratstäuschung. Der Bruch vertieft sich, als sie erfährt, daß ihr Mann vor Troja mit einer Frau nach der anderen schläft. Als er am Ende mit einer Mätresse aus Troja zurückkommt, bringt Klytaimestra ihn um und wird ihrerseits von ihrem Sohn Orestes getötet, der den Mord an dem Vater rächen will.

Nun beginnt das eigentliche Stück, das die Form einer Gerichtsverhandlung hat. Angeklagt des Mordes an der Mutter ist Orest. Sein Verteidiger ist Apollon, der Gott des Lichts, der die neue Ordnung der himmlischen Götter in reinster Form darstellt und der alten Ordnung der irdischen Götter am logischsten entgegenzutreten vermag. Ankläger sind die Erinnyen, die alten matrilinearen Göttinnen der Vergeltung. Als Geschworene treten die anderen Götter auf. Richter ist Athene, die Schutzgöttin der Stadt des Vaterrechts. Der Prozeß endet mit Freispruch, mit dem Triumph des Vaterrechts.

Als der Prozeß sein Ende erreicht hatte, wußte jeder Athener, daß er hier im Gewand einer alten Mythe den Sieg seines Volkes über die vorgriechischen Bauern erlebt hatte. Eine der überzeugendsten Erkenntnisse des Aischylos und das eigentlich «mutterrechtliche» Erbe des Mythos ist der Gedanke, daß Klytaimestra besonders deshalb über die Opferung ihrer Tochter empört gewesen sein muß, weil die Tochter ja ihr, der Mutter, nach matrilinearer Deszendenz ausschließlich angehörte, weil der Vater also gar kein Recht hatte, sie zu opfern. Ebenso logisch ist es aber auch, daß Athene sich gegen Klytaimestra und für Orest entscheiden muß, da sie selbst keine Mutter gehabt hat. Als Schutzgöttin des Vaterrechts entsprang sie, unter Umgehung des Mutterleibes, direkt dem Haupt des Gottvaters Zeus. Deshalb schuldet sie, im Gegensatz zu den von Müttern geborenen Frauen, den Müttern auch keine Rechenschaft. Die Logik des Arguments zwischen matrilinearen und patrilinearen Deszendenzsystemen spiegelt sich am klarsten in dem Disput zwischen Orest und den Erinnyen wider.

Orest beruft sich darauf, daß Klytaimestra ihm gegenüber einen doppelten Frevel begangen habe, indem sie nicht nur ihren Gatten, sondern auch seinen Vater getötet habe. Warum dann verfolgen die Erinnyen ihn und nicht sie, die weit Schuldigere? Die Antwort der Erinnyen ist: «Sie war dem Mann, den sie erschlug, nicht blutsverwandt.» Diese uns heute kaum noch verständliche Antwort offenbart mit äußerster Präzision die Logik einer matrilinearen gegenüber einer patrilinearen Justiz: Der Ehemann ist nur angeheiratet, er bleibt sein Leben lang Gast im Haus seiner Frau und ihrer Sippe, vielleicht geliebter, vielleicht geduldeter Gast, aber in keinem Fall mehr als dies. Der Kitt des Volkes ist der Stamm. Der Kitt des Stammes ist die Sippe. Und der Kitt der Sippe ist das Verhältnis der Mutter zu ihren Kindern. Das schwerste überhaupt erdenkbare Verbrechen ist der Muttermord. Vatermord ist schlimmstenfalls die Tötung eines Fremden.

Apoll widerspricht, denn er vertritt die neue Ordnung, die Institution der Monogamie, das Konzept der Frau als Eigentum des Mannes, die Vorherrschaft des Vaters als Erzeuger der Kinder:

> Nicht ist die Mutter ihres Kindes Zeugerin,
> Sie hegt und trägt das auferweckte Leben nur.
> Es zeugt der Vater, aber sie bewahrt das Pfand,
> Dem Freund die Freundin, wenn ein Gott es nicht verletzt.
> Mit sicherem Zeugnis will ich das bestätigen.
> Denn Vater kann man ohne Mutter sein. Beweis
> Ist dort die eigene Tochter des Olympiers Zeus,
> Die nimmer eines Mutterschoßes Dunkel barg -
> Und edleren Sproß gebar doch keine Göttin!

Nach Apoll gibt also die Zeugung dem Vater das Recht der Verfügung über seine Kinder, wohingegen nach der bis dahin geltenden Anschauung, der Anschauung der Ackerbauern, die Mutter die alleinige Besitzerin des Kindes ist. Daher antworten die Erinnyen:

> Danieder stürzest du die Mächte grauer Zeit . . . Du,
> Der junge Gott, willst uns, die Greisen, niederrennen.

Die Schöffen rüsten sich zum Spruch, halb stehen sie zum alten, halb zum neuen Recht, so daß Stimmengleichheit droht.

Da nimmt Athene den Stimmstein vom Altar und spricht:

> Mein ist es, abzugeben einen letzten Spruch,
> Und für Orestes leg ich diesen Stein hinein.
> Denn keine Mutter wurde mir, die mich gebar,
> Nein, vollen Herzens lob ich alles Männliche,
> Bis auf die Ehe, denn des Vaters bin ich ganz.
> Drum acht ich minder sträflich jetzt den Mord der Frau,
> Die umgebracht hat ihren Mann, des Hauses Hort.
> Es sieg Orestes auch bei stimmengleichem Spruch!

Die Erinnyen geben sich geschlagen, indem sie den Triumph der «Götter jungen Stammes» zugestehen. Nicht etwa, weil die «Neuen» recht hätten, sondern weil sie die Macht besitzen. «Vernichter der uralten Moiren, Zertrümmerer der Urdämonen» nennen sie ihren Widersacher Apoll.

> O neue Götter, alt Gesetz und uraltes Recht,
> Ihr reißt sie nieder, reißt sie fort aus meiner Hand!

7.

Für die Erinnyen endete mit der Usurpation der Macht durch die Vaterrechtler nicht nur Freiheit und Recht der Frauen, sondern Freiheit und Recht per se. Und wenn wir das Verhältnis der Geschlechter zueinander als Maßstab des sozialen und kulturellen Fortschritts betrachten, dann begann mit der Machtübernahme der Griechen kein sozialer und kultureller Fortschritt in Europa, sondern eher dessen Gegenteil.

Das schlägt sich in zahllosen Mythen der Griechen nieder. In der Sage von Kephalos und Prokris wird die Doppelmoral des griechischen Mannes überzeugend vorgeführt. Der Mann hat jederzeit das Recht, die Treue seiner Frau auf die Probe zu stellen. Versucht eine Frau aber jemals, die Treue ihres Mannes zu erproben, so muß sie dafür mit dem Leben zahlen.

Kephalos, Sohn des Königs Deion von Phokien, beschließt, die Treue seiner Frau Prokris zu erproben, indem er ohne Erklärung acht Jahre lang fortbleibt. Was sie in dieser Zeit erduldet, wie schwer ihr die Einsamkeit sein mag, wie sie sich überhaupt die Abwesenheit ihres Mannes erklären soll – all das bewegt den Gatten nicht, und es tangiert auch den patriarchalischen Mythenschöpfer niemals und nirgends. Als Kephalos dann nach all den Jahren verkleidet zurückkehrt und sie erfolgreich verführt, ist er wütend, weil sie sich einem «Fremden» hingegeben hat.

Er tötet sie, indem er vorgibt, sie bei der Jagd für ein Reh gehalten zu haben. Zwar wird der Mord vom Areopag, dem Rat der Ältesten, verurteilt, aber Kephalos kommt mit dem Leben davon, wird sogar nach seinem Sieg über die Taphier von den Göttern belohnt und gründet das Geschlecht der Kephallenier. Bedenkt man nun, daß ihm dieser Sieg nur mit Hilfe des Hundes Lailaps, dem keine Beute entrinnen kann, gelingt und daß er diesen Hund seiner Gattin gestohlen hat, ja daß der Diebstahl des Hundes möglicherweise das eigentliche Motiv des Mordes war, so beginnt man die Griechen in einem neuen Licht zu sehen.

In der «Oresteia» wird Klytaimestras Plädoyer, ihr Ehebruch mit Aigisthos sei dadurch gerechtfertigt, daß Agamemnon sie seinerseits mit Hunderten von Frauen betrogen habe, energisch zurückgewiesen. Denn was dem Mann durchaus gestattet sei, könne der Frau niemals verziehen werden. Und wieso nicht? Nicht etwa, weil es eine andere Moral für Frauen gäbe, sondern weil es um das Erbrecht, also um Eigentum gehe. Das Wichtige beim Ehebruch sei nicht etwa der Akt des Geschlechtsverkehrs, sondern die Möglichkeit der Kindesunterschiebung. Der Mann, der mit der Frau eines anderen Mannes schläft, macht sich diesem gegenüber schuldig. Denn wenn er mit ihr einen Sohn zeugt, stiehlt er durch diesen das Erbe ihres Gatten. Nicht schuldig aber macht er sich seiner eigenen Frau gegenüber, denn ihr entsteht aus seinem Seitensprung kein Verlust. Wenn sie dagegen mit einem anderen Mann koitiert, so ist sie schuldig. Denn aus ihrem Verkehr können Söhne entstehen, die ihren Gatten unrechtmäßig beerben; unrechtmäßig, da sie ja nicht seine Söhne, sondern die des anderen Mannes sind.

Apollon spricht mit der Unfehlbarkeit des Gottes, wenn er den Unterschied zwischen Mann und Frau mit der genetischen Theorie begründet, daß allein der Mann das Kind zeuge, die Frau nur der Behälter sei, in dem der männliche Same zum Kind heranwächst. Deutlicher als in dieser mythischen Form läßt sich die Theorie des Vaterrechts kaum ausdrücken.

Mit zwei anderen Mythen wollen wir das untermauern – mit der Sage von Herakles und Deianeira und mit der von Odysseus und Penelope. Als Herakles seiner liebevollen, duldsamen Frau Deianeira eine

Konkubine, die schöne Sklavin Iole, ins Haus setzt, versucht sie, seine Liebe wiederzugewinnen, indem sie ihm einen Liebestrank reicht. Der Trank jedoch ist zu stark und droht, ihn umzubringen. Da ruft er seinen Sohn und befiehlt ihm, die Mutter vor seinen Augen zu töten oder sie ihm zumindest in die Hand zu liefern, damit er, der Gatte, sie umbringen kann. So stellt er also als Vorbild des vaterrechtlichen Helden auch noch den Sohn auf die Probe: Was wird ihn mehr schmerzen – der Mord, den der Vater an der Mutter vollzieht, oder die «mit Recht» getötete Mutter? Um diesem Dilemma zu entgehen und ihrem Sohn zu ersparen, was der Vater da als erzieherischen Akt ausgeheckt hat, bringt Deianeira sich selbst um. Und was tut der «Held» Herakles? Er zwingt dem Sohn die eigene Mätresse auf. Der Befehl des Vaters muß über die Treue zur Mutter gehen. Im «großen Tun», wie der Altertumsforscher Joseph Vogt das genannt hat, folgt der Mann auf den Mann. Iole ist nur ein Gefäß, das weitergegeben wird. Der Tod der Gattin wird nicht mehr erwähnt.
Nicht unähnlich der Fall des großen Odysseus. Er begeht Ehebruch mit Kallidike, Kalypso, Kirke und anderen, hinterläßt überall seine «Gesäten», seine unehelichen Kinder, erwartet aber, daß seine Frau jahrzehntelang «keusch» bleibt, und maßt sich das Recht an, andere Männer grausam umzubringen, nur weil sie die Kühnheit besaßen, seine Frau, die nach allen griechischen Gesetzen längst als Witwe betrachtet werden mußte, rechtlich und geduldig um ihre Hand zu bitten.
Es ist erstaunlich, wie wenige unserer heutigen Zeitgenossen das Ethos dieser Mythen je in Frage stellen. Wir akzeptieren ihren ethischen Anspruch, weil sie uns mit der Autorität unserer Eltern und Lehrer im empfindsamsten Stadium unserer Kindheit als Leitbilder eingeprägt worden sind. Die meisten von uns besitzen weder die Distanz noch den Mut, sich im Erwachsenenalter noch einmal mit den moralischen Ansprüchen der hellenischen Mythen auseinanderzusetzen und viele von ihnen als das zu erkennen, was sie sind: lehrstückhafte Allegorien, mit deren Hilfe den Söhnen der Hellenen beigebracht werden sollte, wie sie sich ihren Feinden gegenüber zu benehmen hätten. Und wer waren diese Feinde? Die Fremden und die Frauen.
Man denke an Laomedons Verhalten gegenüber seiner Hesione oder sogar das des Zeus im Verkehr mit seiner Hera. Laomedon läßt Hesione an einen Felsen ketten, damit ein wilder Adler ihr die Gedärme auspicke. Zeus hängt Hera auf und bindet an jeden ihrer Füße einen Amboß. Und wie den Frauen, so ergeht es den Fremden. Tantalos, König von Sipylos im «mutterrechtlichen» Phrygien; Sisyphos, König von Ephyra, der «Klügsten der Klugen»; Prometheus, der eigentliche Erschaffer des Menschen – gerade diese, die Elite der vorpatriarchalischen Kultur, werden von den Griechen mit einer schon ans Pathologische grenzenden Grausamkeit für ihre Vergehen gegen das Patriarchat bestraft. Hier wird die hellenische Mythologie zu einer Art sadomasochistischer Kasuistik.
Die Vehemenz dieser Reaktion wird nur dann verständlich, wenn wir akzeptieren, daß viele der matrilinearen, matrilokalen Traditionen bis tief in die Zeit des klassischen Hellas überlebten und von den Hellenen als eine permanente Bedrohung empfunden wurden. Die vaterrechtlichen Griechen waren an allen Grenzen von Völkern umgeben, deren Geschlechts- und Gesellschaftsordnung der ihren widersprach, und sie hatten bei einigen ihrer eigenen Stämme das warnende Beispiel der «Gynaikokratie», der angeblichen Frauenherrschaft, vor sich. Sparta bedeutete für fast alle anderen Stadtstaaten der Griechen eine geradezu traumatische Herausforderung und eine stetige Erinnerung daran, was aus «anständigen» Griechen werden kann, wenn man nicht auf die eigenen Frauen aufpaßt und sie nicht, wie es sich gehört, unter Kuratel stellt.

8.

Die meisten Interpreten der «Heldenzeit» haben geflissentlich übersehen, in welchem Maß damals noch das «Mutterrecht» bei ihren Nachbarn überlebte. Wenn Odysseus in der Fremde Schutz und Hilfe sucht, so ist es stets die Königin, die ihm seine Bitte gewährt, nicht der König, der nur dekorative Funktion besitzt; nicht er, sondern sie besitzt die Entscheidungsgewalt. Wenn Odysseus ins Land der Phäaken verschlagen wird, spricht niemand von Alkinoos, dem König, sondern nur von seiner Frau, denn sie wird

> ...von Herzen geehrt und wird es noch heute
> Von ihren lieben Kindern und von Alkinoos selber,
> Auch von den Leuten, die sie wie eine Göttin betrachten
> Und sie so begrüßen, so oft sie die Straßen durchwandert.

Also besaß die Königin nicht nur die Krone, denn diese wurde stets in weiblicher Linie vererbt, sondern sie besaß auch halbwegs göttlichen Status, denn die Krone war in mutterrechtlichen Ländern stets auch ein religiöses Sinnbild. Die Königin und nicht ihr Gemahl schlichtete Zwist und Hader:

> ...schlichtet sie Zwist, ja auch den Hader der Männer,
> Denn wenn sie dir im Herzen freundlich gewogen,
> O, dann hoffe getrost, die Deinen wiederzusehen...

Nausikaa erteilt Odysseus deshalb den Rat, sich nicht ihrem Vater, sondern ihrer Mutter zu Füßen zu werfen:

> ...Und bist du dann innen im Hofe,
> So durcheile den Saal, zu meiner Mutter zu kommen.
> Drinnen sitzt sie am Herd im hellen Glanz des Feuers,
> Wie ein Wunder zu schaun, und spinnt die purpurnen Fäden,
> An die Säule gelehnt, und hinter ihr sitzen die Mägde.
> Neben ihr steht ein Thron für meinen Vater, den König,
> Wo er mit Wein sich labt und sitzt wie einer der Götter.
> Schreite an ihm vorbei und umfasse mit flehenden Händen
> Unserer Mutter Knie, damit du die Stunde der Heimkehr
> Schneller sähest und froh, und wohnest du auch in der Ferne.

Die matrilineare, matrilokale, exogame Form der vorgriechischen Gesellschaft läßt sich aus zahlreichen Mythen erhärten. Die mythischen Könige der athenischen Vorzeit, deren Namen wahrscheinlich ganze Sippen verkörpern, so Kekrops und

Amphiktyon, erwarben den Thron, indem sie Frauen der eingeborenen Herrscherkaste heirateten (Pausanias 1, 2, 6). Die Krone vererbte sich auch hier in weiblicher Folge. Der Name des Landes Attika leitet sich nicht, wie bei patrilinearen Stämmen, von einem Urvater, sondern von der Urmutter Attis ab. Die Sippenmitglieder nannten einander nicht, wie das bei patrilinearen Stämmen üblich ist, «Söhne des gleichen Vaters», sondern homogalaktes, «von der gleichen Mutter Genährte», also «Söhne der gleichen Mutter». Das attische Wort für «Bruder», adelphos, leitet sich nicht, wie bei patrilinearer Orientierung, von einer den Vater oder Urvater bezeichnenden Sprachwurzel ab, sondern von delphys, «Gebärmutter», und bedeutet also: der gleichen Mutter entstammend.
Die ganze Mythologie der «Heldenzeit» ist eine Mythologie junger Männer, die ihre Heimat und ihre Sippe verlassen, um in einem anderen Land, bei einer anderen Sippe ihr Glück zu suchen. Je tapferer sie sind, desto höher steigen sie auf. Aber ihr Aufstieg wird stets damit begründet, daß sie die Tochter oder Witwe des dortigen Herrschers heiraten. Der Herrscher selbst ist nur ein Attribut der Herrscherin. Er trägt die Krone, aber er trägt sie nur dank seiner Frau und stellvertretend für deren Mutter. Deshalb muß der griechische Held viele Proben bestehen, ehe er die Königin oder Königstochter als Belohnung erhält. Der Mann ist das Schwert, das die Krone erobert oder verteidigt. Aber die Frau ist die Krone. Seine Funktion liegt im Tun, ihre im Sein.
Stets ist der Haushalt, in den der griechische Held hineinheiratet, matrilokal: Wo die Königin lebt, da muß sich auch der Grieche ansiedeln. Nie ist der Haushalt patrilokal, denn das würde bedeuten, die Königin habe dem Helden in sein eigenes Land zu folgen. Täte sie das, so wäre der ganze Sinn dieser frühgriechischen Heldenmythen dahin. Denn wenn der Held schon von Anfang an eine Krone besitzt und sich nur im Ausland eine Braut holt, dann ist er kein Held mehr; dann verdankt er seinen Aufstieg nicht seinem Mut und seiner Kraft, sondern der Tatsache, daß er seines Vaters Sohn ist.
Die sogenannte Heldenzeit der Griechen ist also ganz eindeutig die Zeit der Anpassung vaterrechtlicher Hirtenstämme an mutterrechtliche Bauernstämme. Der Held kann überhaupt kein Held sein, wo es kein sogenanntes Mutterrecht gibt, denn im Vaterrecht reduzieren sich alle Kämpfe auf die Erhaltung des bereits Erworbenen oder Ererbten. Es sind Rechtsstreitigkeiten und Machtkämpfe. Sie drehen sich nicht mehr um Mut und Tapferkeit, sondern um Besitz und Eigentum. Es sind die Händel der Händler, nicht mehr die Mutproben der Helden. Die Heldenzeit steckt aber andererseits auch nicht mehr gänzlich im «Mutterrecht», denn der Gedanke des agōn, des Wettbewerbs, der die ganze Heldenzeit und ihr Denken beherrscht, stammt eindeutig aus dem Vaterrecht, aus der Denkwelt der Wanderhirten und der nomadischen Reitervölker, bei denen er das wachsende Bewußtsein des Privateigentums ausdrückt.
Der Kampf um die Königstochter war anfangs der Zweikampf der Bewerber, der nur mit dem Tod des einen beendet werden konnte. Später wurde aus dem Kampf ein Wettrennen oder Wagenrennen. (Schließlich wurde die körperliche Aufgabe durch eine geistige ersetzt: An die Stelle des Wettkampfs trat die Lösung eines Rätsels.) Odysseus erwarb Penelope und damit die Herrschaft über Ithaka, indem er alle seine Nebenbuhler in einem von ihrem Vater veranstalteten Wettlauf aus dem Feld schlug. Die Freier der Penelope, die durch diese Heirat den Thron des Landes erwerben wollen, müssen sich im Bogenschießen messen. Wer den Bogen des Odysseus spannen und einen Pfeil durch alle Äxte hindurchschießen kann, soll nicht nur Penelope, sondern auch die Herrschaft über Ithaka erlangen.
Daß Odysseus dann die Verlierer auch noch ermordet, ist ganz in der Tradition des Vaterrechts, nicht in der des «Mutterrechts». Die Mütter gebären, hegen und pflegen; die Väter kämpfen, morden und zerstören. Der Mord mag zum Schutz der Mutter geschehen, aber es bleibt ein Mord. Die Zerstörung mag zur Verteidigung des Heims und der Kinder erfolgen, aber es bleibt eine Zerstörung. Die Mütter und Väter der alten Welt, die sich noch gut an die vorpatriarchalischen Zeiten, die Zeiten vor Erfindung des Krieges, erinnern konnten, waren sich dieses Unterschiedes der Geschlechter und der Gesellschaftssysteme, die sich auf den Sexualfunktionen aufbauten, nur allzu bewußt. Das geht mit größter Klarheit aus den Mythen der Griechen hervor. Das Deszendenzsystem der Nachbarvölker ist in diesen Mythen noch gänzlich matrilinear, die Maritalresidenz ist noch matrilokal, aber das Gesellschaftssystem ist bereits ein Klassensystem, es gibt Herrscher und Beherrschte, und das ist der Grund, weshalb den Griechen die Korrumpierung der alten Ordnung mit solchem «Erfolg» gelang. Denn der eigentliche Sinn der matrilinearen, matrilokalen Gesellschaftsordnungen war die quasi-mütterliche Versorgung aller Mitglieder einer Horde oder Sippe, ohne Ansehen dessen, was der einzelne zur Versorgung des Ganzen beitrug. Es war die Gesellschaftsordnung einer Subsistenzökonomie, in der der einzelne verhungert wäre, wenn er nicht von allen anderen ernährt, und in der alle anderen verhungert wären, wenn sie nicht von jedem einzelnen ernährt worden wären. Dieser «Urkommunismus» der Mittelmeerländer und ihres vorderasiatischen Hinterlandes starb aus, als man lernte, die ersten Überschüsse zu erzielen. Das «Mutterrecht» war also eigentlich schon mit der Entdeckung der Vorratswirtschaft zum Aussterben verurteilt, aber es überlebte noch als Deszendenzordnung und Maritalresidenz zu einer Zeit, als der patriarchalische agōn bereits auch in matrilinearen, matrilokalen Gesellschaften zur Regel geworden war.
Danaos veranstaltet ein Wettrennen für die Freier seiner Töchter. Die Anteile des Königreiches werden unter diejenigen verteilt, die das jeweilige Rennen für die ältere oder jüngere Tochter gewinnen. Pelops, Sohn des Königs Tantalos, erwirbt die Herrschaft über Pisa, indem er ein Wagenrennen gewinnt, dessen Preis die Königstochter Hippodameia ist. Sein Sohn Atreus zieht nach Mykene und wird durch Einheirat dessen Herrscher. Menelaos, Sohn des Atreus, wandert nach Sparta aus, heiratet die Tochter des Königs, die berühmte Helena, und erwirbt sich dadurch die Krone des Landes. Da der Reichtum

stets bei der Frau blieb, hatte Paris mehr als einen schönen Frauenleib geraubt, als er Helena nach Troja entführte.
Agamemnon, der Bruder des Menelaos, hatte den Thron von Lakedaimon erworben, indem er die Königstochter Klytaimestra geheiratet hatte. Es mag einen Teil der Entrüstung der Erinnyen erklären, daß sie Agamemnon als Usurpator auffassen und dessen Tötung durch Klytaimestra als berechtigte Sühne empfinden.
Die Männer der Sippe des Aiakos, berichtet der Mythos, «zogen von frühesten Zeiten an in die Fremde» (Pausanias 2, 29, 4). Aiakos selbst lebte in Aigina. Sein Sohn Telamon wanderte nach Salamis aus, heiratete die Tochter des Königs und wurde Herrscher der Insel. Telamons Sohn Teuker wanderte von Salamis nach Zypern aus, heiratete die Tochter des dortigen Herrschers und folgte seinem Schwiegervater auf den Thron. Ein anderer Sohn des Aiakos, Peleos, wanderte nach Thessalien aus, heiratete die Tochter des Herrschers von Phthia und empfing ein Drittel des Königreichs. Achilleus, Sohn des Peleos, zog nach Skyros, heiratete die Tochter des Königs, zeugte mit ihr den Neoptolemos, der seinerseits nach Epeiros auswanderte und das dortige Königsgeschlecht gründete. Ähnlich die Sippe des Oineos, eines aitolischen Herrschers, dessen Sohn Tydeos nach Argos auswandert und die Tochter des Königs ehelicht. Sein Sohn Diomedes zieht nach Daunia in Italien, heiratet die Tochter des dortigen Herrschers und erhält einen Teil seines Reiches. Aber ebensogut wie die Tochter des Herrschers kann der eingewanderte Grieche auch dessen Witwe oder die unverheiratete Königin heiraten und dadurch die Krone erwerben. Aigisthos tat das in Mykene. Oder er kann den König töten und dessen Witwe heiraten, wie Oidipus das tat, aber er kann nie durch Ermordung des Herrschers allein zur Macht kommen, denn dann fiele die Krone an die Königin oder deren Tochter. Erst wenn er eine von beiden heiratet, gewinnt er die Frucht seines Mordes. Solche Fälle finden wir besonders häufig im matrilinearen Lydien, wo Gyges den König Kandaules tötet und durch Ehe mit dessen Witwe König wird. Später tötet Spermos den König Kadys und wird durch Heirat mit dessen Witwe König von Lydien. Auch der für die männerrechtlichen Griechen völlig unverständliche und deshalb als beschämend empfundene Mythos von der Unterwerfung des tapfersten Helden, des unbesiegbaren Herakles, unter die Frauenherrschaft der Königin Omphale von Lydien wird verständlich, wenn wir wissen, daß die Herrschaft über Lydien nur durch Unterwerfung unter deren Herrscherin erreichbar war. Frauen erwarben die Macht, indem sie sie erbten; Männer, indem sie die herrschenden Frauen heirateten. Manipulieren konnten sie die Macht nur, indem sie die Machthaberin manipulierten. Wenn man im Zeitalter der absoluten Monarchie von Bettgäßchenpolitik sprach und damit die Manipulation des Herrschers durch dessen Mätresse meinte, so kann man das gleiche Wort auf einen großen Teil der griechischen Mythologie anwenden und damit ausdrücken, daß «Helden» wie Herakles männliche Mätressen waren, die den Herrscherinnen matrilinearer Staaten durch einschmeichelndes, «weibliches» Verhalten einen Teil der Macht abzuluchsen suchten.
Daß die Frauen der «Heldenzeit» auch bei den Griechen ein weitaus höheres Maß an Macht und Freiheit genossen als im «klassischen» Hellas, geht aus den Mythen hervor, die sich mit den großen Jägerinnen der Heldenzeit befassen: Artemis, Kallisto, Atalante, den Amazonen.
Die Tatsache, daß junge Mädchen sich einst im Wettkampf mit jungen Männern gemessen hatten, was später nur noch in Sparta üblich war, geht besonders deutlich aus dem Atalante-Motiv hervor. Von diesem gibt es zwei Varianten – eine arkadische und eine boiotische. Nach der einen ist Atalante die Tochter des Königs Iasion von Arkadien, nach der anderen die des Königs Schoineos von Boiotien. Nach der arkadischen Fassung wird sie von ihrem Vater, der sich einen Sohn gewünscht hat, nach ihrer Geburt im Wald ausgesetzt und dort von einer Bärin gefunden, genährt und aufgezogen. So lernt sie besser zu jagen und schneller zu laufen als jeder Mann. Sie vermag einen Hirsch zu überholen und mit ihren Händen zu töten. Da sie sich trotz ihrer Aussetzung als legitime Herrscherin von Arkadien fühlt und in dieser Funktion auch später von ihrem Vater anerkannt wird, macht sie es zur Bedingung, daß nur der sie heiraten und König von Arkadien werden dürfe, der sie im Wettlauf besiegt. Weil sie als Resultat des Verhaltens ihres Vaters alle Männer zu hassen begonnen hat, tötet sie jeden Freier, der ihr unterliegt. Einer aber, Hippomenes (oder Meilanion), Sohn des Königs von Megara, überwindet sie mit einer List. Er läßt der Reihe nach drei goldene Äpfel fallen, und jedes Mal, wenn Atalante sich niederbeugt, um die goldene Frucht aufzuheben, gewinnt er weiteren Vorsprung. Im Garten der Göttin Kybele überwältigt er sie und fordert seinen Preis. Zur Strafe für die Verunreinigung ihres Haines verwandelt die Göttin alle beide in Löwen und spannt sie vor ihren Wagen. In der boiotischen Fassung verwundet sie als erste den kalydonischen Eber, den Meleagros dann tötet. Dafür schenkt er ihr das Fell des Tieres, das eigentlich ihm selbst zusteht. Dies ärgert seine Onkel, die Söhne seines Großvaters, derart, daß sie ihm das Fell entreißen. Er tötet sie, und seine Mutter tötet ihn, indem sie ein Scheit anzündet, von dem man sagte, es würde so lange brennen, wie ihr Sohn lebt. Als es ausbrennt, stirbt er.
Die Deutung beider Mythen liegt auf der Hand. Die Arkadier waren keine Griechen, sondern Ureinwohner der Balkanhalbinsel, die sich selbst Autochthonen nannten und von sich sagten, sie hätten noch früher in Arkadien gelebt als selbst die Pelasger, die von den Griechen als «Eingeborene» betrachtet wurden. «Wir sind älter als der Mond», pflegten sie zu sagen. Atalante ist also eine der letzten Vertreterinnen der alten Ordnung. Der Bär ist ihr Totem. Sie tötet die Griechen, die ihr Land erobern wollen. Da sie sich aber trotzdem dem Sieger hingibt, rächt sich Kybele, die alte Muttergöttin, und verwandelt sie in einen Löwen, das heilige Totemtier des Mutterrechts. Ähnlich die boiotische Fassung. Auch hier deuten die Namen der Vorfahren Atalantes an, daß es sich nicht um Boiotier – ein aus Thessalien eingewanderter aiolischer Griechenstamm –, sondern um Mitglieder einer älteren Schicht handelt, möglicherweise um Hektenen oder Hyanten, vielleicht aber auch schon um Minyer oder

Kadmeier. Die Sage beruht also auf dem Machtkampf zwischen jenen griechischen Sippen, die – wie die des Meleager – bereit waren, mit den Ackerbauern zu fraternisieren und deren Frauen zu heiraten, und jenen anderen, die einen Akt der Fraternisierung als Verrat am eigenen Stamm betrachteten.

Eines geht mit Sicherheit aus diesem ganzen Mythenkreis hervor: daß es den Frauen bei den Vorgriechen besser ging als bei den Griechen und daß es den Frauen der Griechen mit jeder Generation schlechter ging als in der vorhergehenden. Ausdrücklich weist Homer darauf hin, daß die Frauen, so zum Beispiel die Königin Arete, zur Zeit des Odysseus höher geschätzt worden waren als in seiner eigenen Zeit. Wiederum hatte die Frau im homerischen Zeitalter weitaus größere Freiheit als im klassischen Hellas. Hekuba, Andromache und all die anderen Trojanerinnen, von Helena ganz zu schweigen, spazieren beliebig durch die Stadt und sprechen ungehindert mit den Kriegern. Das wäre in der Blütezeit Athens undenkbar gewesen. Zwar wurden die Frauen der höheren Schichten bereits bei Homer stets von mindestens einer Dienerin begleitet, aber dies waren keine Tugendwächterinnen wie im späteren Athen, sondern eben nur Mägde. Nausikaa ging sogar allein an den Strand, wo sie badete und Ball spielte. Auch das wäre im Athen des Perikles undenkbar gewesen.

9.

Selbst in ihrer Beziehung zu den Göttern, in ihrem Recht auf den Schutz der Gottheit und auf Teilnahme am Gottesdienst, ging es der Frau bei Homer besser als in den späteren Jahrhunderten. Denn ebenso wie der Triumph des Patriarchats sich im Sieg der «jungen» über die «alten» Götter, der männlichen Gottheiten über die Göttinnen der Mutterkulte widerspiegelte, so setzte der Kult der Vatergötter die Frau immer mehr von der Position der Priesterin in den Laienstand zurück und von der Teilnahme am Gottesdienst zur Mitwirkenden in dienender Stellung. Nicht nur dem Religionswissenschaftler und Mythenforscher, sondern auch dem Laien ist heute der enge Zusammenhang zwischen Mythos und Ritus bewußt. Je mehr die Frau also an Gewicht und Funktion im Ritus verlor, um so schwächer wurde auch ihre Rolle im Mythos.

Während in den bakchischen Orgien die Priorität der Frau beibehalten wurde, trugen die Thesmophorien, die Frauenfeste zu Ehren der Göttin Demeter, bereits den Stempel der Erniedrigung, eben weil sie Frauenfeste waren. Jede Form der Absonderung, sei sie freiwillig oder erzwungen, ist stets ein Verzicht auf gleiches Recht und auf gleiche Wirkung. Indem sie das Herbstfest der Aussaat – das war der ursprüngliche Sinn der Thesmophorien – zu ihrem Geheimkult machten, gaben die Frauen also ihr Recht auf Beeinflussung der Männer im gemeinsamen Gottesdienst auf. In wie hohem Maß allerdings die Segregation vom Mann erzwungen, statt von der Frau erwünscht war, steht noch immer in Zweifel. Außer Zweifel ist jedoch, daß die Ekstase das feminine Element der alten Orgienkulte darstellte und daß die Eindämmung der Ekstase und die Veramtlichung des Dionysoskultes den Triumph des maskulinen über das feminine Element besiegelte.

Auch die Mysterien von Eleusis, eindeutige Überreste der alten Mutterreligion, wurden vom athenischen Staat vereinnahmt und gerieten dadurch unter männliche Kontrolle. Selbst in den Kulten der Sippe und des Geschlechts, den letzten Heiligtümern der Frau, verstand es der athenische Staat, die Frau zurückzudrängen, indem er das Konzept der Familie, also der vom Mann gelenkten Einheit, immer mehr zu Ungunsten der alten Sippen, der von Frauen geleiteten Gesellschaftseinheiten, hervorkehrte.

Aus all diesen Maßnahmen spricht nicht nur der rationale, bewußt auf Mannesmacht hinzielende Anspruch des patriarchalischen Staates, sondern auch dumpfe, weitgehend unbewußte Angst vor den alten Göttinnen und ihrer Rache. Da die Frauen als Inhaberinnen ihrer Kulte betrachtet wurden, lebten die Männer in ständiger, aggressiv verdrängter Panik. Dies führt nun seinerseits zu einer wachsenden Angst, daß die männerrechtlichen Götter zürnen könnten, wenn man den Frauen Zugang zu den Tempeln erlaubte. Die Weigerung, Frauen zu diesem oder jenem Gottesdienst zuzulassen, beruhte also nicht nur auf der rationalen Zielsetzung, die alten Göttinnen durch neue Götter zu ersetzen, sondern auch auf der vagen Furcht, die Frau könne den männerrechtlichen Tempel «verunreinigen». Deshalb wurden weibliche «Ausdünstungen sowohl im rituellen Kult wie auch im Alltagsleben als bedrohend empfunden. Menstrualblut galt als lebensgefährlich. Man sagte ihm nach, daß nahezu alles, was mit ihm in Berührung käme, zum Tod verdammt sei: Bienenstöcke sterben aus, Ameisen laufen davon, Hunde werden toll, Pferde abortieren, die Raute vertrocknet, der Nußbaum verliert seine Nüsse, Gurken und Kürbisse welken, Weinstöcke gehen ein, Setzlinge sterben ab, Gartenpflanzen verdorren, Obst fällt ab, der Most wird sauer, das Leinen schwarz, der Spiegel matt, das Messer stumpf, das Eisen rostig, das Elfenbein braun. Priester und Opferdiener verloren ihre Amtsfähigkeit, wenn sie eine Menstruierende berührten. Von der Wöchnerin glaubte man, sie sei genauso «befleckt» wie jemand, der fremdes Blut vergossen oder einen Leichnam berührt hatte. In Eleusis blieben alle, die sich einer Wöchnerin genähert hatten, so lange von der Teilnahme an den Mysterien ausgeschlossen, bis sie sich einer Reinigung unterzogen hatten. In Hesiods «Werken und Tagen» werden alle Männer davor gewarnt, sich je in demselben Wasser zu waschen, das bereits von einer Frau benutzt worden ist. Aus Inschriften erfahren wir, daß für eine Reihe von Tagen nach der Menstruation und der Entbindung keine Frau einen Tempel betreten durfte – und selbst danach nur, wenn sie sich kultisch gereinigt hatte.

All diese kultischen Tabus führten einerseits zur weiteren Isolierung der Frauen, förderten andererseits aber auch das Überleben der alten Frauenkulte. Denn da die Frauen von immer mehr der einst gemeinsamen Feste ausgeschlossen wurden, mußten sie ihre eigenen Kulte bilden, und das ging nur, indem man an die fast schon verblichenen Erinnerungen der Großen Mutter und ihrer Riten anknüpfte. Eine unvorhergesehene und von den Männern ganz gewiß nicht beabsichtigte Folge war der wachsende Anteil der Mitglieder vorgriechischer Stämme an den Priesterämtern der griechischen Frauenkulte, denn diese autochthonen Frauen erinnerten sich naturgemäß besser an die alten Riten und Bräuche. Als Resultat bildeten sich die alten Kultstätten der vorgriechischen Mutterreligionen – Kithairon, Parnaß, ägäische Inseln – zu den Zentren neuer Frauenkulte um. Ein ähnlicher Prozeß erfolgte in den griechischen Kolonien auf asiatischem Boden, wo die Schreine der alten, vorgriechischen Muttergötter nun zu Tempeln der neuen, griechischen Göttinnen wurden.

Die neuen Frauenfeste fanden, wie die alten, fast nur nachts statt. Männern war der Zutritt verboten. Die Frauen gingen nackt unter Hirsch- oder Rehfellen und trugen ihr Haar gelöst. Fast stets kulminierten die Riten in kultischen Gruppenpaarungen. Die Feste der Demeter, einst gemeinsam von Frauen und Männern gefeiert, verwandelten sich mehr und mehr in segregierte Frauenfeste. Dies geschah unter anderem in Pellene am Peloponnes, in Aigilia und auf der Insel Kos. Entweder war den Männern jeder Zutritt verboten, oder sie mußten sich zeitweilig zurückziehen, oder sie spielten eine den Frauen demonstrativ untergeordnete Rolle. Bei dem Demeterfest in Pellene war nicht nur Männern, sondern auch männlichen Tieren der Zutritt tabuisiert. Verirrte sich ein solches Tier auf den Festplatz, so wurde es von den Frauen rituell geschlachtet.

Einige dieser Feste, zum Beispiel die Oleien in Orchomenos, die Thyiaden in Delphi, die Dionysiaden in Sparta, die Dymainen am Berge Tygetos, die Lenaien in Ionien, vor allem aber die bereits erwähnten Thesmophorien, die Feste der gesetzgebenden Göttinnen, also eigentlich die religiösen Feiern des Mutterrechts, die im Saatmonat in ganz Griechenland stattfanden, gehen nachweislich auf die frühesten Mutterkulte der vorgriechischen Bauern zurück. Herodot, der zu dieser Bevölkerungsschicht gehörte, sagt von den Thesmophorien, sie seien bereits den Pelasgern bekannt gewesen.

Neun Tage vor dem Fest mußten die Teilnehmerinnen sich bereits jeden Verkehrs mit Männern enthalten. Am ersten Tage des Fests fand gegenseitige Geißelung mit Ruten und gleichgeschlechtlicher Verkehr statt. Am zweiten Tage wurde nackt im Meer gebadet, am dritten wurde getanzt. Der vierte Tag war ein Festtag. Der fünfte hieß kalligeneia, «Erzeugung schöner Kinder», und war dem Gedanken der Parthenogenese, der Jungfernzeugung, gewidmet. Bei manchen dieser Feste, zum Beispiel den Skira oder Skiophorien, die man in Skirion (zwischen Athen und Eleusis) zu Ehren der Demeter und Kore kurz vor der Sommersonnenwende feierte, trugen die Frauen Männerkleidung, und diese Tatsache erlaubt uns zum erstenmal einen Einblick in jenes Labyrinth von transvestitischen, transsexuellen, homosexuellen, bisexuellen und hermaphroditischen Riten, die das Kernstück der hellenischen Kultwelt und damit einen signifikanten Niederschlag der griechischen Mythologie darstellen.

10.

Die Zahl der Fragen, die sich hier stellen, ist so groß und das Gebiet ist von einer solchen Kompliziertheit, daß man als erstes versuchen muß, das gewaltige Material formell und inhaltlich in seine Grundelemente zu zerlegen. Formell betrachtet, handelt es sich einerseits um Mythen, Legenden und Sagen, andererseits um Riten, Kulte und Bräuche. Inhaltlich geht es um Doppelgeschlechtlichkeit, Geschlechtswandel, sexuellen Rollentausch, rituelle Homosexualität, kultische Kastration und monosexuelle Fortpflanzung. Die Kultgemeinde erschafft sich Kultsymbole – Wandgemälde, Statuen, Figuren, Reliefs, dekorierte Geräte –, die diese transsexuellen Handlungen darstellen. Sie erfindet transsexuelle Riten, Kulte und Bräuche, die das Leben und die Fruchtbarkeit erhalten und den Feind vernichten sollen.

Es wäre deshalb verfehlt, den Kleidertausch, wie er während so vieler griechischer Frauenfeste stattfand, als Geste der Unterordnung des weiblichen unter das männliche Geschlecht zu deuten. Eher ließe sich schon das Gegenteil behaupten: daß er eine Geste des Protests gegen das männliche Privileg sei, die Kleidung des herrschenden Geschlechts zu tragen. Aber auch dies wäre in einer derart vereinfachten, vom Mythos dissoziierten Form eine Fehldeutung, denn in der Mehrzahl aller historisch überlieferten Fälle war der rituelle Kleidertausch bei den Griechen die Mimese einer mythologischen Tat, die einer Gottheit zugeschrieben wurde und dadurch ihre Sanktion erhielt. Erst göttliche Sanktion gab dem rituellen Akt die regenerative, umweltverändernde Kraft, die von dem Gläubigen angestrebt wurde.

Der Ansicht, daß der Prozeß in umgekehrter Richtung verlaufen sei – daß der Ritus das Primäre und der Mythos das Sekundäre sei –, vermag ich mich nicht anzuschließen, obgleich die strukturelle Anthropologie Beweise erbracht hat, daß ein Ritus, dessen ursprüngliche Bedeutung in Vergessenheit geraten ist, manchmal durch poetische Fehldeutung zu einem Mythologem erweitert werden kann. Nach meiner eigenen Erfahrung unter heutigen mythenbildenden Völkern – vor allem Eskimos und kanadischen Indianern – erfolgt der Vorgang aber meist in der bereits beschriebenen Sequenz:

1) wirkliches Geschehnis
2) mythische Verklärung
3) mimetische Wiederholung der mythischen Handlung als Ritus, Kult oder Brauch.

Wenn das aber so ist, dann stellt sich sofort die Frage, welches denn wohl die wirklichen Geschehnisse gewesen sein mögen, die sich bei den Griechen in einer so erstaunlichen Anzahl transsexueller Mythen und Riten niedergeschlagen haben. Was steckt hinter diesen Sagen und Legenden von Göttern und Göttinnen, Helden und Heldinnen, die sowohl weibliche wie auch männliche Geschlechtsorgane besitzen, die ihr Geschlecht ändern, wie sterbliche Menschen ihre Kleider wechseln, die als Knaben geboren und als Mädchen erzogen oder als Mädchen geboren und als Knaben aufgezogen werden, die sich und andere kastrieren, als ob das der selbstverständlichste Akt der Welt sei, die ohne Hilfe des anderen Geschlechts Nachwuchs hervorbringen oder trotz Verlust der eigenen Genitalien noch immer zeugen und gebären können?

Meine Forschungsresultate weisen eindeutig darauf hin, daß es hier um mythisch verschlüsselte Berichte über die Kämpfe zwischen zwei Gesellschaftsordnungen geht und daß die Verwandlungen, die wir hier vorfinden, die Wandlungen sind, die diese Kämpfe in beiden Gesellschaften hervorgerufen haben. In diesem Sinn spiegelt das «griechische» Pantheon nicht nur die Kämpfe der vorgriechischen Bevölkerungen mit den griechischen Einwanderern, sondern auch den Kampf der Geschlechter wider, und diesen zweiten Kampf mit besonderer Intensität, weil der erste bereits ein Kampf zweier sexuell gegensätzlicher Systeme war – ein Kampf zwischen frauen- und männerrechtlich orientierten Kulten.

11.
Dieses störrische, fast undurchdringliche Gestrüpp von widersprüchlichen Mythen, Riten, Kulten und Bräuchen stellt in seiner scheinbar irrationalen, dem «logischen» Denken völlig zuwiderlaufenden Form zweifellos das am schwierigsten zugängliche Areal der ganzen griechischen Kulturlandschaft dar. Aber eines ist klar: Der gemeinsame Nenner all dieser Mythen und Riten ist der Versuch der siegreichen Griechen, die vorgriechischen Mythen und Riten unschädlich zu machen. Das geschah, indem man überall, wie in der «Oresteia», die neuen Götter über die alten siegen ließ. Im sexuellen Sinn bedeutete es: Man verpaßte jeder der alten agrarischen Göttinnen einen griechischen, der Hirtenkultur entsprungenen Ehemann.
Dies klappte aber nicht immer, da viele der alten Göttinnen bereits eigene Sexualpartner besaßen, die aber natürlich keine Ehepartner waren. Auch die griechischen Vatergötter besaßen meist schon eigene Frauen, so daß sich in das synkretische Pantheon der Olympischen Götter eine Unzahl von Duplikationen und Widersprüchlichkeiten einschlich. Typisches Beispiel: die Ehe der matristischen Hera mit dem patristischen Zeus. Die ursprüngliche Gemahlin des achaiischen Zeus war die achaiische Dione, ein Paar aus der Frühzeit des griechischen Vaterrechts, in dem der Mann deshalb auch dominierte. Die gemeinsame Verehrung des Zeus und der Dione läßt sich in Dodona nachweisen, jenem Gebiet, das nach Aristoteles die Urheimat der Achaier oder zumindest jener Ort war, wo sie zum erstenmal seßhaft wurden.
Hera – He Era, die Erdgöttin – dagegen stammt aus Kreta und erreicht das Festland auf dem Umweg über die kretische Kolonie Mykene. Ihr eigentlicher Sexualpartner ist Herakles, aber da dies keine Ehe im griechischen Sinn, sondern eine Partnerschaft nach matrilinearer Sippenordnung war, stammen Heras Kinder nicht von Herakles, sondern ausschließlich von ihr und ihrer Sippe ab. Herakles war mit seinen Kindern nicht blutsverwandt, da er zur Sippe seiner eigenen Mutter gehörte, also nach matrilokaler Praxis nur Gast im Heim seiner Frau und Kinder war. Mit dieser ihnen völlig fremden Logik wurden die Griechen nicht fertig und verwandelten Hera deshalb in die Gemahlin des Zeus, während Herakles zum frauenfeindlichen Beschützer des Männerrechts wurde.
Was also die Anpassung der patrilinearen griechischen Göttergeschlechter an die matrilinearen Göttersippen der Vorgriechen besonders schwer machte, war die Tatsache, daß die vorgriechische Urmutter einer jeden matrilinearen Göttersippe keinen Gemahl besaß, da der Stammbaum ja sonst mit zwei Göttern, statt mit einer einzigen Muttergöttin begonnen hätte.
Eben deshalb wurden die alten Muttergöttinnen der mediterranen und kleinasiatischen Ackerbaustämme stets als selbstbefruchtend dargestellt. Fast immer beginnt der Stammbaum ihrer Nachkommen mit einem parthenogenetisch von ihr gezeugten Sohn, den sie dann zum Liebhaber nimmt, um mit ihm den Rest des matrilinearen Pantheons zu zeugen.
Die griechischen Erdgöttinnen – Gaia, Rhea, Demeter, Kore – waren Adoptionen und Synkresen dieser vorgriechischen Erdmütter. Auch Hera war ihrer Herkunft nach eine kleinasiatische Muttergöttin, die Kreta im Lauf des dritten vorchristlichen Jahrtausends erreicht hatte. In der frühgriechischen Theogonie des Hesiod ist sie noch selbstzeugend und selbstbefruchtend: Ihre Söhne Hephaistos und Typhon sind ohne Mitwirkung eines Vaters entstanden. Die Griechen nannten eine solche Mutter geneteira, «Zeugerin», und bezeichneten ihre Kinder als parthenopaioi, «Jungfernsprößlinge».
Solche parthenopaioi waren die mythischen Gründer des vorgriechischen Athen – Kekrops, Erichthonios und Erechtheos. Wenn wir von Erichthonios hören, er sei «autochthon», «erdgeboren», weil der Same seines Vaters auf die Erde gefallen sei und er deshalb eigentlich von Gaia, der Erdgöttin, abstamme, so hat das zweifache Bedeutung. Erstens sagt es aus, daß er zu der eingeborenen Urbevölkerung Attikas gehört, also vorgriechischen Ursprungs ist; zweitens, daß er zu den chthonischen Helden gehört, zu jenen Halbgöttern der alten Mutterreligion, die ihre Kraft aus der mütterlichen Erde ziehen; entfernt man sie von der Erde, so verlieren sie die Kraft. Deshalb können sie nur getötet werden, wenn man sie in die Luft hebt, sie also von ihrer Mutter, der Erde, trennt. Dies steht in drastischem Widerspruch zu den Olympischen Göttern und Helden, die ihre Kraft aus dem Himmel erhalten und zum Tod verdammt sind, wenn sie zu lange in der Unterwelt bleiben . Chthonische Helden waren auch Kekrops, erster «König» von Athen, und Erechtheos, Sohn des Erichthonios, an dem wir ganz besonders deutlich die nachträglichen Zutaten der griechischen Mythenschöpfer erkennen können. Denn wenn Erechtheos, wie sein «Vater», erdgeboren ist, dann ist er ein von der Erdmutter gezeugtes Wesen und kann deshalb überhaupt keinen Vater haben.
Das gleiche gilt für Kekrops, der von der Hüfte abwärts schlangenförmig war, also von jenem Tier abstammte, das der Erde am nächsten ist. Jeder einzelne dieser vorgriechischen Helden steht für eine ganze Sippe matrilinearer, matrilokaler Stammeshäuptlinge, die ihre Geburt ausschließlich von ihrer Mutter ableiten und deshalb in der Mythologie als «vaterlos» gelten. Es war nun die Aufgabe der vaterrechtlichen Griechen, Geburt und Stammbaum eines jeden dieser Helden so abzuändern, daß man ihm einen Vater gab und den Status der Mutter so reduzierte, daß sie keine Gefahr mehr darstellte.
Dies geschah meist durch die direkte Umkehr des Gedankens der vaterlosen Zeugung in den einer mutterlosen Geburt. Auch Athene, die wir in der Oresteia als mutterlose, jungfräuliche Tochter des Zeus kennengelernt haben, war ursprünglich weder jungfräulich noch mutterlos noch Tochter des Göttervaters Zeus, sondern die vaterlose, parthenogenetisch von ihrer Mutter gezeugte Mutter der Erechthiden, der Nachkommen des Erechtheos, und

dieses Geschlecht wird in vorgriechischer Zeit stets als matrilinear und matrilokal beschrieben. Wenn wir die vaterrechtliche Geschichtsklitterung untersuchen, daß Erechtheos (in anderen Fassungen Erichthonios) mutterlos aus dem Samen des Hephaistos entsprungen sei, und dann erfahren, daß der Same aus dem Körper der Athene geflossen sei, nachdem Hephaistos sie erfolglos zu vergewaltigen versucht habe, so weiß jeder, der das Repertoire der hellenischen Mythenbildung kennt, daß Athene einst als Mutter des Erechtheos (oder des Erichthonios) galt und daß Hephaistos und sein selbständig gebärender Same nachträglich Tarnungen einer einst matrilinearen Göttersippe sind.

Ähnliche Versuche, eine matrilineare Genealogie nachträglich in eine patrilineare zu verwandeln, finden wir in der Sippengeschichte der Aphrodite, einer vorgriechischen Fruchtbarkeitsgöttin kleinasiatischen Ursprungs, die bereits vor der Einwanderung der Griechen über die Insel Zypern das griechische Festland erreicht hatte. Versuchen wir, den Symbolismus ihrer Geburt aus dem Meer zu deuten, so stoßen wir sofort auf unverkennbar frauenrechtliche Elemente. Ihr Totem ist die Kammuschel, deren griechischer Name kteis auf den Kult der Fruchtbarkeit weiblicher Geschlechtsorgane hinweist. Aphrodite, die aus der Muschel entstandene, ist die vaterlos aus dem Schoß der Mutter Geborene. Das Meer ist das Fruchtwasser, die Muschel ist der Schoß, einen Vater gibt es nicht. Eben das war aber für die Griechen unerträglich, und so definierten sie den «Schaum», aus dem die Göttin geboren war, als das Sperma der Vatergötter Uranos und Zeus. Den Beinamen der Göttin, anadyomene, «die Aufsteigende», identifiziert sie mit dem (aus dem Meer) aufsteigenden Penis, mit der Erektion des Mannes, und verwandelt sie so aus einer vaterlosen Göttin des Mutterrechts in eine mutterlose Göttin des Vaterrechts. Noch vor wenigen Jahren habe ich im heutigen, noch immer vaterrechtlichen Griechenland die Variante gehört, daß die Göttin niemals eine leibliche Geburt aus dem Schoß einer Frau erfahren habe, da Zeus sie nicht durch Kopulation mit ihrer Mutter Dione, sondern durch Handauflegen gezeugt habe. Wenn Zeus, der Gottvater der Griechen, Götter zeugt, so tut er dies erstaunlich oft in der oben beschriebenen asexuellen Form. Aus seinem Kopf zeugt er die Pallas Athene, aus seinem Schenkel den Dionysos, der in der vorgriechischen Mythologie vaterloser Sohn der phrygischen Mondgöttin Zemelo (griechisch: Semele) gewesen war. Bei den Griechen dagegen hat Semele eine «Frühgeburt», die von Zeus am Leben gehalten wird, indem er sie in seinen Schenkel einnäht. Aus diesem Schenkel wird dann prompt drei Monate später der vaterrechtliche Dionysos, vom Weib unbefleckt, «geboren».

Wie Aphrodite ohne Mitwirkung einer fleischlichen Mutter aus dem Samen des Vatergottes entsprang, so entstand auch Agdistis – bei den Vorgriechen der vaterlos gezeugte Sohn und Liebhaber der Muttergöttin Kybele – nach griechischer Mythologie mutterlos aus einer nächtlichen Pollution des Zeus. Diese Versuche, das Geburtsmonopol der Frau mythisch zu durchbrechen, haben sich natürlich auch im Kult und Ritus niedergeschlagen. In Amathus auf Zypern legten sich die Männer beim Ariadnefest ins Wochenbett und gebaren mit Wehen einen Stein. Im Gegensatz zu der üblichen Deutung, daß dies eine Unterordnung des Mannes unter die Frau symbolisiere (oder eine mimetische Hilfestellung bei der Geburt darstelle), glaube ich, daß es den Anspruch des Mannes an der Erzeugung von Nachkommen geltend macht, also eine vaterrechtliche Widerstandsgeste gegen die anatomischen Privilegien der Frau ist. Die anderen, von Paion aus Amouthus, Plutarch, Diodor, Strabon und Apollonios Rhodios erwähnten Formen der antiken Couvade weisen auf die gleiche Deutung hin.

Und wie die Menschen, so die Götter. Bei den Orphikern erzeugt Zeus aus sich selbst heraus eine ganze Göttergeneration. Viele orphische Götter, unter ihnen Antauges, Erikepaios, Phaeton, Phanes und Protogonos, besitzen einen Penis über den Hinterbacken und können sich selbst durch Emission ihres Samens in ihren eigenen Anus befruchten.

12.

Das bringt uns zum Thema der doppelgeschlechtigen Götter und Göttinnen, die entweder die Organe beider Geschlechter besitzen oder sich abwechselnd als Frau und Mann betätigen können. Hier kommen zwei sehr verschiedene Traditionen der Mythenbildung zusammen. Wird die doppelgeschlechtige Gottheit grundsätzlich als Mann betrachtet, so ist sie meist eine Erfindung des Vaterrechts und dient der Entmachtung der Frau. Da sie sowohl imprägnieren wie empfangen, sowohl zeugen wie gebären kann, entmachtet sie die Mutter, die bis dahin das einzige Wesen war, das Menschen gebären konnte. Gilt sie aber als grundsätzlich weiblich, so stammt sie meist aus einer früheren Epoche der Mythenbildung und diente einst den Fruchbarkeitskulten der Hackbauern, die der Großen Mutter die Fähigkeit zusprachen, aus sich selbst heraus Leben zu erzeugen. Das aber implizierte die Existenz männlicher Organe im weiblichen Körper. Zu diesem sehr alten Konzept gehört das Bild der doppelgeschlechtigen Aphrodite, das auf Zypern und dem der Insel nächstgelegenen Südzipfel Kleinasiens (Pamphylien) als bärtige Frau verehrt wurde. Auch Hebe, im späteren griechischen Mythos die Frau des bisexuellen Herakles, muß ursprünglich bisexuell gewesen sein, um mit ihrem Gatten manchmal als Frau, manchmal aber auch als Mann verkehren zu können. Das spiegelt sich bereits in ihrem Namen wider, der im Altgriechischen sowohl das weibliche wie auch das männliche Genital bezeichnete.

Eine Anzahl vorgriechischer Göttinnen des selbstzeugenden, doppelgeschlechtigen Urtyps sind von jenen als Mysterienkulte gebildeten Mischreligionen des Mittelmeerbeckens erhalten worden, die altes kleinasiatisches Sagengut mit griechischen Mythen verschmolzen haben. Dort erscheinen Adrasteia (Amme des Zeus), Metis (Mutter des Zeus) und Mise (Mutter des Dionysos) als androgyne, doppelgeschlechtige Wesen. Alle drei sind Varianten der kleinasiatischen selbstbefruchtenden Urmutter. Adrasteia war ursprünglich der Beiname der Großen Göttin von Kyzikos, weil Adrastos, eponymer Herrscher von Adrasteia, ihr dort ein Heiligtum errichtet hatte. Die Griechen identifizierten sie einerseits mit der Nemesis und führten ihren Namen auf ihre Unentrinnbarkeit (a-dranai) zurück, andererseits aber auch mit der Rheia Adrasteia, die in der Nähe des troischen Ida verehrt wurde, und spalteten diese deshalb in die Nymphen Ida und Adrasteia auf, die Töchter des kretischen Königs Melisseos, die den Zeus aufgezogen hatten.

Metis (ihr Name bedeutet «Verstand», «Klugheit», «Einsicht», «Ratschluß»), die klügste der Titanen, jener Erzfeinde der griechischen Götter, war nach Hesiod die erste Gattin des Zeus. Er verschlang sie, als sie zum erstenmal schwanger war, weil er gewarnt worden war, ihre Nachkommenschaft werde ihn kastrieren und entthronen, wie er selbst den Kronos und wie der Kronos den Uranos kastriert und entthront hatte. Statt Metis zu erlauben, sein Kind auszutragen, gebar er es deshalb «aus seinem Haupt». Jane E. Harrison nennt die Geschichte dieser unbefleckten Empfängnis «einen verzweifelten theologischen Ausweg, sie von ihrer matriarchalischen Grundlage zu befreien».

Mise galt bei den Orphikern als Tochter der ägyptischen Isis (Hesychios, «Orph. Hym.» 42), aber aus Herondas 1,56 entnehme ich, daß ihr Kult, Kathodos («hinabgehen», «hinabsteigen», «Weg in die Unterwelt»), chthonischer Natur war und daß sie nicht aus Ägypten, sondern aus Kleinasien nach Griechenland gekommen war. Es ist von Bedeutung, daß sie – genau wie Adrasteia, Metis und Selene – von den Orphikern als doppelgeschlechtiges Wesen mit voll ausgebildeter und am normalen Platz situierter Scheide dargestellt wird (ihr Penis sitzt da, wo beim Fötus der später absterbende Schwanz wächst), während die Griechen ihre hermaphroditischen Götter fast ausnahmslos als Wesen mit normalem Penis und normalen Frauenbrüsten, aber ohne weibliche Scheide darstellten, sie also als gebärunfähig betrachteten.

Die bekannteste Gottheit dieses Typus ist natürlich Hermaphroditos, nach dem wir bis zum heutigen Tag bestimmte Zwitter benennen. Aber Hermaphroditos war eine späte Prägung der griechischen Stadtkultur. Ihm war eine ansehnliche Zahl früherer Götter und Helden mit doppelter Geschlechtigkeit vorangegangen. Wir finden ihn nicht vor dem 5. vorchristlichen Jahrhundert, und selbst dann nur in bestimmten Regionen, vor allem in Halikarnassos, einer karischen Stadt in Südwestkleinasien, im attischen Gau Alopeke und in Athen. Die Tatsache, daß wir ihn zuerst in Kleinasien entdecken, deutet auf mutterrechtliche Wurzeln, also eher auf eine selbstbefruchtende Frau als auf einen gebärunfähigen Mann. Die Griechen dagegen stellten ihn als einen «normalen» Gott dar, Sohn des Hermes und der Aphrodite, der in Kleinasien nach einem sexuell stimulierenden Jungbrunnen gesucht hatte. In Halikarnassos habe er ihn gefunden, sei aber von der Hüterin des Quells, der Nymphe Salmakis, ins Wasser hinabgezogen worden, wo ihr Körper mit dem seinen zu einem doppelgeschlechtigen Körper verschmolzen sei. Deshalb nannten die Griechen solche Zwitter auch «Salmakiden».

Die Legende von der Hexe, die den Helden entweder ins Wasser zieht (also tötet) oder in eine Frau verwandelt (also kastriert), taucht in allen männerrechtlichen Gesellschaften als Angst vor der gezahnten Vagina, der tötenden, kastrierenden, schwächenden, entmannenden Frau auf. Die Griechen versuchten sich von solchen Obsessionen zu befreien, indem sie dem Hermaphroditos göttlichen Status und verdoppelte Potenz (Tatkraft) zuschrieben. Diodor (4, 6) sagt: «Einige glauben, es (Hermaphroditos) sei ein göttliches Wesen, das zu gewissen Zeiten unter den Menschen erscheine und, was seinen Körper anlangt, halb als Mann, halb als Frau geboren werde. Die Schönheit und Zartheit des weiblichen Körpers verbinde sich mit männlicher Würde und doppelter Tatkraft.»

Die griechische Legende vom doppelgeschlechtigen Hermaphroditos geht wahrscheinlich auf einen thrakischen Mythos vom doppelgeschlechtigen Dionysos zurück. Denn dieser oft in Frauenkleidung auftretende Gott ist in Wahrheit eine Frau, und zwar eine jener sehr alten Vegetationsgottheiten, die das Prinzip der Fruchtbarkeit im jahreszeitlichen Inzest der Mutter mit ihrem Sohn darstellen. Wir finden drei weitere solche Gottheiten in den attischen Hermaphroditen Konisalos, Orthanes und Tychon, die sowohl ithyphallisch wie auch ithymammal, also mit erigiertem Penis und erigierten weiblichen Brustwarzen, dargestellt werden (Strabon 13, 588).

Wie entstanden diese Synkresen? Sie bildeten sich nicht nur deshalb heraus, weil die Griechen das Deszendenzsystem der Ackerbauern durch eines der Wanderhirten ersetzten, sondern auch weil sich die Hirtenkultur, wie wir gesehen haben, nach einer Weile als völlig unfähig erwies, die Griechen auf der Balkanhalbinsel zu ernähren. Erst als die Griechen ihre charakteristische, auf Stadtstaaten aufgebaute Handelsökonomie entwickelten, gelang ihnen auch der Durchbruch zu einem urbanen Pantheon. Eine der mythischen Aufgaben der poleis, der vaterrechtlichen Stadtstaaten, bestand also darin, den für die Ackerbauern charakteristischen Dualismus von erwachender und sterbender Natur durch die städtische Synthese eines permanent laufenden olympischen Systems frei von jahreszeitlichen Schwankungen zu ersetzen. So wurden die alten dualistischen Figuren, Mutter und Sohn, Geliebte und Geliebter, in eine einzige Figur verschmolzen: Bakchos Pseudanor, den doppelgeschlechtigen Dionysos, ein Zwitterwesen mit strotzendem Penis und gewaltigen Frauenbrüsten, eine für beide Geschlechter annehmbare Fruchtbarkeitsgottheit, die in Rivalität zu den alten Muttergöttern stand und sie ersetzen sollte.

Wie Dionysos sind auch die Fruchtbarkeitsgötter Pan, Phales und Priapos, die «männlichsten» der phallischen Götter Griechenlands, Synkresen zwischen alten agrarischen Muttergottheiten und den neuen Hirtengöttern der Griechen. Die Tatsache, auf die wir zurückkommen werden, daß gerade diese «männlichsten» der phallischen Götter oft anal miteinander koitieren, von ihren Begleitern, den Satyrn, anal koitiert werden oder mit diesen koitieren, enthüllt ihre weibliche Vergangenheit.

Auch Eros, der Gott der Liebe, von den später erfundenen Eroten ganz zu schweigen, wird von den Griechen in vielen Schriften und Statuen als androgyne, halbweibliche Gottheit dargestellt und offenbart dadurch seine Funktion als Kompromißlösung eines Dilemmas, dem sich die Griechen nur entziehen konnten, indem sie das Geschlecht ihrer Götter dem

Geschlecht der Muttergottheiten zumindest halbwegs anpaßten.
Selbst Zeus, der Vater der olympischen Götter, muß deshalb von Zeit zu Zeit als Frau dienen und gilt in manchen örtlichen Kulten als doppelgeschlechtig, und zwar gerade dort, wo die alten matristischen Kulte am intensivsten weiterleben – in Lykien, Lydien, Phrygien und Karien. In Karien stellte man ihn als bärtigen Mann mit Frauenbrüsten dar. In Labranda, nahe der karischen Hauptstadt Mylassa, wo man ihn als Frau anbetete, war er kahlköpfig und besaß vier Frauenbrüste. Die Orphiker, die als letzte Religionsstifter Griechenlands eine Synthese zwischen den alten Agrarmythen und der neuen Kultwelt der Städte anstrebten, beschreiben Zeus stets als androgyn: «Zeus ist männlich, Zeus ist die unsterbliche Frau!» Ein anderer der orphischen Hymnen nennt ihn Metropater, «Muttervater».
Wir haben bei der Betrachtung der selbstbefruchtenden Götter des orphischen Pantheons bereits darauf hingewiesen, daß es die weiblich-doppelgeschlechtigen mit Scheide und Penis, die männlich-doppelgeschlechtigen mit einem über dem Anus gelegenen Penis darstellt, so daß beide Geschlechter sich selbst begatten können. Dies trifft nicht nur auf die spezifisch orphischen Götter zu – auf Antauges, Erikepaios, Eubuleos, Phaeton, Phanes und Protogonos –, sondern auch auf jene, die dem griechischen Pantheon entlehnt worden sind, zum Beispiel Adonis, Chronos, Dionysos, Zeus. Daß der orphische Chronos sich mit der orphischen Adrasteia paart, macht sie keineswegs zu einem «normalen» heterosexuellen Paar, denn beide können sich sowohl als Frau wie als Mann betätigen.
Teile des orphischen Mythos, die sich schon gegen Ende des 7. vorchristlichen Jahrhunderts in den Hieroilogoi, den «Heiligen Reden», niedergeschlagen hatten, sind nicht ohne Einfluß auf Denker wie Platon und Epikur geblieben und haben vor allem deren Bild vom doppelgeschlechtigen Urmenschen bestimmt. Im «Symposium» läßt Platon den Aristophanes auftreten und legt ihm eine eindeutig orphische Rede in den Mund. Der Urmensch, argumentiert Aristophanes, habe vier Arme, vier Beine, zwei Köpfe und zwei Geschlechtsteile besessen und sei den Göttern so gefährlich vorgekommen, daß Zeus ihn zerschnitten habe, um ihn zu schwächen:
«Als nun so ihre Körper in zwei Teile zerschnitten waren, da trat jede Hälfte mit sehnsüchtigem Verlangen an ihre andere Hälfte heran, und sie schlangen die Arme umeinander und hielten sich umfaßt, voller Begierde, wieder zusammenzuwachsen. Und so starben sie vor Hunger und Vernachlässigung ihrer sonstigen Bedürfnisse, da sie nichts getrennt voneinander tun wollten... Seit so langer Zeit ist demnach die Liebe zueinander den Menschen eingeboren und sucht die alte Natur zurückzuführen und aus zweien eins zu machen und die menschliche Schwäche zu heilen. Jeder von uns ist demnach nur die Hälfte eines Menschen, weil wir zerschnitten sind... Daher sucht denn jeder beständig seine andere Hälfte.»
Ähnlich nahm auch Epikur an, daß vor der Erschaffung des heterosexuellen Menschen bereits eine Art Urmensch bestanden habe, der bisexuell gewesen sei. Diese Vermutung hat sich bestätigt, und zwar in der Erkenntnis der bisexuellen Natur des Fötus während der ersten sieben Schwangerschaftswochen. Was bei dem platonischen mehr als bei dem epikureischen Bild des Urmenschen ins Auge springt, ist die enge Verknüpfung der Doppelgeschlechtigkeit mit der Homosexualität. Denn Platon konzipiert seinen Urmenschen vor der Spaltung entweder als männlich oder als weiblich. Der gespaltene Mann strebt also lebenslang zum Mann, die gespaltene Frau zur Frau, und nur jene Menschen, deren Vorfahren doppelgeschlechtig gewesen seien, hätten je Sehnsucht nach dem anderen Geschlecht. Dies ist eine Logik von so gewaltiger Bedeutung, daß wir sie auf ihre Ursprünge hin untersuchen müssen.

13.
Die Griechen kamen, wie wir gesehen haben, als Eroberer nach «Griechenland». Die ersten Schübe der Achaier, Aioler und Ioner kamen ohne Frauen ihres eigenen Volkes. Sie vergewaltigten und versklavten die Frauen der Ackerbauvölker. Ihr Bild der Frau wurde geformt vom Bild der Vergewaltigten und Versklavten. Aggression paarte sich mit Lust, Lust mit Verachtung, Verachtung mit Scham, Scham mit schlechtem Gewissen, schlechtes Gewissen mit neuer Aggression. Da der Grieche die Frau für grundsätzlich minderwertig hielt, gab er ihr keine Erziehung. Da sie keine Erziehung besaß, betrachtete er sie als minderwertig. Sie war Dienstmädchen und Gebärmaschine, aber niemals ebenbürtige Partnerin – schon deshalb nicht, weil sie außerhalb des Haushalts nichts Gemeinsames mit ihm hatte. Er konnte sich mit ihr über nichts unterhalten – über nichts, das ihm wichtig und bedeutsam schien.
Die einzigen Frauen, mit denen er vor und nach dem Koitus ein intelligentes Gespräch führen konnte, waren die Hetären. Die aber mußten bezahlt werden und ließen ihn fühlen, daß sie alles nur des Geldes halber taten.
Wollte er einen intelligenten, gebildeten Sexualpartner finden, den er nicht zu bezahlen brauchte, so blieb ihm nur einer seines eigenen Geschlechts übrig. So wurde Homosexualität zwar nicht zur einzigen, aber zur einzig «intelligenten» Form des Geschlechtsverkehrs heterosexueller Männer. Von einer Homosexualität im Sinn einer ausschließlichen, lebenslangen Fixierung auf Männer können wir nur bei wenigen Griechen sprechen. Die überwältigende Mehrheit der Männer der herrschenden Klasse hatte aber neben dem Verkehr mit ihren Frauen und Hetären auch gelegentlichen Geschlechtsverkehr mit Knaben. Wieso mit Knaben und nicht mit Männern? Weil die Jahrhunderte des frauenlosen Wanderhirtenlebens zu einer Fixierung des Mannes auf den Jugendlichen geführt hatten. Sobald die Knaben der frühgriechischen Nomadenstämme stark genug waren, um die Herden zu hüten, verließen sie das Winterlager der Frauen und Kinder, der Alten und Kranken, und zogen mit den Männern auf die Weide. Als der lange Marsch aus der Steppe begann, blieben nur die Jüngsten und Stärksten am Leben. Mit ihnen paarten sich die Männer, und deshalb blieb der Körper des kräftigen Jünglings noch viele Generationen später der Schlüsselreiz, der die Libido des Mannes stimulierte. Doch änderte sich das Idealbild in den Jahren der Seßhaftigkeit und der

Verstädterung. Der Typus des geliebten Knaben verlor an Muskelkraft, er wurde «weiblicher», lieblicher, verklärter. Er stellte nicht mehr das Bild eines wirklich existenten Jünglings, sondern einer hermaphroditischen Wunschfigur dar.
Man kann das mit frappanter Deutlichkeit an den griechischen Statuen verfolgen.
In den zwanziger Jahren unseres Jahrhunderts hat der anatomisch geschulte Kunsthistoriker Paul Richer begonnen, die Statuen der hellenischen Götter und Helden zu vermessen, und ist bereits damals zu der Erkenntnis gelangt, daß die griechischen Bildhauer entweder systematisch auf eine Norm hingearbeitet haben, die genau zwischen Mann und Frau liegt, oder Körperteile, die bei Mann und Frau verschieden ausgebildet sind (wie Schultern, Taille, Leisten, Hals, Gesäß), systematisch von einem anderen als dem dargestellten Geschlecht entlehnt haben, um jenen subtilen Eindruck der sexuellen Ambiguität zu vermitteln, der das wichtigste Kennzeichen der griechischen Kunst ist.[8]
In neuerer Zeit hat die griechische Regierung eine zweite Reihe von Vermessungen griechischer Götter- und Heldenstatuen unter der Leitung der Professoren Nicholas Platon (Akropolis-Museum), Barbara Philippaki (Nationalmuseum) und M. Papamiltiades (Anatomisches Institut der Universität Athen) vornehmen lassen.
Die Beobachtungen richteten sich auf zwei «typisch männliche» Kennzeichen:
(a) größere Schulter- als Beckenbreite;
(b) größere Bein- als Oberkörperlänge.
Die Resultate zeigten in der Zeit vom zweiten Fünftel des 6. Jahrhunderts bis zum letzten Jahrzehnt des 4. Jahrhunderts eine fortschreitende Beckenverbreiterung gegenüber der Schulterbreite und eine Verkürzung der Beinlänge gegenüber der Oberlänge:
6. Jahrhundert:
Becken 60, Schulter 76, Unterlänge 52,4, Oberlänge 58,5
5. Jahrhundert:
Becken 77, Schulter 80, Unterlänge 57,7, Oberlänge 69,7
4. Jahrhundert:
Becken 75, Schulter 85, Unterlänge 58,7, Oberlänge 58,7

Mit der Wende vom 5. zum 4. Jahrhundert springt das Verhältnis der Beckenbreite zur Schulterbreite sogar über das der knidischen Aphrodite hinaus. Das heißt: der Körper des Jünglings wird weiblicher als der Frauenkörper des vorhergehenden Jahrhunderts dargestellt. Auch tritt eine Änderung in der Form des Beckens auf. Der Weichenwulst springt weniger stark nach der Mitte zu, und die Beckenlinie beginnt ohne scharfe Grenzen in die Leistenlinie überzugehen. Dies sind genau jene Charakteristika, die manche Knaben mit fast allen Frauen gemein haben. Beim erwachsenen Manne treten sie nur in effeminierten Individuen auf. Wenn der griechische Bildhauer nun erwachsene Götter und Helden in dieser gynaikomorphen Form darstellt, dann muß das nicht notwendigerweise, wie einige Sexualwissenschaftler vermuten wollten, heißen, daß der Künstler homophil sei und seinen individuell bevorzugten Sexualtyp porträtiert, sondern es bedeutet, daß die ganze Gesellschaftsordnung der Griechen in diesen Jahrhunderten fortschreitend gynandrisiert wurde.
Ein weiteres Kennzeichen dieser Entwicklung ist die wachsende Betonung der sekundären weiblichen Geschlechtsmerkmale in den Statuen männlicher Götter und Helden. Die Hüften schwellen an, die Köpfe und Füße werden zierlicher. Schon bei den Männerstatuen des Praxiteles finden wir weiblich breite Hüften, weiblich kleine Füße und weiblich zierliche Schädel. Bei Lysippos werden diese femininen Aspekte noch weiter herausgearbeitet.
Von dem Apollon Sauroktonos des Praxiteles sagt der englische Kunsthistoriker Sir Kenneth Clark, er sei «zu einem Knaben mit weiblicher Zartheit herabgewandelt», und vom Hermes des gleichen Künstlers schreibt er: «Der überwältigende Eindruck aber ist der von Anmut und zarter Süße, was wohl durch den flüssigen Entwurf wie durch eine beinahe übertriebene (im englischen Original «morbid»; korrekter übersetzt: «pathologische») Feinheit der Ausarbeitung erreicht wird.»[9]
Auf den rotfigurigen Vasen, auf denen die weiße Farbe bis dahin ausschließlich zur Darstellung des weiblichen Geschlechts gedient hatte, tauchen nun androgyn gemalte weiße Götterfiguren auf, zum Beispiel Bilder eines gynaikomorphen Gottes Eros, die man aus diesem Grund bis vor kurzem fälschlich für «Siegesgöttinnen» gehalten hat. Die Herausarbeitung der göttlichen Glutäen hatte zweifellos etwas mit der Vorstellung zu tun, daß die edelsten der Götter auch der «edelsten» Form des Geschlechtsverkehrs huldigen müssen: dem Analkoitus. Dies geht aus einer unendlichen Vielfalt von Sagen, Mythen und poetischen Darstellungen hervor. So erzählt Philippos, daß ein Sterblicher, der am Verhungern war und Priapos mit einem Korb voller Feigen erblickte, den Gott gebeten habe, ihm etwas zu essen zu geben. Der Gott habe geantwortet: «Nimm und gib!» Darauf der Sterbliche: «Was, du Gott verlangst Geld?» «Nein», antwortete Priapos, «nicht Geld, sondern deine eigene Feige!» Womit im umgangssprachlichen Griechisch der Anus des Sterblichen gemeint war.
Der Spitzname des Dionysos war glutes, «Glutäer», wegen seiner analerotischen Neigung. Auf der berühmten Phineusschale, einst in Würzburg, kehrt Silen dem Dionysos, sich über die Schulter nach ihm umblickend, sein üppiges Hinterteil herausfordernd zu. Ein charakteristisches Abenteuer hatte Dionysos mit Prosymnos, der ihm versprach, ihm die Geheimnisse der Unterwelt zu zeigen, wenn er sich ihm später anal zur Verfügung stelle. Der Gott stimmte zu. Als er aber aus der Unterwelt zurückkam, fand er Prosymnos tot vor. Darauf schnitzte er sich ein künstliches Glied nach den Maßen des Gliedes seines toten Freundes und führte es in seinen eigenen After ein. Die Griechen betrachteten diese Tat als ein Hohelied der Freundestreue und trugen deshalb bei allen Dionysosfesten hölzerne Phallen zu Ehren des Freundespaares herum.
Daß Zeus, Vorbild der Götter, den Knaben Ganymed raubte, weil sein Hintern ihn so bezauberte, ist bekannt. Weniger bekannt ist jene Stelle bei Dioskorides, wo dieser berichtet, daß Eros, um Zeus von Ganymed hinwegzulocken, dem Knaben Sosarchos eigenhändig aus Milch und Männermark einen Hintern von so unwiderstehlicher Schönheit geformt habe, daß Zeus den Ganymed an dessen Vater zurückgab.
Und wie die Götter, so die Halbgötter und

die geringeren Geschöpfe. Der Spitzname des Herakles war melampygos, «Schwarzarsch». Als die Kerkopen, obszöne Zwergfiguren der griechischen Mythologie, ihn eines Tages im Schlaf zu berauben suchten, ergriff der Held sie, band sie zusammen und warf das Band über seine Schulter, so daß die auf Hüfthöhe baumelnden Zwerge Zeit und Muße hatten, seine gewaltigen, schwarz behaarten Gesäßbacken zu bewundern. Ihre Betrachtungen über dieses Thema gehören zu den beliebtesten Motiven der griechischen Literatur.

Die griechischen Mythen vom Ursprung des Analverkehrs, der Päderastie und der Homosexualität sind äußerst widersprüchlich, reflektieren aber auch sehr deutlich die unterschiedlichen sozialen Standpunkte der Autoren, die sich zu diesem Thema geäußert haben. Aristoteles, der für alles rationale Erklärungen suchte, kam prompt zu der Folgerung, gleichgeschlechtlicher Verkehr müsse auf einer Insel entstanden sein, um dort drohende Überbevölkerung zu verhindern. Er meinte deshalb, König Minos habe ihn in Kreta offiziell angeordnet, und von dort hätten die Griechen ihn übernommen. Ephoros berichtet dagegen in seinem von Strabon zitierten Geschichtswerk, daß die Dorer nach ihrer Eroberung Kretas im 11. Jahrhundert vor unserer Zeitrechnung die Sitte dort eingeführt hätten. Zu ihrer Rechtfertigung hätten sie allerdings später angegeben, Minos habe die Variante des Knabenraubs erfunden.

Plutarch lehnt dies ab und nennt Archias als Erfinder des Knabenraubes: «Aktaion, der Sohn des Melisseos, war der schönste und sittsamste Knabe seiner Generation, so daß ihn viele begehrten, am meisten aber Archias, der sein Geschlecht bis auf die Herakliden zurückführte und wegen seines Reichtums und seiner Macht unter den Korinthern hervorragte. Da nun der Knabe sich nicht überreden ließ, beschloß er, ihn mit Gewalt zu rauben. Er zog also an der Spitze einer Schar von Freunden und Sklaven vor das Haus des Melisseos und versuchte, den Knaben zu entführen. Der Vater und seine Freunde leisteten erbitterten Widerstand, auch die Nachbarn liefen zur Hilfe herbei, und während bei dem Kampf der beiden Parteien der Junge hin- und hergerissen wurde, ward er tödlich verletzt und starb. Der Vater aber hob die Leiche des Knaben auf, trug sie auf den Stadtplatz und zeigte sie den Korinthern, indem er von ihnen verlangte, die zu bestrafen, die das getan hatten. Die aber hatten zwar Mitleid mit ihm, blieben aber sonst untätig.» Der verbitterte Vater stürzte sich, nachdem er die Götter zur Rache aufgefordert hatte, von einem Felsen ins Meer. «Bald darauf kam Mißernte und Hungersnot über die Stadt. Das Orakel erklärte, dies sei der Zorn des Poseidon, der sich nicht beruhigen werde, bis der Tod des Aktaion gesühnt sei. Als Archias das hörte, denn er selbst war einer der zum Orakel gesandten Männer, kehrte er nicht wieder nach Korinth zurück, sondern flüchtete nach Sizilien, wo er seinerseits von dem Lustknaben Telephos ermordet wurde» (Plutarch, «Liebesgeschichten» 2, 772 f.).

In Theben führten die Dorer den Ritus des Knabenraubs auf König Laios zurück, der den Knaben Chrysippos entführt hatte. Pelops, der Vater des Knaben, verfluchte den Laios, der in Erfüllung des Fluches später von seinem eigenen Sohn getötet wurde. Die Mythenforschung hat bis vor kurzer Zeit angenommen, daß der Fluch wegen des päderastischen Verkehrs erfolgt sei. Heute wissen wir jedoch, daß bei all diesen Fällen des Knabenraubs nicht der päderastische Verkehr, sondern der Verstoß gegen das Vaterrecht eine Sühne verlangte. Denn der Entführer muß stets die Erlaubnis des Vaters einholen, ehe er den Knaben «rauben» darf. Der «Raub», wie beim sogenannten Frauenraub, ist ein Ritus, eine Geste. Der Ritus bedingt aber nach vaterrechtlichem Usus die formelle Zustimmung des Vaters. War der Werber ein «Edler», so wurde die Zustimmung niemals verweigert. Übersah der Werber aber die Formalität der väterlichen Erlaubnis, so drohte ihm schwerste Strafe, selbst wenn er ein Gott war. Dies geschah Zeus, der den eben erwähnten Knaben Ganymed, Sohn des Königs Tros, in den Olymp entführt hatte, ohne den Vater vorher um Erlaubnis zu ersuchen. Denn in der auf Eigentum fixierten Gesellschaft der Griechen war der Knabe Eigentum des Vaters. Wollte der Knabenliebhaber die Dienste des Knaben in Anspruch nehmen, mußte er dem Vater eine Abfindung zahlen. Das mag nach unseren Vorstellungen wie Prostitution, wie Verkuppelung der eigenen Familienmitglieder klingen, aber eben das war jene Vorstellung des «Rechts», welche die Griechen in eine bis dahin ethisch hochstehende Ackerbaukultur einbrachten.

Ihr Götterbild war einerseits ein getreues Spiegelbild ihrer eigenen Gesellschaftsordnung, andererseits aber auch ein Bild im Vergrößerungsspiegel: Alles, was ihnen da entgegenblickte, hatte die Macht der absoluten Autorität. Selbst die Gesetze, die sie den Göttern in den Mund gelegt hatten, kamen nun mit mythisch verstärktem Echo vom Olymp zurück. Statt der Duldung der Päderastie, die man den Göttern nahegelegt hatte, antworteten die Götter mit seltsamen Forderungen: Forderungen nach päderastischen Göttern, nach Schutzgottheiten der Päderastie, nach päderastischen Riten, päderastischen Kulten, päderastischen Festen.

Nehmen wir uns einige dieser homoerotischen Götter in alphabetischer Reihenfolge vor: Adonis, der Sohn des Kinyras aus dessen inzestuöser Paarung mit seiner Tochter Myrrha, verkehrte sowohl heterosexuell mit Aphrodite und zahllosen Sterblichen wie auch homosexuell mit Dionysos, war also im heutigen Sinn «bisexuell». Für die Griechen gab es keinen solchen Begriff, weil sie es als selbstverständlich erachteten, daß jeder normale Mensch sowohl mit seinem eigenen wie mit dem anderen Geschlecht verkehren wolle. Der Komiker Platon aus Athen, dessen dichterische Tätigkeit von etwa 415 bis 390 reichte, sagt in seinem «Adonis» (Fragment 3):

O Kinyras, König der Kyprier, der
Männer mit behaartem Hintern,
Ein Knabe ward dir geboren, der
schönste aller Sterblichen.
Zwei Gottheiten aber werden ihn
vernichten: die eine gerudert werdend
Mit geheimnisvollen Rudern, die andere
selber rudernd.

Die beiden Gottheiten sind natürlich Aphrodite, die «gerudert» wird mit dem Penis des Adonis, und Dionysos, der ihn selber anal «rudert».

Anteros, der Gott der Gegenliebe, war der Sohn des Ares und der Aphrodite, Bruder des Eros und Gott der «Bruder-

liebe», d.h. der Homosexualität. In Athen war sein Altar dort errichtet, wo Timagoras von der Akropolis gesprungen war, weil sein Lieblingsknabe Meles dies als Beweis seiner Liebe von ihm verlangt hatte (Pausanias 6, 23,3).
Aphroditos war die Aphrodite der Homosexuellen. Seine Heiligtümer standen in Pamphilien und auf Zypern.
Apollon, der beliebteste der griechischen Götter, hatte neben seinen vielen Frauenliebschaften rund zwanzig homosexuelle Affären. Neben Hermes und Herakles galt er deshalb als Schutzgott der Päderasten. Sein Standbild fehlte in keinem griechischen Gymnasion. In Sparta, Thera und Kyrene wurde er als Apollon Karneios, als Widdergott, verehrt. «Unter Anrufung des delphischen Apollon vollzog ich, Krimon, hier mit einem Knaben, dem Sohn des Bathykles, den Liebesakt.» Solche Inschriften findet man in großer Zahl im Ephebeion, dem der Knabenliebe geweihten Tempel auf der Insel Thera (Santorin) im Ägäischen Meer. Die größte Zahl dieser in Stein gehauenen Inschriften entstand im 7. Jahrhundert, als die Dorer sowohl Kreta wie auch Thera beherrschten. Wir haben es also mit einem dorischen Kult zu tun. Aus verschiedenen Anzeichen wird erkenntlich, daß es sich nicht um die amourösen Inschriften homosexueller Paare handelt, sondern tatsächlich um einen religiösen Ritus, denn die Inschriften benutzen nicht das Verb bainein, das «kopulieren» bedeutet hätte, sondern die Vokabel ophein, was sich nur auf den rituellen Geschlechtsverkehr, sei er zwischen Priestern und Frauen, oder zwischen Priesterinnen und Männern, bezieht (im Attischen: opyein, «nach dem Gesetz verkehren»). Zweitens wird der Knabe weder mit seinem Namen noch mit seinem Kosenamen, sondern mit dem seines Vaters angesprochen, eine Form, die nur bei förmlichen Anlässen verwandt wurde.
Die griechischen Autoren erwähnen Apollons Affären mit Admetos, Amyklas, Branchos, Hyakinthos, Hylas, Hymenaios, Karnos, Kinyras, Kyparissos, Melampus, Oileus, Orpheus, Paros, Phorbas, Potnios, Troilos, Tymnios und Zakynthos. Admetos diente sowohl dem Apoll wie dem Herakles als Lustknabe. Ein anderer Jüngling, Hyakinthos, der sowohl dem Apoll wie dem Windgott Zephyros diente, wurde von diesem aus Eifersucht getötet. Während Apoll sich mit dem Knaben beim Diskuswerfen übte, sandte Zephyros einen plötzlichen Windstoß, der den Diskus des Gottes vom Felsen abprallen und den Knaben töten ließ. Zu seinem Angedenken feierte man in Amyklai und in anderen Orten Lakoniens, in Argos, Thera, Kos und Kyrene das homosexuelle Fest der Hyakinthia. Am ersten Tag brachte man der Erinnnerung des «schönen Knaben» phallische Opfergaben dar. Am zweiten traten Knaben auf, die, wie Athenaios sagt, «in hochgeschürztem Chiton die Kithara schlagen». Andere, dem Apoll gewidmete päderastische Feste waren die Gymnopaidia, die «Nacktknabentänze» in Sparta, die Agetoria in Lakonien, die Apellai in Delphi und im Rest des dorisch-aiolischen Gebietes, die Apollonia in Delos, Delphi und Grynaion in der südlichen Aiolis, die Daphnephoria in Theben und Athen, die Delia in Delos, die Pyanepsia in Attika. Auch den Knaben, mit denen er nicht geschlafen hatte, half Apoll. Als der schöne Jüngling Kyknos von seinem Liebhaber Phylios verlassen wurde, verwandelte der Gott ihn in einen immer glücklichen Schwan. Als ein Besucher des Schatzhauses der Spinaten in Delphi sich so in das heilige Marmorbild eines Knaben verliebte, daß er mit ihm zu koitieren suchte, wollten die Sterblichen ihn wegen Gotteslästerung verurteilen. Nur Apoll verhinderte das Urteil, weil der Verliebte dem Knaben einen Kranz aufs Haupt gesetzt und damit die rituelle Pflicht erfüllt habe (Athenaios 13, 606b).
Attis erscheint in Attika als Liebhaber des Knaben Agdistis (mit dem er in Phrygien identisch ist). In dieser Form wurde der Mythos zum Geheimkult der Päderasten im Peiraieus und verbreitete sich von dort nach Rhamnus, Lesbos und ins Pantikapeion. Der Heilgott Asklepios liebte den Knaben Hippolytos (Clemens Alexandrius, «Homilien» 5, 15).
Bakchos-Dionysos wurde in vielen Teilen Griechenlands als Gott der Knabenliebe verehrt. In den «Dionysika» des Nonnos nimmt seine Affäre mit dem Knaben Ampelos einen breiten Raum ein. Bezeichnend für die Verbreitung der Päderastie unter den Göttern ist die Tatsache, daß Dionysos während seines Idylls mit dem Knaben nur eine Sorge hat: daß Zeus, der Vater des Dionysos, ihm den Knaben stehlen könne, da er schöner ist als Ganymed, der eigene Lustknabe des Göttervaters. Zwischen Rom und Florenz fand man eine Marmorgruppe, die Dionysos und Ampelos darstellt und heute im Britischen Museum in London steht. Andere Knaben des Dionysos waren Achill, Adonis, Hermaphroditos, Hymenaios und Laonis. Fast alle Statuen des Gottes zeigen ihn als «Tunte», als weiblichen Typus des Homosexuellen. Deshalb hatten die Askolien, die ländlichen Dionysosfeiern, auch eigentümlich päderastische Aspekte. Nackte Knaben hüpften auf prall gefüllten, mit Öl schlüpfrig gemachten Säcken von einem Bein auf das andere, den Zuschauern «Stellung» vorführend, wie man sie sonst nur im Knabenpuff zu sehen bekam.
Nach einem Fragment des Epimenides aus Kreta (Fragment 11) wurden die Dioskuren Kastor und Pollux, Söhne des Zeus und der Leda, als homosexuell aufgefaßt. Die ihnen gewidmeten Feste in Sparta, Delphi, Kyrene und dem Rest des dorischen Bereichs wurden jedenfalls von homosexuellen Freundespaaren besucht, die dort um Segnung ihres Verhältnisses baten.
Eros war nicht nur der Gott der heterosexuellen Liebe, sondern auch der Knabenliebe. Ihm war in Athen am Eingang der Akademie von Charmos, dem Liebhaber des Hippias, ein Altar gesetzt worden, zu dem Päderasten aus ganz Attika pilgerten (Pausanias 1, 30; Athenaios 13, 609d). Auch in Theben galt er als Schutzgott der Päderastie und wurde in dieser Funktion besonders von der Heiligen Schar, der homosexuellen Stoßtruppe der Thebaner, verehrt. Bei dem Erosfest in Thespiai fand ein Wettbewerb statt, der das beste päderastische Lied des Jahres mit einem Preis krönte (Plutarch, «Erotikos» 1; Pausanias 9, 31,3; Athenaios 13, 601a).
Helios, der Sonnengott, hatte laut Hesiod (Fragment 15) ein homosexuelles Verhältnis mit Orion, dem boiotischen Sterngott. Bezeichnend ist auch, daß Orion als Kennzeichen die Doppelaxt führt, die oft als Symbol der Bisexualität dient.

Hephaistos, der hinkende Schmiedgott, Ehemann der Aphrodite, wurde oft als Knabenliebhaber bezeichnet. Zu seinen Partnern gehörten Peleus, der einzige Sterbliche, der eine Unsterbliche heiratete, und der eben erwähnte Jagdgott Orion (Clemens Alexandrius, «Homilien» 5, 15).
Hermaphroditos war nicht nur ein Zwitter, sondern auch ein Anhänger der Knabenliebe. Oft finden wir ihn im Verkehr mit Pan, Eros und den Satyrn. Manchmal zieht ihm Eros das Gewand hoch, so daß wir seinen erigierten Penis sehen, manchmal betrachten geile Satyrn seine männlichen Reize, manchmal koitieren sie mit ihm anal oder werden von ihm anal koitiert. Das Zentrum des päderastischen Hermaphroditoskults lag in Alopeke. Am vierten und siebten Monatstag pflegte man dort die Hausstatuen des Hermaphroditos zu bekränzen, denn diese Tage galten als besonders glücklich für die Knabenliebe.
Hermes, der Vater des Hermaphroditos, verkehrte nicht nur heterosexuell mit Aphrodite und zahllosen anderen Frauen, sondern ist vor allem wegen seiner homosexuellen Abenteuer im Mythos bekannt. Zu seinen Lustknaben gehörten Chryses, Kadmos, Odryses, Perseus und Therses.
Hypnos, der Schlafgott, trieb es mit Endymion. Der auf Chios geborene Lyriker Likymnios behandelt dieses Thema sehr lustig, indem er den Gott dauernd bei der Knabenliebe einschlafen und am Ende von dem Knaben verlangen läßt, dieser solle ihm die Augen aufhalten, bis die «Arbeit getan» sei (Fragment 3 bei Athenaios 13, 564c).
Da die griechischen Gastmähler und Gelage nur von Männern für Männer gegeben wurden, ist es kaum verwunderlich, daß auch der Gott der Gastfreundschaft, Komos, als Päderast galt. Bei den nächtlichen Umzügen, die man dem Gott widmete, trugen die Männer deshalb oft Frauenkleidung.
Orion, der Sterngott, unterhielt, wie wir gesehen haben, päderastische Beziehungen zu Helios und Hephaistos.
Orpheus, der große Sänger, der in Thrakien als Gott verehrt wurde, galt dort als Erfinder der Knabenliebe (Ovid, «Metamorphosen» 10, 83ff.). Er sei, meinten die Griechen, von den Mänaden, den thrakischen Frauen, kastriert und zerrissen worden, weil er ihnen die Männer entführt habe (Phanokles, nach Stobaios, «Florilegium» 64, 14; Ovid, «Metamorphosen» 11, 50ff).
Phanokles schildert die Liebe des Orpheus zu dem Knaben Kalais mit vielen erotischen Einzelheiten. Was hinter der Legende vom Tod des Orpheus steckt, werden wir später zu analysieren versuchen.
Auch der «große Gott Pan» war bisexuell und wurde, wie Dionysos und Hermaphroditos, oft beim Analverkehr mit den Satyrn dargestellt.
Der Gott Phales, eigentlich nur eine Personifizierung des Phallos, also der männlichen Sexualität, wird bezeichnenderweise von Aristophanes in den «Acharnern» (263, 276) «Knabenschänder» genannt.
Poseidon liebte nicht nur Pelops, den Helden, nach dem die Peloponnes benannt ist, sondern auch den Knaben Kaineus, Sohn des Königs der Lapithen, den wir in einem anderen Zusammenhang noch einmal wiedertreffen werden. Als Pelops, zum Mann geworden, einmal die Hilfe des Poseidon benötigte, rief er ihn an, indem er sich ausdrücklich auf die Lustbefriedigung berief, die er dem Gott einst gewährt hatte: «Höre mich, Poseidon, wenn jemals du Freude durch meine Liebe erfuhrst und durch meine süßen Gaben...» (Pindar, «Olympien» 1). Wie wir gesehen haben, war das päderastische Motiv in der Sippe des Pelops noch Generationen lang vorhanden, denn Chrysippos, der Sohn des Pelops, wurde von Laios, dem König von Theben, zur Knabenliebe verführt.
Priapos ist, wie Phales, eigentlich kaum mehr als eine Verkörperung des Phallos und hat im übrigen die Eigenschaften seines Vaters Dionysos geerbt: Auch er verkehrt anal mit Hermaphroditos und den Satyrn. Von seiner Liebe zu dem Knaben Daphnis sprechen Theokrit (1, 18, mit Scholien) und Tibull (1, 4). Trophonios, der Heilgott der Boiotier, wurde mit homosexuellen Kulten verehrt. Bei seinem Traumorakel in Lebadeia wurde der Gläubige von Knaben mit Öl gesalbt und rituell masturbiert.
Zephyros, der Gott des Westwinds, verkehrte, wie wir gesehen haben, mit dem Knaben Hyakinthos und vielen anderen, darunter Kyparissos. Es ist kennzeichnend für die Kurzlebigkeit der Knabenliebe, selbst wenn sie von den Göttern betrieben wird, daß Zephyros, nachdem er den Lieblingsknaben des Eros getötet hat, diesem rät, schleunigst Trost bei einem anderen zu suchen: «Das einzige Heilmittel einer alten Liebe ist eine neue. Suche dir darum einen noch prächtigeren Knaben!» (Nonnos 4, 105 ff.).
Selbst Zeus wird in zahlreichen Mythen als Päderast geschildert. Daß er nicht nur Knaben liebt, sondern sie auch raubt, vergeben ihm die Götter nicht: Er muß, wie wir gesehen haben, dem Tros für den Raub des Ganymed und dem Tantalos für den Raub des Pelops (den er seinem Bruder Poseidon stiehlt) Strafe zahlen. Lukian sagt in seinem «Charidemos»: «Sobald Zeus zu den schönsten Jünglingen auf die Erde herabsteigt, wird er auf einmal so sanft und mild und gefällig, daß er immer damit anfängt, den Zeus abzulegen, und aus Besorgnis, seinen Geliebten in seiner eigenen Gestalt nicht angenehm genug zu sein, irgendeine andere annimmt, und zwar immer eine so schöne, daß er gewiß sein kann, alle, die ihn erblicken, an sich zu ziehen.» Als Zeus Meilichios, der sanfte, süße, liebliche Gott, war er der Beschützer der Männerfreundschaft. Die Diasien, die Freundschaftsfeste Attikas, waren ihm in dieser Funktion geweiht.
Andere, der Knabenliebe gewidmete Feste waren die Diokleia in Megara, die Eleutheria in Samos und in Athen das jährliche Fest zum Andenken an das homosexuelle Liebespaar Harmodios und Aristogeiton, die den Tyrannen Hipparchos im Jahr 514 ermordet hatten. Ganz ähnlich waren die Diokleien in Megara, die jedes Jahr im Frühling zum Andenken an den Feldherrn Diokles abgehalten wurden. Es waren homosexuelle Feste, denn Diokles war während der Verteidigung seiner Vaterstadt für seinen Geliebten eingesprungen und hatte dessen Körper mit dem seinen gedeckt. Zur Erinnerung an diesen Opfertod fand ein Wettbewerb von Jünglingen im Küssen statt. Theokrit schreibt:

> Im Frühling um sein Grab in jedem Jahr
> Kämpft um den Preis im Kuß die junge Schar.
> Wer Lippe da am süßesten auf Lippe drückt,

Kehrt kranzbeschmückt zur Mutter
heim beglückt.

Wie die Götter, so die Halbgötter und Helden der Hellenen. Es ist unmöglich, an der Tatsache kommentarlos vorbeizugehen, daß gerade die tapfersten der Helden – zum Beispiel Achilles, Herakles und Theseus – im Mythos homosexuell verklärt werden. Achilles hat Liebschaften mit Patroklos, Chiron und den Satyrn. Daß seine Liebe zu Patroklos nicht «platonisch» war, beschwört Lukian, der eine verlorene Zeile des Aischylos über «ihrer Schenkel heilige Liebesgemeinschaft» zitiert und dann kommentiert: «Die Vermittlerin ihrer Freundschaft war die Wollust.» Martial meint, Achilles habe stets den Freund Patroklos der Freundin Briseis vorgezogen, denn «Briseis multum quamvis aversa iaceret, Aecidae propior levis amicus erat» – «Briseis bot ihm den gewohnten Analverkehr an, Achilles aber zog trotzdem den Patroklos vor» (Martial 2, 43 9). Die homosexuelle Komponente seiner Libido wurde auch von Agamemnon erkannt, denn als dieser den beleidigten Achill mit Geschenken umzustimmen sucht, bietet er ihm nicht etwa Mädchen, sondern Knaben an. Herakles hat homosexuelle Affären mit Abderos, Admetos, Chonos, Dryops, Euristheus, Haimon, Hylas, Iokastos, Iolaos, Philoktetes und Polyphemos.

Am Fluß Chios verpaßt er wegen seiner Liebe zu Hylas die Argo, und im Angedenken an seine Liebe zu Iolaos schworen einander liebende Männer gegenseitige Treue vor dem Denkmal des Iolaos in Athen.

Ein eigentümlicher Aspekt des Liebeslebens aller drei Helden ist der sexuelle Triolismus, der sie wie der sprichwörtliche rote Faden sowohl mit ihren männlichen wie mit ihren weiblichen Bettgefährten verknüpft. Zweimal verheiratet Herakles seine abgelegten Freundinnen mit seinen gegenwärtigen Freunden. Seine Megara verkuppelt er mit Iolaos, seine Hesione mit Telamon, seine Iole mit Hyllos. Nicht unähnlich geht es im Leben des Theseus zu. Als er nach Kreta zieht, um den Minotauros zu töten, nimmt er statt zweier Mädchen, die vom Los zu diesem Zweck auserwählt worden sind, zwei seiner Liebhaber mit, «zwei Jünglinge, die mit ihm sehr vertraut waren und mit weiblich-zärtlicher Bildung unerschrockenen Mut verbanden» (Plutarch). Er liebt den Peirithoos, Sohn des Ixion, und raubt mit ihm zusammen erst die Helena und dann die Persephone. Seine Gattin wirft ihm – im ersten «Hippolytos» des Euripides – sowohl sein Verhältnis zu Peirithoos wie zu diesen Frauen vor.

Es ist sicherlich nicht ohne Belang, daß das Geschlecht des Herakles mit dem blutigen Nachspiel eines solchen triolistischen Akts endet: Kandaules, der letzte der Herakliden, bewegt seinen Freund Gyges dazu, seine schlafende Frau Rhodope nackt zu betrachten. Als sie die Wahrheit erfährt, stellt sie Gyges vor die Wahl, sich entweder umzubringen oder Kandaules, ihren Gatten, zu töten. Er wählt den zweiten Weg, heiratet Rhodope, beendet das Geschlecht der Herakliden und gründet das der Mermnaden.

In manchen Heldensippen ist die Homosexualität, wie wir gesehen haben, quasi erblich. Agamemnon liebt Argynnos. Orestes, Sohn des Agamemnon, liebt Pylades. Pelops wird von Poseidon geliebt. Chrysippos, Sohn des Pelops, wird von Laios geliebt. Unter den trojanischen Helden ist der homosexuelle Verkehr eher die Regel als die Ausnahme. Eubulos schreibt: «Aber keiner von ihnen hatte eine Hure zur Verfügung, sondern sie liebten sich gegenseitig zehn Jahre lang. Es war für sie ein bitterer Feldzug: Eine Stadt nur eroberten sie, und als sie abzogen, klafften ihre Hintern weit mehr auseinander als die Tore der eroberten Stadt» (Fragment 120).

Als Mythenforscher muß man die beschwichtigende These, daß dies «andere Länder, andere Sitten» und deshalb für uns bedeutungslose Vorgänge seien, ebenso entschieden zurückweisen wie die simplifizierende Deutung, daß manche Menschen eben homosexuell, andere heterosexuell, wieder andere bisexuell veranlagt seien und daß sich aus diesen individuellen Veranlagungen überhaupt nichts über den Charakter einer Gesellschaftsordnung folgern ließe. Denn die rituelle Homosexualität, die mit der Sanktion der Götter und nach dem Vorbild der großen Helden erfolgt, ist etwas gänzlich anderes als die Summe individueller sexueller «Veranlagungen». Die mythologisch verankerte Homosexualität der Griechen war eine unbewußte, aber eben deshalb um so intensiver wirkende Sühne des unterdrückenden Mannes der unterdrückten Frau gegenüber. In der Illusion, sich durch gleichgeschlechtlichen Verkehr von der Frau befreien zu können, verwandelten die Griechen den Körper des Mannes in den des Knaben und den des Knaben in eine unerreichbare Wunschfigur. So wurde das Geschlechtsleben der Götter und Halbgötter, der Helden und der Sterblichen mit dem Fluch des ewig Unerfüllbaren bestraft.

14.

Einer der Auswege aus diesem Dilemma schien sich im Gestus des Geschlechtswandels, im rituellen Kleidertausch, anzubieten. «Der Kleiderwechsel der Geschlechter kann viele auslösende Motive haben. Allen Varianten liegt aber zuerst einmal die fundamentale Überzeugung zugrunde, daß in aller Tracht, d. h. allem am Körper Getragenen, ein Teil des Ichs des Trägers steckt... Das Kleid als Organprojektion der Haut ist nicht nur Hilfe schlechthin, sie ist an Stoff und Person teilhabende Essenz des Menschen. Durch Verwendung von Kleidungsstücken des anderen Geschlechts vermag man mehr zu bewirken als in der Tracht des eigenen allein.»[10]

Der Ethnologe Hermann Baumann, dessen vorzügliches, bis zum heutigen Tag kaum übertroffenes Buch ich hier zitiere, befaßt sich zwar nicht mit der griechischen Mythologie, sondern mit den transsexuellen Praktiken sogenannter Naturvölker, gibt uns aber eine Tabelle, die auch zur Überprüfung solcher Praktiken im griechischen Kult und zur Deutung der Mythen, die diesen Riten zugrunde liegen, nützlich sein mag. Er betrachtet den Kleidertausch der Geschlechter unter acht Kategorien, und zwar als Zeugnis:

1. des scharfen Antagonismus der Geschlechter:
   a) Frauen (Männern) ist jede Mitwirkung in Riten und Kulten verboten: die Frauen legen deshalb die Kleidung

der Männer, die Männer die der Frauen an;
b) Verspotten des anderen Geschlechts in dessen Kleidung;
c) traditionell gebotene Verhaltensweisen des anderen Geschlechts werden in dessen Tracht durchgeführt;
d) Anerkennung des väterlichen Anteils an der Gebärfähigkeit der Frau;
2. des versuchten Ausgleichs der Geschlechter durch:
a) Bindung und Erhöhung der beiderseitigen Lebenskräfte: jeder entnimmt diese aus der Kleidung des anderen;
b) analogiemagische Förderung wichtiger Unternehmen des anderen Geschlechts;
c) Anpassung an bisexuelle Gottheiten und Übernahme ihrer Kraft durch Mimese;
3. eines asexuellen Übergangsstadiums;
4. eines gehobenen oder gesenkten Sozialstatus;
5. eines Zustands des «Verkehrtseins»;
6. der Abwehr dämonischer Mächte;
7. einer ausschließlich homosexuellen Einstellung (kultfreier, erotischer Transvestitismus);
8. einer bloßen Lust am Verkleiden.

Diesen Thesen steht eine gänzlich andere Deutung der gleichen Phänomene gegenüber, die von der bereits zitierten englischen Altertumsforscherin Jane Ellen Harrison (1850-1928) und ihren Schülern F. M. Cornford und George Thomson erarbeitet und in einer Anzahl bedeutender Werke dargestellt worden ist. Die Harrison-Cornford-Thomson-Hypothese läßt sich in sechs Punkten zusammenfassen:

1. Das An- und Ablegen der Kleidung des anderen Geschlechts war ursprünglich Teil eines Initiationsritus, nämlich der Zulassung zu einer älteren Gruppe mit größeren Sexualrechten.
2. Auch die Heirat ist eine solche Zulassung. Deshalb verkörpert die Hochzeitszeremonie einen früheren Initiationskult.
3. Im frühesten Stadium der Stammesgesellschaft paarten sich die Geschlechter, wenn sie das Reifestadium erreicht hatten. Auf dieser Stufe war die Initiation also einfach eine Einweihung in das Geschlechtsleben.
4. Wegen der mangelhaften Nahrungsversorgung beschränkte sich der Geschlechtsverkehr in diesem frühen Stadium auf jenen Teil des Jahres, in dem die meiste Nahrung verfügbar war. Dadurch wurde die Initiation zu einem einmal im Jahr stattfindenden Einweihungsfest.
5. Bei diesem Fest soll die Fruchtbarkeit der Erde mimetisch auf die Fruchtbarkeit des Menschen übertragen werden. Das Welken, Verdorren, Neusprießen und Wachsen der Vegetation wird rituell in ein Mysterium von Tod und Wiedergeburt des Menschen verwandelt. Fast alle Verlobungs- und Hochzeitsbräuche gehen auf diese Initiationsriten zurück. Viele Glaubensvorstellungen, Kosmogonien, Riten und Kulte haben sich aus der gleichen Wurzel entwickelt.
6. Einer der gemeinsamen Nenner beider Gruppen ist das Anlegen der Kleidung des anderen Geschlechts, das die Ingestion der Kraft dieses Geschlechts bewirken soll.

In dieser Darstellung fehlt die Erklärung dafür, weshalb das Anlegen der Kleidung des schwächeren Geschlechts dem stärkeren Kraft geben soll. Hier wird verallgemeinert, was in Wahrheit ein Spezialfall ist. Nach meinen eigenen ethnologischen Erfahrungen wird die Kleidung des anderen Geschlechts nur unter zwei besonderen Bedingungen als kraftgebend betrachtet:

1. Wo man die Kraft des stärkeren Geschlechts durch mimetische Magie zu «stehlen» sucht;
2. wo man den Triumph über ein einstmals herrschendes Geschlechts kundtun will, indem man sich mit fremden Federn schmückt. Wenn wir sagen: In dieser Familie trägt die Frau die Hosen, so meinen wir damit nicht etwa, daß die Frau hier ihre Unterwerfung unter den Habitus der Männer kundtut, indem sie freiwillig die Kleidung des Mannes anlegt, sondern genau das Gegenteil.

Gleichgültig welches der beiden Motive in jedem gegebenen Fall vorliegen mag, der jeweilige transvestitische Brauch enthüllt eindeutig, welches Geschlecht das herrschende ist und welches gestern noch das herrschende war. So deutet die Soutane des Priesters trotz der patristischen Tradition der katholischen Kirche auf ein früheres matristisches Stadium hin, ein Stadium, das um viele Jahrhunderte vor der Mariologie liegt und auf die Abstammung des Christentums von einem früheren matristischen Erlösungskult hinweist.
In ähnlicher Weise können wir aus den transvestitischen Bräuchen des alten Hellas auf jenes geschichtliche oder vorgeschichtliche Stadium schließen, aus dem diese Bräuche stammen müssen. Wo die Frau Männerkleidung anlegt, können wir folgern, daß sie hiermit entweder ihre Unterwerfung unter das Primat des Mannes oder ihren Triumph über ihn ausdrückt. Wo eine matrilineare Gesellschaftsordnung der patrilinearen vorausgeht, trifft meist der erste Schluß zu; wo das sogenannte Matriarchat dem Patriarchat folgt, können wir fast immer den zweiten Schluß ziehen. Umgekehrt deutet das Anlegen weiblicher Kleidung beim Mann nicht notwendigerweise auf eine Unterwerfung unter die Herrschaft der Frau hin, sondern kann genau das Gegenteil ausdrücken: den Triumph des Mannes über die ehemalige Herrschaft der Frau oder den Anspruch, die gleichen Leistungen erbringen zu können wie sie (zum Beispiel bei der Couvade).
Da wir alle Erinnerungen an die Zeit des sogenannten Mutterrechts verloren haben, fällt es uns schwer, der Logik eines Zeitalters zu folgen, in dem diese Erinnerungen nur noch allzu wach waren. Deshalb können wir uns zwar eine hypothetische Zukunft vorstellen, in der die Frau «die Hosen trägt», aber wir können uns nicht mehr in eine Zeit zurückversetzen, in der die Männer, um ihren Triumph über die eben besiegte Frau auszudrücken, sich sozusagen «die Röcke anziehen». Wenn wir aber daran denken, daß die Griechen einerseits erst vor kurzem eine «mutterrechtliche» Urbevölkerung unterworfen hatten, andererseits in der Ägäis und in Kleinasien von matrilinear und matrilokal organisierten Völkern umgeben waren, dann wird uns klar, daß sich der männliche

Triumph über diese Entwicklungsstufe nur allzu leicht im Anlegen der Kleidung des gestern noch herrschenden Geschlechts ausdrücken konnte.
Dies zeigt sich auch im griechischen Theater, wo Frauenrollen jahrhundertelang nur von Männern gespielt werden durften. Bedeutet dies wirklich, wie viele Theaterwissenschaftler bis zum heutigen Tag meinen, daß die Griechen dadurch die Unfähigkeit der Frau, sich selbst darzustellen, ausdrücken wollten, oder mag es nicht mit größerer Wahrscheinlichkeit bedeuten, daß der Mann sich durch Anlegen der Kleidung des gestern noch herrschenden Geschlechts seine eigene Herrschaft sichern wollte? Daß er sich durch Imitation des gebärenden Geschlechts dessen Fruchtbarkeit anzueignen suchte? Oder daß alle drei Motive, von verschiedenen Ausgangspunkten in die gleiche Richtung drängend, einander unterstützt und mit verstärkter Kraft zum gleichen Ziel geführt haben?
Hätten wir es stets mit einem und nur einem Motiv zu tun, so wären solche Deutungsprozesse sehr einfach. Da aber meist mehrere gleichzeitig am Werk sind, haben verallgemeinernde Thesen nur begrenzte Verläßlichkeit. Überprüfen wir das an den Hochzeitsriten der Griechen, so ergibt sich nach der Harrison-Thomson-Cornford-Theorie folgendes Bild: Die Eheschließung symbolisiert erstens die Unterordnung des beherrschten unter das herrschende Geschlecht, zweitens die Zulassung des beherrschten in die Sippe des herrschenden Geschlechts, drittens den Eintritt des Sippenfremden in das Heim der herrschenden Sippe. Bei matrilinearen, matrilokalen Sippen ist die Hochzeit also die Aufnahme des Mannes in das Haus der Frau und seine Unterordnung unter ihre Sippe. Bei patrilinearen, patrilokalen Kulturen ist die Hochzeitszeremonie dagegen die Aufnahme der Frau in das Haus des Mannes und ihre Unterordnung unter seine Sippe. Das Anlegen der Kleidung des herrschenden Geschlechts drückt in beiden Fällen die Unterordnung des beherrschten unter das herrschende Geschlecht aus.
Soweit die Theorie. Nun zur Praxis.
Drei Beispiele:

1. Aus der Zeit, als Ehen zwischen Spartiatinnen und Periöken erlaubt waren, wissen wir, daß die Spartiatinnen sich künstliche Bärte umbanden, bevor sie mit ihrem Ehemann ins Bett stiegen.
2. Ebenfalls wissen wir aus Sparta, daß die Spartiatin ihren spartiatischen Bräutigam in männlicher Kleidung, mit Schuhen und geschorenem Haar, im Brautgemach erwartete.
3. Umgekehrt wissen wir aus Kos, daß dort der Bräutigam die Braut weiblich gekleidet im Hochzeitsgemach erwartete.

Beispiel eins scheint mir zu besagen, daß die sozial überlegene Volksgruppe als männlich empfunden wird und ihre Überlegenheit durch das Anlegen männlicher Kleidung kundtut. Das ist aber nicht identisch mit der Dominanz des weiblichen Geschlechts über das männliche. Auch scheint es mir fragwürdig, ob in einem weitgehend matrilinear organisierten Staatswesen wie dem spartanischen die herrschende Schicht der Spartiaten notwendigerweise mit dem männlichen Geschlecht gleichgesetzt wurde.
Beispiel zwei mag belegen, daß die Frau im matrilinearen Sparta als das dominante Geschlecht empfunden und diese Dominanz durch männliche Kleidung und kurzgeschorenes Haar demonstriert wurde. Aber im matrilinearen Kos trägt die Braut keine Männerkleidung. Der Bräutigam dagegen trägt Frauenkleider. Was immer die drei Beispiele aussagen mögen, eines ist sicher: Sie sagen nicht das gleiche aus, sind nicht mit dem gleichen Schlüssel deutbar.
Vielleicht bringt uns ein Blick nach Lykien weiter. Dort legten die Männer bei großer Trauer Frauenkleider an, und Plutarch deutet dies, indem er meint, «die niederen Personen können mehr trauern als die höheren». Aber Plutarch irrt, da er von seiner eigenen männerrechtlichen Gesellschaft, in der die Frau das «niedere» und der Mann das «höhere» Geschlecht war, auf die frauenrechtlichen Lyker schloß, bei denen es genau umgekehrt aussah. Wahrscheinlicher ist es schon, daß die Lyker die Frau mit den chthonischen, den unterirdischen Göttinnen, den Herrscherinnen über Leben und Tod, gleichsetzten und ihre Kleidung anlegten, um den Schutz und die Unterstützung der Göttinnen für den Toten zu erbitten.
Man muß also jeden Fall transvestitischer Bräuche, Riten und Kulte separat untersuchen. Man kann nicht hoffen, die Geheimtüren der Kleidermagie mit einem einzigen Patentschlüssel zu öffnen. Dies darf aber auch nicht dazu führen, daß man ein erstes Assortieren der Riten und Mythen nach grundsätzlichen Regeln ablehnt. Im Gegenteil, gerade bei den Mythen vom Kleidertausch der Götter ist ein solches Verfahren unerläßlich. Man muß nur unterscheiden zwischen männlichen Gottheiten, die sich als Frauen kleiden, und weiblichen, die Männerkleidung tragen. Auch müssen wir zwischen Helden in Frauenkleidung und Heldinnen in Männertracht differenzieren. Schließlich müssen wir bei den Festen, Kulten und Riten transvestitischer Götter folgende Unterschiede wahrnehmen:

1. Göttinnenfeste, bei denen Männer Frauenkleidung anlegen;
2. Göttinnenfeste, bei denen Frauen Männerkleidung anziehen;
3. Göttinnenfeste, bei denen beide Geschlechter ihre Kleidung austauschen;
4. Feste, Riten und Kulte männlicher Gottheiten, bei denen Männer Frauenkleidung anlegen;
5. Feste, Riten und Kulte männlicher Gottheiten, bei denen Frauen Männertracht tragen;
6. Feste, Riten und Kulte männlicher Gottheiten, bei denen beide Geschlechter ihre Kleidung miteinander austauschen.

Aber all diese Unterscheidungen sind wiederum nur begrenzt nützlich, weil wir auch bei den männlichen Gottheiten, Helden und anderen mythologischen Figuren sehr sorgfältig zwischen den olympischen Göttern der Griechen und den chthonischen Göttern der Vorgriechen unterscheiden müssen. Olympische Göttinnen können, wie wir gesehen haben, männerrechtliche Funktionen ausüben, während chthonische Götter männlichen Geschlechts frauenrechtliche Aufgaben erfüllen können. Eine grundsätzliche Identifizierung der Göttinnen und Heldinnen mit dem «Mutterrecht» ist also ebenso trügerisch wie eine grundsätzliche Gleichstellung der männlichen Götter und Helden mit dem Vaterrecht. Wir müssen jeden Einzelfall der Genealogie untersuchen, ehe wir folgern können, ob wir es mit frauenrechtlichen oder männerrechtlichen Mythen, Riten, Kulten, Festen und Bräuchen zu tun haben. Das kann ich innerhalb eines relativ kurzen Aufsatzes nicht mit dem ganzen Pantheon der Griechen vornehmen, aber ich will es doch mit einigen Beispielen zu belegen suchen.

1. TRANSVESTITISCHE GÖTTER

a) Dionysos, nach griechischem Denken illegitimer Sohn des Zeus und der Semele, wird von seinem Vater gezwungen, Mädchenkleidung zu tragen, weil er ihn vor der Eifersucht seiner Gattin Hera schützen will. Weshalb eine illegitime Tochter ihr weniger Grund zur Eifersucht als ein illegitimer Sohn geben soll, wird dabei nicht erklärt. Das Motiv der Verkleidung aus Angst vor Entdeckung oder Furcht vor Rache ist aber eine der häufigsten nachträglich von den Griechen erfundenen Begründungen für vorgriechische, den Griechen unverständliche Verhaltensformen. In Wahrheit war Dionysos ursprünglich eine Fruchtbarkeitsgöttin, erst danach, während der Übergangsstufe vom matrilinearen zum patrilinearen Zeitalter, wurde er der Sohn und Priester dieser Fruchtbarkeitsgöttin: ein Heiliger König. Solche Geschlechtsverwandlungen (vergleiche Kybele-Attis-Agdistis) waren in dieser Übergangsperiode der Mythenbildung sehr häufig. Dionysos wurde als Frau erzogen, weil er nur so die weiblichen Fähigkeiten der Fruchtbarkeit und des Pulsierens im Rhythmus der Gestirne erwerben konnte. Er war der Sohn und Gemahl der Semele (gleich Selene), der Mondgöttin. Aber er verriet sie, indem er gegen die bewaffneten Frauen, die Amazonen, Partei ergriff, und wurde dadurch zum Gott der Väter. Die Mondgöttin bestrafte ihn mit Wahnsinn. In Frauenkleidung gehüllt, wanderte er jahrelang durch die Wälder, gefolgt von einem Troß am Mund schäumender Irrer. Für die Griechen blieb er jahrhundertelang ein «effeminierter Fremder» (Euripides). Aischylos nennt ihn «Mann-Frau» und fragt: «Wo kommst du her? Was trägst du da für Kleider?» Denn die schwere kleinasiatische Robe, der dicke Mantel, der nur den Vorderarm freiläßt, sind tatsächlich Attribute eines Fremden, sind Paraphernalia, die den Ursprung des Gottes aus der Welt der vorgriechischen Fruchtbarkeitskulte klarmachen.

b) Hymenaios, der Ehegott der Griechen, trägt Frauenkleidung, um sich seiner Geliebten während der Frauenprozession zu den Eleusinischen Mysterien zu nähern. Als die Prozession von Piraten überfallen wird, tötet er die Angreifer und heiratet seine Geliebte. Das Motiv der Verkleidung zum Zweck der Übertölpelung eines Feindes ist griechisch. Das Motiv des Anlegens der Frauenkleidung, um an einem den Frauen vorbehaltenen Kult teilzunehmen, ist vorgriechisch. Wir finden es bei Orpheus, bei Pentheus und bei Dionysos. Obgleich Hymenaios ein sehr «junger» Gott ist, wahrscheinlich nur eine späte Personifizierung des Hochzeitsgesangs, haben die Griechen ihm also teils alte, teils neue Motive unterschoben. Es geht einerseits, wie bei Dionysos, um die mimetische Magie der weiblichen Kleidung, um die fruchtbarmachenden Paraphernalia des gebärenden Geschlechts; es geht andererseits aber auch um die männliche Auslegung, daß die Übernahme der Frauenkleidung durch den Mann, also der Triumph des Vaterrechts über das Mutterrecht, dadurch gerechtfertigt sei, daß der Mann der Frau den besseren «Schutz» gebe. Denn die Piraten hätten die Frauen vergewaltigt und verschleppt, wenn Hymenaios, in Frauengewändern, sie nicht niedergemetzelt hätte.

2. TRANSVESTITISCHE HELDEN

a) Achilles trägt Mädchenkleidung, weil seine Mutter Thetis vernommen hat, er habe die Alternative eines langen, ruhigen Lebens im Haus der Mutter oder eines frühen, ruhmreichen Todes in der Ferne, also die Alternative zwischen einem matristischen Leben und einem patristischen Tod. Um ihm den Tod zu ersparen, kleidet sie ihn als Mädchen und nennt ihn Kerkysera, Aissa oder Pyrrha. Das Motiv des in Mädchenkleidern verborgenen Knaben haben wir bereits bei Dionysos kennengelernt. Wir werden es mit Varianten bei anderen griechischen Göttern und Helden wiederfinden. Zum Verständnis des Mythos müssen wir wissen, daß der Name Thetis, wie der der Titanen, zu dem Verbum tithenai gehört, das unter anderem «verfügen» oder «anordnen» bedeutet und sich im Griechischen oft auf die mutterrechtlichen Götter und Helden bezieht. Thetis, wie Diana oder Dione, ist also eine alte Fruchtbarkeitsgöttin. Ihr war prophezeit worden, sie werde einen Sohn gebären, der stärker sein werde als sein Vater – also einen mutterrechtlichen Rebellen gegen das Reich der Väter. Deshalb durfte sie mit keinem der vaterrechtlichen Götter, sondern nur mit einem Sterblichen vermählt werden. Dies war Pelops, dessen Vater Tantalos ihn als Kind zerschnitten, gekocht und den Göttern als Speise vorgesetzt hatte – nach griechischer Deutung, um die Allwissenheit der Götter zu prüfen, nach vorgriechischer Deutung aber, um ihm Unsterblichkeit zu verleihen. Denn all die Mythen von zerschnittenen, gekochten und verspeisten Kindern – Dionysos ist ebenfalls ein solches «gekochtes» Kind – demonstrieren ja, daß diese Kinder, im Gegensatz zu sterblichen Menschen, eben nicht sterben. Also kann es uns kaum wundern, daß Thetis ihre Kinder «verbrennt». Daher rührt die berühmte «Achillesferse», der verwundbare Teil seines Körpers, der ihm eingepflanzt worden ist, nachdem sein eigenes Fußgelenk verkohlt war. Thetis gibt ihm also Unsterblichkeit mit auf den Weg. Ihr Ziel, ihn dem Reich der Mütter zu erhalten, mißlingt aber: Achill wird zum Krieger, zum Vaterrechtler, zum deklarierten Feind der Amazonen, der letzten Frauenbataillone. Es ist sein Schicksal, Teil seiner schizophrenen, zwischen Mutter- und Vaterrecht hin- und hergerissenen Persönlichkeit, daß er Penthesilea, die Königin der Amazonen, tötet und dann erst merkt, daß er sie liebt. Sehr viel späteren Datums ist die Legende, daß Achill Frauenkleidung angelegt habe, um Deidameia zu verführen, denn die Implikation dieser Anekdote ist die zwar sexualhistorisch interessante, aber mythologisch bedeutungslose These, daß es für eine Frau leichter als für einen Mann ist, eine andere Frau zu verführen. In der

Fassung des Bion aus Phlossa flüstert der als Mädchen verkleidete Achill der Deidameia nachts zu: «Die anderen, deine Schwestern, schlafen alle gemeinsam, aber ich schlafe allein, und allein schläfst auch du, Jungfrau. Und doch sind wir beide gleichaltrige Mädchen, sind beide schön und schlafen allein in getrennten Betten. Die Nacht ist grausam, die mich mit hämischer Bosheit von dir trennt. Denn ohne dich kann ich nicht mehr leben.»

b) Noch deutlicher als im Leben des Achill können wir die alte Handschrift der Mütter durch das Palimpsest der vaterrechtlichen Ansprüche im Leben des Herakles hindurchschimmern sehen. Bei Plutarch flieht Herakles vor seinen Feinden nach Kos und wird von einer thrakischen Frau gerettet, indem sie ihm ihre Kleidung schenkt. Später heiratet er die Tochter des Alkipios und trägt bei der Hochzeit eine mit Blumen bestickte Frauenrobe. Nach anderen Fassungen zieht er Frauenkleider an, um den Meropen zu entkommen, deren Anführerin, Eurypyle, den Namen des Todes trägt. Flucht vor dem Feind und Rettung durch Frauenkleidung sind griechische Motive. Eurypyle ist eine jener amazonenartigen Figuren, die das Leben aller drei großen griechischen Helden bedrohen: Sie ist eine bewaffnete Verteidigerin des bereits sterbenden Reiches der Mütter. Kompliziert und für mich unlösbar ist die Frauenkleidung bei der Hochzeit – eine vierte Variante jener komplizierten Hochzeitsbräuche, die den Konflikt und den Versuch der Kompromißlösung alter Rechtssysteme widerspiegeln.

Der weitaus bedeutsamste Aspekt des transvestitischen Lebens dieses großen Helden ist aber die Episode mit Omphale, der Königin von Lydien, der er drei Jahre lang dient, Frauenkleider tragend und Frauenarbeit verrichtend. Wenn er beim Spinnen die Spindel ungeschickt hält, schlägt sie ihn mit ihrem Pantoffel. Zum Zeichen des Triumphs setzt sie ihm den Fuß auf den Nacken. So wird er, der tapferste der Tapferen, zum Pantoffelheld. Sie trägt sein Symbol, das Löwenfell, und schwingt seine Keule, damit er ihr gehorche. Ovid hat das Geschlechtsleben dieser beiden mit der ihm eigenen Lust am Komplizierten beschrieben. Omphale, mit nackten Schultern, nackten Brüsten, vergoldeten Brustwarzen und offenem Haar, zieht Herakles Stück für Stück die Kleider an, die sie eben abgelegt hat. Ihr purpurfarbenes, transparentes Hemd, dessen Nähte über den riesigen Schultern des Helden zu zerplatzen drohen, den zu engen Gürtel, die zu kurze Tunika, die viel zu engen Schuhe, die Armspangen, die gerade noch als Fingerringe brauchbar sind. Dann zieht sie die Kleidung des Helden an, wirft sich das Löwenfell über die Schultern und hebt die Keule über den zu ihren Füßen kauernden Mann.

Was liegt hier vor? Sicherlich in der frühesten Fassung des Mythos das gleiche wie bei Dionysos: Fruchtbarkeitsmagie. Dieses Mythologem – Steigerung der Lebenskraft durch Ingestion der sexualspezifischen Kräfte des anderen Geschlechts – wurde dann durch anekdotische Erweiterung zur Fabel vom masochistisch-transvestitischen Herakles und der exhibitionistisch-sadistischen Omphale. Durch vaterrechtlich-psychologistische Umdeutung wurde der Sinn des Mythos in sein Gegenteil verdreht, in die Erniedrigung des Helden durch die fremde Frau. Diese Verwandlung fand während der Heldenzeit statt, jener bereits beschriebenen Periode, in der die Söhne der griechischen Adelsfamilien in die Ferne zogen, um in die matrilinearen Herrschersippen ihrer Nachbarvölker einzuheiraten. Das geschah in der Überlieferung stets, indem der Grieche eine Dienstleistung erbrachte, einen Wettbewerb gewann oder einen Feldzug zugunsten der Sippe seiner zukünftigen Frau führte. Die Legende von Herakles und Omphale geht auf eine solche Dienstleistung des griechischen Helden am Hof der Königin von Lydien zurück. Der erniedrigende, von den Griechen verdrängte Aspekt der Geschichte ist nicht etwa die Dienstleistung, sondern deren mangelnder Erfolg: Trotz dreijähriger Dienste verweigerte Omphale ihrem Freier die Krone. Das war es, was die Griechen nicht ertragen konnten, und deshalb machten sie ihren Nationalhelden zum Rächer der Männer, zum Todfeind der Frauen.

Sein männerrechtlicher Status wird dadurch betont, daß es Athene, die Mutterlose, ist, die über ihn wacht. Wenn wir dann noch wahrnehmen, daß seine Gegner mutterrechtliche Frauen (die Amazonen), mutterrechtliche Männer (Antaios, Lityerses, Alkyoneus, Nessos) oder heilige Tiere der mutterrechtlichen Völker sind (der chthonische Hund Kerberos, der kithaironische Löwe, die lernaiische Schlange, der erymanthische Eber, die kerynitische Hirschkuh, die stymphalischen Vögel, der kretische Stier usw.), so wird sein Status als Verkörperung des Vaterrechts nur allzu deutlich.

c) Ähnlich verläuft das Leben und die Vergöttlichung des athenischen Staatshelden Theseus, des dritten der «Großen Drei» des griechischen Heroenmythos. Seine Kindheit beginnt bezeichnenderweise damit, daß er nicht von seiner Mutter Aithra, sondern von seinem Vater Pittheus aufgezogen wird. Er ist also wieder einmal einer jener «mutterlosen», nur von männlichen Vorfahren abstammenden Pioniere der patrilinearen Ordnung. Seine Stiefmutter, die Matriarchin Medea, versucht ihn zu töten. Als er nach Kreta, in das Heimatland der Mütter, zieht, um den Minotauros, das stierköpfige Totemtier des Minos, zu töten, nimmt er, wie wir gesehen haben, als Mädchen verkleidete Jünglinge mit. Durch warme Bäder, durch Bewahrung vor Sonne und Luft, durch Salbung der Haut und Haare, durch weiblichen Schmuck gibt er ihnen ein völlig transvestitisches, transsexuelles Aussehen. Auch gewöhnt er sie, wie Plutarch uns verrät, daran, Stimme und Gang der Mädchen nachzuahmen. Die griechische Erklärung ist, daß Theseus dies tut, um den Minotauros zu täuschen. Sie meinten damit, der Minotauros habe keinen Verdacht geschöpft, da Frauen feig seien und er deshalb vor ihnen keine Angst zu haben brauche. Die wahre Bedeutung der Legende ist statt dessen die, daß der Minotauros, als Totemtier eines matrilinearen Geschlechts, natürlich allen Wesen traut, die zu seinem eigenen Geschlecht gehören. Diese Erklärung wird von den griechischen Mythenschöpfern aber verdrängt, und statt dessen finden wir Theseus als Todfeind aller Frauen, vor allem – wie bei den beiden anderen – als Gegner der Amazonen. Das triolistische Verhaltensmuster, dem wir bei all diesen Helden begegnen, setzt wieder

ein, wenn er mit Herakles zusammen die Amazonenkönigin Antiope (oder Hippolyte) als Beute nach Hause bringt.
d) Pentheus, König von Theben, legt Frauenkleidung an, weil Dionysos ihm das befohlen hat; nach griechischer Lesart, weil Pentheus sich geweigert hatte, die Riten des Dionysos zu ehren, in Wahrheit aber, weil die ganze Pentheuslegende nur ein zweiter Aufguß des Mythos vom Tod des Orpheus ist und weil dieser bereits ein zweiter Aufguß des Todes und der Auferstehung des Dionysos selbst darstellt. In allen drei Fällen wird ein Mann von trunkenen Frauen getötet, zerrissen und verspeist. Das ist aber kein Racheakt, sondern eine Fruchbarkeitszeremonie: die jährliche Tötung des Gottkönigs, die der Erhaltung der Felder und der Vitalität aller Lebewesen dient. Was die Griechen als Racheakt eines männlichen Gottes betrachteten, der einen Ungläubigen durch Anlegen von Frauenkleidung erniedrigt, ist in Wahrheit das Gegenteil: der rituelle Kleidertausch am Erntefest, einer der ältesten Riten der vorgriechischen Ackerbaukulturen.
e) In wie hohem Maße sich die bereits erwähnten griechischen Standardmuster der Erklärung vorgriechischer transvestitischer Mythen, Riten und Kulte in den Legenden und Anekdoten von anderen als Frauen gekleideten Männern wiederholen, sei an einigen weiteren Fällen demonstriert. Das Muster der zur Übertölpelung des Feindes angelegten Frauenkleidung finden wir bei Euthymos, dem König von Lokroi, der das Phantom von Temesa tötet, indem er sich ihm (wie die Gefährten des Theseus dem Minotauros) als Mädchen gekleidet nähert; bei Argaios, dem König von Makedonien, der seine Feinde mit einem als Frauen verkleideten Heer vernichtet; bei Antenor, der den Tyrannen von Kephallenia tötet, indem er sich als Frau verkleidet in dessen Schlafgemach einschleicht; bei den Minyern, die als Frauen verkleidet aus den Gefängnissen der Spartaner ausbrechen. Das Muster der Verkleidung aus Angst finden wir unter vielen anderen Beispielen auch bei Leukippos, der die Geliebte des Apoll liebt und Frauenkleidung trägt, um der Eifersucht des Gottes zu entgehen. In allen fünf Fällen stellt die «rationale» Erklärung der Griechen die nachträgliche Korrektur eines vorgriechischen und deshalb «irrationalen» Geschehnisses dar, auf das wir am Schluß zurückkommen werden.

## 3. TRANSVESTITISCHE KULTE, RITEN UND BRÄUCHE

Da wir uns am Anfang dieses Komplexes bisexueller Mythen und Riten bereits mit jenen Festen befaßt haben, bei welchen die Frauen Männerkleidung anlegten, konzentrieren wir uns hier auf solche, bei denen die Männer Frauenkleidung trugen, und fügen dann einige Kulte und Riten an, bei denen jedes Geschlecht die Kleidung des anderen anzog.
Servius sagt, in der Nähe von Troja, nahe dem römischen Sigaeum, habe es einen Achillestempel gegeben, in dem die Männer nach Frauenart Ohrringe getragen hätten, um den Achill zu ehren, dessen Statue ebenfalls ein Juwel im Ohr getragen habe. Dies sei zur Erinnerung an die Zeit geschehen, in der seine Mutter Thetis ihn als Mädchen aufgezogen habe, aber auch zum Andenken an seine Hochzeit, bei der er Frauenkleidung getragen habe. Lukian erzählt in ähnlicher Form, beim lydischen Attisfest hätten die Männer Frauenkleidung angelegt, und zwar im Andenken an die Tatsache, daß die Göttin Rhea den Attis beauftragt habe, sich als Frau zu kleiden. Ähnlich bei den Apodysia oder Apodykteria in Kreta, wo die Männer Frauenkleidung zu Ehren des Leukippos angelegt hätten, um dessen Verwandlung in eine Frau zu zelebrieren.
Bei den Tithenidien, dem Fest der Artemis Korythalia in Sparta, trugen die korittoi, die «Hornstößer», Frauenkleider und Frauenmasken. Bei den Artemisien, den eigentlichen Artemisfesten in Lakonien, trugen die Männer Frauenkleider. Auch fand in Sparta jedes Jahr eine Prozession zum Berg Taygetos statt, bei der die Männer Frauenkleidung trugen. Wenn die Prozession, welche die Eleusinischen Mysterien einleitete, die Brücke von Kephisa passierte, wurde sie von einem Mann in Frauenkleidung empfangen. Bei den Heraien, den Festen zu Ehren der Hera in Samos, trugen die Männer lange weiße Roben, goldene Haarnetze, Frauenarmbänder und Frauenhalsketten. Beim Kotysfest in Athen, dem Fest der Göttin Kotys oder Kotytto, tanzten Männer in Frauenkleidung und trugen weibliche Perücken. Die Priester der Göttin trugen bunte Frauenkleider, schminkten sich und verlängerten ihre Augenbrauen mit Kienruß. Beim Fest der Leto Phytia in Phaistos zogen die Knaben sich öffentlich aus und legten dann langsam und feierlich Mädchenkleidung an.
Nach allem, was wir von Dionysos gehört haben, ist es kaum verwunderlich, daß transvestitische Riten bei fast allen seiner Feste stattfanden: bei den Anthesterien in Athen und dem ganzen ionischen Bereich, bei den Askolien, den ländlichen Dionysosfeiern, bei den eigentlichen Dionysien in Athen, Eleusis und anderen jonischen Städten, bei den Lenaien in Attika, Naxos, Andros und Mykonos, bei den Oschophorien in Athen und Phaleron, bei den Peiraien im Peiraios. Bei den Dionysien trugen die Phallosträger weibliche Kleidung. Bei den Anthesterien, die zwar dem Dionysos geweiht waren, aber den Sieg von Marathon feierten, beschwerte sich Apollonios von Tyana, der den Grund dieser Riten nicht mehr verstand, darüber, daß die krokotoi, die safranfarbigen Frauenkleider und Frauenschleier der Männer, eine Beleidigung der Helden seien, die die Perser besiegt hätten.
Soweit die Feste und Kulte, bei denen die Männer Frauenkleidung trugen. Nun zu einigen Beispielen des wechselseitigen Kleidertauschs im griechischen Ritus. Bei den Hermesfeiern, die nicht nur ein Fest des sexuellen, sondern auch des sozialen Rollentauschs waren (Sklaven traten als Herren, Herren als Sklaven auf), trieben die als Männer verkleideten Frauen ihre als Frauen verkleideten Männer mit Ruten um den Hermesaltar herum. In Pamphylien, wo man Aphrodite als bärtige Frau unter dem Namen Aphroditos verehrte, trugen die Anbeter Frauenkleidung, während die Anbeterinnen als Männer gekleidet waren. Beim Hybriskafest in Argos trugen die Frauen den männlichen Chiton und Chlamydes, während die Männer den weiblichen Peplos und dazu Frauenschleier anlegten, angeblich um die Rettung der Landschaft durch das Frauenbataillon der

Telesilla im Kampf gegen die Spartaner zu feiern. In Phaistos auf Kreta wurde ein Fest namens Ekdysia gefeiert, bei dem die Knaben Mädchenkleidung und die Mädchen Frauenkleidung an- und auszogen. Das gleiche fand bei den Endymatia, den Entkleidungsfesten in Argos, statt. Auch bei den nächtlichen Prozessionen, die man in ganz Griechenland Komos nannte, trugen die Frauen nicht nur Männerkleidung, sondern manchmal auch Bärte, während die Männer Frauenkleidung anlegten. Beim Kronosfest, das den Triumph der Titanen über die Tyrannis des Uranos feierte, trugen die Männer Frauenkleidung, die Frauen Männerkleidung.

Überprüfen wir nun die Thesen, die im Lauf der Jahrhunderte zur Erklärung dieser Phänomene vorgeschlagen worden sind, so ergibt sich folgendes Bild:
1. Der Mann legt die Kleider des anderen Geschlechts an oder tauscht seine eigenen gegen ihre aus, weil er die Frau aus der ihr zustehenden Rolle in Kult und Ritus vertrieben hat und deshalb jetzt ihre Rolle spielen muß. Das trifft zweifellos auf einige der eben beschriebenen Feste zu.
2. Das weibliche Geschlecht wird verspottet, indem man dessen Kleider anlegt. Das geschah oft, aber meist nur bei den säkularen Festen, zum Beispiel beim Komos, und selbst dann eigentlich nur als Teil eines Kleider- und Rollentauschs mit gegenseitiger Verspottung.
3. Die Kleidung des weiblichen Geschlechts wird angelegt, weil man eine so tiefe Verachtung für Frauen empfindet, daß man ihnen nicht einmal zutraut, die Rolle ihres eigenen Geschlechts richtig zu spielen. Das geschah im griechischen Theater, aber nur als eines der drei Motive, die zur männlichen Arrogierung weiblicher Rollen geführt hatten.
4. Die weibliche Kleidung drückt das Überwundene aus: das Reich der Mütter. Auch dies fand vor allem auf der Bühne statt.
5. Die weibliche Tracht wird angelegt, um dem väterlichen Anspruch auf Gebärfähigkeit Ausdruck zu verleihen. Das fand bei jenen Couvade-Sitten statt, die wir bereits als Beispiele der rituellen Geschlechtsumkehr zitiert haben.
6. Die weibliche Kleidung dient der Ingestation weiblicher Gebärfähigkeit, stellt also einen Fruchtbarkeitskult dar. Das ist nahezu die Norm im vorgriechischen Hellas, seltener bei den Griechen selbst.
7. Die weibliche Kleidung dient der Abwehr dämonischer Kräfte; kommt häufig vor.
8. Das Anlegen der weiblichen Kleidung ist ein Initiationsritus. Häufig im vorgriechischen Zeitalter, seltener bei den Griechen.
9. Die weibliche Kleidung bekundet, daß der Kult einst ein Frauenkult war. Dies ist der häufigste aller Fälle.
10. Das Anlegen weiblicher Kleidung drückt einen Versuch der Versöhnung mit den Muttergöttinnen aus. Das geschah sehr oft, aber eher unbewußt als gezielt.
11. Die weibliche Kleidung wird angelegt, um den Schutz einer Göttin zu erhalten, deren Ritus nominell nur von Frauen betrieben werden darf. Dies geschah bei vielen Festen, vor allem bei den Oschophorien in Athen.
12. Weibliche Kleidung wird angelegt, um wichtige Unternehmen der Frauen durch Analogiemagik zu fördern. Auch das geschah, aber es war selten, da die Männer nur wenige Unternehmen der Frauen als förderungswürdig betrachteten.
13. Das Anlegen der weiblichen Kleidung drückt die einstige Einheit der Geschlechter aus und dient der Erkenntnis eines doppelgeschlechtlichen Urmenschen. Das geschah vor allem bei den orphischen Riten und Kulten.
14. Der Kleidertausch drückt den doppelgeschlechtigen Charakter einer Gottheit aus; sehr häufig (vgl. die bereits erwähnten doppelgeschlechtigen Gottheiten).
15. die weibliche Kleidung des Mannes drückt den homosexuellen Charakter einer männlichen Gottheit aus; häufig (vgl. die erwähnten homosexuellen Götter).
16. Die weibliche Kleidung des Mannes imitiert die transvestitischen Erlebnisse einer männlichen Gottheit. Geschah niemals, wurde aber oft als nachträgliche Erklärung transvestitischer Riten zitiert.
17. Die weibliche Kleidung des Mannes drückt die Kastration einer männlichen Gottheit aus. Häufiger bei den Überseegriechen als auf dem Festland.

Zwei dieser Argumente möchten wir noch einmal herausgreifen, um sie nicht nur am transvestitischen Verhalten der Gläubigen, sondern auch an dem der Priester zu überprüfen – These 9 und These 17. George Thomson sagt: «Wenn also der Führer des thiasos ein Mann in Frauenkleidung war, so können wir aus allgemeinen Gründen mit einiger Sicherheit folgern, daß der Führer einstmals wirklich eine Frau gewesen ist, und der Wechsel im Geschlecht erklärt sich als erster Schritt zu einer männlichen Kontrolle eines ursprünglich ausschließlich den Frauen vorbehaltenen Kultes.»[11]
Das trifft sicherlich auf die dionysischen Riten, Kulte und Feste zu, deren erste Priester nachweislich Frauen waren. Auch bei dem Herakleskult in Antimachia auf der Insel Kos, wo die Priester Frauenkleidung trugen, mag die «rationale» Deutung der Griechen, dies sei zur Erinnerung an die transvestitischen Episoden im Leben des göttlichen Helden geschehen, falsch und Thomsons Erklärung richtig sein. Das geht mit gewisser Wahrscheinlichkeit aus dem Kommentar des Ioannes Laurentios Lydos hervor: «Darum kleiden sich bei den Mysterien des Herakles die Männer in Frauenkleidung, wenn der Samenkeim nach der Rauhheit und Unfruchtbarkeit des Winters zu erweichen anfängt.» Das ist die Beschreibung eines agrarischen Fruchtbarkeitskults aus der Zeit der Mütter, kein Heroenkult aus der der Väter.
Aber trifft Thomsons Deutung auch auf die Priester bestimmter Göttinnen zu, zum Beispiel der Atemis von Ephesos, der Kybele oder der Kotytto? Denn in allen drei Kulten trugen die Priester nicht nur Frauenkleidung, sondern waren auch kastriert, und diese Tatsache lenkt unser Augenmerk auf einen Komplex (These 17), der zwar eng mit dem des Kleidertauschs verknüpft ist, aber doch weit über ihn hinausweist und uns zu den frühesten Formen des eurasischen Kultlebens zurückführt.

15.

In einer derart von Gedanken der männlichen Potenz geprägten Tradition wie der des alten Hellas nimmt die Kastrationsfurcht einen ungewöhnlich hohen Stellenwert ein. Und dies, obgleich zwei der unerläßlichen Vorbedingungen der Kastrationsangst nach Freud das Onanierverbot und die elterliche Kastrationsdrohung sind. Da beide im griechischen Eltern-Kind-Verhältnis nicht auftauchten, sollte man meinen, es sei eine Gesellschaft frei von Impotenzängsten gewesen. Das Gegenteil ist der Fall. Nach dem Glauben der ältesten Griechen war der Penis der Sitz der Seele. Wenn sie einen Feind besiegten, schnitten sie ihm deshalb das Glied ab, und gaben es dem Toten in die Hand, als habe er es selbst getan. Dadurch sollte einerseits der Fluch der Kastration gebannt, andererseits die Seele des Toten aber auch unschädlich gemacht werden. Kaum ein anderes Volk hat jemals in vergleichbarer Weise unter dieser Verknüpfung von Kastrationsangst und Furcht vor Bestrafung durch die toten Seelen gelitten. Wie erklärt es sich dann, daß gerade dieses Volk kastrierte Gottheiten verehrte und kastrierte Priester duldete?

Die heute herrschende Schulmeinung ist, daß all diese Kastratengötter und ihre Diener aus dem Osten stammten, also nichtgriechischen Ursprungs waren. Diese Theorie stimmt aber nur zur Hälfte. Sie geht auf Lukian zurück, der am oberen Euphrat geboren war, später in Athen wirkte und gegen Ende seines Lebens in den ägyptischen Verwaltungsdienst eintrat. Sein Bericht über den Tempel der Dea Syria in Hierapolis stellt bis zum heutigen Tag eine unserer Hauptquellen zu diesem Thema dar. Er schrieb: «Wegen des Verhaltens des Kombabos verschneiden sich alljährlich im Tempel zu Hierapolis in Syrien eine Anzahl junger Leute und werden in Frauen umgewandelt.» Dann berichtet er über die Zeremonien, die ganz offenkundig einen Zustand der Ekstase und Schmerzunempfindlichkeit erzeugen sollten: «Der Jüngling, den dieser Zustand befällt reißt sich die Kleider vom Leibe, rennt unter lautem Schreien mitten in den Kreis der Priester, ergreift eines der dort seit vielen Jahren bereitliegenden Schwerter, verschneidet sich damit und läuft durch die Stadt, indem er das, was er sich abschnitt, in der Hand hält. In welches Haus er es auch hineinwirft, stets erhält er von dort weibliche Kleidung und Putz.»

In Anlehnung an den jonischen Namen der Muttergöttin, Kybebe, tauften die Jonier alle kastrierten Priester, einerlei welcher Göttin sie dienten, kybeboi, wovon sie auch den Ausdruck für Eunuch, kybebis, ableiteten, während die Phrygier solche Priester nach dem Flusse Gallos, der durch das Heiligtum der Kybele floß, galloi nannten, ein Ausdruck, den auch die Römer als galli übernahmen, als sie den Kult der Kybele importierten. Zu Ephesos, im Dienst der Artemis, nannte man die Kastratenpriester megabyzoi, in anderen Landstrichen metragyrtes. Wenn der Priester sich nicht nur zeugungsunfähig (Hodenkastration), sondern tatsächlich gliedlos gemacht hatte (Penisamputation), sprachen die Griechen von kartzimoi – «Gliedlosen», ein uns erst aus byzantinischer Zeit überlieferter Ausdruck.

Die meisten Griechen, als Anhänger vaterrechtlicher Götter, betrachteten solche Priester als Homosexuelle (so Pseudo-Lukian, «Lucius« 35 ff.) und meinten, daß «viele ganz offensichtlich zu widernatürlichen Zwecken entmannt wurden» (so Justin, «Apologio» 1,27). Deshalb verlangten manche der Stadtstaaten, daß die Priesteranwärter ihrer eigenen Stadtgottheiten daraufhin untersucht wurden, ob sie «gesund und zeugungsfähig» seien. Es stimmt also zweifellos, daß die Hellenen manche Formen der rituellen Kastration als intensive Bedrohung des Vaterrechts betrachteten, aber sie empfanden diese Bedrohung aus zwei sehr verschiedenen Gründen, die voneinander getrennt werden müssen, wenn wir ihnen auf den Grund kommen wollen. Erstens wiesen sie den Ritus zurück, weil er aus Kleinasien stammte und deshalb als verweichlicht und barbarisch galt. Zweitens aber hatten sie die Figur des Jünglings in so hohem Maß mit dem der Vitalität identifiziert, daß der Verlust der Jugend ihnen wie der Anfang des Todes vorkam. Jemand, der sich freiwillig der Essenz des Jünglings, der Zeugungsfähigkeit, beraubte, kam ihnen deshalb wie ein Selbstmörder vor. Paradoxerweise war es aber gerade die Angst vor dem Verlust der Jugend und der Potenz, die die Griechen besonders empfänglich für diese gehaßten und gefürchteten Riten machte, denn der Fruchtbarkeitskult, aus dem die Kastrationszeremonien entstanden waren, sollte ja ewige Jugend und nie erlöschende Zeugungskraft vermitteln. In den Mythen vom Opfertod des Dionysos, des Orpheus und des Pentheus sind wir bereits dem eigentümlichen Argument der agrarischen Fruchtbarkeitskulte begegnet, daß nur der freiwillige Verzicht auf das Leben eine Erlösung von der Angst vor dem Tod bietet. Analog hierzu kann nur die Kastration den Mann von der lebenslangen Furcht vor dem Erlöschen der Potenz befreien. Diese Überzeugungen lagen den Riten der jahreszeitlichen Tötung und Auferstehung des «Heiligen Königs», des Hohepriesters der alten Mutterreligionen, zugrunde.

Jedes Jahr zur Erntezeit wurde der wegen seiner Jugend, Schönheit und Kraft gewählte heilige Jüngling rituell kastriert, getötet, zerrissen und verspeist, um im Frühling das Sprießen der Vegetation zu bewirken und damit seine eigene Auferstehung zu feiern. Der Gedanke hinter dieser Zeremonie war durchaus sinnvoll: Nur wer an Alter und Senilität stirbt, verliert seine Zeugungskraft. Wer dagegen auf dem Höhepunkt seiner Potenz getötet wird, der wird weder impotent noch senil. Damit die Felder fruchtbar werden, muß der Jüngling fruchtbar bleiben. Damit er seine Fruchtbarkeit und damit die der Felder nicht verliert, muß er vor Beginn des Winters kastriert und getötet werden. Nur so kann er ewige Jugend, ewige Potenz, ewiges Leben vermitteln.

Aus dieser Logik ergab sich auch die Zeremonie der «Heiligen Hochzeit» (hieros gamos), der öffentlichen Paarung des Hohepriesters mit der Hohepriesterin, oder der Gottesbräute (hierodulai) mit den gläubigen Männern der Gemeinde. Auch hier sollte der Akt der Befruchtung durch mimetische Magie die Fruchtbarkeit der Felder stimulieren. Wie die Priesterin oder Gottesbraut die Große Mutter verkörperte, so stellte der Hohepriester, der Gottkönig, der Geopferte, den Sohn und Geliebten der Großen Mutter dar, der jedes Jahr zur Wintersonnenwende starb und im neuen Jahr zur Sommersonnenwende auferstand. Als die vaterrechtlichen Wanderhirten, die nomadischen Viehzüchter, denen diese Agrarmythen und Agrarriten zutiefst unverständlich waren, seßhaft wurden, übernahmen sie widerwillig, aber doch unwiderstehlich große Teile dieses mutterrechtlichen Kults. Das geschah in sehr ähnlicher Form bei dem Einfall der Gutäer in das alte Babylon, der Kassiten in das Reich Assur, der Hyksos nach Ägypten, der Israeliten in das Land Kanaan und der Griechen in die Ägäis. In allen fünf Fällen zerschlugen junge, dynamische Steppenvölker alte landwirtschaftliche Kulturen und wurden trotz ihres Sieges von diesen kulturell mehr oder weniger assimiliert. Als die agrarischen Produktionsverhältnisse, denen die Mutterkulte einst entsprungen waren, nun aber langsam abstarben und durch gemischte Landwirtschaft, Handwerk und Handel ersetzt wurden, hielt sich noch immer im Ritus ein Anklang an die alten Fruchtbarkeitskulte, aber es war bereits ein dekadenter Ritus: Die nebensächlichen, beiläufigen Aspekte des Kults wurden ihrem ursprünglichen Zweck entfremdet und in eigenständige Riten verwandelt; so einerseits die Selbstentmannung der Priester, andererseits die «heilige» Prostitution. Dieser Dualismus – einerseits die Negation der Sexualität im Akt der Eunuchisierung, andererseits die Affirmation im rituellen Sexualakt – kennzeichnet die Mutterreligionen im Stadium des Verfalls, vor allem die kleinasiatischen und nordafrikanischen, aber auch schon die ägäischen Kulte.

Da die Ökonomie der Griechen den Wandel vom Mutter- zum Vaterrecht und von der Mutter- zur Vaterreligion schon sehr früh erzwungen hatte, waren die Erinnerungen an viele der alten Mutterkulte auf der Balkanhalbinsel fast ausgestorben, als griechische Seefahrer und Kolonisten noch einmal mit den nun bereits dekadenten Fragmenten dieser Kulte in Kleinasien, Persien, Syrien und Phönizien in Berührung kamen. Die griechischen Fassungen der phrygischen, lydischen, syrischen, persischen und phönizischen Mythologien sind deshalb in zweierlei Hinsicht unzuverlässig. Erstens werden alle Vorgänge vom vaterrechtlichen Standpunkt aus gesehen. Zweitens wird Ritus der Entmannung nicht mehr als Fruchtbarkeitskult, als Versuch der Erhaltung der Potenz, sondern als dessen Gegenteil, als Vernichtung der Zeugungskraft, verstanden und meist in naiv patriarchalischer Weise als Eifersuchtsdelikt gedeutet.

Vergleichen wir die orientalischen Formen des Mythos einmal kurz mit den griechischen Adaptionen, so sehen wir aber doch, daß die östlichen Völker selbst im Stadium des Verfalls der Mutterreligionen noch einen beachtlichen Teil der mutterrechtlichen, befruchtenden Aspekte des Kults aus der Vorgeschichte in die geschichtliche Zeit hinübergerettet hatten, während die Griechen – teils aus formalrechtlichen Schwierigkeiten, der Logik des Mutterrechts zu folgen, teils aber auch als Abwehr – den rituellen Bestand des Mythos sofort ins Anekdotische umbogen und mit psychologischen Motiven (Eifersucht, Angst, Rache) zu erklären suchten.

Bei den Phrygern ist Agdistis gleichzeitig Sohn und Gemahl der Großen Mutter und wird nach der Paarung rituell kastriert, damit seine Potenz nie von selbst erlöschen möge. Die Große Mutter heißt dort Kybele, und Arnobius sagt von ihr auch, sie habe die abgeschnittenen Glieder ihrer Priester in die Erde gepflanzt. Dies bedeutet unmißverständlich, daß es sich noch in Arnobius' Zeit um einen Fruchtbarkeitskult gehandelt haben muß. Ihr Schrein stand auf dem Berg Dindymon. Dort befand sich auch ein phallischer Felsen, Agdos, der den Sohn-Gemahl Agdistis darstellte. Obgleich der Schrein auf einem Berg lag, war Kybele keine «olympische», keine «himmlische», sondern eine chthonische, irdische Göttin. Sie lebte in einer heiligen Höhle, dem Symbol der Vulva, deren Sprachwurzel auch in ihrem eigenen Namen erhalten war.

In der kappadokischen Fassung hieß die Göttin Ma Bellona. Ihr Kultort war in Komana. Auch hier entmannten sich die Priester rituell zu Ehren des kastrierten Sohn-Gemahls der Göttin. Varianten des Kults lassen sich in Ägypten (3. Jahrhundert vor unserer Zeitrechnung), Makedonien (3. Jahrhundert), Aitolien (2. Jahrhundert) und Messenien (128 vor unserer Zeitrechnung) nachweisen. In Syrien hieß die Muttergöttin Derketo. Lukian nennt sie, wie wir gesehen haben, einfach Dea Syria, die Syrische Göttin, und ihren geliebten Sohn, Hadad. Zur Erinnerung an seine Kastration errichtet Hadad den Tempel von Hierapolis. Die Tatsache, daß die Kastration als eine dankenswerte Tat empfunden wird, zu deren Gedenken man einen Tempel errichtet, läßt vermuten, daß diese Form des Mythos sehr alt ist.

Aber schon zu Zeiten des Lukian (etwa 120-180) waren in Syrien zwei dekadente Fassungen des Mythos entstanden. In der ersten verliebt sich die Königin Stratonike in ihren Stiefsohn Kombabos, der sich dann aus Furcht vor der Eifersucht seines Vaters entmannt. In der zweiten ist Kombabos der Architekt des Tempels von Hierapolis. Vor seiner Abreise zu der Baustelle übergibt er seinem König Seleukos I. ein versiegeltes Kästchen. Als die Königin sich während des dreijährigen Tempelbaus in Kombabos verliebt und der König ihn deshalb hinrichten lassen will, bittet Kombabos ihn um das Kästchen. Es enthält das Glied des Kombabos, das er sich vor der Abreise vorsorglich abgeschnitten hat. Der König vergibt ihm, beschenkt ihn, läßt ihn den Tempel fertigbauen und veranlaßt den Bildhauer Hermokles, zu Ehren des Kombabos eine Bronzestatue zu errichten.

Dies ist natürlich eine späte, anekdotische Fassung der Geschichte, nicht unähnlich der phönizischen Variante. Dort heißt die Muttergöttin Astronoe, ihr Sohn-Geliebter Esmunos. Seine Entmannung wird aber nicht mehr als Fruchtbarkeitsritus empfunden, sondern als Strafe dafür dargestellt, daß er seine Mutter während der Jagd zu vergewaltigen versucht habe. Auch die persische Fassung, in der die Mutter Anahid genannt wird, ist uns nur in dekadenter Form überliefert worden.

Von allen griechischen Fassungen ist die älteste die ephesische. Daß hier persische Elemente mitgespielt haben, geht unter anderem aus den Beinamen der dortigen Muttergöttin hervor – Meter Anaitis und Artemis Anaitis. Die Griechen meinten, die Amazonen hätten den ersten Schrein der ephesischen Göttin errichtet und sie Artemis Ephesia genannt. Strabon (etwa 63–19) spricht von ihrem Kult als von einer «heiligen Prostitution». Bis in römische Zeiten hinein, als die Göttin Diana von Ephesus genannt wurde, überlebte der Ritus der priesterlichen Entmannung gleichzeitig mit dem der heiligen Paarung der Gläubigen mit den Hierodulen.

Die phrygische Fassung der Legende scheint die Griechen am stärksten beeinflußt zu haben, denn sie übernahmen die drei Namen Kybele, Attis und Agdistis, änderten aber die Logik der Geschehnisse in vielen örtlich voneinander abweichenden Varianten. So wird Agdistis in der jonischen Fassung von den olympischen Göttern kastriert, weil sie auf ihn eifersüchtig sind. Aus seinen abgeschnittenen Genitalien wächst ein Mandelbaum. Als die Tochter des Flußgottes Sangarios die Mandeln verspeist, wird sie schwanger und gebiert den Knaben Attis, der so schön ist, daß die ewig junge Mutter des Agdistis sich in ihn, also in ihren eigenen Enkel, verliebt. Dies macht den Agdistis so eifersüchtig, daß er den Attis mit Wahnsinn schlägt. Im Wahn entmannt sich Attis.
In Attika dagegen erscheinen Attis und Agdistis als homosexuelle Freunde. Als Attis sich in die Tochter des Königs Midas verliebt, kastriert ihn der eifersüchtige Freund. In dieser Form wurde der Mythos im 4. Jahrhundert vor unserer Zeitrechnung zum Geheimkult der Päderasten im Peiraieus und kann noch bis kurz vor Beginn unserer Zeitrechnung in Rhamnus festgestellt werden. Auch auf Lesbos, in Pantikapaion und in Lydien, besonders in Philadelphia, überlebte der Attis-Agdistis-Kult in dieser Form bis ins 1. christliche Jahrhundert.
In Delos nannte man die Göttin Meter Theon oder Meter Dindymene, den Sohn-Geliebten Papas oder Zeus Papas. Klarer kann man den Prozeß der vaterrechtlichen Arrogation kaum ausdrücken.

16.
Damit haben wir in kürzester Form einen Überblick über einen ganzen Block griechischer Kastrationsmythen und ihrer Ursprünge in den agrarischen Fruchtbarkeitskulten zu geben versucht. Es existiert aber noch ein zweiter Block griechischer Kastrationsmythen, der andere Ursprünge und andere Bedeutungen hat. Ihr wichtigstes Beispiel ist die Rebellion der Titanen gegen die olympischen Götter. Dieser Mythos weist ohne jeden Zweifel in jenes dunkle, blutige Zeitalter zurück, in dem die mutterrechtlichen Sippen sich zum letztenmal gegen die vaterrechtlichen Usurpatoren erhoben hatten. Um die Bedeutung des Mythos zu würdigen, müssen wir noch einmal an die drei Grundgesetze der griechischen Mythenschöpfung erinnern:
1. Die Erde wurde als weiblich, der Himmel als männlich empfunden. Die «phallischen» Berge waren stets männlich, die «kunnischen» Höhlen stets weiblich.
2. In der griechischen Gesellschaftsordnung gehörte der Sohn zur Sippe des Vaters und war ihm zur Blutrache gegen die Mutter verpflichtet (Oresteia). In vorgriechischer Zeit dagegen gehörte der Sohn stets zur Sippe der Mutter und war ihr zur Blutrache gegen die des Vaters verpflichtet.
3. Wenn sich im griechischen Mythos Vater und Sohn bekriegen, so bedeutet das fast stets, daß der eine das Mutterrecht, der andere das Vaterrecht verkörpert.
So erzählt die Schöpfungsgeschichte des Hesiod, daß am Anfang der Schöpfung der Himmelsvater Uranos die Erdmutter Gaia geheiratet habe, aber auf seine Söhne so eifersüchtig gewesen sei (Ödipuskomplex), daß er sie gezwungen habe, in den Leib der Mutter zurückzukriechen (Mutterleibsphantasie). Als sie den furchtbaren Druck im Leib nicht mehr ertragen konnte und die Söhne aus ihr herausbarsten, befahl sie ihnen, sich für die Schmerzen und die Unterdrückung, die sie unter der Tyrannei des Vaters erlitten hatten, an ihm zu rächen. Als Uranos nun wieder einmal mit Gaia koitieren wollte, sprangen die Söhne unter Führung des Kronos hervor und kastrierten ihren Vater:

> Und der gewaltige Uranos kam und brachte die Nacht mit.
> Voller Sehnsucht nach Lieb' umarmt' er die Gaia und breitet'
> Überall sich. Da griff aus dem sich'ren Versteck mit der Linken
> Plötzlich der Sohn. Mit der Rechten erfaßt' er die riesige Sichel,
> Lang und spitzigen Zahns, und mähte dem eigenen Vater
> Haßerfüllt die Scham ab und warf im Fluge sie rückwärts.

Was das bedeutet, ist unverkennbar. Der von den Söhnen unterstützte Aufstand der Mütter gegen das Patriarchat mißlang. Die Väter kamen mit dem Leben davon. Aber sie wurden kastriert. Ihre Kraft wurde eingeschränkt. Das griechische Vaterrecht war niemals mehr das, was es ursprünglich zu sein versucht hatte: die absolute Herrschaft des Mannes. Es überlebte, es setzte sich durch, aber in eingeschränkter Form. Sein sexuelles Ziel wurde introvertiert. Der Kastrationskomplex, sowohl in der Form der männlichen Angst vor der kastrierenden Frau wie auch in der Surrogatform der Homosexualität, der Errichtung eines hermaphroditischen Ideals und der aktiven Eunuchisierung einer großen Anzahl junger Männer, war die Folge.
Freud sah den Kastrationskomplex in der Gesellschaft seiner Tage als Schatten des Ödipuskomplexes. Da der Sohn, wie Oidipus, die Mutter heiraten will, muß er den Vater töten. Der Vater verteidigt sich, indem er den Sohn zu kastrieren droht. Heute wissen wir mit Sicherheit, daß es einen solchen Kastrationskomplex nur in vaterrechtlichen Gesellschaften gibt. Als die Griechen ihn in vorgriechische Zeiten zurückprojizierten, irrten sie ebenso wie Freud es tat, als er meinte, der Ödipuskomplex sei universal. Und ein zweites ist heute klar: Die Griechen litten an einem umgekehrten Kastrationskomplex: an der Angst des Mannes vor der Kastration durch seine Frau und deren Kinder. Das ist ein Phänomen, das sich als Uranoskomplex bezeichnen ließe. Wir finden den Beweis für seine Existenz in jenen griechischen Eheverträgen, die von der Frau ausdrücklich verlangten, sie dürfe ihrem Mann nicht die Hoden zerquetschen.
Das Symbol der gezahnten, der kastrierenden Vagina stammt aus griechischer Zeit. Wir finden es zuerst in den Geheimlehren der Orphiker, von denen es die Gnostiker und Manichäer entlehnt haben. Aber während es in den späteren dualistischen Lehren stets auf die Sexualität der Frau begrenzt ist, verstanden die Griechen es als Symbol der kastrierenden Frauensippe, also auch des dazu gehörenden Sohnes. Deshalb wurde das Kronosfest, das den Triumph der Söhne über die Tyrannei des Vaters feierte, nicht nur als Frauenfest, sondern auch als das der Söhne empfunden. Das stimmt nachdenklich, denn in der vaterrechtlichen Gesellschaft der Griechen gehörte der Sohn, wie wir gesehen haben, ja stets zur Sippe des Vaters, hatte also keinen Grund zum Feiern, wenn sein Vater angegriffen wurde.

Wird der Sohn dagegen mit der Mutter identifiziert wie beim Kronosfest, können wir schließen, daß das Fest sehr alt ist und eine mutterrechtliche Tradition verkörpert. Deshalb trugen beim Kronosfest die Söhne Frauenkleidung, die Mütter aber Männerkleidung.

Wir dürfen auch nicht übersehen, daß die bereits diskutierten Erinnyen Früchte der Kastration des Urvaters sind, also mutterrechtliche Gottheiten aus der Zeit der Rebellion gegen das aufstrebende Reich der Väter, denn sie entspringen ja der Paarung der Erdmutter Gaia mit dem bereits kastrierten Glied des Uranos. Und es darf uns auch nicht überraschen, daß die Rebellion der Mütter und ihrer Kinder grausam von den Vätern gerächt wird. So wird Kronos, der mutterrechtliche Rebell, später von Zeus, dem Vater des vaterrechtlichen Pantheons, genauso kastriert, wie dieser einst seinen eigenen Vater kastriert hatte. Auge um Auge, Zahn um Zahn, Phallos um Phallos: Gesetz des Vaterrechts.

Wir müssen bei allen Kastrationsmythen der Griechen also zwischen jenen unterscheiden, bei denen die Kastration eine Erhaltung der Manneskraft bewirken soll, und jenen anderen, bei denen sie den Aufstand der matrilinearen Sippen gegen die patrilineare Gesellschaft der Griechen belegt. In diese zweite Gruppe gehören alle Mythen von Frauenaufständen (Lemnos) und Amazonenkriegen. Stoßen wir im griechischen Mythos auf Namen wie Agaue, Andromache, Antiope, Ariadne, Artemis, Atalante, Glauke, Gorgo, Hippo, Hippodameia, Hippolyte, Hypsipyle, Hypermestra, Kallisto, Kleze, Klytaimestra, Kyrene, Lampeto, Lysippe, Marpesia, Melanippe, Minythia, Molpadia, Myrine, Omphale, Oreithyia, Otrere, Penthesilea, Rhodope, Sauromatis, Smyrna, Telesilla, Thalestris oder Thetis, so weiß jeder, der mit der Geschichte der vorgriechischen Bevölkerung der Balkanhalbinsel, der Ägäis und Kleinasiens vertraut ist, daß dies die Führerinnen der letzten Aufstände matrilinearer Völker gegen die Griechen waren.

Gemeinsamer Nenner der ersten Gruppe ist, daß die kastrierte Person – sei dies nun ein Gott, ein Priester, ein Held oder ein simpler Sterblicher – durch die Kastration transformiert wird. In sexuellen Begriffen heißt das: Statt sein Geschlecht zu verlieren, wechselt er es nur. Dieses Muster taucht noch in römischer Zeit in den Verwandlungssagen des Antoninus Liberalis und den Metamorphosen des Ovid so häufig auf, daß wir folgern müssen, es sei diesen Sammlern griechischer Mythen als wichtigstes Kennzeichen der ganzen griechischen Mythenschöpfung aufgefallen. Aus diesem Grund müssen wir die Mythen von Göttern und Helden, Göttinnen und Heldinnen, die ihr Geschlecht ändern, sorgfältig von jenen unterscheiden, die den Protagonisten als doppelgeschlechtig oder homosexuell betrachten.

17.

Weder Kybele noch Agdistis ist doppelgeschlechtig. In der Urform des Mythos sind Attis und Agdistis auch kein homosexuelles Freundespaar. Aber durch seine Kastration wird Agdistis nicht nur unsterblich, sondern verwandelt sich auch in eine Frau, nämlich die Göttin Kybele. Für solche Vorgänge suchten die Griechen, wie wir gesehen haben, stets «psychologische», «anekdotische» Erklärungen zu finden, meist Strafe, Angst oder Eifersucht. So wird im griechischen Mythos der Kreter Siproites in eine Frau verwandelt, weil er Artemis im Bad überrascht hatte. Daß die Verwandlung in eine Frau nur von einer männerrechtlichen Gesellschaftsordnung als Strafe empfunden wird, war den Griechen nicht bewußt. Ähnlich gaben sie für die Verwandlung der Leukippe den schönen vaterrechtlichen Grund an, daß ihr Vater seiner Frau gedroht hatte, er werde das Kind, das sie im Leib trug, nur dann ernähren, wenn es ein Knabe werde. Als die Mutter dann ein Mädchen zur Welt bringt, hilft ihr die Göttin Leto Phytia, indem sie es in einen Knaben verwandelt. In einer anderen Variante verliebt sich das Mädchen Leukippe in ein anderes Mädchen und wird von der Göttin in einen Knaben verwandelt, damit es seine Geliebte heiraten kann – hellenische Kolportage. Ovids Varianten – die Verwandlung des Mädchens Iphis in den Knaben des gleichen Namens, oder die des Mädchens Kainis in den Knaben Kaineos – folgen dem gleichen griechischen Muster der alles verwandelnden Liebe. Schließlich sei an die rührende Verwandlung der Hypermnestra erinnert, die sich in einen Mann nach dem anderen verwandelt, um ihren alten Vater durch Selbstverkauf als Sklave zu ernähren. All diese Anekdoten sind umgekrempelte, fehlgedeutete Mythen, denen längst vergessene Geschehnisse zugrunde liegen. Man kann das sehr gut an den verschiedenen Fassungen des Mythos vom blinden Seher Teiresias verfolgen. Zu dieser Legende liegen uns Quellen aus dem 6. Jahrhundert (Hesiod, Pindar), dem 5. Jahrhundert (Pherekydes), dem 4.–3. Jahrhundert (Kallimachos, Dikaiarchos), dem 2. Jahrhundert vor unserer Zeitrechnung (Hyginus, Apollodoros) und aus dem 1., 2. und 6. Jahrhundert unserer Zeitrechnung vor (Ovid, Phlegon, Kephalion, Ioannes Malalas):

1. Teiresias, der Thebaner, Sohn der Nymphe Chariklo und der größte Seher des griechischen Mythos, beobachtet auf dem Berg Kyllene zwei Schlangen bei der Paarung. Als das Weibchen ihn angreift, tötet er es. Da wird er in eine Frau verwandelt.
2. Sieben Jahre später, einem Orakel folgend, sieht er an dem gleichen Ort zwei Schlangen bei der Paarung und tötet das Männchen. Da wird er wieder zum Mann.
3. Als Hera ihren Gatten Zeus wegen seiner zahllosen Ehebrüche zur Rede stellt, entgegnet er ihr, der Mann müsse das tun, weil er beim Geschlechtsverkehr mit einer einzigen Frau keine genügende Befriedigung erhalte. Die Frau dagegen könne einem einzigen Mann treu bleiben, weil sie im Geschlechtsverkehr so viel mehr empfinde als der Mann. Hera widerspricht und schlägt vor, Teiresias zu befragen, den einzigen, der sowohl Mann wie Frau gewesen ist. Teiresias, vor den Olymp berufen, entscheidet: «Wenn die Teile der Liebesfreude als zehn gezählt werden, so erhält die Frau dreimal drei Teile, der Mann aber nur einen.» Da er verraten hat, was kein Sterblicher wissen darf, blendet ihn Hera.
4. Nach einer späteren Fassung blendet sie ihn, weil das triumphierende Grinsen ihres Gatten sie zur Raserei bringt. Zeus aber belohnt Teiresias mit einem Leben, das sieben Generationen dauert.
5. In einer noch späteren Fassung wird Teiresias geblendet, weil er Athene nackt

im Bad überrascht hat. Seine Mutter, die mit Athene befreundet ist, überredet sie, ihm als Kompensation Ohren zu verleihen, die besser hören können als die aller Sterblichen. Athene gewährt die Bitte. Von diesem Tag an kann Teiresias (wie Siegfried in der Nibelungensage) die Sprache der Vögel verstehen.

6. In zwei anderen Varianten wird Teiresias geblendet und/oder in eine Frau verwandelt, weil er bei einem Schönheitswettbewerb der drei Chariten (Grazien) der falschen den Preis zuspricht.

Was bedeutet das alles?

1. Die Schlange ist der Phallos. Die Paarung zweier Schlangen ist der Geschlechtsverkehr zweier Männer. Es ist deshalb ein alter, nicht auf Europa beschränkter Volksglaube, daß derjenige, der Schlangen bei der Paarung erblickt, von der «weiblichen Krankheit» (Herodot), das heißt der Homosexualität, befallen wird. Teiresias wurde also nicht in eine Frau verwandelt, sondern wurde homosexuell.

2. Durch wiederholte Beobachtung der Schlangen, also durch wissenschaftliche Sublimation, wurde er aber auch wieder zum heterosexuellen Verkehr fähig.

3. Teiresias' Lehrmeinung von der größeren orgastischen Potenz der Frau ist von der modernen experimentellen Sexualwissenschaft bestätigt worden. Zeus hatte also grundsätzlich recht. Aber er hatte unrecht, als er daraus folgerte, die Frau benötige zu ihrer Befriedigung nur einen einzigen Mann. Denn während der Anzahl männlicher Orgasmen durch Erektions- und Ejakulationsgrenzen klare Beschränkungen auferlegt sind, ist die Frau einer nahezu unbegrenzten Zahl konsekutiver Orgasmen fähig, benötigt also mehr als einen Mann, um Befriedigung zu erlangen.

4. Die Fassung, daß Hera Teiresias geblendet habe, weil Zeus triumphierend grinste, ist eine jener späten, psychologischen Deutungen, die dem frühen Mythos fremd sind. Die korrekte Erklärung (bei Apollodor, «Bibliotheke» 3, 6,7) ist: «... er ist von den Göttern geblendet worden, weil er den Menschen Dinge verriet, von denen sie nach dem Willen der Götter nichts wissen sollten.» Da die Götter, von denen der Mythos spricht, vorgriechische Muttergöttinnen sind, bedeutet der Satz: «Er ist von den Frauen geblendet worden, weil er den Männern Dinge verriet, von denen sie nach dem Willen der Frauen nichts wissen sollten.»

5. Die an die Verwandlung des Siproites anklingende Erklärung, daß Teiresias mit Blindheit geschlagen (oder in eine Frau verwandelt) worden sei, weil er Athene im Bad gesehen hat, ist eine späte, auf der männlichen Deutung der weiblichen Scham beruhende Geschichtskorrektur. Pherekydes' Fassung, daß die Göttin nicht in der Lage gewesen sei, die Blindheit des Teiresias zu heilen, ihm dagegen aber das Ohr gestärkt habe und dadurch bewirkte, daß er die Vogelsprache verstand, bedeutet, daß die Schlangen ihm mit ihren Zungen die Ohren gereinigt haben, wie es bei dem Arzt Melampus und der Seherin Kassandra geschah. Die Tatsache, daß er nun die Sprache der Vögel deuten kann, hilft ihm in seiner Tätigkeit als Seher, denn das Orakel richtet sich oft nach dem Vogelflug.

6. Die Erklärung, daß Teiresias geblendet oder in eine Frau verwandelt worden sei, weil er, wie Hesiod und Sosostratos es berichten, bei einem Schönheitswettbewerb der drei Grazien der falschen Bewerberin den Preis verliehen habe, erinnert an das Urteil des Paris in der «Ilias» und ist zweifellos von dort entlehnt.

Was liegt nun wirklich hinter dieser Legende? Eine mögliche Erklärung finden wir in den «Historiai» des Kephalion, zitiert von Ioannes Malalas in seiner «Chronographia»: «In Boiotien gründete Kadmos eine große Stadt, die man nach seinem Namen Kadmeia nannte. Dort regierte er als König und berief aus der Verbannung zu sich den Teiresias, einen boiotischen Weisen ... Dieser hatte den Griechen das Dogma aufgestellt, daß alles aus eigener Kraft sich bewege und daß die Welt ohne göttliche Vorsehung regiert werde. Dagegen konspirierten die Priester und setzten es durch, daß er in den Tempelbezirk des Daphnaischen Apolls verbannt wurde. Man warf ihm auch vor, daß er weibisch sei und Untersuchungen darüber anstelle, wie beim Beischlaf die Empfängnis der Frau zustande käme, wie sich die Eigenschaften des Blutes auf Knochen, Fleisch, Adern, Sehnen und das Blut selbst verteilen und wie sich das Leben des Fötus im Mutterleib abspielt von der Empfängnis an bis zu der Geburt.»

Teiresias war also einer der ersten Sexualwissenschaftler. Hierher gehört der bedeutsame Satz: «Zeus aber gab ihm ein Leben, das sieben Generationen währte.» Was ist das für ein Leben? Es ist die den Tod überlebende Nachwirkung der wissenschaftlichen Erkenntnisse des Teiresias. Er beobachtete als erster den Geschlechtsverkehr der Hetero- und Homosexuellen, entdeckte die orgastische Potenz der Frau, beobachtete als erster den Mechanismus der Konzeption und Gestation, gelangte zu der Überzeugung, daß nicht die Götter, sondern natürliche Kräfte den Prozeß der Fortpflanzung erwirken, und wurde zur Strafe von den Priestern geblendet und in den Tempelbezirk des Daphnaischen Apoll verbannt.

Dies ist bezeichnenderweise jener Apoll, der den Knaben Leukippos tötet, weil jener sich als Mädchen verkleidet hat, um Daphne, der Geliebten des Gottes, zu folgen. So zumindestens lautet die späteste Fassung der Legende. Nach früheren Quellen wurde Leukippos jedoch von den Freundinnen der Daphne getötet. Weshalb? Weil Leukippos «weißes Pferd» bedeutet und die Leukippiden Priester eines Pferdekults waren. Das Pferd war das heilige Tier der Steppenvölker, zu denen die Griechen gehörten. Leukippos wurde von den Anhängerinnen der alten Mutterkulte, den «Mänaden», zerrissen. In der ältesten Fassung des Mythos heißt es, er sei im Bad getötet worden. In einer späteren Fassung hat Apoll den Freundinnen der Daphne geraten, nackt zu baden, damit der als Frau verkleidete Leukippos erkannt werde. Robert von Ranke-Graves vermutet mit Recht, daß das Bad nach dem Tod des Leukippos stattgefunden habe und daß die kultische Reinigung, die wir allen griechischen Legenden von den im Bad überraschten Göttinnen und Heldinnen zugrunde legen müssen, die Sühne der Tat gewesen sei.

So verbindet sich im griechischen Mythos Griechisches und Vorgriechisches, Rituelles und Erlebtes. Tatsächliche Geschehnisse werden durch Weitergabe von Mund zu Mund verändert, durchdringen einander und verlieren ihre Selbständigkeit. Wichtigstes Bindeglied zwischen den strukturell so verschiedenen Mythologemen, aber auch der Hauptgrund der Spannungen zwischen ihnen, ist der Konflikt zwischen Ackerbau und Viehzucht, zwischen matrilinearer und patrilinearer Sippengliederung, zwischen matrilokaler und patrilokaler Maritalresidenz, zwischen Bauern und Wanderhirten. Erst im Prozeß der Urbanisierung, des Übergangs zur Polis mit ihrer auf Handwerk und Handel beruhenden Ökonomie, werden die Konflikte teilweise überwunden und durch Transkulturation synkretisiert.

Ein spekulatives Schlußwort zum Kernproblem des kultischen Geschlechtswandels im griechischen Mythos und Ritus sei mir gestattet. Die Griechen kamen aus den Kirgisensteppen des heutigen Kasachstan. Verbindungen zu den Reitervölkern Sibiriens sind nicht undenkbar. Die Religion dieser Völker war der Schamanismus. Er beruht auf dem kultischen Geschlechtswandel.

# Wolfgang Oberleitner

# Kunsthistorische Beschreibung der Bilder

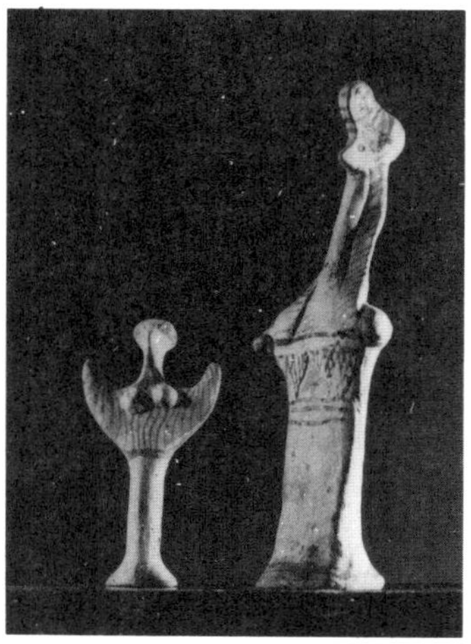

Seite 42 links: WEIBLICHES IDOL mit polos-(= korb-)förmiger Kopfbedeckung und betend erhobenen Armen. Spätmykenisch, 13. Jh. v. Chr. Ton; Ornamentik rötlichbraun. H 11,4 cm. Fundort unbekannt
Wien, Kunsthistorisches Museum. Inv. V 3254

Seite 42 rechts: IDOL, brettförmiger Körper mit Armstümpfen, langem Hals, Schulter- und Stirnlocken, gequetschter Nase («Vogelgesicht»). Polosartige Kopfbedeckung. Böotisch-geometrisch, 8. Jh. v. Chr. Ton; Ornamentik rötlichbraun. H 20 cm. Fundort unbekannt.
Wien, Kunsthistorisches Museum. Inv. V 1797

Seite 43: OMPHALOS von konischer Form. Kalkstein. Fundort: Delphi, südlich des Athener-Schatzhauses. Lit.: H.-V. Herrmann, Omphalos (1959); S. 17f., Taf. 3, 2.

Seite 44 oben links: Die thronende RHEIA wird von Poseidon bedroht. Linke Gruppe im Westgiebel des Artemistempels von Kerkyra (Korfu). Korinthisch-archaisch, um 590-580 v. Chr. Kalkstein. Giebel: H 3,15 m; L 22,16 m. Korfu, Museum. Lit.: J. Dörig/O. Gigon, Der Kampf der Götter und Titanen (1961); S. 26ff., Taf. 12.

Seite 44 oben Mitte: GORGO, geflügelt, im «Knielaufschema». Westgiebel (Mitte) des Artemistempels in Kerkyra.
siehe S. 44 oben links
Lit.: Propyläen Kunstgeschichte I (1967); Taf. 24, S. 165.

Seite 44 oben rechts: «SCHLANGEN-GÖTTIN». Statuette einer Erdgöttin oder Priesterin mit den heiligen Schlangen in den Händen.
Minoisch; um 1600-1580 v. Chr.
Fayence. Stark ergänzt. H 29,5 cm
Fundort: Palast von Knossos
Heraklion, Museum
Lit.: S. Marinatos/M. Hirmer, Kreta, Thera und das mykenische Hellas[2] (1973); S. 139, Taf. XXV.

Seite 44 unten: Zwei MOIREN (römisch: Parzen); die Schicksalsgöttinnen Lachesis mit dem Globus und Klotho mit der Spindel, dahinter die Dioskuren. Detail eines Sarkophages mit der Darstellung des Prometheus.
Römisch; Ende des 2. Jh. n. Chr.
Marmor. L 2,19 m; H 0,68 m; T 0,66 m.
Fundort: Arles
Paris, Musée du Louvre
Lit.: C. Robert, Die antiken Sarkophag-Reliefs III/3 (1919); S. 444ff., Nr. 356, Taf. 117. Paulys Realencyclopädie der classischen Altertumswissenschaft (RE) XV/2, Sp. 2491.

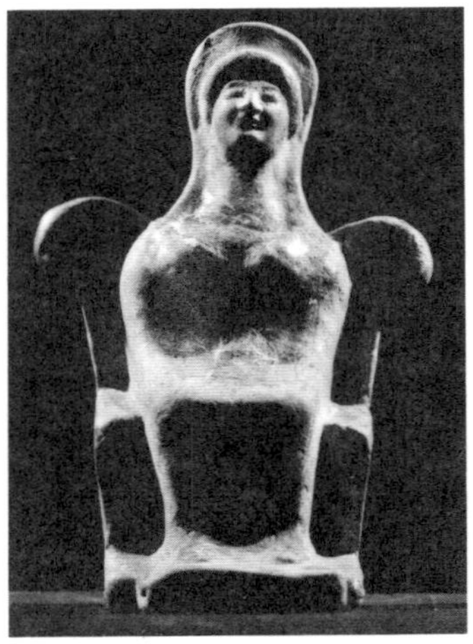

Seite 45: GÖTTIN, auf einem Thron mit Fußschemel sitzend. Das reich verzierte Gewand ist über den Kopf gezogen. Wahrscheinlich die verkleinerte Kopie eines alten Kultbildes der Athene auf der Akropolis von Athen.
Attisch, 6. Jh. v. Chr.
Ton mit weißem Überzug und schwarzer, roter und blaugrauer Bemalung. Aus einteiliger Form. H 16,3 cm
Fundort unbekannt
Wien, Kunsthistorisches Museum. Inv. V 2808
Lit.: K. Gschwantler/W. Oberleitner, Götter, Heroen, Menschen (Katalog des Kunsthistorischen Museums, Wien 1974); S. 13, Nr. 8.

Seite 46 links: Kopf des POLYPHEM. Überlebensgroß mit wirrem Haar und Bart, das eine Auge in Höhe der Nasenwurzel.
Hellenistisch; um 150 v. Chr.
Marmor. H 38,3 cm
Boston, Museum of Fine Arts. Inv. 63120
Fundort: Italien?
Lit.: M. B. Comstock/C. C. Vermeule, Sculpture in Stone. The Greek, Roman and Etruscan Collections of the Museum of Fine Arts Boston (1976); S. 66f., Nr. 105, Abb. 105.

Seite 48: ZEUSKOPF. Von einer Statue des frühen Strengen Stils. In den Buckellocken und im Bart noch Merkmale der Archaik.
Attisch; Anfang 5. Jh. v. Chr.
Bronze; die Augen waren in farbigem Material eingelegt. H 17 cm.
Fundort: Olympia
Athen, Nationalmuseum. Inv. 6440
Lit.: V. G. Kallipolitis/E. Touloupa, Die Bronzen des archäologischen Nationalmuseums von Athen; S. 56, Abb. 21.

Seite 51: GEBURTSMYTHOS DES ZEUS. Relief einer Statuenbasis. Linke Seite: die verschleierte Rheia nach der Geburt des Zeus.
Römisch; hadrianisch.
Marmor. H 102 cm; Seitenlänge 88 cm.
Fundort unbekannt
Rom, Museo Capitolino. Inv. 1944

Lit.: H. Stuart Jones, Catalogue of the Museo Capitolino (1912); S. 276, Nr. 3a, Taf. 66. W. Helbig, Führer durch die öffentlichen Sammlungen klassischer Altertümer in Rom[4] II (1969); S. 204ff., Nr. 1400.

Seite 54: GEBURTSMYTHOS DES ZEUS. Hinterseite der Basis von S. 51: Kronos empfängt von Rheia den in Windeln gewickelten Stein, um ihn zu verschlingen.
Siehe S. 51

Seite 55 unten: GEBURTSMYTHOS DES ZEUS. Rechte Seite der Basis von S. 51: Der Knabe Zeus wird von der Ziege Amaltheia genährt.
Siehe S. 51

Seite 56 oben: STATUETTE DES ZEUS, stehend, hält in der gesenkten Rechten das Blitzbündel.
Etruskisch; 5. Jh. v. Chr.
Bronze, Vollguß. H 9,8 cm.
Fundort unbekannt
Wien, Kunsthistorisches Museum.
Inv. VI 90

Seite 56 unten: ZEUSTEMPEL IN OLYMPIA. Detail der Krepis (Stufenbau).
Dorischer Peripteros (6x13 Säulen); dreischiffige Cella.
Architekt: Libon von Elis.
470-456 v. Chr.
Lit.: H. Berve/G. Gruben/M. Hirmer, Griechische Tempel und Heiligtümer (1961); S. 121ff., Taf. 51, 53-55, Fig. 10-14.

Seite 57: ZEUS TÖTET KRONOS mit dem Blitz. Rechte Gruppe im Westgiebel des Artemistempels von Kerkyra.
Siehe S. 44 oben links
Lit.: Propyläen Kunstgeschichte I; S. 166, Taf. 26.

Seite 58/59: KAMPF DER GÖTTER UND GIGANTEN. Detail aus dem Nordfries des Siphnierschatzhauses in Delphi: Apollon und Artemis kämpfen mit dem Bogen gegen drei sich mit den Schilden abdeckende Giganten, ein vierter flieht. Auf dem Boden ein Gefallener.
Inseljonisch; vor 525 v. Chr.
Marmor. H des Friesenbandes 65 cm.
Delphi, Museum
Lit.: Propyläen Kunstgeschichte I; S. 170, Taf. 40.

Seite 60 links: GÖTTERVERSAMMLUNG. Detail der Hinterseite des Brygosskyphos (auf der Vorderseite: Priamos erbittet von Achill die Leiche Hektors).
Attisch-rotfigurig; Werk des Brygos-Malers; um 490 v. Chr.
Ton. H 25 cm; Dm 31,5 cm.
Fundort: Caere
Wien, Kunsthistorisches Museum.
Inv. IV 3710
Lit.: Corpus Vasorum Antiquorum (CVA), Wien 1 (1951); Taf. 35-37.

Seite 62: THRONENDER ZEUS. Die rechte Hand hielt den Blitz, die Linke das Szepter.
Griechisch; 4. Jh. v. Chr.
Bronze, Vollguß. H 14 cm.
Fundort: Kleinasien
Wien, Kunsthistorisches Museum.
Inv. VI 304
Lit.: Jahrbuch des Römisch-Germanischen Zentralmuseums Mainz, 10, 1963; S. 192, 195, Taf. 31, 1-2.

Seite 63 links: HERA, in Chiton und Mantel, mit Diadem und Szepter. Innenbild einer weißgrundigen Schale.
Attisch; Werk des Saburoff-Malers, um 470 v. Chr.
Ton. Dm des Innenbildes 21 cm.
Fundort unbekannt
München, Antikensammlung.
Inv. 2685 WAF
Lit.: F. W. Hamdorf, Attische Vasenbilder der Antikensammlung in München, nach Zeichnungen von K. Reichhold II (1976); Taf. 28. A. Rumpf, Malerei und Zeichnung (1953, Handbuch der Archäologie); S. 101, Taf. 30, 3.

Seite 63 rechts: KOPF DER HERA mit einer Krone aus Blättern und Blütenranken. Vom Kultbild (Hera und Zeus) im Heratempel in Olympia.
Peloponnesisch; um 600 v. Chr.
Kalkstein. H 52 cm.
Fundort: Olympia, in der Nähe des Heratempels
Olympia, Museum
Lit.: Propyläen Kunstgeschichte I, Taf. 21.

Seite 64/65: HERATEMPEL IN OLYMPIA (6x16 Säulen). Einschiffige Cella. Um 600 v. Chr.
Lit.: Berve/Gruben/Hirmer, Griechische Tempel und Heiligtümer, S. 120f., Taf. 47-49, II, Fig. 9.

Seite 66: HERATEMPEL VON SAMOS. Der erste Tempel entstand in der 1. Hälfte des 8. Jahrhunderts v. Chr., der zweite um die Mitte des 7. Jahrhunderts; es waren Hekatompedoi, d. h., sie maßen 100 Fuß in der Länge. Zwischen 570 und 550 bauten Rhoikos und Theodoros den ersten Dipteros. Um die dreischiffige Cella lag ein doppelter Säulenring (innen 19x6, außen 21x8, insgesamt 104 Säulen). Polykrates, Tyrann von Samos, erbaute in der 2. Hälfte des 6. Jahrhunderts nach Zerstörung des Rhoikostempels nochmals einen Dipteros.
Lit.: Berve/Gruben/Hirmer, Griechische Tempel und Heiligtümer, S. 236ff., Taf. 106f., Fig. 115f., 126.

Seite 67: GEBURT DER ATHENE.
Detail der Vorderseite einer Amphore. Athene entsprießt dem Haupt des Zeus. Anwesend sind außerdem Eileithyia, Ares und Poseidon (auf der Hinterseite Dionysos, Ariadne und drei Silene).
Attisch-schwarzfigurig; 2. Hälfte des 6. Jh. v. Chr. Ton. H 41 cm.
Fundort: wahrscheinlich Italien
Paris, Musée du Louvre
Lit.: CVA France 4, Louvre 3, Taf. 14, 8; 15, 2; 16, 3.

Seite 69: STATUE DER ATHENE mit Helm, Peplos und Ägis. Im linken Arm trägt die Göttin ein Kästchen aus dem sich die Erechthonios-Schlange ringelt. Das Werk ist unvollendet.
Griechisch; 1. Hälfte des 4. Jh. v. Chr.
Marmor. H 1,40 m
Fundort: Kreta
Paris, Musée du Louvre
Lit.: Encyclopédie photographique de l'Art III, Musée du Louvre (1938); Abb. 180, 181.

Seite 71: PROPYLÄEN der Akropolis von Athen. Ostansicht. Das Prunktor, dem im Nordwesten eine Gemäldegalerie eingegliedert war, blieb unvollendet. Mit Ausnahme von 6 jonischen Innensäulen ist der Bau in dorischer Ordnung errichtet.
Architekt: Mnesikles.
437-431 v. Chr.
Lit.: Berve/Gruben/Hirmer, Griechische Tempel und Heiligtümer, S. 175ff., Taf. 5-7, XIV, Fig. 66.

Seite 68: NIKE VON SAMOTHRAKE.
Das monumentale Bild der geflügelten, auf einem Schiffsvorderteil stehenden Siegesgöttin wurde von den Rhodiern zum Dank für ihre Seesiege (191/190) über Antiochos III. von Syrien als Weihegeschenk gestiftet.
Rhodisch; um 190 v. Chr.
Marmor. H 2,45 m.
Fundort: Samothrake, beim Kabiren-Heiligtum
Paris, Musée du Louvre
Lit.: Propyläen Kunstgeschichte I, S. 198, Taf. 130.

Seite 70: KOPF DER ATHENE. Römische Kopie hadrianischer Zeit des Typus Athena Medici, der vermutlich auf das von Pausanias (I, 28, 2; IX, 4, 1) überlieferte bronzene Standbild der Athena Promachos des Phidias auf der Athener Akropolis zurückgeht.
Marmor; ergänzt: Helmoberteil, Stirn- und Schläfenhaare, Büste. Gesamthöhe 96,5; H ohne Ergänzung 49,5 cm.
Fundort: Villa Hadriana, Tivoli
Wien, Kunsthistorisches Museum.
Inv. I 168
Lit.: P. E. Arias, Problemi di scultura Greca (1965); S. 367.

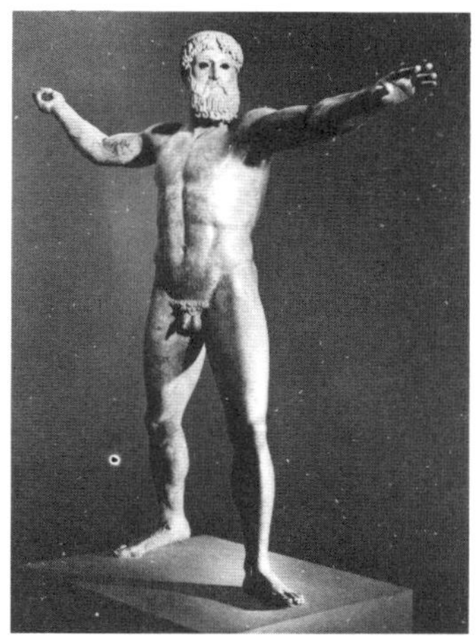

Seite 72: POSEIDON VOM KAP ARTEMISION. Schleudert mit der rechten Hand den (nicht erhaltenen) Dreizack.
Griechisch; 460-450 v. Chr.
Bronze. H 2,09 m.
Fundort: im Meer vor dem Kap Artemision
Athen, Nationalmuseum. Inv. 15.161
Lit.: Propyläen Kunstgeschichte I, S. 177f., Taf. 64, III.

Seite 73: KOPF DES POSEIDON vom Kap Artemision. Siehe S. 72.

Seite 75: ERECHTHEION. Der letzte große Neubau auf der Akropolis von Athen mit zwei jonischen Säulenhallen und der Korenhalle vereinigt die ältesten Kulte der Burg: Athena Polias, Erechtheus, Kekrops, Pandrosos, Dreizackmal und Quelle des Poseidon, Ölbaum der Athene.
421-406 v. Chr.
Lit.: Berve/Gruben/Hirmer, Griechische Tempel und Heiligtümer, S. 182 ff., Taf. 22-29, XVI, XVII, Fig. 69.

Seite 76 links: DELPHINMOSAIK im Peristyl des «Hauses der Delphine» auf Delos.

Um 100 v. Chr.
Lit.: Enciclopedia dell'arte antica (EAA) III (1959); S. 58, Abb. 79.

Seite 76/77: POSEIDONTEMPEL AUF DEM KAP SUNION. Dorischer Peripteros (6x13 Säulen).
2. Hälfte des 5. Jh. v. Chr.
Lit.: Berve/Gruben/Hirmer, Griechische Tempel und Heiligtümer, S. 191f., Taf. 40, 41, XII, Fig. 72.

Seite 78 links: STATUETTE DES ARES (?), nackt, mit Helm. Attribute sind nicht erhalten; die rechte Hand hielt das Schwert, um es in die Scheide (in der linken) zu stoßen.
Hellenistisch; 3.-2. Jh. v. Chr.
Bronze, Vollguß. H 18,5 cm.
Fundort unbekannt
Wien, Kunsthistorisches Museum.
Inv. VI 408
Lit.: S. Reinach, Répertoire de la statuaire grecque et romaine II/1 (1897); S. 180, 8.

Seite 78 Mitte: STATUETTE DES FLIEGENDEN EROS
Hellenistisch (Myrina); 2. Hälfte 2. Jh. v. Chr.
Ton. H 27 cm.
Fundort: Myrina
Wien, Kunsthistorisches Museum.
Inv. V 1566
Lit.: F. Winter, Die antiken Terrakotten III/2 (1903); S. 340, 3g.

Seite 78 rechts: STATUETTE DES HEPHAISTOS bekleidet mit Exomis und Pilos, beides für den Handwerker typische Kleidungsstücke. Die rechte Hand hielt vermutlich Schmiedewerkzeug.
Römisch; Kaiserzeit.
Bronze, Vollguß. H 13,5 cm.
Fundort unbekannt
Wien, Kunsthistorisches Museum.
Inv. VI 411
Lit.: Gschwantler/Oberleitner, Götter, Heroen, Menschen, S. 17, Nr. 23.

Seite 79: APHRODITE VON MELOS (bekannt unter dem Namen «Venus von Milo»)
Hellenistisch; 130-120 v. Chr.
Marmor. H 2,02 m.
Fundort: Melos
Paris, Musée du Louvre. Inv. 399/400
Lit.: Propyläen Kunstgeschichte I, S. 202, Taf. 143.

Seite 81 rechts: KOPF DER APHRODITE, war in einer Statue eingesetzt.
Hellenistisch; um 100 v. Chr.
Marmor. H 29 cm.
Fundort: Tralles (Türkei)
Wien, Kunsthistorisches Museum. Inv. I 26
Lit.: H. W. Lawrence, Later greek sculpture (1927); S. 126.

Seite 82: PRIAPOS. Panartiges Gesicht, ithyphallisch; im Mantel, bekränzt. Teil eines Gerätes.
Hellenistisch; 1. Jh. v. Chr. (?)
Bronze, Vollguß. H 13,6 cm.
Fundort unbekannt
Wien, Kunsthistorisches Museum. Inv. VI 833
Lit.: Gschwantler/Oberleitner, Götter, Heroen, Menschen, S. 32, Nr. 85.

Seite 83: Schlafender HERMAPHRODIT. Die Doppelgeschlechtigkeit ist durch die weibliche Brust und das männliche Genital ausgedrückt. Matratze und Kissen wurden im 17. Jahrhundert von Bernini ergänzt.
Hellenistisch; 2. Jh. v. Chr.
Marmor. L 1,48 m.
Fundort: Rom, Diokletiansthermen
Paris, Musée du Louvre
Lit.: Encyclopédie photographique de l'Art III (Louvre), Taf. 230b, 231c.
Lippold, Griechische Plastik, S. 366, Anm. 16.

Seite 84: APHRODITE VON CAPUA. Die Arme hielten den Schild, den die Göttin als Spiegel benützte.
Römische Kopie nach einem Bronzeoriginal des Lysippos aus der Zeit um 330-320 v. Chr.
Marmor. H 2,10 m.
Fundort: Capua
Neapel, Museo Nazionale
Lit.: W. Fuchs, Die Skulptur der Griechen (1969); S. 222 f., Abb. 240 f.

Seite 85: APHRODITE, PAN UND EROS
Hellenistisch; um 100 v. Chr.
Marmor. H 1,32 m.
Fundort: Delos
Athen, Nationalmuseum. Inv. 3335
Lit.: Lippold, Griechische Plastik, S. 369, Taf. 135, 3.

Seite 86/87: RÜCKFÜHRUNG DES HEPHAISTOS in den Olymp. Vorderseite einer Caeretaner Hydria. Auf der Hinterseite Silene und Mänaden. Ostjonisch-griechisch, schwarzfigurig; um 525 v. Chr.
Ton. H 41,5 cm.
Fundort: Caere
Wien, Kunsthistorisches Museum.
Inv. IV 3577
Lit.: Archäologischer Anzeiger 1969, S. 536, Abb. 3.

Seite 88: EPEIOS BEI DER ARBEIT AM TROJANISCHEN PFERD. Detail von einem Spiegel, auf dem links auch Hephaistos dargestellt ist.
Etruskisch; Ende 4. Jh. v. Chr.
Bronze. H 25,4 cm; Dm 12,6 cm.
Fundort: Sainte-Geneviève
Paris, Cabinet des Médailles. Inv. 1333
Lit.: D. Rebuffat-Emmanuel, Le Miroir étrusque (1973); S. 252 ff., Nr. 1333, Taf. 51.

Seite 89: HELM UND PANZER.
Helm: korinthischer Typus.
Griechisch; Ende des 6. Jh. v. Chr.
Bronze. H 20,9 cm.
Fundort: Čelopečene bei Sofia
Sofia, Nationales Kriegshistorisches Museum. Inv. 548/63
Lit.: Goldschätze der Thraker. Katalog der Ausstellung in Wien 1975; S. 57, Nr. 153.
Der Panzer, mit einem halbrunden Teil als Bauchschutz, hat stilisierte Muskeln als Ziermotiv.
Griechisch; 2. Hälfte 5. Jh. v. Chr.
Bronze. Erhaltene Höhe 25 cm.
Fundort: Ruez (Bulgarien)
Sofia, Archäologisches Museum
Lit.: Goldschätze der Thraker, S. 58, Nr.162.

Seite 90: DELOS, DER HEILIGE SEE UND DIE AGORA DER ITALIKER: vier Säulen der Nordostecke.
2. Jh. v. Chr.
Lit.: Ph. Bruneau/J. Ducat, Guide de Délos (1966); S. 109 f., Nr. 52, Fig. 18 f.

Seite 91: PHALLISCHES WEIHEMONUMENT für Dionysos, gestiftet von Karystios, Sohn des Asbelos (Inschrift). Auf einer Basis mit Reliefs (Vogel mit Phalloskopf; dionysischer Thiasos) steht das Fragment eines riesigen Phallos.
Hellenistisch; um 300 v. Chr.
Marmor.
Fundort: Delos, im Bereich des Dionysos-heiligtums
Lit.: Bruneau, Guide de Délos, S. 130 (ad Nr. 81). RE XIX, 2, Sp. 1705.

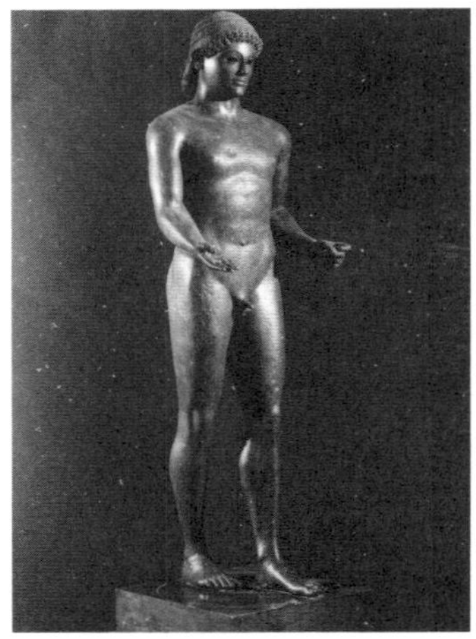

Seite 93 links: APOLLON VON PIOMBINO. Statue im Kurosschema, mit Weiheinschrift am linken Fuß. Die linke Hand hielt vielleicht den Bogen.
Griechisch-unteritalisch; um 500 v. Chr.
Bronze. H 1,15 m.
Fundort: Piombino
Paris, Musée du Louvre
Lit.: Encyclopédie photographique de l'Art III (Louvre), Taf. 80 f. Lippold, Griechische Plastik, S. 92, Taf. 37, 2.

Seite 93 rechts: APOLLON VON SIEBENBÜRGEN. Die rechte Hand hielt vermutlich den Bogen, die linke vielleicht einen Lorbeerstamm, das Symbol reinigender, sühnender Kraft.
Griechisch-klassizistisch; 1. Jh. v. Chr., in Anlehnung an ein Vorbild des 2. Viertels des 5. Jh.
Bronze, Hohlguß. H 28,5 cm.
Fundort: Siebenbürgen
Wien, Kunsthistorisches Museum.
Inv. VI 2848
Lit.: Atti del Convegno tenuto a Verona 1971, S. 234, Fig. 8.

Seite 94 unten: APOLLON ERSCHLÄGT DEN RIESEN TITYOS, im Hintergrund dessen Mutter Gaia. Innenbild einer Schale.
Attisch-rotfigurig. Werk des Penthesilea-Malers, um 460/450 v. Chr.
Ton. Dm des Innenbildes 19 cm.
Fundort: Vulci
München, Antikensammlung.
Inv. 2689 WAF
Lit.: Hamdorf, Attische Vasenbilder II, Taf. 31 f. E. Simon, Götter der Griechen (1969); S. 145, Abb. 138.

Seite 94/95: APOLLONTEMPEL IN DELPHI. Dorischer Peripteros (6x15 Säulen). Einschiffige Cella.
4. Jh. v. Chr.
Lit.: Berve/Gruben/Hirmer, Griechische Tempel und Heiligtümer, S. 130 ff., Taf. 60-63, IV, Fig. 21-25.

Seite 96/97: APOLLON UND MARSYAS im musikalischen Wettstreit; Apollon mit der Leier, Marsyas mit der Doppelflöte; zwischen beiden eine sitzende Muse, links stehend Minerva. Rechts Victoria und der zum Schinden aufgehängte Marsyas (der gleiche Figurentypus wie S. 97).
Römisch; 2. Jh. n. Chr.
Marmor. L 2,2 m; H 1,05 m; T 0,98 m.
Fundort: bei Cosa, Via Aurelia
Paris, Musée du Louvre. Inv. 2347
Lit.: C. Robert, Die antiken Sarkophag-Reliefs III, 2 (1904); S. 247 ff., Nr. 198, Taf. 64. EAA IV, Abb. 1046.

Seite 97 rechts: BESTRAFUNG DES MARSYAS. Zur Strafe für seine Anmaßung, Apollon zum Wettstreit herauszufordern, läßt Apollon den Silen an eine Pinie hängen und ihm die Haut abziehen.
Römische Kopie nach einem hellenistischen Original des 3. Jh. v. Chr.
Marmor. H 2,56 m.
Fundort: unbekannt
Paris, Musée du Louvre
Lit.: Encyclopédie photographique de l'Art III (Louvre), Taf. 232 A. Lippold, Griechische Plastik, S. 321, Anm. 15.

Seite 98 unten: SILEN UND MÄNADE: SYMPLEGMA. Detail der Hinterseite der Caeretaner Hydria S. 86/87.

Seite 100: APOLLON. Zentrale Figur vom Westgiebel des Zeustempels in Olympia. Zu beiden Seiten Kentaurenkampf.
Peloponnesisch; um 460 v. Chr.
Marmor. H 3,10 m.
Olympia, Museum
Lit: Propyläen Kunstgeschichte I, S. 179 f., Nr. 68 f.

Seite 101: THOLOS (Rundbau) im Heiligtum der Athena Pronaia (Marmaria) von Delphi. Dorisches Peristyl mit ursprünglich 20 Säulen. Vor der Innenmauer der Cella korinthische Säulen. Die Bestimmung des Baues ist unbekannt. Architekt: Theodoros von Phokäa.
Anfang des 4. Jh. v. Chr.
Lit.: Berve/Gruben/Hirmer, Griechische Tempel und Heiligtümer, S. 139 ff., Taf. 78-80, VI, Fig. 32-38.

Seite 102: DELOS, PORTICUS DES ARTEMISHEILIGTUMS, im Hintergrund Ortygia (Blick vom Apollonheiligtum).
Lit.: Bruneau, Guide de Délos, S. 99, Nr. 45.

Seite 103: ARTEMIS VON LARNAKA. Die Göttin – ganz im Stil und in den Proportionen des Hellenismus – stützt sich auf ihr eigenes, in archaischer Manier gearbeitetes Kultbild.
Hellenistisch; Ende 2. Jh. v. Chr.
Marmor. H 78 cm.
Wien, Kunsthistorisches Museum.
Inv. I 603
Lit.: Pantheon 31/32 (1973), S. 115 ff.

Seite 104 unten: TOD DES AKTAION. Auf Geheiß der Artemis wird Aktaion von den eigenen Hunden zerrissen. Relief. «Melisch»; um 460 v. Chr.
Ton. H 19,5 cm; Br 20 cm.
Fundort: Süditalien
Paris, Musée du Louvre. Inv. C 4447
Lit.: S. Mollard-Besques, Catalogue raisonné des Figurines et Reliefs I (1954); S. 164, Nr. C 630, Taf. 108.

Seite 104 oben rechts: STATUETTE DER ARTEMIS. In kurzem Chiton, mit Halbstiefeln. Die Göttin ist im Begriff, einen Pfeil aus dem am Rücken hängenden Köcher zu ziehen.
Römisch; 1. Jh. n. Chr.
Bronze, Vollguß. H 9 cm.
Fundort: Aquileia
Wien, Kunsthistorisches Museum.
Inv. VI 188
Lit.: Gschwantler/Oberleitner, Götter, Heroen, Menschen, S. 15, Nr. 18.

Seite 105: ARTEMIS vom Ostfries des Parthenon. Aus der Götterversammlung anläßlich der Übergabe des neuen Kultgewandes an Athene.
Attisch; um 440 v. Chr.
Marmor. H 1,06 m.
Athen, Akropolis-Museum. Inv. 856
Lit.: Propyläen Kunstgeschichte I, S. 181 f., Taf. 75 a, b. Simon, Götter der Griechen, Abb. 162.

Seite 107 rechts: STATUETTE DES HERMES mit dem Heroldstab (Kerykeion), auf einem Widder reitend.
Römisch (-thrakisch); 2.-3. Jh. n. Chr.
Marmor. H 15 cm.
Fundort: Mlavolovo (Bulgarien)
Sofia, Archäologisches Museum
Lit.: Goldschätze der Thraker, S. 98, Nr. 459.

Seite 108 oben links: DER NEUGEBORENE HERMES, um ihn Apollon und Maia (?). Detail einer Caeretaner Hydria.
Ostjonisch-griechisch; um 525 v. Chr.
Ton. H 42,5 cm.
Fundort: Caere
Paris, Musée du Louvre. Inv. E 702
Lit.: Simon, Götter der Griechen, S. 296, Abb. 284. Rumpf, Malerei und Zeichnung, S. 68, Taf. 18, 3.

Seite 108 unten: DIE RINDERHERDE DES APOLLON. Detail der Caeretaner Hydria S. 108 oben links: eine Anspielung auf den Rinderdiebstahl des Hermeskindes.

Seite 108 oben rechts: STATUETTE DES AUSRUHENDEN HERMES, ursprünglich auf einem Felsen (?) sitzend, auf dem Kopf den Flügelhut, in der Rechten einen Geldbeutel.
Römisch; 2. Jh. n. Chr. Nach einem griechischen Vorbild des 4. Jh. v. Chr.
Bronze, Hohlguß. Augen in Silber eingelegt. H 18,5 cm.
Fundort: unbekannt
Wien, Kunsthistorisches Museum. Inv. VI 332
Lit.: Gschwantler/Oberleitner, Götter, Heroen, Menschen, S. 14, Nr. 13, Taf. 3.

Seite 109: SANDALENBINDENDER HERMES. Römische Kopie nach einem Bronzeoriginal des Lysippos.
Marmor. H 1,77 m.
Fundort: Rom, Marcellustheater
Paris, Musée du Louvre
Lit.: Encyclopédie photographique de l'Art III (Louvre), Taf. 196. Lippold, Griechische Plastik, S. 280, Anm. 9.

Seite 110: HERMES DES PRAXITELES. Der Gott trägt auf dem linken Arm den Dionysosknaben. Die (verlorene) Rechte hielt eine Traube.
Attisch; um 330 v. Chr.
Marmor. H 2,15 m.
Fundort: Olympia, im Heratempel
Olympia, Museum
Lit.: Propyläen Kunstgeschichte I, S.194, Taf. 115.

Seite 111: KALLICHORON-BRUNNEN, eine der ältesten eleusinischen Kultstätten; um ihn tanzten und sangen die Frauen. Die heute sichtbare Form des Brunnens stammt aus dem 6. Jh. v. Chr.
Lit.: E. Kirsten/W. Kraiker, Griechenlandkunde[5] (1967); S. 192. Der kleine Pauly III (1969); Sp. 69.

Seite 112: PLUTONION IN ELEUSIS. Aufgang zum heiligen Bezirk des Pluton, einer Terrasse, an die zwei Grotten (Eingang zur Unterwelt) anschließen. Es ist dies die Stelle der Entführung und des Wiederaufstieges der Persephone.
Lit.: R. Boulanger, Griechenland (Die blauen Führer, 1963); S. 358.

Seite 113 links: HADES (PLUTON) mit Füllhorn. Detail eines Reliefs.
Griechisch; Ende 4. Jh. v. Chr.
Ton.
Fundort: Chalkis
Chalkis, Museum. Inv. 337
Lit.: G. A. S. Snijder, Revue archéologique 20, 1924, S. 42 ff., Taf. III, 2. Ch. Picard, Bulletin de Correspondance Hellénique 68/69, 1944/45, S. 264 f., Fig. 13.

Seite 113 rechts: DAEIRA UND DEMETER. Weiherelief. Mit Fackeln in den Händen eilt Demeter auf der Suche nach ihrer Tochter Persephone zur thronenden Daeira, einer eleusinischen Gottheit, die Szepter und Schilf in den Händen hält.
Griechisch; Mitte des 5. Jh. v. Chr.
Marmor. H 78 cm; Br 56 cm.
Fundort: Eleusis
Eleusis, Museum
Lit.: Lippold, Griechische Plastik, S. 160.

Seite 115: HADES UND PERSEPHONE als Herrscher der Unterwelt. Detail eines Volutenkraters.
Apulisch; um 330 v. Chr.
Ton. H (ohne Henkel) 1,13 m.
Fundort: Canosa
München, Antikensammlung. Inv. 3297
Lit.: Propyläen Kunstgeschichte I, S. 228, Taf. 239.

Seite 116: ZEUS VON AIGEIRA. Der kolossale Kopf gehörte zum thronenden Kultbild des Zeustempels von Aigeira.
Attisch; um 340 v. Chr.
Werk des Eukleides.
Marmor. H 87 cm.
Fundort: Aigeira
Athen, Nationalmuseum. Inv. 3377
Lit.: Lippold, Griechische Plastik, S. 274, Taf. 95, 4.

Seite 117: ZWEI FRAUEN MIT BLUMEN IN DEN HÄNDEN (Demeter und Persephone?). Weiherelief.
Nordgriechisch; um 470-460 v. Chr.
Marmor. H 57 cm; Br 65 cm.
Fundort: Pharsalos
Paris, Musée du Louvre. Inv. 701
Lit.: Lippold, Griechische Plastik, S. 117, Taf. 41, 3. Encyclopédie photographique de l'Art III (Louvre), Taf. 147.

Seite 118: ALTAR IN ELEUSIS. An der heiligen Straße, die vom Propylon zum Telesterion führt. Vielleicht Standplatz des Altares der Demeter und Persephone (Kore).
Lit.: Boulanger, Griechenland, S. 358.

Seite 119: WEIHERELIEF AN DIE ELEUSINISCHEN GOTTHEITEN. Demeter schickt den Triptolemos mit Ähren zu den Menschen, damit er sie den Ackerbau lehre. Persephone bekränzt den Knaben.
Eleusinisch; um 440 v. Chr.
Marmor. H 2,40 m.
Fundort: Eleusis
Athen, Nationalmuseum. Inv. 126
Lit.: Propyläen Kunstgeschichte I, S. 185, Taf. 86.

Seite 120: DIONYSOS UND SEMELE. Detail von der Außenseite einer Schale.
Attisch-schwarzfigurig; Werk des Kallis-Malers. 560-540 v. Chr.
Ton. Dm 25,3 cm.
Fundort: Capua
Neapel, Museo Nazionale. Inv. 172
Lit.: EAA IV, S. 302, Abb. 355.
CVA Italien 20, Neapel 1, Taf. 21.

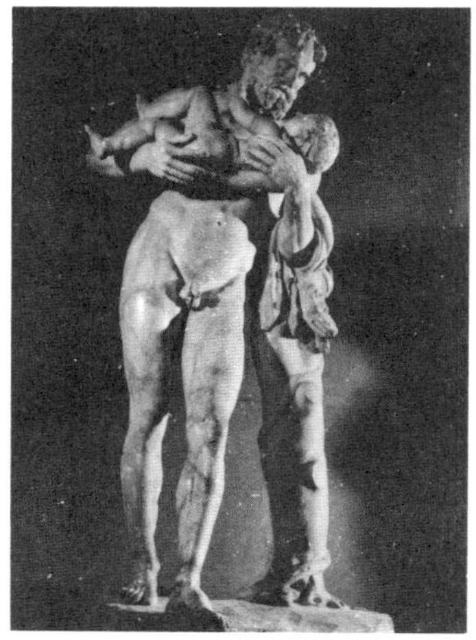

Seite 121: SILEN MIT DEM DIONYSOS-KNABEN in den Armen, an einen Baumstamm gelehnt.
Griechisch; um 320 v. Chr. Werk des Lysippos (?).
Marmor. H 1,9 m.
Fundort: Rom, Garten des Sallust
Paris, Musée du Louvre. Inv. 922
Lit.: Encyclopédie photographique de l'Art III (Louvre), Taf. 232 B, 233.
Lippold, Griechische Plastik, S. 282, Taf. 101, 2.

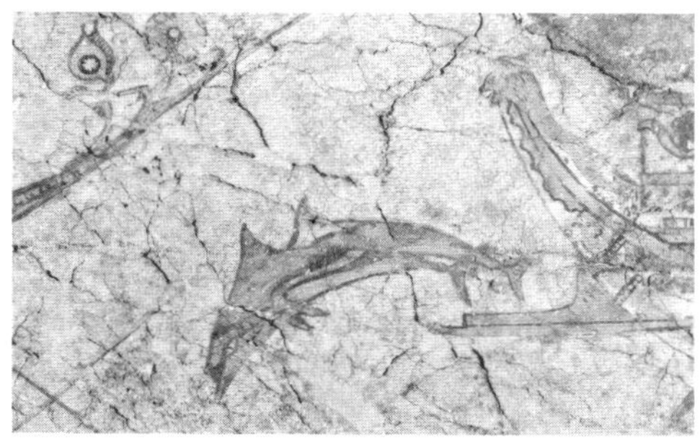

Seite 122: FRESKO MIT DELPHINEN. Detail eines Miniaturfreskos, das die Einfahrt einer Kriegsflotte in den Hafen zeigt.
Minoisch; um 1500 v. Chr.
Frieshöhe 40 cm.
Fundort: Thera, Südwand in Zimmer 5 des Westhauses
Athen, Nationalmuseum
Lit.: Marinatos/Hirmer, Kreta, Thera und das mykenische Hellas, S. 58 ff., 157, Taf. XL unten, XLI unten.

Seite 123: DIONYSOS in einem Schiff auf dem Meer segelnd, in dem Delphine schwimmen. Am Mast ranken sich Reben empor.
Attisch, schwarzfigurig; um 535 v. Chr.
Werk des Exekias.
Ton. Dm 11,5 cm.
Fundort: Vulci
München, Antikensammlung. Inv. 2044
Lit.: P. E. Arias/M. Hirmer, A History of Greek Vase Painting (1962); S. 301, Taf. 59, XVI.

Seite 124/125: DIONYSOS UND LYKURGOS. Detail einer Lutrophoros. Der Gott läßt den thrakischen König, weil er sich der Einführung des Dionysoskultes widersetzte, wahnsinnig werden.
Apulisch; um 330-310 v. Chr.
Ton. H 83,8 cm.
Fundort: Canosa
München, Antikensammlung. Inv. 3300
Lit.: D. Ohly, Die Antikensammlung am Königsplatz in München[2], S. 57 f.

Seite 125 rechts: SILEN UND MÄNADE. Münze (Stater) eines anonymen thrakischen Stammes.
Thrakisch; 5. Jh. v. Chr.
Silber. Dm 16 mm.
Fundort: unbekannt
Sofia, Archäologisches Museum. Inv. 2799
Lit.: Goldschätze der Thraker, S. 100, Nr. 472.

Seite 126: ITHYPHALLISCHER SILEN. Detail einer Bauchamphore. Dionysos mit Gefolge.
Attisch-schwarzfigurig; 2. Hälfte 6. Jh. v. Chr. Werk des «Affecter»-Malers.
Ton. H 45 cm.
Fundort: unbekannt
Wien, Kunsthistorisches Museum.
Inv. IV 4399
Lit.: H. Mommsen, Der Affecter (1975); Nr. 32, S. 34, 44, 72 ff., 84, 117, Abb. 3, 38.

Seite 127: PROTOME DES DIONYSOS. Der bärtige Gott mit Diadem und Kranz hält in der Rechten ein Ei (Herr der Seelen), in der Linken den Kantharos (Gott des Weines).
Böotisch; um 400 v. Chr.
Ton. Reste roter und schwarzer Bemalung.
Aus einteiliger Form. H 37,5 cm.
Fundort: unbekannt
Wien, Kunsthistorisches Museum.
Inv. V 3250
Lit.: Gschwantler/Oberleitner, Götter, Heroen, Menschen, S. 29, Nr. 70, Taf. 15.

Seite 130 oben: SATYR UND MÄNADE. Innenbild einer Schale. Der Satyr versucht eine Mänade zu ergreifen, die sich mit dem Thyrsos zur Wehr setzt.
Attisch-rotfigurig; 490-480 v. Chr.
Maler: Makron, Töpfer: Hieron.
Ton. Dm 33 cm; H 13 cm.
Fundort: Vulci
München, Antikensammlung. Inv. 2654
Lit.: J. D. Beazley, Attic Red-figure Vase-Painters[2] (ARV) I (1963); S. 462, Nr. 47.

Seite 130/131: DIONYSISCHER THIASOS. Vorderseite eines Sarkophages. Satyrn und Mänaden zu beiden Seiten eines Altares.
Römisch; 2. Jh. n. Chr.
Marmor. H 1,155 m; L 2,09 m.
Fundort: unbekannt
Istanbul, Archäologisches Museum.
Inv. 1417
Lit.: G. Mendel, Catalogue des Sculptures I (1912); S. 123 ff., Nr. 33.

Seite 131 oben: MÄNADE mit Schlangen im Haar, Thyrsosstab und Leopard in den Händen. Innenbild einer Schale. Auf der Außenseite Dionysos und Gefolge.
Attisch-weißgrundig; um 490 v. Chr.
Werk des Brygos-Malers.
Ton. H 14,4 cm; Dm 28,5 cm.
München, Antikensammlung. Inv. 2645
Lit.: Arias/Hirmer, A History of Greek Vase Painting, S. 337 f., Taf. XXXIV.

Seite 132: SCHLAFENDE ARIADNE.
Hellenistisch; 1. Hälfte 2. Jh. v. Chr.
Marmor. L 1,5 m.
Fundort: Villa Borghese
Paris, Musée du Louvre
Lit.: J. Charbonneaux, La Sculpture Grecque et Romaine au Musée du Louvre (1963); S. 78 f., Abb. 340.

Seite 134/135: DER HEILENDE AMPHIARAOS. Votivrelief des Archinos an Amphiaraos (Inschrift). Links behandelt der Heilgott den Patienten, daneben liegt auf einer Kline der Kranke, dessen verletzte Schulter von einer Schlange geleckt wird, rechts der Genesene betend vor einer Weihetafel.
Attisch; 1. Hälfte 4. Jh. v. Chr.
Marmor. H 49 cm; Br 54,5 cm.
Fundort: Amphiaraion in Oropos
Athen, Nationalmuseum. Inv. 3369
Lit.: S. Karouzou, National Archaeological Museum, Catalogue (1968); S. 149 f., Nr. 3369, Taf. 47 a. U. Hausmann, Kunst und Heiltum (1948); S. 55 ff., Abb. 2.

Seite 136: PROMETHEUS als Menschenbildner. Ringstein. Intaglio.
Hellenistisch; 1. Hälfte 3. Jh. v. Chr.
Hellbrauner Karneol. H 1,33 cm.
Fundort: unbekannt
Wien, Kunsthistorisches Museum.
Inv. IX B 755
Lit.: E. Zwierlein-Diehl, Die antiken Gemmen des Kunsthistorischen Museums in Wien I (1973); S. 62, Nr. 100, Taf. 19.

Seite 137: RÜSTUNGSSZENE, gravierte Darstellung auf der Hinterseite eines Spiegels. In der Mitte ein Krieger, der sein Schwert umhängt (Beischrift: Aiax), rechts eine leierspielende Frau (Alcumena = Alkmene), links eine unbekleidete Frau (Telis = Thetis), die seinen Harnisch schließt.
Etruskisch; Ende 4. Jh. v. Chr.
Bronze. Dm 15,9 cm.
Fundort: Palestrina
London, British Museum
Lit.: E. Gerhard, Etruskische Spiegel V (1884-1897); S. 156 f., Taf. 120.

Seite 138 links: DER NEUGEBORENE HERAKLES ERWÜRGT DIE SCHLANGEN. Detail von einem Stamnos. Anwesend sind weiters: sein Zwillingsbruder Iphikles, Amphitryon, Alkmene und (links) Athene. Auf der Hinterseite: Zeus, Hermes und Iris.
Attisch-rotfigurig; 1. Hälfte 5. Jh. v. Chr.
Werk des Berliner-Malers.
Ton. H 51 cm.
Fundort: Vulci
Paris, Musée du Louvre
Lit.: Beazley, ARV$^2$, S. 208 f., Nr. 160.
E. Pottier, Vases antiques du Louvre (1897); S. 199 f., Nr. G 192, Taf. 127.

Seite 138/139: ZEUSTEMPEL VON NEMEA. Dorischer Peripteros (6x12 Säulen). Dreischiffige Cella. Ende 4. Jh. v. Chr.
Lit.: Berve/Gruben/Hirmer, Griechische Tempel und Heiligtümer, S. 156 f., Taf. 82, 83, Fig. 53.

Seite 140 links: HERAKLES UND DER NEMEISCHE LÖWE. Detail der Hinterseite einer Amphore (Vorderseite: Theseus und Minotauros).
Attisch-schwarzfigurig; 540-530 v. Chr.
Ton. H 42 cm.
Fundort: Italien?
Paris, Musée du Louvre. Inv. F 33
Lit: CVA France 4, Louvre 3, IV He Taf. 15, 4, 7.

Seite 140 rechts: HERAKLES UND DER NEMEISCHE LÖWE. Detail einer Lekythos. Attisch; schwarzfigurig-weißgrundig; 1. Hälfte 5. Jh. v. Chr. Werk des Diosphos-Malers.
Ton. H 25,8 cm.
Fundort unbekannt
Paris, Musée du Louvre. Inv. MNB 909
Lit.: C. H. E. Haspels, Attic Blackfigured Lekythoi (1936); S. 111, 235, Nr. 70, Taf. 39, 1.

Seite 141 links: HERAKLES IM KAMPF MIT DEM NEMEISCHEN LÖWEN.
Kreisrunde Zierplatte.
Hellenistisch; Ende 4. Jh. v. Chr.
Silber, Reste von Vergoldung. Dm 8,6 cm.
Fundort: Panagjurište (Bulgarien)
Sofia, Archäologisches Museum. Inv. 120
Lit.: Goldschätze der Thraker, S. 80, Nr. 318.

Seite 141 rechts: HERAKLES IM KAMPF MIT DER HYDRA. Detail einer Lekythos. Attisch; schwarzfigurig-weißgrundig; 1. Hälfte 5. Jh. v. Chr.; Werk des Diosphos-Malers.
Ton. H 22 cm.
Fundort unbekannt
Paris, Musée du Louvre. Inv. CA 598
Lit.: Haspels, Attic Blackfigured Lekythois, S. 233, Nr. 19.

Seite 142 oben: EURYSTHEUS, König von Mykene, flüchtet vor Kerberos in einen Pithos (Vorratsgefäß). Detail einer Caeretaner Hydria.
Ostjonisch-griechisch; um 525 v. Chr.
Ton. H 43 cm.
Fundort: Caere
Paris, Musée du Louvre. Inv. E 701
Lit.: Arias/Hirmer, A History of Greek Vase Painting, S. 312f., Taf. 78f., XXVII.

Seite 142 unten: HERAKLES mit Keule und Löwenfell. Detail der Caeretaner Hydria. S. 142 oben

Seite 144/145: Östliche BURGMAUER VON TIRYNS mit Tor (rechts) und Weg von der Ober- in die Unterburg.
Mauerstärke 4,25 m.
Mykenisch; um 1300 v. Chr.
Lit.: Marinatos/Hirmer, Kreta, Thera und das mykenische Hellas, S. 167f., Abb. 174-177, Fig. 35.

Seite 146 oben: HERAKLES UND DIE KERYNITISCHE HIRSCHKUH.
Metope vom Athener Schatzhaus in Delphi.
Attisch; um 500 v. Chr.
Marmor. H 67,1 cm.
Fundort: Delphi
Delphi, Museum
Lit.: Propyläen Kunstgeschichte I, S. 173, Taf. 48a.

Seite 146 Mitte: STATUETTE DES HERAKLES MIT DEM KRETISCHEN STIER
Hellenistisch; 2. Jh. v. Chr. (?)
Bronze, Vollguß. H 4,5 cm.
Fundort unbekannt
Wien, Kunsthistorisches Museum. Inv. VI 367
Lit.: Reinach, Repertoire de la Statuaire II/1, S. 236, Nr. 1.

Seite 146 unten: KOPF DES HERAKLES. Detail einer Metope des Zeustempels von Olympia, welche die Reinigung des Augiasstalles darstellt.
Peloponnesisch; um 460 v. Chr.
Marmor. H 1,60 m.
Olympia, Museum
Lit.: B. Ashmole/N. Yalouris, Olympia (1967); S. 29, Taf. 202ff.

Seite 147 Mitte: HERAKLES UND DIE STYMPHALISCHEN VÖGEL. Detail einer Amphore.
Attisch-schwarzfigurig; Ende 6. Jh. v. Chr.
Ton. H 20,5 cm.
Fundort: Etrurien
Paris, Musée du Louvre. Inv. F 387
Lit.: Pottier, Vases antiques du Louvre, S. 134, Nr. F 387, Taf. 87.

Seite 147 unten: HERAKLES UND DER DREILEIBIGE RIESE GERYONEUS.
Detail einer Amphore. Hinterseite: Dionysos und Gefolge.
Attisch-schwarzfigurig; 2. Hälfte 6. Jh. v. Chr.
Ton. H 43 cm.
Fundort unbekannt
Paris, Musée du Louvre. Inv. F 55
Lit.: J. D. Beazley, Attic Blackfigure Vasepainters (1956); S. 133, Nr. 4.

Seite 148: TEMPEL DER ATHENA ALEA IN TEGEA; Fundamente. Das archaische Heiligtum brannte 394 v. Chr. ab. Um 340 wurde von Skopas der Neubau errichtet und mit Skulpturen geschmückt. Dorischer Peripteros (6x14 Säulen). An der Cella-Innenwand korinthische Halbsäulen. Vor den Tempelresten ein antiker Brunnen; vielleicht jene Stelle, an der Herakles die Athenepriesterin Auge vergewaltigte und den Telephos zeugte.
Lit.: Berve/Gruben/Hirmer, Griechische Tempel und Heiligtümer, S. 153ff., Taf. 87-89, Fig. 48-52.

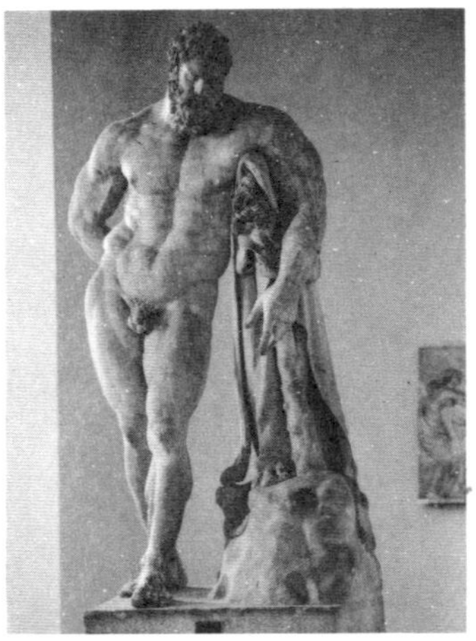

Seite 149: HERAKLES FARNESE. Der Held lehnt sich ausruhend auf seine Keule, von der das Löwenfell herabhängt.
Römische Kopie nach einem Werk des Lisyppos; um 330-320 v. Chr.
Marmor. H 3,17 m.
Fundort: Rom, Caracallathermen
Neapel, Museo Nazionale. Inv. G 280
Lit.: B. Maiuri, Museo Nazionale di Napoli (1957); S. 27.
Lippold, Griechische Plastik, S. 281f., Taf. 101, 1.

Seite 150 unten: KERBEROS. Detail von der Caeretaner Hydria S. 142 oben.

Seite 150 oben: HERAKLES UND DIE ÄPFEL DER HESPERIDEN. Herakles trägt, unterstützt von Athena, das Himmelsgewölbe; Atlas bringt ihm die Äpfel. Metope des Zeustempels in Olympia.
Peloponnesisch; um 460 v. Chr.
Marmor. H 1,60 m.
Olympia, Museum
Lit.: Ashmole/Yalouris, Olympia, S. 28, Taf. 186ff.

Seite 151: KENTAUR, bekränzt: in der rechten Hand hält er ein Plektron, die linke hielt vermutlich eine Lyra; wahrscheinlich Teil eines Rhytons.
Hellenistisch; 2. Jh. v. Chr.
Silber, Hohlguß, Kranz vergoldet. H 22 cm.
Fundort: Falerii
Wien, Kunsthistorisches Museum.
Inv. VII A 49
Lit.: Gschwantler/Oberleitner, Götter, Heroen, Menschen, S. 21, Nr. 40, Taf. 9.

Seite 152: AUFFAHRT DES HERAKLES IN DEN OLYMP. Detail eines Glockenkraters. Der Heros fährt im Wagen eines Viergespannes, das von Nike gelenkt und von Hermes geleitet wird, in den Olymp.
Attisch-rotfigurig; um 400 v. Chr.
Ton. H 38,1 cm.
Fundort unbekannt
Wien, Kunsthistorisches Museum.
Inv. IV 933
Lit.: Gschwantler/Oberleitner, Götter, Heroen, Menschen, S. 20, Nr. 35.

Seite 155: DER LEIERSPIELENDE ORPHEUS (?), auf einem Felsen sitzend, davor ein Pantherweibchen. Detail eines Votivreliefs an Iuppiter Bronton (Inschrift).
Römische Kaiserzeit, nach griechischem Vorbild
Marmor. H 0,72 m; Br. 1,01 m.
Rom, Konservatorenpalast

Lit.: F. Matz/F. v. Duhn, Antike Bildwerke in Rom III (1882); S. 147f., Nr. 3773. P. Arndt/W. Amelung, Photographische Einzelaufnahmen antiker Skulpturen Serie VIII (1914); S. 38, Nr. 2359.

Seite 157: ORPHEUS SPIELT AUF DER LEIER. Detail des Volutenkraters S. 126/127.

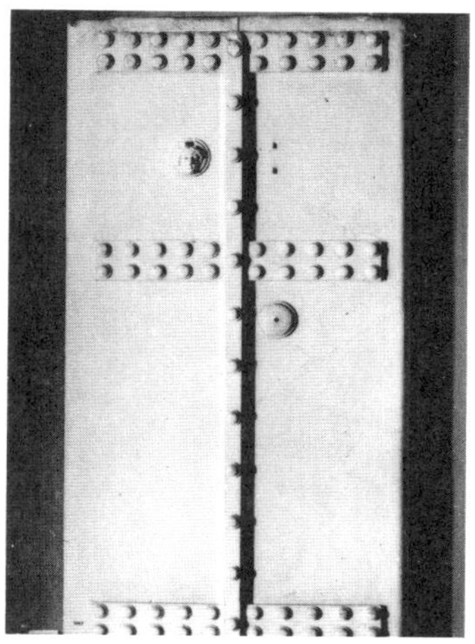

Seite 158 oben: TÜR EINER GRABKAMMER. Links oben ein unheilabwehrendes Gorgonenhaupt.
Hellenistisch; 3. Jh. v. Chr.
Marmor, Bronze, Eisen, Vergoldungen.
H 3,165 m; Br 1,75 m.
Fundort: Langaza (Nordgriechenland)
Istanbul, Archäologisches Museum.
Inv. 2167
Lit.: Mendel, Catalogue des Sculptures I, S. 348ff., Nr. 138.

Seite 158 unten: NEKYOMANTEION in Ephyra (Mesopotamon). Nekyomanteia sind Stätten, an denen Befragungen von Totenseelen vorgenommen wurden. Sie befanden sich dort, wo man Hadeseingänge annahm.
4.-3. Jh. v. Chr.
Lit.: Archaeological Reports for 1960-61 (1961); S. 15f., Abb. 15, 16. Boulanger, Griechenland, S. 161.

Seite 159 oben: CHARON IM KAHN. Die Schatten des Aigisthos und der Klytaimestra schreiten auf ihn zu. Detail der linken Schmalseite eines Sarkophages.
Römisch; um 134 n. Chr.
Marmor. L 2,13 m; H 1,24 m; T 0,80 m.
Fundort: Vigna Lozano Argoli
Rom, Lateran-Museum. Inv. 10450
Lit.: Robert, Die antiken Sarkophag-Reliefs II, S. 168ff., Taf. 54, Fig. 155a.

Seite 159 unten links: DIE QUALEN DES TANTALOS. Detail des Volutenkraters S. 115.

Seite 159 unten rechts: DIE ARBEIT DES SISYPHOS. Detail des Volutenkraters S. 115.

Seite 161: ORPHEUS, EURYDIKE UND HERMES. Weiherelief.
Römische Kopie nach einem Original aus der Zeit um 420 v. Chr.
Marmor. H 1,22 m.
Fundort unbekannt

Paris, Musée du Louvre. Inv. 854
Lit.: Lippold, Griechische Plastik, S. 202, Anm. 4. Encyclopédie photographique de l'Art II (Louvre), Taf. 183.

Seite 162: MÄNADE (links) TÖTET ORPHEUS (rechts), der sich mit der Leier zur Wehr setzt. Detail einer Amphore.
Attisch; 2. Hälfte des 5. Jh. v. Chr.
Ton. H 33cm.
Fundort: Nola
Paris, Musée du Louvre. Inv. G 436
Lit.: Pottier, Vases antiques du Louvre, S. 259., Nr. G 436, Taf. 144.

Seite 163: KADMOS TÖTET DEN DRACHEN. Detail vom Innenbild einer Schale.
Lakonisch; um 560-550 v. Chr. Werk des Reiter-Malers.
Ton. Dm 18,5cm.
Fundort: Caere
Paris, Musée du Louvre. Inv. E 669
Lit.: C. M. Stibbe, Lakonische Vasenmaler (1972); S. 286, Nr. 303, Taf. 107, 1-3.

Seite 164/165: APOLLONTEMPEL IN KORINTH. Dorischer Peripteros (6x15 Säulen). Dreischiffige, zweiräumige Cella.
Um 540 v. Chr.
Lit.: Berve/Gruben/Hirmer, Griechische Tempel und Heiligtümer, S. 143f., Taf. 81, XXII, Fig. 39.

Seite 166: APOLLONTEMPEL IN DELPHI. Siehe S. 94/95.

Seite 167: STATUE EINER SITZENDEN FRAU: u.a. gedeutet auf Pythia, Danae oder eine Heroine, die an einem Altar Schutz sucht.
Attisch; 440-430 v. Chr.
Marmor. H 1,02m.
Fundort unbekannt
Paris, Musée du Louvre
Lit.: Encyclopédie photographique de l'Art III (Louvre), Taf. 174, 4. Lippold, Griechische Plastik, S. 162, Taf. 57, 4. W. Fuchs, Die Skulptur der Griechen (1969); S. 349f., Abb. 349.

Seite 170/71: SZENEN AUS DEM OIDIPUSMYTHOS auf einem Sarkophagdeckel.
Links oben: Aussetzung des kleinen Oidipus durch den Hirten. Links unten: Laios wird von Oidipus ermordet.
Rechts oben: Oidipus löst das Rätsel der Sphinx. Rechts unten: Oidipus wird vom Hirten wiedererkannt.
Römisch; 3. Jh. n. Chr.
Marmor. L 2,15 m; H 0,23 m; T 0,71 m.
Fundort: Rom, Via Latina
Lit.: W. Helbig, Führer durch die öffentlichen Sammlungen klassischer Altertümer in Rom[4] I (1963); S. 800ff., Nr. 1120.
Robert, Die antiken Sarkophag-Reliefs II, S. 191f., Nr. 183, Taf. 60.

Seite 174 oben: AUSFAHRT DES AMPHIARAOS (?). Relief. Amphiaraos (?) besteigt den Wagen, auf dem schon der Lenker steht.
Griechisch; 1. Hälfte 6. Jh. v. Chr.
Bronze, getrieben.
Fundort: Olympia, Nordabhang des Kronoshügels
Olympia, Museum
Lit.: G. Daux, Bullentin de Correspondance Hellénique 84, 1960, S. 720, Taf. XVII.

Seite 174 unten links: KAPANEUS, vom Blitz des Zeus getroffen, stürzt von einer Leiter. Aus dem Kampf der Sieben gegen Theben. Südwand (außen) des Heroons von Gölbaşi-Trysa.
Griechisch-lykisch; Anfang 4. Jh. v. Chr.
Kalkstein. H 62 cm.
Fundort: Gölbaşi-Trysa (Türkei)
Wien, Kunsthistorisches Museum.
Inv. I 523
Lit.: F. Eichler, Die Reliefs des Heroon von Gjölbaschi-Trysa (1950); S. 50f., Nr. A 4, Taf. 2/3.

Seite 174 unten rechts: TOR DER ELEKTRA an der Südostecke der Kadmeia, der Burg von Theben. Hier soll Kapaneus vom Blitz des Zeus getroffen worden sein (Aischylos, Sept. 422ff.; Euripides, Phoen. 1129). Doppeltor: Zwei Türme (Dm 11,50 m) flankierten das äußere Tor, das in einen kreisförmigen Hof (Dm 18 m) führte. Durch ein zweites Tor gelangte man in das Innere der Festung.
Lit.: RE V A 2, Sp. 1430.

Seite 175: ERSTÜRMUNG EINER STADT (Kampf der Sieben gegen Theben?). Krieger, die mit gezückten Schwertern ein Palast- oder Stadttor erstürmen, hinter dem ein alter Mann Schutz sucht. Detail eines amphorenförmigen Rhytons aus dem Schatz von Panagjurište.
Hellenistisch; um 300 v. Chr.; die Gefäße stammen aus Goldschmiedewerkstätten in Lampsakos an der asiatischen Küste der Dardanellen.
Gold. H 28 cm. Gewicht 1696,25 g.
Fundort: Panagjurište (Bulgarien)
Plovdiv, Archäologisches Museum
Lit.: Goldschätze der Thraker, S. 82, Nr. 324.
I. Venedikov/T. Gerassimov, Thrakische Kunst (1973); S. 67, 340f., Taf. 123f., 127.

den Zinnen das thronende Herrscherpaar und die Verteidiger der Stadt.
Griechisch-lykisch; Anfang 4. Jh. v. Chr.
Kalkstein. H 1,25 m.
Fundort: Gölbaşi-Trysa (Türkei)
Lit.: Eichler, Die Reliefs des Heroon von Gjölbaschi-Trysa, S. 62f., Nr. A 9 - B 11, Taf. 19.

Seite 194: BURG VON MYKENE, LÖWENTOR. Das Entlastungsdreieck über dem riesigen Türsturz enthält ein Relief, das in heraldischer Anordnung zwei Löwen zu beiden Seiten einer Säule zeigt.
Mykenisch; um 1300 v. Chr.
Lit.: Marinatos/Hirmer, Kreta, Thera und das mykenische Hellas, S. 67f., 160, Taf. 163.

Seite 195: OREST TÖTET KLYTAIMESTRA. Mittelbild eines Reliefs von einem Dreifuß. Orest faßt Klytaimestra am Hals und stößt ihr das Schwert in den Leib. Rechts flieht Aigisthos zu einem Altar, links steht die sich entschleiernde Elektra.
Jonisch-großgriechisch; um 570 v. Chr.
Bronze, getrieben.
Fundort: Olympia, Nordabhang des Kronoshügels
Olympia, Museum
Lit.: Daux, BCH 84, 1960, S. 720, Taf. XVIII/2. K. Schefold, Frühgriechische Sagenbilder (1964); S. 89, Taf. 80.

Seite 196/197: PALAST VON MYKENE, MEGARON mit Resten der vier Säulenbasen und des Herdes.
Mykenisch; um 1300 v. Chr.
Maße des Megarons: 13x12 m.
Lit.: Marinatos/Hirmer, Kreta, Thera und das mykenische Hellas, S. 68f., 162f., Taf. 166.

Seite 198: GRÄBERRUND IN DER BURG VON MYKENE. Kreisrunder, von Doppelreihe stehender Steinplatten umschlossener Bezirk, in dem in sechs Schachtgräbern die Herrscher von Mykene mit reichen Beigaben bestattet waren.
Mykenisch; Ende 17., Anfang 16. Jh. v. Chr.
Dm des Bezirkes: 27,5 m.
Lit.: Marinatos/Hirmer, Kreta, Thera und das mykenische Hellas, S. 70, 164f., Taf. 167, Abb. 28-30.

Seite 199: OREST IN DELPHI über eine schlafende Erinys vom Altar steigend; vor ihm die Statue des Apollon, im Hintergrund der Dreifuß. Relief.
Römisch; 1. Jh. v. Chr.
Marmor. H 91,5 cm; Br 75,5 cm.
Fundort: Hercunaleum
Neapel, Museo Nazionale. Inv. 6689
Lit.: A. Ruesch, Guida illustrata del Museo Nazionale di Napoli (1908); S. 160, Nr. 502.

Seite 200: AKROPOLIS VON ATHEN. Blick gegen Südosten. Der Burgberg war schon in mykenischer Zeit besiedelt. Aus dem 8. Jahrhundert v. Chr. stammt der älteste Tempel der Pallas Athene. Eine rege Bautätigkeit entwickelt im 6. Jahrhundert das Geschlecht der Peisistratiden. Alle archaischen Bauten einschließlich des «Alten Athenetempels» wurden durch die persische Eroberung im Jahr 480 zerstört. 448 begann Perikles mit der Planung und dem Wiederaufbau der verwüsteten Burg. Der Großteil der erhaltenen Heiligtümer geht auf seine Initiative zurück: Parthenon, Propyläen, Erechtheion und Athena-Nike-Tempel.

# Anmerkung und Literaturverzeichnis

LITERATURAUSWAHL ZUM ESSAY VON E. SCHMALZRIEDT

H. Bengtson, Griechische Geschichte, München [4]1969

T. Hölscher, Griechische Historienbilder des 5. und 4. Jahrhunderts v. Chr., Würzburg 1973 (Beiträge zur Archäologie 6); dazu die Rezension von B. Fehr, Gnomon 49, 1977, S. 179ff., besonders S. 185f.

H. Hunger, Lexikon der griechischen und römischen Mythologie, Wien [6]1969

A. H. M. Jones, The Greek City from Alexander to Justinian, Oxford 1940

P. Kretschmer, Mythische Namen, Glotta 4, 1913, S. 305ff.; 7, 1916, S. 29ff.; 8, 1917, S. 121ff.; 10, 1920, S. 38ff.

M. P. Nilsson, The Mycenaean Origin of Greek Mythology, berkerley/Calif. 1932

M. P. Nilsson, Cults, Myths, Oracles, and Politics in Ancient Greece, Lund 1951 (Skifter utgivna av Svenska Institutet i Athen 8°, 1)

M. P. Nilsson, Geschichte der griechischen Religion, Bd. 1, München [3]1967

M. P. Nilsson, Homer and Mycenae, London [2]1968

L. Radermacher, Mythos und Sage bei den Griechen, Baden-Leipzig 1938

R. von Ranke-Graves, Griechische Mythologie. Quellen und Deutung, 2 Bde., Reinbek 1960 (rde 113; 115)

W. H. Roscher, Ausführliches Lexikon der griechischen und römischen Mythologie, 6 Bde., Leipzig 1884-1937

F. Schachermeyr, Die ältesten Kulturen Griechenlands, Stuttgart 1955

F. Schachermeyr, Griechische Geschichte, Stuttgart 1960

T. B. L. Webster, From Mycanae to Homer, London 1958 (dt. Von Mykene bis Homer, München/Wien 1960)

ANMERKUNGEN ZUM ESSAY VON W. OBERLEITNER

1) F. Schachermeyr, Die frühe Klassik der Griechen (1966); S. 6ff.
2) a.a.O., S. 7.
3) Galen, De temperamentis I 9 p. 42, 26. Helmreich (= Diels-Kranz, Fragmente der Vorsokratiker I 391. Berlin [8]1956). Galen, De placitis Hippocratis et Platonis V p. 425, 14. Müller (= Diels-Kranz a.O. I 391).
4) E. Grassi, Die Theorie des Schönen in der Antike (1962); S. 49.
5) Xenophon, Memorabilia III 10, 2-3.
6) Plato, Philebos 64 e; Nomoi 655 b.
7) Propyläen Kunstgeschichte I, K. Schefold, Die Griechen und ihre Nachbarn (1967); Abb. 68f.
8) K. Schefold, Klassisches Griechenland (Kunst der Welt, 1965); S. 90.
9) Plinius, Naturalis historia XXXV 133.
10) H. Berve - G. Gruben - M. Hirmer, Griechische Tempel und Heiligtümer (1961); S. 123, Abb. 13. - Eine Ahnung vom Aussehen des Kultbildes vermittelt vielleicht eine Bronzestatuette im Wiener Kunsthistorischen Museum (Abb. S. 62)
11) Strabo, Geographica VIII 353.
12) K. Schefold, Griechische Kunst als religiöses Phänomen (1959); S. 93.
13) Quintilian, Institutio oratoria XII 10, 9.
14) Dio Chrysostomus, Oratio XII (Olympica) 25.
15) Descriptio Graeciae I 24, 5ff. Vgl. Pausanias, Beschreibung Griechenlands (Artemis Verlag, Zürich-Stuttgart [2]1967).
16) Mythischer König von Athen, verkörpert in der Burgschlange der Akropolis.
17) Die erste Frau; von Hephaistos auf Geheiß des Zeus geschaffen.
18) Berve - Gruben - Hirmer, Griechische Tempel und Heiligtümer, S. 173, Abb. 65.
19) Zum figürlichen Schmuck siehe Propyläen Kunstgeschichte I, S. 180ff., Taf. 73ff., Abb. 14f.
20) Plutarch, Perikles XII 4 - XIII 9.
21) Propyläen Kunstgeschichte I, S. 186f., Taf. 91.
22) G. Lippold, Griechische Plastik (Handbuch der Archäologie, 1950); S. 230, Taf. 81, 3.
23) Möglicherweise ist der Geldbeutel ein römisches Attribut.
24) Propyläen Kunstgeschichte I, Taf. 107.
25) Plinius, Naturalis historia XXXVI 20-21.
26) M. Bieber, The Sculpture of the Hellenistic Age ([2]1967); S. 18, fig. 18.
27) Propyläen Kunstgeschichte I, Taf. 116.
28) Plutarch, Perikles XII 1.
29) Vitruv, De architectura IV 1, 9-10.
30) Berve - Gruben - Hirmer, Griechische Tempel und Heiligtümer, S. 150ff., Taf. 90-96, X, Fig. 44-47.
31) a.a.O., S. 243ff., Taf. 159-161, Fig. 127-132.

32) a.a.O., S. 249ff., Taf. 164-169, Fig. 133-139.
33) a.a.O., S. 153ff., Taf. 87-89, Fig. 48-52.
34) a. a. O., S. 188ff.,Taf. 36, XXX, Fig. 71.
35) P. A. Arias - M. Hirmer, A History of Greek Vase Painting (1962); Taf. 168f.
36) a.a.O., Taf. 173ff.
37) E. Buschor, Vom Sinn griechischer Standbilder (1942); S. 15ff.
38) Vieles in der griechischen Mythologie ist sicher mit dem Aufeinanderprallen von Patriarchat und Matriarchat zu deuten. Es muß aber davor gewarnt werden, aus einseitiger Sicht und in überspitzter Weise alles daraus zu erklären.
39) IX 4, 1.
40) I 28, 2.
41) Lukian, Imagines 4.
42) F. Brommer, Die Skulpturen der Parthenon-Giebel (1963); Taf. 34, 51.
43) H. Philipp, Tektonon daidala (1968); S. 88, 90.
44) Plutarch, Perikles XXXIX 4.
45) Heraklit, Fr. 5 (Diels-Kranz, Fragm. d. Vorsokr.$^{8}$I 152).
46) Euripides, Fr. 292 (Nauck, Tragicorum Graecorum Fragmenta , Leipzig $^{2}$1889).
47) Zur Plastik siehe S. 205f.
48) Siehe S. 212
49) M. P. Nillson, Geschichte der griechischen Religion I (1967); S. 734.
50) 2. Hälfte des 4. bis 1. Hälfte des 3. Jahrtausends.
51) Vor der Mitte des 3. Jahrtausends.
52) ca 2500-1900.
53) F. Schachermeyr, Griechische Geschichte ($^{2}$1969); S. 66f.
54) Pausanias II 25, 8.
55) Ilias XI 632 ff.
56) Homer, Ilias XXIV 335ff.
57) H. Bengtson, Griechische Geschichte (Handbuch der Altertumswissenschaft III/4; 1969); S. 69.
58) Propyläen Kunstgeschichte I, Taf. 12.
59) IX 40, 3.
60) Ein böotischer Heros, ursprünglich wohl ein Fruchtbarkeitsgott.
61) Eine der griechischen Artemis gleichgesetzte kretische Göttin.
62) II 19, 2.
63) Pausanias V 17, 1.
64) W. Fuchs, Die Skulptur der Griechen (1969); S. 248f., Abb. 271.
65) G. M. A. Richter, The Sculpture and Sculptors of the Greeks (1967); fig. 265f.
66) Fuchs, Die Skulptur der Griechen, S. 461f., Abb. 159f.
67) Propyläen Kunstgeschichte I, Taf. 33c, 34.
68) a.a.O., Taf. 27.
69) Zu den angeführten Merkmalen siehe die Abbildungen Seite 143, 184, 140 links, 123, 150 unten, 86/87, 98 unten, 108 oben links und unten, 142 oben, unten, 67, 126, 147 unten.
70) a.a.O., Taf. 38, I.
71) a.a.O., Taf. 126f.
72) a.a.O., Taf. 131ff.
73) Lippold, Griechische Plastik, Taf. 97, 1, 2.
74) Plutarch, Alexander IV 1.
75) VI 2, 7. Fuchs, Die Skulptur der Griechen, S. 276f., Abb. 305f.
76) Gemeint ist die Stadt Antiocheia am Orontes in Syrien.
77) Fuchs, Die Skulptur der Griechen, S. 373, Abb. 413.
78) Plinius, Naturalis historia XXXIV 41.
79) Propyläen Kunstgeschichte I, Taf. 124.
80) K. Gschwandtler - W. Oberleitner, Götter, Heroen, Menschen (Katalog des Kunsthistorischen Museums, Wien 1974); Nr. 21, Abb. 4.
81) Bieber, The Sculpture of the Hellenistic Age, fig. 628.
82) a.a.O., fig. 638.
83) a.a.O., fig. 626.
84) Propyläen Kunstgeschichte I, Taf. 131ff.

## LITERATURAUSWAHL ZUM ESSAY VON W. OBERLEITNER

P. E. Arias - M. Hirmer, A History of Greek Vase Painting, London 1962
Hermann Bengtson, Griechische Geschichte. Von den Anfängen bis in die röm. Kaiserzeit, München 1969
Helmut Berve - Gottfried Gruben - Max Hirmer, Griechische Tempel und Heiligtümer, München 1961
Hansjörg Bloesch, Agalma, Bern-Bümpliz 1943
Jakob Burckhardt, Griechische Kultur, Berlin 1941
Ernst Buschor, Vom Sinn der griechischen Standbilder, Berlin 1942
Werner Fuchs, Die Skulptur der Griechen, München 1969
Ernesto Grassi, Die Theorie des Schönen in der Antike, Köln 1962
Herbert Hunger, Lexikon der griechischen und römischen Mythologie, Wien $^{5}$1959
Albin Lesky, Geschichte der griechischen Literatur, Berlin und München $^{2}$1963
Georg Lippold, Die griechische Plastik (Handbuch der Archäologie), München 1950
Friedrich Matz, Kreta, Mykene, Troja, Stuttgart 1957
Nack Wägner, Hellas. Land und Volk der alten Griechen, Wien und Heidelberg 1955 und 1975
Martin P. Nilsson, Geschichte der griechischen Religion, München $^{3}$1967
J. Overbeck, Die antiken Schriftquellen zur Geschichte der bildenden Künste bei den Griechen, Leipzig 1868
W. H. Roscher, Lexikon der griechischen und römischen Mythologie, Leipzig 1884ff.
Fritz Schachermeyr, Griechische Geschichte, Stuttgart $^{2}$1969
Fritz Schachermeyr, Die minoische Kultur des alten Kreta, Stuttgart 1964
Fritz Schachermeyr, Die frühe Klassik der Griechen, Stuttgart 1966
Karl Schefold, Griechische Kunst als religiöses Phänomen, Hamburg 1959
Karl Schefold, Die Griechen und ihre Nachbarn (Propyläen Kunstgeschichte I), Berlin 1967
Erika Simon, Die Götter der Griechen, München 1969

## ANMERKUNGEN ZUM ESSAY VON E. BORNEMAN

1) Claude Lévi-Strauss, Mythologica, 4 Bände, Frankfurt a. M. 1971-1974.
2) Ernest Borneman, Das Patriarchat. Ursprung und Zukunft unseres Gesellschaftssystems, Frankfurt a. M. 1975.
3) George Thomson, Aischylos und Athen, Berlin 1957; Frühgeschichte Griechenlands und der Ägäis, Berlin 1960, Nachdr. 1973; Die ersten Philosophen, Berlin 1968.
4) Nilsson, Homer and Mycenae, London 1933, S. 246.

5) A. M. Snodgrass, The Dark Age of Greece, Edinburgh 1971, S. 367.
6) Bachofen, Mutterrecht, Gesammelte Werke, Basel 1948, Band 2, S. 243.
7) Bachofen, a.a.O.
8) Paul Richter, Le nu dans l'art, Band 5, «L'art grec», 1926, S. 291-306.
9) Kenneth Clark, Das Nackte in der Kunst, Köln 1958.
10) Hermann Baumann, Das doppelte Geschlecht, Berlin-Lichterfelde 1955, S. 45-46.
11) George Thomson, Aischylos und Athen, a. a. O.

## LITERATURAUSWAHL ZUM ESSAY VON E. BORNEMAN

R. G. Andrade, Sex Differences and Cultural Institutions. In: E. E. Maccoby (Hsg): Development of Sex Differences, Stanford 1966, 174-204
H. Baumann, Das doppelte Geschlecht. Ethnologische Studien zur Bisexualität in Ritus und Mythos, Berlin 1955
A. Bertholet, Das Geschlecht der Gottheit, Tübingen 1934
C. Clemen, Urgeschichtliche Religion. Die Religionen der Stein-, Bronze- und Eisenzeit. 2 Bände, Bonn 1932-1933
R. Döbert, Zur Logik des Überganges von archaischen zu hochkulturellen Religionssystemen. In: K. Eder (Hsg): Die Entstehung von Klassengesellschaften, Frankfurt am Main 1973, 330-370
F. Dümmler, Die doppelgeschlechtlichen Götter und der Kleidertausch. In: Philologus 56, 1897, 22ff. Auch in: Kleine Schriften II, 229ff.
R. Green, Mythological, Historical and Cross-cultural Aspects of Transsexualism. In: R. Green und J. Money (Hsg): Transsexualism and Sex Reassignment, Baltimore 1969, 13-22.
J. Ch. L. Halley des Fontaines, Contribution à l'étude de l'androgynie. La notion dans quelques mythes et quelques rites, Paris 1938
J. Hawkes, Die Geburt der Götter, Bern-Stuttgart 1972
O. von Hovorka, Verstümmelung des männlichen Gliedes bei einigen Völkern des Altertums. In: Mitteilungen der anthropologischen Gesellschaft in Wien, 24, 1894
E. O. James, Prehistoric Religion. London 1957. Deutsch: Religionen der Vorzeit, Köln 1960
E. W. Klimowski, Das mann-weibliche Leitbild in der Antike, München 1972
A. Leroi-Gourhan, Les religions de la préhistoire, Paris 1964
Th. Mainage, Les religions de la préhistoire: L'âge paléolithique, Paris 1921
J. Maringer, Vorgeschichtliche Religion. Religionen im eisenzeitlichen Europa, München 1956
L. R. Nougier, La préhistoire. Essai de Paléosociologie religieuse, Paris 1963
E. Patte, Les hommes préhistoriques et la religion, Paris 1960
G. Róheim, Aphrodite, or the Woman with a Penis. In: Psychoanalytic Quarterly 14, 1945, 350-390
L. S. A. M. von Römer, Über die androgynische Idee des Lebens. In: M. Hirschfeld (Hsg): Jahrbuch für sexuelle Zwischenstufen V (2), Leipzig 1903, 707-939
K. Schirmeisen, Mythos und Prähistorie, Landskron 1931
G. R. Taylor, Historical and mythological aspects of homosexuality. In: J. Marmor (Hsg): Sexual Inversion, New York 1965, 140-164

## QUELLENVERZEICHNIS DER VERWENDETEN TEXTE

Aischylos: *Agamemnon,* in der Übersetzung von Emil Staiger, Phillipp Reclam Verlag Stuttgart 1972
-*Die Totenspende,* in der Übersetzung von Emil Staiger, Phillipp Reclam Verlag, Stuttgart, 1963
-*Die Eumeniden,* in der Übersetzung von Emil Staiger, Phillipp Reclam Verlag Stuttgart, 1962
Apollodor: *Griechische Sagen,* in der Übersetzung von Ludwig Mader, Artemis Verlag Zürich, 1963
Appolonios: in der Übersetzung von Traudl Lessing
Euripides: *Tragödien und Fragmente* Bd. 1, in der Übersetzung von Franz Stoessel, Artemis Verlag Zürich, 1958
-*Sämtliche Trgödien,* Bd. I, in der Übersetzung von J. J. Donner, Alfred Kröner Verlag Stuttgart 1958
Hesoid: *Sämtliche Gedichte,* in der Übersetzung von Walter Marg, Artemis Verlag Zürich, 1970
Homer: *Ilias,* in der Übersetzung von Johann Heinrich Voss, Philipp Reclam Verlag Stuttgart, 1970
-*Odysse,* in der Übersetzung von Johann Heinrich Voss, Phillip Reclam Verlag Stuttgart, 1975
Homerische Hymnen: *Homerische Hymnen,* herausgegeben von Anton Weiher, Heimeran Verlag München, 1970
Hygin: *Griechische Sagen,* in der Übersetzung von Ludwig Mader, Artemis Verlag Zürich, 1963
Kallimachos: *Die Dichtungen des Kallimachos,* in der Übersetzung von Ernst Howald und Emil Staiger, Artemis Verlag Zürich, 1955
Ovid: *Metamorphosen,* in der Übersetzung von Reinhard Suchier, Goldmann Verlag München
Pausanias: in der Übersetzung von Traudl Lessing
Pindar: *Siegesgesänge und Fragmente,* in der Übersetzung von Oskar Werner, Heimeran Verlag München, 1963
Plutarch: *Lebensbeschreibungen,* in der Übersetzung von Johann Friedrich Kaltwasser, Goldmann Verlag München, 1964
Scholaist: in der Übersetzung von Traudl Lessing
Sophokles: *König Oidipus,* in der Übersetzung von Ernst Buschor, Phillip Reclam Verlag Stuttgart, 1975
-*Oidipus auf Kolonos,* in der Übersetzung von Ernst Buschor, Phillip Reclam Verlag Stuttgart, 1962

Wir danken den genannten Verlagen für die freundliche Genehmigung zum Abdruck der Texte.